Klippert · Lehrerbildung

Heinz Klippert

Lehrerbildung

Unterrichtsentwicklung und der Aufbau neuer Routinen

Praxisband für Schule, Studium und Seminar

Beltz Verlag · Weinheim und Basel

Dr. **Heinz Klippert**, Jg. 1948, Diplom-Ökonom; Lehrerausbildung und Lehrertätigkeit in Hessen; seit 1977 Dozent am Lehrerfortbildungsinstitut der evangelischen Kirchen in Rheinland-Pfalz (EFWI) mit Sitz in Landau. Trainer, Berater und Ausbilder in Sachen »Pädagogische Schulentwicklung«.

Lektorat: Peter E. Kalb

www.beltz.de
Herstellung: Klaus Kaltenberg
Satz: Druckhaus »Thomas Müntzer«, Bad Langensalza
Druck: Druckhaus Beltz, Hemsbach
Umschlaggestaltung: Federico Luci, Odenthal
Zeichnungen (Umschlag; S. 19, 111, 199): Tanja Schug, Edenkoben
Printed in Germany

ISBN 3-407-25349-4

Inhaltsverzeichnis

Des Rätsels Lösung

LERNORGANISATION

ERFAHRUNGSLERNEN

HANDLUNGSBEZUG

ROUTINEBILDUNG

ENTWICKLUNGSHILFE

REALBEGEGNUNG

BERATUNGSKOMPETENZ

INTEGRATIONSARBEIT

LEHRERTRAINING

DOKUMENTATION

UNTERSTÜTZUNG

NACHHALTIGKEIT

GRUPPENARBEIT

Vorwort

Keine Angst, es wird dies nicht das x-te Buch zur Lehrerbildung, das über neue Strukturen, Ziele und/oder Standards in den Universitäten und Studienseminaren berichtet. Diesbezüglich ist in den letzten Jahrzehnten eine ganze Menge geschrieben worden (vgl. u.a. KMK-Kommission 2000). Manches davon hätte nur realisiert werden müssen, und die Abläufe und Ergebnisse der Lehrerbildung würden sich heute fraglos positiver darstellen, als das aktuell der Fall ist. Doch von faktischen Veränderungen im Lehr- und Lernalltag der Universitäten und Studienseminare ist bis dato eher wenig zu sehen. Das gilt vor allem für das praktische Methodenrepertoire der Ausbilder. »Die Deutschen sind Weltmeister im Planen, Konzipieren und Entwickeln immer neuer Programme zur Schul- und Unterrichtsentwicklung«, so hat es unlängst ein ausländischer Bildungsexperte auf den Punkt gebracht, »aber sie sind halbherzig und dilletantisch, wenn es um die praxiswirksame Implementierung dieser Entwürfe geht«. Recht hat er!

Diese Umsetzungsschwäche resultiert wesentlich daraus, dass wir der Entwicklung »operativen Know-hows« seit Jahr und Tag zu wenig Aufmerksamkeit schenken. Da wird analysiert, konzipiert, empirisch erforscht und zum wiederholten Male dargelegt, warum sich was ändern muss. Zudem werden ausländische Programme und Strategien sondiert und Leitlinien und Standards für die bundesdeutsche Reformszene daraus abgeleitet. Das alles ist zwar nicht überflüssig, wohl aber betrifft es in aller Regel nur das Vorfeld der praktischen Reformarbeit in Universitäten, Studienseminaren und Schulen und nicht den Implementierungsprozess selbst. Diese Problemanzeige gilt besonders für das Aufgabenfeld »Unterrichtsentwicklung«. Wir wissen mittlerweile eine ganze Menge über die Schwachstellen des Unterrichts in Deutschlands Klassenzimmern. Wir wissen ferner recht gut darüber Bescheid, was einen guten Unterricht in der modernen Wissensgesellschaft auszeichnet bzw. auszeichnen sollte. Und dennoch verändert sich in praxi vergleichsweise wenig.

Die Schulentwicklungsforschung spricht in diesem Zusammenhang vom »Durchführungsloch« (implementation dip), d.h. es werden Pläne und Programme geschmiedet, aber die eigentliche Umsetzungsarbeit scheitert immer wieder daran, dass die dafür zuständigen Personen über kein hinreichendes »operatives Instrumentarium« verfügen. Mit anderen Worten: In der Theorie ist vieles klar, aber in der Praxis fehlt das entsprechende innovative Know-how. Wenn sich an dieser verbreiteten Innovationsresistenz etwas ändern soll, dann muss das methodisch-didaktische »Handwerkszeug« der Ausbilder- und Lehrer/innen stärker in den Blick genommen werden.

Von daher liegt das Hauptaugenmerk im vorliegenden Buch auf der praktischen Innovationsarbeit in den Universitäten, Studienseminaren und Schulen. Das Ziel dabei: Es sollen wegweisende Anregungen für ein verändertes Lehren und Lernen im Bildungsbereich hergeleitet und vorgestellt werden, die zeigen, wie Lehrer/innen ihre angestammten »Belehrungsroutinen« überwinden und neue Moderations- und Vermittlungsroutinen aufbauen können. Der Untertitel »Unterrichtsentwicklung und der Aufbau neuer Routinen« signalisiert diesen Anspruch. Auf *neue Routinen* wird dabei deshalb so sehr abgestellt, weil sie nachweislich den Schlüssel zur nachhaltigen Verhaltensänderung von Menschen bilden. Fazit also: Im Mittelpunkt des Buches stehen nicht abstrakte Darlegungen zum »Warum« und »Was« der Lehrerbildungsreform, sondern in erster Linie konkrete Anregungen zum »Wie» derselben.

Spätestens seit PISA ist klar geworden, dass sich in Deutschlands Studier- und Klassenzimmern methodisch-didaktisch einiges ändern muss. Die Schüler/innen lernen offenbar zu oberflächlich, zu punktuell und zu gedankenlos. Und die Lehrer /innen? Sie praktizieren unverändert vor allem das, was bereits seit langem als problematisch gilt, nämlich das lehrerzentrierte Unterrichtsskript mit dem fragend-entwickelnden Verfahren im Zentrum. Die Lernkultur in Deutschlands Schulen muss sich also wandeln – und mit ihr die gängige Lehr- und Lernmethodik der Lehrkräfte. Das gilt sowohl für die amtierenden wie für die angehenden Lehrpersonen. Wie diese anstehenden Veränderungen eingeleitet und durch überzeugende Angebote der Lehreraus- und -fortbildung unterstützt werden können, wird in diesem Buch dargelegt.

Abgeleitet sind die nachfolgenden Überlegungen und Empfehlungen aus einschlägigen Erfahrungen, wie sie seit 1993 im Rahmen diverser Schulentwicklungsprojekte in Rheinland-Pfalz, Nordrhein-Westfalen, Berlin, Hessen, München, Nürnberg und mehreren österreichischen Bundesländern gesammelt werden konnten. Unter dem Titel »systematische Unterrichtsentwicklung« wurden und werden dort differenzierte Qualifizierungsprogramme für Lehrer/innen realisiert, in deren Mittelpunkt ausgeprägtes »learning by doing«, vielschichtige Teamarbeit und planvolles Innovationsmanagement stehen. Wie sich im Zuge dieser Innovationsprogramme gezeigt hat, steht und fällt die Implementierung neuer Lehr- und Lernverfahren vornehmlich damit, dass die betreffenden Lehrkräfte diese Verfahren einprägsam und überzeugend erleben und verinnerlichen. Vor diesem Hintergrund bedürfen die aktuellen Ansätze zur Reform der Lehrerbildung einer kritischen Überprüfung.

Widmen möchte ich das vorliegende Buch den rund 400 Trainer/innen in Deutschland und Österreich, die ich in den letzten Jahren ausgebildet habe. Sie sind im Unterricht wie in der Lehreraus- und -fortbildung höchst engagiert und erfolgreich damit beschäftigt, dem angesprochenen »learning by doing« den Weg zu ebnen und der hier in Rede stehenden neuen Lernkultur in alltagstauglicher und nachhaltiger Weise zum Durchbruch zu verhelfen. Für ihre Pionierarbeit sage ich herzlichen Dank.

Landau, Juni 2004 *Heinz Klippert*

Einleitung

Das deutsche Bildungswesen steht in der Kritik. Die Absolventen deutscher Schulen schneiden in internationalen Vergleichsstudien mäßig ab (siehe PISA und TIMSS). Die Wirtschaft beklagt das Fehlen zukunftsgerechter »Schlüsselqualifikationen« wie Selbstständigkeit, Eigeninitiative, Problemlösungsvermögen, Methodenbeherrschung, Kommunikationsfähigkeit und Teamfähigkeit. Die Bildungsverantwortlichen in Bund und Ländern fordern besseren Unterricht und setzen auf neue Leistungsstandards, Lehrpläne, Schulprogramme und Evaluationsverfahren. Die Eltern befürchten, dass ihre Kinder auf die aktuellen Anforderungen in Studium und Beruf nicht hinreichend vorbereitet sind und hoffen auf nachhaltige Bildungsreformen und effektiveren Unterricht. Und die Lehrkräfte selbst? Sie sehen die akuten Lern- und Motivationsprobleme ihrer Schüler/innen, wissen vielfach aber nicht so recht, wie sie diesen begegnen sollen. Das gilt für die amtierenden Lehrer/innen in den Schulen genauso wie für jene, die sich noch in Ausbildung befinden. Unterrichtsentwicklung tut also Not; und die Lehrerbildung muss möglichst zügig und wirksam darauf reagieren.

Die Chancen für einen pädagogischen Kurswechsel stehen im Kern gar nicht schlecht. Denn in den nächsten zehn Jahren werden laut Bildungsstatistik 50 bis 60 Prozent aller Lehrkräfte aus dem Dienst ausscheiden. Die Schule befindet sich also in einer recht einschneidenden Umbruchsituation. Die Alten gehen in Pension, junge Lehrer/innen rücken nach. Die Lehrerausbildung könnte somit zum Reformmotor und zum Einfallstor für die allseits angemahnte Unterrichtsentwicklung werden. Doch wie sieht die Realität aus? Vieles spricht dafür, dass die in die Schule drängenden Junglehrer/innen (noch) keinesfalls die Gewähr dafür bieten, dass sich das schulische Lehren und Lernen grundlegend verändert. Dazu leistet die aktuelle Lehrerbildung bislang einfach zu wenig. Das meiste, was den jungen Leuten im Zuge ihrer Ausbildung vermittelt und vorgelebt wird, ist im Kern eher konventionell. Über innovativen Unterricht wird in aller Regel zwar informiert und reflektiert, praktiziert werden die anvisierten neuen Lehr- und Lernmethoden dagegen eher selten. So gesehen ist die anstehende Verjüngung der Lehrerkollegien noch lange keine Gewähr dafür, dass sich der Unterricht in Deutschlands Schulen nachhaltig verändern wird.

Blockierend wirken vor allem die traditionellen Lehr- und Lernroutinen, die die angehenden Lehrkräfte im Zuge ihrer eigenen Schul- und Ausbildungszeit verinnerlichen. Im Vordergrund steht dabei das *fragend-entwickelnde Verfahren* mit seiner ausgeprägten Lehrerdominanz und vergleichsweise geringen Schüleraktivitäten. Auch das Rollenverständnis, das in den einzelnen Institutionen der Lehrerbildung bis heute vermittelt wird, gleicht eher dem, was traditionell schon immer vermittelt wurde. Die Lehrkräfte nehmen den obligatorischen Lernstoff auf ihre Weise durch;

sie planen und ordnen die intendierten Ergebnisse und sorgen mit ihrer Impulstechnik dafür, dass die Schüler/innen das lernen, was sie lernen sollen. Eigenverantwortung und Selbsttätigkeit spielen dabei eine eher nachgeordnete Rolle. An diesem Grundmuster direktiver Unterrichtsgestaltung hat sich bis heute nicht allzu viel geändert, wie neuere Studien belegen (vgl. Hage u.a. 1985; Bohl 2002; Baumert 2003). Umgedacht wird am ehesten noch in den Grundschulen – allerdings vorrangig auf der Ebene der Lehrermethoden. Diesbezüglich hat es in den vergangenen Jahren bemerkenswerte Innovationen gegeben. Das gilt für Freiarbeit und Wochenpläne genauso wie für Lernzirkel, Gruppenarbeit und Projekte. Beim Training elementarer Schülerkompetenzen hapert es dagegen noch sehr.

Damit jedoch keine Missverständnisse entstehen: Punktuelle Unterrichtsreformen gibt es in den Schulen seit Jahr und Tag – auch und nicht zuletzt im Sekundarbereich. Insofern hat Hilbert Meyer fraglos Recht, wenn er konstatiert, dass in vielen deutschen Schulen und Klassenzimmern eine ganze Menge getan werde, um dem Lehren und Lernen eine neue Qualität zu geben (vgl. Meyer 2001, S. 187). Der Schulvormittag wird in manchen Schulen schüler- und lehrerfreundlich rhythmisiert, das Klingelzeichen wird zwecks Verstetigung der Lernarbeit gelegentlich abgestellt, der herkömmliche Klassen- und Fachunterricht wird hin und wieder aufgelockert und durch alternative Unterrichtsformen ergänzt, Freiarbeit, Stationenlernen, Projektunterricht und Lernwerkstattarbeit sind immer mal wieder anzutreffen, Schulgebäude werden ästhetisch verschönert und kindgemäßer gestaltet etc. Das Gedankengut der deutschen Reformpädagogik findet in den deutschen Klassenzimmern also durchaus seinen Niederschlag. Nur – ist das bereits nachhaltige Unterrichtsentwicklung, wie sie vor dem Hintergrund von PISA, TIMSS und anderen neueren Leistungsstandsuntersuchungen gefordert und benötigt wird? Sind die prägenden Lehr- und Lernprozeduren, die die Schüler/innen tagaus, tagein erleben, wirklich so viel anders als früher? Aktuelle Studien machen deutlich, dass der »Standardunterricht« in Deutschlands Schulen offenbar nach wie vor recht konventionell verläuft, nämlich lehreraktiv und schülerpassiv (vgl. Abschnitt I.1).

Die Lernkultur in Deutschlands Schulen muss sich also verändern, und zwar nachhaltiger als bisher. Das ist für die Bildungsverantwortlichen hier zu Lande mittlerweile ziemlich klar. Die Schüler/innen müssen verstärkt gefordert und gefördert werden. Dementsprechend wird mit Druck, Kontrollen, neuen Vorschriften, Appellen und sonstigen Reglementierungen reagiert. Die Schulen müssen Schulprogramme schreiben und Qualitätsprogramme entwickeln. Die Praxis zeigt indes, dass diese bildungspolitischen Aktionen die bestehende Unterrichtsmisere nicht wirklich beheben. Im Gegenteil: Die neuen Lehrpläne, Bildungsstandards, Tests und Wettbewerbe lassen die tradierte Lehr- und Lernkultur weitgehend unangetastet. Auch die aufwändige Schulentwicklungsarbeit der letzten Jahrzehnte hat die faktische Unterrichtsentwicklung kaum voran gebracht. Ja mehr noch: die Unterrichtspraxis wurde im Rahmen der zurückliegenden Schulprogrammentwicklung vielerorts überhaupt nicht erreicht, geschweige denn zukunftsweisend verändert Das zeigen die vorliegenden Evaluationsergebnisse (vgl. Abschn. I.2.2).

Auch die Lehrerbildung hat auf die seit langem erkennbare Krise der traditionellen »Belehrung und Unterweisung« bislang eher verhalten reagiert. Alternative Qualifizierungs- und Innovationsstrategien zur Förderung einer neuen *Lernkultur* wurden bestenfalls in Ansätzen entwickelt und implementiert. Zwar gab und gibt es immer wieder einzelne Schulen, Seminare und Pädagogen, die sich in bewundernswerter Weise bemühen, den traditionellen Methodenmonismus zu überwinden und neue Lehr- und Lernverfahren zu kultivieren. Doch ihre Wirksamkeit ist zumeist recht bescheiden. Das gilt keinesfalls nur für den schulischen Bereich, sondern ganz ähnlich für die diversen Einrichtungen der Lehrerbildung. Vorlesungen, Diskussionen, Einzelarbeit und mehr oder weniger fantasielos präsentierte Referate dominieren nach wie vor das gängige Ausbildungsgeschehen, während wegweisende Simulationsspiele, Methodentrainings, Unterrichtsversuche, Teamentwicklungsprozesse, Projektarbeiten und sonstige innovative Lehr- und Lernmethoden eher selten eingesetzt werden.

Erst mit den alarmierenden Befunden von TIMSS und PISA ist dieses traditionelle Ausbildungsverständnis ins Wanken geraten. Nun reden plötzlich alle von Unterrichtsentwicklung und effektiveren Formen des Lehrens und Lernens. Doch ungeklärt ist bis heute die Frage, wo und wie anzusetzen ist. Soll stärker auf Autonomie, Evaluation und Selbsterneuerung gesetzt werden, oder bedarf es vorrangig einer umfassenden Qualifizierungsoffensive mit vielfältigen Trainings-, Beratungs- und sonstigen Unterstützungsmaßnahmen für die Gruppe der Lehrkräfte? Vieles spricht dafür, dass im Kern beides benötigt wird: Zum einen mehr Gestaltungsfreiheit und -verantwortung für die pädagogischen Akteure, zum anderen aber auch und vor allem die nachdrückliche Qualifizierung und Unterstützung der innovationsbereiten Lehrkräfte in den Schulen, Universitäten und Studienseminaren hinsichtlich der Modernisierung ihres Unterrichts. Dieser letztgenannte Handlungsstrang steht im Mittelpunkt dieses Buches.

Diese Schwerpunktsetzung wird deshalb gewählt, weil die bestgemeinte Autonomie das im Bildungsbereich bestehende Grundproblem nicht wirklich löst, nämlich die mangelnde Vertrautheit vieler Lehrkräfte mit den hier in Rede stehenden Lehr- und Lernstrategien. Das beginnt bei der Organisation und Moderation schüleraktiver, methodenzentrierter Lernprozesse und reicht über die konsequente Teamarbeit in den Kollegien bis hin zu veränderten Formen der Leistungsmessung und Unterrichtsevaluation in der Schule. Mit »mangelnder Vertrautheit« ist gemeint, dass die meisten Lehrkräfte die betreffenden Methoden und Verfahrensweisen aus eigener Erfahrung viel zu wenig kennen. Ihnen fehlen entsprechende Lernerlebnisse sowohl während der eigenen Schulzeit als auch im Zuge der einzelnen Phasen der Lehrerbildung. Von daher mangelt es ihnen nur zu oft an grundlegenden Einblicken in die Systematik und Wirkungsweise der neuen Lehr- und Lernverfahren – und damit natürlich auch an der entsprechenden persönlichen Überzeugung.

Kein Wunder also, dass sich viele Lehrer/innen recht schwer damit tun, ihr angestammtes Methoden- und Verhaltensrepertoire zu verändern und entsprechend den PISA- und TIMSS-Impulsen zu modernisieren. Die traditionellen Lehrroutinen durch neue Vermittlungs- bzw. Moderationsroutinen zu ersetzen, ist nun einmal schwieriger als viele Bildungspolitiker und -administratoren sich das vorstellen. Neue Lehrpläne, Handreichungen, Wettbewerbe, Vergleichsarbeiten und sonstige Setzungen, wie sie seit PISA fast inflationär kreiert werden, helfen diesbezüglich kaum weiter. Ohne korrespondierende Qualifizierungsoffensive bleibt die allseits propagierte Unterrichtsentwicklung eine ziemlich hohle Angelegenheit. Ohne das Erproben und positive Erleben neuer Lehr- und Lernstrategien ändern die meisten Lehrkräfte ihr angestammtes Repertoire bestenfalls marginal. Diese Grunderkenntnis ist Basis und Richtschnur des hier vertretenen Reformprogramms.

Deshalb: Wenn sich die alltägliche Unterrichtsgestaltung in Deutschlands Schulen tatsächlich nachhaltig verändern soll, dann muss die Lehrerbildung den angehenden und amtierenden Lehrkräften verstärkt Raum geben, von der neuen Lernkultur nicht nur zu reden, sondern diese auch möglichst konkret und überzeugend zu praktizieren und zu erleben. Das gilt insbesondere für die beiden ersten Phasen der Lehrerbildung. Denn dort werden die Weichen für die spätere Berufsauffassung und -ausübung der angehenden Lehrkräfte gestellt. »Was Hänschen nicht lernt, lernt Hans nimmermehr« – diese Lebensweisheit signalisiert, dass die Implementierung neuer Lehr- und Lernverfahren um so aussichtsreicher ist, je früher damit begonnen wird. Doch dieser Grundüberlegung wird in den Universitäten und Studienseminaren bis dato viel zu wenig Rechnung getragen. Innovative Lehr- und Lernansätze werden dort bestenfalls sporadisch thematisiert – und wenn, dann meist in Form von Referaten und Diskussionen und eher selten im Sinne des hier in Rede stehenden Erfahrungslernens. Das gilt vor allem für die Universitäten.

Vermittelt werden an den Universitäten ganz vorrangig fachwissenschaftliches und fachdidaktisches Kalkül und Grundwissen. Die Praxis des schulischen Lehrens und Lernens spielt dagegen eine eher untergeordnete Rolle. Wie man die Schüler/innen zum nachhaltigen Wissens- und Methodenerwerb anleitet und wie die entsprechenden Lernprozesse zu organisieren und zu moderieren sind, wird an den Universitäten selten praktisch geübt und gelernt. Das gilt insbesondere für die Ausbildung der Gymnasiallehrer (vgl. Herrmann 2002) – aber nicht nur dort. Auch die angehenden Grundschullehrer/innen finden aktuellen Befragungen zufolge im Hochschulbetrieb nur sehr eingeschränkt das wieder, was sie im späteren Berufsalltag brauchen. Sie sind – wie ihre Rückmeldungen zeigen – in erster Linie gehalten, sich auf ihre Fachdisziplinen sowie auf die diversen Vorlesungen und Seminare zu Grundfragen der Erziehungswissenschaften zu konzentrieren. Die entsprechende Wissensvermittlung wird als eher theoretisch und unzusammenhängend eingestuft. Konkrete Anwendungssituationen seien die Ausnahme und nicht die Regel. Die erforderlichen Scheine würden irgendwie »abgesessen« und nur selten dazu genutzt, alltagstaugliche berufliche Handlungskompetenzen zu erlernen. Davon ausgenommen werden einige Seminare zur Fachdidaktik sowie zum Erstleseunterricht (vgl. DIE ZEIT vom 16.4.2003, S. 71).

Die Konsequenz dieser Praxisferne: Viele Studierende sind mit ihrem Studium eher unzufrieden. Das zeigen u.a. Befragungen angehender Grundschullehrer/innen in Nordrhein-Westfalen und Baden-Württemberg, die ihrem Studium durchschnittlich die Schulnote »Vier plus« geben – ein fraglos alarmierender Befund (vgl. ebd.). Die darin zum Ausdruck kommende Kritik gilt indes keineswegs nur für den Primarbereich, sondern ganz ähnlich für die Ausbildung der Gymnasial- und sonstigen Sekundarstufenlehrer/innen (vgl. Abschnitt II.1.1). »In Deutschland ist die Lehrerausbildung zerstückelt und praxisfern«, resümiert Bernd Janssen in Übereinstimmung mit anderen Untersuchungen zur Situation der universitären Lehrerbildung. Und Janssen fährt fort: »Die Freiheit der akademischen Lehre an der Universität führt in vielen Fächern zur Beliebigkeit. Jeder lehrt, was er will. Manche Inhalte passen zum Berufsziel Lehrer, vieles ist abwegig ... Die Befähigung zum Lehrer als einem Experten für Lehren und Lernen findet an den deutschen Universitäten nicht statt.« (Janssen 2002, S. 71). Ein hartes Urteil, aber offenbar kein falsches, wie die erwähnten Rückmeldungen der Studierenden zeigen.

Die Situation an den Studienseminaren ist zwar grundsätzlich berufsfeldbezogener, da die Referendare bereits in der Praxis stehen und von daher manches einbringen können, was eine praxis- und problembezogene Ausbildung begünstigt. Aber auch in der zweiten Phase scheint nach wie vor manches im Argen zu liegen, wie die Rückmeldungen von Referendar/innen zeigen. Der Tenor: Vieles sei realitätsfern, abgehoben und nur unzureichend geeignet, das pädagogisch-methodische Handlungsrepertoire für den normalen Schulalltag sicherzustellen. Moniert werden von Referendarseite vor allem die gängigen »Show-Stunden« im Rahmen der Lehrproben sowie die damit verbundenen aufwändigen Vorbereitungsarbeiten. Die korrespondierenden Unterrichtsbesprechungen seien oft pure »Erbsenzählerei« und deshalb wenig hilfreich; positive Einstiegshilfen und konkrete Vorbereitungsarbeiten für den Standardunterricht kämen zu selten vor (vgl. Herrmann 2002, S. 105ff.).

Diese Hinweise signalisieren, dass offenbar noch immer aufwändig inszenierte Musterstunden dominieren, die tagelanger Vorbereitung bedürfen und von den Referendar/innen nicht selten bereits am Tag der Lehrprobe als »Muster ohne besonderen Wert« zu den Akten gelegt werden. Dass sich an dieser »Exotik« etwas ändern muss, ist unstrittig und wird von den Verantwortlichen in den Studienseminaren mittlerweile auch weithin akzeptiert. Zugestanden wird ferner, dass die *Alltagstauglichkeit* der in den Lehrproben angewandten Lehr- und Lernarrangements gesteigert werden muss. Und selbstverständlich gibt es auch Taten! Nicht wenige Fachleiter/innen bemühen sich in nachgerade eindrucksvoller Weise, neue Zeichen zu setzen und innovatives pädagogisches Handeln der Referendar/innen mit Arbeitsökonomie und Alltagstauglichkeit in Einklang zu bringen. Sie tun alles, um die Junglehrer/innen zum Einsatz neuer Lehr- und Lernverfahren zu inspirieren, zu ermutigen und zu befähigen. Respekt! Gleichwohl signalisieren die angedeuteten Kritikpunkte, dass diese positiven Vorbilder noch längst nicht den Ton angeben.

Umdenken und Umsteuern tun also Not. Das gilt für die erste wie für die zweite Phase der Lehrerbildung. Weder Orchideenstunden noch kleinkarierte Wissensvermittlung sind das, was den angehenden Lehrkräften wirklich weiterhilft, wenn es um die Realisierung der hier in Rede stehenden Neuen Lernkultur geht. Nötig sind vielmehr praktikable, zukunftsweisende Unterrichtsarrangements, die die Schüler/innen zum eigenverantwortlichen, kooperativen, methodisch variantenreichen Arbeiten und Lernen herausfordern. Derartige Stunden zeit- und arbeitsökonomisch zu planen und vorzubereiten, ist eine der zentralen Aufgaben, auf die im Zuge der Lehrerbildung verstärkt Wert zu legen ist. Hinzu kommen muss das erwähnte Erfahren und Erleben moderner Unterrichtsverfahren.

Die bundesdeutsche Bildungspolitik trägt den skizzierten Optionen bis dato viel zu wenig Rechnung. Vieles spricht dafür, dass mit der Kreierung neuer Abschlüsse (Bachelor, Master), Studienpläne oder Lehrerbildungszentren noch längst keine nachhaltige Unterrichtsentwicklung erreicht wird. Ausbildungs- und Strukturreformen dieser Art hat es in der Vergangenheit immer wieder gegeben, aber meist sind sie weit oberhalb der unterrichtlichen Ebene »verpufft«. Wenn sich an dieser Folgenlosigkeit der pädagogischen Reformarbeit etwas ändern soll, dann bedarf es dazu offenbar anderer Ansätze und Strategien. Die entscheidende Frage ist nämlich: Wer füllt die betreffenden Pläne und Strukturen mit Leben? Die bloße Verordnung einer verstärkten Zusammenarbeit von erster und zweiter Phase z.B. hilft de fakto noch nicht wesentlich weiter. Entscheidend ist vielmehr, dass die betreffenden Ausbilder in den Hochschulen und Studienseminaren bereit und in der Lage sind, ihre Seminare, Vorlesungen und Übungen stärker handlungs- und erfahrungsorientiert zu gestalten.

Dieses Credo ist in der Vergangenheit zu wenig bedacht und beachtet worden. Daher sind viele unterrichtsbezogene Reformansätze mehr oder weniger folgenlos geblieben. Außer Debatten, Papieren und punktuellen Qualifizierungsmaßnahmen ist meist wenig herausgekommen. Mit akademischen Referaten über Reformpädagogik, Lernpsychologie oder handlungsorientiertes Lernen ist nun einmal kein verändertes Methodenrepertoire für den Unterrichtsalltag zu gewinnen. So gesehen kann mit Fug und Recht vom »Glühwürmchen-Effekt« der zurückliegenden Unterrichtsentwicklung gesprochen werden. Das gilt für Reformansätze wie Gruppenunterricht und Projektarbeit genauso wie für Wochenplanarbeit und Lernzirkel, Sprachlabor und neue Mathematik, Suggestopädie und themenzentrierte Interaktion, Offenes Lernen und handlungsorientierten Unterricht – um nur einige der neueren Reformansätze zu nennen. Die Umsetzung dieser Reformkonzepte ist in der Regel viel zu sporadisch und halbherzig angegangen worden und daher meist ohne größere Wirkung geblieben. Schade!

Wenn diese zermürbende Sisyphusarbeit wirksam überwunden werden soll, dann müssen alle Bereiche der Lehrerbildung kritisch unter die Lupe genommen und konstruktiv weiterentwickelt werden. Das gilt für die Lehrerausbildung in den Universitäten und Seminaren genauso wie für die schulinterne und -externe Lehrerfortbildung. Auch das Innovationsmanagement in den Schulen selbst bedarf der kritischen Prüfung und Weiterentwicklung, wenn Lehrer- wie Schüler/innen zu einer effektiveren Unterrichtsarbeit finden sollen. Denn unstrittig ist: Die Schüler/innen müssen ein Mehr an Selbstständigkeit und Eigenverantwortlichkeit, an Fachwissen und Medienkompetenz, an Methodenbeherrschung und Problemlösungsvermögen, an Zielstrebigkeit und Selbstvertrauen, an Kommunikationsfähigkeit und Teamgeist, an Eigeninitiative und Lernmotivation erwerben (vgl. Abbildung 9, S. 75). Und die Lehrkräfte selbst? Sie müssen ihr Methodenrepertoire entsprechend modernisieren und den Schüler/innen verstärkt Gelegenheit geben, die besagten »Schlüsselkompetenzen« einzuüben. Dazu werden in diesem Buch einschlägige Erfahrungen und Empfehlungen vorgestellt.

In *Kapitel I* wird zunächst ein kritischer Blick auf die aktuelle Reformdebatte geworfen. Diese kritische Bestandsaufnahme beginnt im ersten Abschnitt mit der Problematisierung der gängigen Unterrichtsarbeit. Dabei wird u.a. auf die PISA- und TIMS-Ergebnisse Bezug genommen. Im zweiten Abschnitt wird sodann näher sondiert, wie die bundesdeutschen Bildungspolitiker auf diese Problemanzeigen reagieren und die allseits geforderte Schul- und Unterrichtsentwicklung in Gang zu bringen versuchen. Wie sich zeigen wird, setzen die Schulministerien vor allem auf politische Rahmenregelungen und -vorgaben, d.h. auf Kerncurricula, Vergleichstests, Inspektionen, mehr Schulautonomie und neue Bildungsstandards, die der anvisierten neuen Lernkultur zum Durchbruch verhelfen sollen. Doch die Wirksamkeit dieser Ansätze steht in Frage. Was mit der Neuen Lernkultur in diesem Buch genau gemeint ist, wird im dritten Abschnitt dargelegt. Dabei werden Methodenschulung, Teamentwicklung und eigenverantwortliches Arbeiten und Lernen der Schüler/innen als Eckpunkte des neuen Lehrens und Lernens hergeleitet und praxisbezogen konkretisiert.

In *Kapitel II* des Buches wird die Ebene des »Was« und »Warum« verlassen und das »Wie« der Unterrichtsreform näher unter die Lupe genommen und für den Bereich der Lehrerausbildung (1. und 2. Phase) konkretisiert. Dabei wird auf einschlägige Erfahrungen und Befunde aus der zurückliegenden Lehrerfortbildungsarbeit in Rheinland-Pfalz, Berlin, Nordrhein-Westfalen und Hessen zurückgegriffen. Die Kapitelüberschrift »Kompetenzförderung in der Lehrerbildung« macht deutlich, um was es geht: Es geht ganz zentral um die Entwicklung neuer Moderations-, Organisations- und Beratungskompetenzen auf Lehrerseite. Was das konkret heißt, wird im ersten Abschnitt gezeigt. Die Lehrkräfte sollen nicht nur Wissensvermittler sein, sondern auch und zugleich Moderatoren in Sachen Lernförderung und Teamentwicklung. Sie sollen Begabungen der Schüler/innen diagnostizieren und ebenso sensibel wie wirksam fördern können. Sie sollen soziales Lernen gewährleisten und den Schüler/innen eine möglichst breite Palette an methodischen Fähigkeiten und Fertigkeiten vermitteln. Und sie sollen lernen, in Teams zu arbeiten und die Schule als Ganzes nach vorne zu bringen. Das alles muss vorbereitet und durch Lehrertrainings unterstützt werden.

Dieser Grundgedanke wird im zweiten Abschnitt näher entfaltet. Unter dem Motto »Was sich im Praxistest bewährt hat« werden zentrale Stränge der Lehrerbildung sondiert und durch richtungsweisende Anregungen und Beispiele konkretisiert. Die angeführten Maßnahmen zur Förderung einer innovativen Lehrerausbildung haben eines gemeinsam: Sie setzen ganz zentral auf Handlungsorientierung und Erfahrungslernen, auf exemplarisches Lehrertraining und vielschichtiges Arbeiten und Planen im Team – getreu dem einst von Adolf Diesterweg formulierten Motto: »Was der Mensch sich nicht selbst erwirkt und erarbeitet hat, das ist er nicht und das hat er nicht.« Dieses Erfahrungslernen reicht von Rollenspielen, Planspielen und sonstigen methodischen Übungen und Simulationsspielen über Fallstudien, Fallberatungen, Realerkundungen bis hin zu produktiven Workshops, Teamteaching, Hospitationen und videogestützten Gesprächs- und Beratungstrainings. Das Hauptziel dabei: Die Entwicklung eines möglichst breiten Repertoires an alltagstauglichen Moderations-, Organisations- und Beratungsroutinen auf Seiten der angehenden Lehrer/innen. Einige flankierende Maßnahmen und Regelungen, die diese veränderte Ausbildungspraxis unterstützen, werden im dritten und letzten Abschnitt umrissen.

Kapitel III des Buches konzentriert sich auf die Qualifizierungs- und Innovationsarbeit in der Einzelschule. Diese betrifft zum einen die schulinterne Fortbildung, zum anderen das schulinterne Innovationsmanagement der Schulleitungen bzw. der Steuerungsteams. Im ersten Abschnitt werden konkrete Qualifizierungsmaßnahmen vorgestellt, die sich als wirksame Instrumente zur Förderung nachhaltiger Unterrichtsentwicklung in verschiedenen Bundesländern bewährt haben. Die Leitfrage dabei: Wie kann die Lehrerfortbildung die Innovationskompetenz der Lehrkräfte in der Einzelschule so stärken, dass neue Routinen im besten Sinne des Wortes entstehen? Den Gegenstand des zweiten Abschnittes bildet das korrespondierende Innovationsmanagement der schulinternen Steuerungsteams. Die entsprechenden Maßnahmen reichen vom Entwickeln einschlägiger Netzpläne über den Aufbau einer differenzierten Teamkultur bis hin zur Einbindung externer »Entwicklungshelfer« sowie zur Sicherstellung sonstiger schulinterner Unterstützungsmaßnahmen. Aktuelle Evaluationsergebnisse zum skizzierten Innovationsprogramm werden im abschließenden dritten Abschnitt vorgestellt.

Den Abschluss des Buches bildet die Dokumentation eines Interviews mit ausgewählten »Innovationsexperten« aus Universität und Studienseminaren, die seit geraumer Zeit damit befasst sind, die hier in Rede stehende Neue Lernkultur in ihren Bildungseinrichtungen umzusetzen. Welche Erfahrungen dabei gesammelt wurden, welche Strategien sich bewährt haben, welche Probleme aufgetreten sind und welche Wege zur Problemlösung gesucht und gefunden wurden – dieses und manches andere mehr wird im besagten Interview zur Sprache kommen.

I. Neue Lehr- und Lernstrategien braucht das Land

Deutschlands Schüler/innen sind bestenfalls Mittelmaß. Dieser PISA-Befund hat in deutschen Amtsstuben und Lehrerzimmern für erhebliche Aufregung und Diskussionen gesorgt. PISA zeigt: Das gewissenhafte Durchnehmen des obligatorischen Lehrplan-Stoffes reicht offenbar nicht aus, um den Jugendlichen die nötigen Kompetenzen für die moderne Industriegesellschaft zu vermitteln. Vieles, was im Unterricht behandelt wird, erreicht nicht wirklich das Stadium des Begreifens und Beherrschens in den Schülerköpfen. Die Analyse dieses Dilemmas steht am Anfang des Kapitels. Im anschließenden zweiten Abschnitt werden die korrespondierenden Reaktionen und Reformansätze der Regierenden offengelegt und auf ihre Chancen und Probleme hin abgeklopft. Und im dritten Abschnitt wird die hier in Rede stehende Neue Lernkultur näher umrissen und konkretisiert.

1. Der PISA-Schock hat viele aufgerüttelt

Was sich bei TIMSS bereits angedeutet hat, ist durch PISA nachdrücklich bestätigt worden: Die deutschen Schüler/innen *können* zu wenig. Das gilt für ihre Lesekompetenz genauso wie für ihre Fähigkeit, lernrelevantes Wissen zu verknüpfen, gezielt anzuwenden und anstehende fachspezifische Probleme selbstbewusst und durchdacht zu lösen. Das erworbene Wissen ist offenbar vorrangig »träges Wissen« (Weinert) und unter dem Strich zu wenig geeignet, den Aufbau nachhaltiger Lern- und Problemlösungskompetenzen sicherzustellen. So gesehen läuft einiges schief in Deutschlands Schulen. Was, das wird in den nachfolgenden Abschnitten skizziert. Dabei geht es nicht nur um PISA, sondern auch um andere Studien der neueren Lernforschung.

1.1 Alarmierende Evaluationsergebnisse

Egal, wie man zur deutschen Bildungstradition steht, das miserable Abschneiden deutscher Schüler/innen bei PISA 2000/2001 hat viele Pädagogen und Administratoren irritiert und aufgerüttelt. Galt doch das deutsche Bildungssystem mit seiner strengen Auslese, seiner aufwändigen Lehrerbildung und seinen imposanten Lehrplänen bis vor kurzem noch weithin als vorbildlich und wegweisend. Dieser Eindruck hat Risse bekommen. Natürlich sind Deutschlands Schüler- und Lehrer/innen längst nicht so schlecht, wie das derzeit in der veröffentlichten Meinung dargestellt wird. Die Unterrichtsgestaltung hier zu Lande ist sicherlich nicht fragwürdiger und antiquierter als in vielen anderen Ländern auch. Gleichwohl sind die aufgedeckten Defizite so alarmierend, dass sie nicht einfach zu den Akten gelegt werden können.

Wie PISA gezeigt hat, sind unsere Schüler/innen im Umgang mit anspruchsvolleren Aufgabenstellungen und Texten zu wenig geübt. Das gilt für die allgemeine Textarbeit genauso wie für den verständnisvollen Umgang mit anwendungsbezogenen mathematischen und naturwissenschaftlichen Textinformationen und -aufgaben. Das Gros der Schüler/innen tut sich sichtlich schwer damit, diffizile Aufgabenstellungen angemessen zu erfassen, aus Texten gesuchte Informationen rasch und zutreffend zu entnehmen, diese durchdacht zu bewerten und anzuwenden und bei alledem zielstrebig und souverän zu Werke zu gehen. So gesehen mangelt es unseren Schüler/innen an einigen ganz zentralen Fähigkeiten und Fertigkeiten, wie sie in der modernen Informationsgesellschaft tagtäglich verlangt werden.

PISA testet nicht nur das Erlesen von Fließtexten, sondern auch die Fähigkeit der Schüler/innen, mit Literaturverzeichnissen, Tabellen, amtlichen Formularen, Quittungen und Grafiken zurechtzukommen (vgl. Abbildung 1). Das Besondere dabei:

Die Schüler/innen müssen die gesuchten Ergebnisse/Antworten nicht auswendig wissen, sondern können sie durch rasches Identifizieren und Verknüpfen vorliegender Informationen folgerichtig ableiten. Somit werden in erster Linie Auffassungsgabe, Konzentration, präzises Lesen, geistige Flexibilität sowie spezifische Kombinations- und Beurteilungsleistungen der Schüler/innen überprüft und bewertet. Diese Abkehr vom traditionellen Memorieren und Reproduzieren angelernten Vorratswissens ist fraglos ein richtiger und wichtiger Weg, um zu aussagekräftigeren Aufschlüssen über das faktische *Können* der Schüler/innen zu gelangen. Schüler/innen, die sich mit der Lösung derartiger Aufgaben und Probleme schwer tun, werden nach aller Erfahrung auch erhebliche Schwierigkeiten haben, sich in der modernen Informationsgesellschaft zurecht zu finden sowie den aktuellen Anforderungen der betrieblichen Arbeits- und Berufswelt gerecht zu werden.

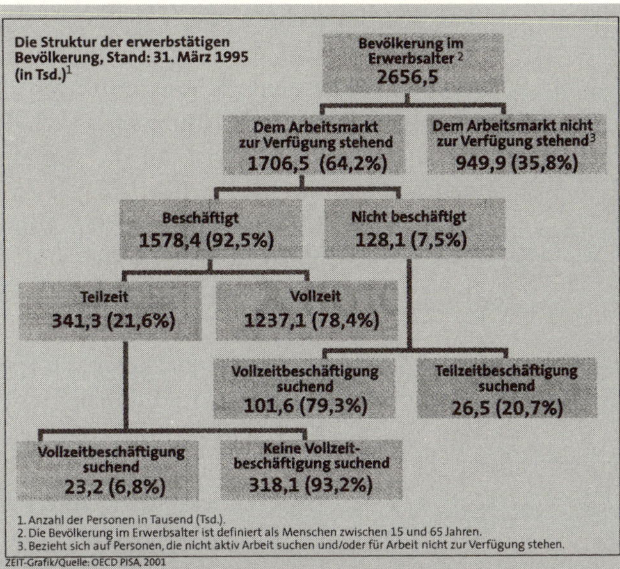

ZEIT-Grafik/Quelle: OECD PISA, 2001

Leseaufgabe: Erwerbstätige

Frage: *Wie viele Personen im Erwerbsalter standen dem Arbeitsmarkt nicht zur Verfügung? (Gib die Zahl der Personen an, nicht den Prozentsatz.)*

Antwort: *949 900*

Von den Schülern wurde erwartet, dass sie die entsprechende Zahl im Baumdiagramm fanden und mit der Information „Tsd." in Titel oder Fußnote richtig in Zusammenhang brachten. Für die Antwort waren zwischen 949 000 und 950 000 liegende Näherungswerte in Zahlen oder Worten zulässig. Etwas geringer wurden Antworten eingestuft, bei denen die Schüler die Zahl im Diagramm zwar fanden, aber nicht richtig mit der Zusatzinformation „Tsd." verbanden.

Frage: *In welche beiden Hauptgruppen wird die Bevölkerung im Erwerbsalter unterteilt?*

A. Beschäftigte und Nichtbeschäftigte.
B. Im Erwerbsalter und nicht im Erwerbsalter.
C. Vollzeitbeschäftigte und Teilzeitbeschäftigte.
D. Dem Arbeitsmarkt zur Verfügung stehend und dem Arbeitsmarkt nicht zur Verfügung stehend.

Antwort: *D. Dem Arbeitsmarkt zur Verfügung stehend und dem Arbeitsmarkt nicht zur Verfügung stehend.*

Zur Beantwortung dieser Frage mussten die Schüler die Beziehungen begreifen, die zwischen den Informationen in einem Baumdiagramm bestehen.

Abb. 1 (Quelle: DIE ZEIT v. 6.12.2001, S. 52)

Einige Daten zur Verdeutlichung: Die deutschen PISA-Probanden belegen beim Lesen gerade mal Platz 22 unter insgesamt 32 Teilnehmer-Staaten. In Mathematik und Naturwissenschaften ist es kaum besser: Platz 21 (vgl. Baumert u.a. 2001). Damit liegt Deutschland weit hinter Ländern wie Finnland, Kanada, Korea und Japan, aber auch deutlich hinter Österreich, Belgien und der Schweiz. Nahezu 10 Prozent der befragten deutschen Schüler/innen erreichen nicht einmal die Kompetenzstufe I und sind damit quasi Analphabeten. Weitere 13 Prozent schaffen gerade mal diese unterste Kompetenzstufe, so dass fast ein Viertel der befragten 15-Jährigen bestenfalls in der Lage ist, auf einem äußerst elementaren Niveau zu lesen und zu rechnen (vgl. ebd.). Eine moderne Industriegesellschaft wie die deutsche kann sich ein solches Ergebnis eigentlich gar nicht leisten, wenn sie ihre Zukunftsfähigkeit erhalten will.

Auch bei den »Spitzenschülern« findet sich wenig Tröstliches. Nur 9 Prozent der befragten deutschen Schüler/innen erreichen laut PISA die Kompetenzstufe V, sind also überzeugend in der Lage, Textinformationen zu erschließen und zu nutzen. Doch damit ist Deutschland auch bei den Top-Leuten bestenfalls Mittelmaß und liegt noch unter dem OECD-Durchschnitt – weit hinter Ländern wie Neuseeland, Finnland, Australien und den USA. Die ausgeprägte Selektion im deutschen Bildungswesen benachteiligt also offenbar nicht nur die leistungsschwachen Schüler/innen, sondern vermag auch die »Leistungseliten« nicht hinreichend zu fördern. Insofern hat Klaus Klemm recht, wenn er mahnend darauf hinweist, dass international gesehen vieles dafür spricht, dass nicht Homogenität, sondern Heterogenität der entscheidende Motor für fundierte Schülerleistungen ist – und zwar sowohl in der Spitze als auch am unteren Ende der Leistungsskala (vgl. Klemm 2002, S. 15).

Dieser Befund verweist auf die stimulierende Wirkung unterschiedlicher Begabungen. Wenn vielfältige Begabungen zusammenkommen und die Schüler/innen sich wechselseitig fragen und helfen können, dann profitieren davon bekanntlich nicht nur diejenigen, denen geholfen wird, sondern auch jene, die sich als Helfer betätigen und anderen etwas erklären. Letztere müssen nämlich in Erfüllung dieser Aufgabe Fragen erfassen, Vorwissen vertiefen, Sachverhalte veranschaulichen und immer wieder auch Probleme lösen. Dieser zündende Effekt des »Nachhilfeunterrichts« wird in Deutschlands Schulen traditionell viel zu wenig geschätzt und genutzt. Deshalb: Wenn die zukünftigen PISA-Ergebnisse besser ausfallen sollen, dann muss die Vielfalt der Schülerbegabungen stärker als bisher mobilisiert und eingesetzt werden, um effektive Helfer- und Fördersysteme zu erhalten. »Lernen durch Lehren« – dieser reformpädagogische Grundsatz bestätigt die Richtigkeit und Wichtigkeit des »organisierten Nachhilfeunterrichts«. Ähnliches gilt für die jüngste IGLU-Studie, die der heterogenen Schülerpopulation im Grundschulbereich vergleichsweise gute Leistungen attestiert.

Die Notwendigkeit grundlegender Reformen im Schulbereich wird indes nicht nur durch PISA signalisiert, sondern u.a. auch durch die 1997 erschienene TIMS-Studie *(Third international Mathematics and Science Study)*. Danach weisen viele Schüler/innen der Sekundarstufe II im Bereich des konzeptuellen Verständnisses und des Beherrschens naturwissenschaftlicher Arbeitsweisen erhebliche Defizite auf. Bereits Aufgaben, deren Lösung die Verknüpfung einfacher Operationen in anwendungsbezogenen Kontexten verlangt, bereiten den meisten Schüler/innen am Ende der Sekundarstufe II größte Schwierigkeiten. Lediglich einfache Routineaufgaben, die nur elementare Fachkenntnisse verlangen, werden passabel bewältigt. Bei Aufgaben hingegen, die das selbstständige Anwenden von Gelerntem, das Übertragen in neue Kontexte sowie den flexiblen und kreativen Umgang mit unterschiedlichen Problemkonstellationen verlangen, sind die Schwächen der Schüler/innen unübersehbar (vgl. Baumert u.a. 1999). Kein Wunder also, dass bereits nach Erscheinen der TIMS-Studie verhalten Alarm geschlagen wurde.

Alarmierende Meldungen kommen seit Jahren zudem aus dem Unternehmensbereich. Nach einer neueren Untersuchung des Instituts der deutschen Wirtschaft fällt beispielsweise das Urteil von Ausbildungsleitern, Eltern und Lehrern zum Leistungsvermögen der Jugendlichen ziemlich »vernichtend« aus. Geklagt wird von den mehr als 3000 befragten Personen nicht nur über die mangelnde Allgemeinbildung und Selbstständigkeit der Jugendlichen, sondern auch und zugleich über gravierende Defizite in den Bereichen Eigeninitiative, analytische Kompetenz, sprachliches Ausdrucksvermögen und Konfliktfähigkeit. Mehr als 80 Prozent der Ausbilder meinen, der Nachwuchs sei nicht in der Lage, Konflikte zu lösen. Er lasse es an Eigeninitiative fehlen. Selbst Lesen, Schreiben und Rechnen bereiteten erhebliche Probleme; die sprachliche Ausdrucksfähigkeit der Jugendlichen sei miserabel. Lob gibt es dagegen nur spärlich. Beeindruckt zeigen sich die befragten Ausbilder, Eltern und Lehrer vor allem von den Computer- und Internetkenntnissen der Jugendlichen. Auch die Fremdsprachenkenntnisse der jungen Leute werden positiv hervorgehoben – vornehmlich von Elternseite (vgl. Schlaffke 2003, S. 2ff.). Fazit: Vieles spricht dafür, dass die tradierte Lehr- und Lernkultur in Deutschlands Schulen dringend der Reform bedarf.

1.2 Wachsender Stress im Klassenzimmer

Unterstrichen wird dieser Reformbedarf durch aktuelle Befragungen zur Lehrerbelastung. Das Interessante und Alarmierende dabei: Zentrale Quelle der Lehrerbelastung ist die mangelnde Lern- und Sozialkompetenz der Schüler/innen – ein Befund, der die grundlegende Bedeutung neuer Lehr- und Lernverfahren im Unterricht unterstreicht. Viele Lehrer/innen kommen in ihrem Beruf deshalb immer weniger zurecht, weil sie mit den alltäglichen Störungen und Verweigerungstendenzen vieler Schüler/innen nicht mehr fertig werden. Die Folge: Psychische und psychosomatische Erkrankungen, die bis hin zur Berufsunfähigkeit führen. Nach einer Anfang 2003 durchgeführten Befragung des bayerischen Lehrer- und Lehrerinnenverbandes (BLLV) fühlen sich rund 90 Prozent der befragten Grund- und Hauptschullehrer/innen in Schule und Unterricht *stark* oder *sehr stark* belastet. Als Hauptgründe dafür werden genannt: Mangelnde Lernbereitschaft der Schüler, Unfähigkeit zur Konzentration, Hyperaktivität, soziale Konflikte und Aggressionen (vgl. Frankfurter Rundschau vom 21.5.2003). Die Folgen dieser Belastungen: Mehr als 50 Prozent der bayerischen Lehrer/innen gehen aus Gesundheitsgründen vor dem 60. Lebensjahr in Pension – im Öffentlichen Dienst liegt die Quote sonst bei 29 Prozent. Weitere 38 Prozent verabschieden sich zwischen dem 60. und 64. Lebensjahr. Nur 12 Prozent bleiben bis zur offiziellen Altersgrenze (vgl. Süddeutsche Zeitung vom 24./25.5.2003). Eine teure Angelegenheit für das Gemeinwesen – und ein ernst zu nehmendes Warnsignal!

Auf Bundesebene stellt sich diese Ist-Situation fast noch dramatischer dar. »Nur 6 Prozent aller Lehrer gehen regulär in den Ruhestand; etwas 65 Prozent werden schon mit einem Durchschnittsalter von 57 Jahren krankheitsbedingt pensioniert.« (Harder 2003, S. 8). Dahinter stehen vornehmlich die erwähnten psychischen bzw. psychosomatischen Gründe. Angeführt werden in einer aktuellen Studie des Zentrums für Lehrerbildung der Universität Kassel als zentrale Faktoren: Hyperaktivität, Lernschwierigkeiten und sonstige Verhaltensauffälligkeiten bei Schülern, ferner undisziplinierte Schüler, große Leistungsunterschiede, sinkende Lernmotivation, hoher Lärmpegel sowie unzureichende Sanktionsmöglichkeiten (vgl. Dauber/Vollstädt 2003). Verstärkt werden die damit einhergehenden Lehrerbelastungen durch vielerorts ungünstige Rahmenbedingungen. Das beginnt bei überhöhten Klassenstärken und zunehmender ethnischer Vielfalt und reicht über ausufernde Vorgaben und Vorschriften der Bildungsverwaltungen, steigende Pflichtstundenzahl und mangelhafte Vorleistungen der Elternhäuser bis hin zur fehlenden Unterstützung durch Schulleitungen und Schulaufsicht sowie zu spezifischen schulorganisatorischen Restriktionen und Erschwernissen (vgl. ebd., zitiert nach Harder 2003, S. 9). Die dadurch ausgelösten fiskalischen Belastungen beziffert die Kasseler Studie auf 20.000 bis 30.000 Euro pro Frühpensioniertem. Doch dieses fiskalische Datum ist nur die eine Seite der Medaille. Viel schlimmer sind die persönlichen Belastungen und Erschütterungen, die durch die skizzierten Störfaktoren auf Lehrerseite ausgelöst werden.

Ähnlich alarmierende Befunde liefert eine vom deutschen Beamtenbund und seinen Mitgliedsverbänden in Auftrag gegebene Langzeitstudie von Professor Uwe Schaarschmidt von der Universität Potsdam, die am 10. April 2003 in Berlin vorgestellt wurde. Diese Studie bestätigt: Die psychosoziale Beanspruchung im Lehrerberuf ist ungleich höher als in anderen vergleichbaren Berufsgruppen. Als Hauptursachen ermittelt Schaarschmidt »äußere Faktoren«, die vielen Lehrkräften seit Jahren zunehmend zu schaffen machen und nicht selten zum so genannten »Burnout« führen. Zu diesen Faktoren gehören die wachsende Zahl schwieriger Schüler/innen, ihr Desinteresse und ihre Disziplinlosigkeit – interessant dabei: Die von verhaltensauffälligen Schüler/innen ausgehenden Belastungen werden besonders von Seiten der Lehrer*innen* angeführt und beklagt. Hinzu kommen die übervollen Klassen sowie zusätzliche Aufgaben, die den Schulen fortwährend von außen aufgebürdet werden. Außerdem sei der Lehrerschaft die Solidarität von Seiten der Eltern und die Wertschätzung ihrer Arbeit durch die Gesellschaft verloren gegangen (vgl. rheinland-pfälzische Schule 7/2003, S. 164, sowie die Zeitschrift Profil 5/2003, S. 19).

Zugegeben, Klagen über unbotmäßiges Verhalten der Schuljugend hat es schon immer gegeben. Wie Gustav Keller in seinem historischen Rückblick anschaulich belegt, haben die Alten am Leistungs- und Lernverhalten der Jungen schon immer etwas auszusetzen gehabt (vgl. Keller 1989). Gleichwohl führt dieses »das war doch schon immer so« unter den aktuellen Umständen nicht wirklich weiter. Zu dramatisch sind die Friktionen, die mittlerweile den Unterricht überlagern und beeinträchtigen. Die Schüler/innen von heute sind nicht nur anders als ihre Vorgänger-Generationen, sie sind in vielerlei Hinsicht auch schwieriger, anspruchsvoller, widerspenstiger, egoistischer, gleichgültiger, phlegmatischer und im guten wie im schlechten Sinne »unkonventioneller« geworden. »Bei den Schülern«, so stellte der SPIEGEL Ende der neunziger Jahre fest, »sinkt die Fähigkeit zur Konzentration, steigt die Angriffslust, fehlen die Geduld und die Lernbereitschaft, erlahmt das Interesse am Unterricht. In Umfragen bestätigen Pädagogen bundesweit, dass Krawalle und Clownerien, Aggressionen und Apathie in den Klassenzimmern kräftig zunehmen« (zitiert nach Harder 2003, S. 9). An dieser Situationsbeschreibung hat sich bis heute nicht viel geändert.

Wolfgang Harder berichtet von einer betroffenen Lehrerin, die angesichts der ausgeprägten Lern-, Leistungs- und Disziplinprobleme in ihren Klassen gleichermaßen zornig wie ratlos ausruft: »Die machen uns noch richtig krank.« Dieser Unmut ist nicht nur nachvollziehbar, er ist zu einem guten Teil auch berechtigt. Die besagte Lehrerin – seit drei Jahrzehnten an einer Hauptschule tätig – weiß von aggressiven Hochintelligenten und dumpfen Gewaltbereiten zu berichten, von den unverwurzelbaren Zappern und Zockern, von Medienfreaks und grenzenlosen Egoisten, von »apathischen Loosern« und desintegrierten Migrantenkindern, von Risikoschülern und Restschulschwänzern, von schwierigen, feindseligen und unerreichbaren Kindern (vgl. ebd.). Doch wie berechtigt ist diese Kritik? In der pauschalen Form, in der sie vorgebracht wird, ist sie sicherlich problematisch. Richtig daran ist, dass es die beschriebenen Verhaltens-, Lern- und Leistungsprobleme im Schulalltag nicht selten gibt. Sie provozieren Verärgerung, Hilflosigkeit und gelegentlich auch Verbitterung auf Lehrerseite. Falsch daran ist jedoch, wenn die skizzierten Verhaltensauffälligkeiten einseitig den Schüler/innen angelastet werden. Womöglich fallen diese nämlich nur deshalb aus der Rolle, weil sie ihre Begabungen und Interessen im gängigen Unterricht zu wenig gefordert und gefördert sehen – mit der Folge, dass ihnen Bestätigung und Erfolgserlebnisse fehlen – und damit entscheidende Quellen für Motivation, Disziplin und längerfristigen Lernerfolg.

So gesehen betrifft der beklagte Stress nicht nur die Gruppe der Lehrer/innen, sondern auch und nicht zuletzt die Schüler/innen selbst. Die Lehrer/innen erleben Stress, weil ihre Unterrichtsangebote von immer mehr Schüler/innen unterlaufen und/oder desinteressiert ausgesessen bzw. offensiv torpediert werden. Das zermürbt, frustriert und wirft gerade für die Engagierten unter den Pädagogen über kurz oder lang die Sinnfrage auf. Das viel zitierte »Burnout«-Phänomen ist eine Folge dieses chronischen Konflikts zwischen persönlichen Erwartungen und unterrichtlichen Realitäten (s. oben). Die Schüler/innen dagegen erleben Stress vornehmlich deshalb, weil die angebotenen Lehr- und Lernverfahren häufig in deutlichem Kontrast zu dem stehen, was sie wünschen und können. Vieles, was im alltäglichen Unterricht gefordert wird, erscheint ihnen eher langweilig, realitätsfern und nur darauf gerichtet, den Stoff bzw. den Lehrplan pflichtgemäß abzuspulen. Einen kleinen Eindruck von dieser Schülerkritik vermitteln die Zitate in Abbildung 2, S. 26.

Was erwarten die Schüler/innen? Wie eine repräsentative Umfrage aus den neunziger Jahren zeigt, wünschen sich die meisten Schüler/innen einen Unterricht »... mit viel Diskussion und mehr Gruppenarbeit, einen Unterricht, in dem sie selbstständig arbeiten und forschen können. Schüler wollen im Unterricht nicht etwa vorgefertigte Bildungshäppchen konsumieren, sondern aktiv mitarbeiten ... Die Schüler sehen sich also nicht etwa als Konsumenten, sondern als Koproduzenten.« (Kanders u.a. 1996, S. 34). Und die Realität? Sie sieht nach Einschätzung der befragten Schüler/innen deutlich anders aus. Da dominieren offenbar nach wie vor die konventionellen, eher lehrerzentrierten Unterrichtsformen mit viel Stillarbeit und ausgeprägter Lehreraktivität. »Mehr als die Hälfte der Schüler findet, dass sie sehr oft Stillarbeit machen müssen, aber nur 21 Prozent wünschen sich das. Auch der klassische Lehrervortrag ist

Was Schüler/innen am Unterricht zu kritisieren haben

»Die meisten Lehrer ... ziehen ihren Stoff durch, alles andere interessiert sie nicht. Bedauerlich finde ich das fehlende Engagement der meisten Mitschüler in der Schule. Wir werden in der Schule allerdings auch kaum angeleitet, Verantwortung zu übernehmen und handelnd etwas in eigener Regie durchführen zu dürfen. Zum wirklichen Einsatz für den anderen, auch für den Schwächeren, verführt das Gymnasium nicht.« *Daniel K., Abiturient*

»Leider herrscht das reine Lernen in der Schule von heute vor, das soziale Lernen kommt zu kurz. Ich bin keiner, der gegen Lehrer wettert, aber die Pädagogik fehlt in der Schule. Gefragt ist der pflegeleichte, angepasste Schüler. Was wir brauchen, sind weder Duckmäuser noch Ellbogentypen.« *Maurice C., Abiturient*

»Das heutige Gymnasium erzieht leider zum Einzelkämpfer und zu wenig Miteinander, obwohl die meisten später im Beruf es sicher mit einer Gruppe zu tun haben werden. Wenn man nach dreizehn Jahren die Schule verlässt, sollte man Selbstbewusstsein gelernt haben und genau wissen, was man will ...« *Judith S., Abiturientin*

Abb. 2 (aus: ZEIT Punkte 2/1996, S. 39)

nach 48 Prozent der Angaben an der Tagesordnung. Nicht mehr als 26 Prozent finden diesen Unterrichtsstil gut. Nur 29 Prozent der Schüler sagen, dass im Unterricht sehr oft diskutiert wird, nicht mehr als 14 Prozent, dass Gruppenarbeit üblich ist, und nur 7 Prozent geben an, dass sie oft eigene Untersuchungen machen dürfen.« (ebd.).

Wie immer man diese Befunde dreht und wendet: Sie signalisieren unverkennbar, dass sich in Deutschlands Klassenzimmern einiges ändern muss. Die tradierten Lehr- und Lernformen sind in die Krise geraten und produzieren mittlerweile Belastungen, die weder der Lehrerschaft noch den Schüler/innen länger zugemutet werden können. Sollen die Lehrkräfte ernsthaft entlasten werden, so bedarf es grundlegender Veränderungen im Unterricht. Denn die Lehrerentlastung steht und fällt letztlich damit, dass die skizzierten Friktionen im Unterricht abgebaut und die Schüler/innen wirksam angeregt und befähigt werden, sich stärker selbst zu engagieren und in eigener Regie zu lernen, Probleme zu lösen und konstruktives Miteinander zu praktizieren. Ein Unterricht, der solches leisten würde, wäre nicht nur ein wichtiger Beitrag zur Lehrerentlastung, sondern auch und zugleich ein entscheidender Schritt zur Effektivierung des Lehrens und Lernens schlechthin – ein Schritt zudem, die Motivation und Arbeitszufriedenheit auf Lehrer- wie Schülerseite zu steigern.

1.3 Methodenmonismus als Grundproblem

Das Grundproblem in Deutschlands Schulen ist der verbreitete Methodenmonismus. Im Zentrum des alltäglichen Unterrichts steht die Lehrperson als Quelle und Garant des Lernens. In vielen Schulen werden mittlerweile zwar andere Wege gesucht und gegangen, am lehrerzentrierten Grundmuster hat das jedoch nur wenig geändert. Die Regel sind nach wie vor stark direktive, lehrerzentrierte Verfahren mit ausgeprägter Lehreraktivität und vergleichsweise geringer Schüleraktivität. Das traditionelle Unterrichtsmuster mit Lehrervortrag, Stillarbeit, lehrergelenktem Unterrichtsgespräch, Tafelbildentwicklung, Hefteintrag und sonstigen lehrerseitigen Impulsen und Kontrollen ist bis heute vorherrschend (siehe Abbildung 3, S. 28). Dass die Schüler/innen unter diesen Vorzeichen wenig Raum zum Entwickeln von Selbstständigkeit, Eigeninitiative, Methodenbeherrschung, Problemlösungsvermögen, Sozialkompetenz und anderen aktuell geforderten Schlüsselkompetenzen erhalten, liegt auf der Hand. Kein Wunder also, dass ihre Motivation und ihre Lernerfolge in praxi zu wünschen übrig lassen. Das bloße Rezipieren des obligatorischen Lernstoffes ist für die meisten Jugendlichen nun einmal weder eine angemessene Herausforderung noch eine wirksame Quelle für greifbare Erfolgserlebnisse, auf die man stolz sein kann, weil man sich selbst etwas erarbeitet und erwirkt hat.

Dreh- und Angelpunkt dieser unterrichtlichen Engführung ist das *»fragend-entwickelnde Lehrverfahren«*, das in den Sekundarschulen erwiesenermaßen rund die Hälfte der Unterrichtszeit ausfüllt (vgl. Hage u.a. 1985, S. 64). Entgegen dem aktuellen didaktischen Erkenntnisstand finden Gruppenunterricht und Partnerarbeit de facto nur selten statt. Gleiches gilt für Schülertätigkeit, eigenverantwortliches Präsentieren, Schüler-Schüler-Diskussionen sowie das Strukturieren und Visualisieren des Lernstoffes durch die Schüler/innen. Übungsphasen sind eher die Ausnahme und keinesfalls die Regel, die Anwendung des Gelernten spielt faktisch kaum eine Rolle (vgl. ebd., S. 46ff.). Bestätigt wird diese Monokultur des schulischen Lehrens und Lernens u.a. durch eine neuere Studie des Fraunhofer Instituts, in der rund 50 Schulen – darunter 35 Gymnasien – näher unter die Lupe genommen werden. Dieser Studie zufolge dominiert im Alltag der untersuchten Schulen nach wie vor zu 70 – 90 Prozent der Unterrichtszeit die »frontale Wissensvermittlung« (vgl. Peter Eyerer, Leserbrief in DIE ZEIT vom 14.3.2002, S. 40) – ein fraglos ernüchternder Befund, wenn man die reformpädagogische Tradition in Deutschland bedenkt. Offenbar haben die Reformdebatten der letzten Jahrzehnte vorrangig auf dem Papier und/oder in einigen wenigen Reformprojekten ihren Niederschlag gefunden und weniger im Unterrichtsalltag der staatlichen »Normalschulen«.

Der lehrerzentrierte Unterricht hat hier zu Lande eine lange Tradition. Die Grundidee ist bis heute die, dass die Lehrkräfte ihren Schüler/innen den obligatorischen Wissenskanon auf mehr oder weniger direktivem Wege »beizubringen« haben. Abbildung 3, verdeutlicht dieses Grundmuster. Die Lehrkräfte sind vielseitig aktiv, die Schüler/innen verharren in einer eher passiven Rolle. Sie reagieren statt zu agieren. Sie rezipieren statt zu experimentieren; sie konsumieren statt kreativ zu arbeiten und selbstständig Probleme zu lösen. Dreh- und Angelpunkt dieses unterrichtlichen Grundmusters ist das erwähnte *fragend-entwickelnde Lehrverfahren*, das Jürgen Baumert, renommierter Bildungsforscher und PISA-Verantwortlicher für Deutschland, wie folgt kommentiert: »... in der Regel beginnt der Lehrer mit einem komplexen Problem, ... und dieses Problem soll sozusagen bearbeitet, gelöst werden, ohne dass die Schüler wissen, was das Ziel der Stunde ist. Das ist das Dumme dabei. Die Schüler sollen mitspielen, ohne die Spielregeln zu kennen, d.h. sie tasten sich an die Idee des

Unterrichts-Alltag

Was Lehrer/innen und Schüler/innen belastet

Der Lehrer ...

- plant
- organisiert
- entscheidet
- weist an
- trägt vor
- demonstriert
- erklärt
- korrigiert
- problematisiert
- bewertet
- fragt nach
- experimentiert
- strukturiert
- visualisiert
- löst Probleme
- übernimmt Verantwortung

etc.

Die Schüler sollen ...

- zuhören
- aufpassen
- einspeichern
- rezipieren
- abstrahieren
- reproduzieren
- Durchhaltevermögen zeigen
- angepasst lernen

etc.

Aber ... die Schüler/innen können und wollen das immer weniger!!!

Abb. 3 © Dr. H. Klippert

Lehrers assoziativ durch erste Antworten heran, bis sozusagen das Problem so klein gearbeitet und trivialisiert wird, bis der Schüler Ja oder Nein sagt oder einen Satz abruft, den er vorher auswendig gelernt hat.« (Baumert 2003, S. 4). Diese verbreitete »Suggestivpädagogik« ist ein zentraler Grund für das schlechte Abschneiden deutscher Schüler/innen bei PISA.

Bildungsforscher des Max-Planck-Instituts haben diesen Unterrichtsstil am Beispiel des Faches Mathematik anhand von Videomitschnitten näher studiert. In der Lesart von Reinhard Kahl stellt sich der typische Ablauf einer Unterrichtsstunde danach wie folgt dar: »Hausaufgaben präsentieren, neues Thema einführen, dieses im Gespräch nach einem feststehenden Plan Punkt für Punkt durchnehmen, Übungsaufgabe lösen, Hausaufgaben stellen. Das Schema nennt sich ›fragend-entwickelnder Unterricht‹ und gilt als typisch deutsch. Der Lehrer hat ein Ziel fest im Blick und will, dass die Schüler seinem Weg folgen. Sie laufen mit wie in der Hundeschule, häufig an der kurzen Leine und versuchen zu erschnüffeln, welche Fährte der Lehrer gelegt hat.« (Kahl 2003, S. 54) Diese Unterrichtsdramaturgie hat mit nachhaltigem Lernen und eigenverantwortlichem Arbeiten der Schüler/innen fraglos wenig zu tun. Sie verhindert eigenständiges Denken, statt es zu fördern. Sie zwingt zum »Lernopportunismus«, statt der kritisch-konstruktiven Auseinandersetzung mit unterrichtlichen Problemstellungen Raum zu geben. Sie belohnt das Nachahmen und bestraft das eigenwillige und eigenständige Kombinieren und Konstruieren der Schüler/innen. PISA lässt grüßen!

Wie Baumert bilanziert, begünstigt das »fragend-entwickelnde Verfahren« das reflexhafte und oberflächliche Lernen der Kinder. Ausgehend von einschlägigen Unterrichtsaufzeichnungen stellt er fest, dass auf Schülerseite kaum zusammenhängende Sätze gesprochen werden; die Lehreräußerungen dauern nicht länger als eine Minute; Aufgaben mit mehreren Lösungen oder zumindest unterschiedlichen Lösungswegen kommen -- anders als etwa in Japan – in Deutschlands Schulen kaum vor. Als störend werten deutsche Lehrer/innen, wie Baumert schreibt, vor allem zwei Arten von Schüleräußerungen: die intelligente Antwort, die vorgreift und beiseite geschoben werden muss und den Fehler, den ein Schüler vielleicht macht, wenn er geistig zu experimentieren beginnt. Dass sich aus Fehlern in der Regel eine Menge lernen lässt und intensiveres Nachdenken häufig erst dann in Gang kommt, wenn ein Fehler erkannt ist, scheint von deutschen Lehrer/innen viel zu wenig gesehen und anerkannt zu werden. Bei der Unterrichtsplanung und -gestaltung wird diese elementare pädagogische Erkenntnis zumindest kaum einmal berücksichtigt – anders als beispielsweise in Skandinavien oder einigen asiatischen Ländern (vgl. Baumert, zitiert nach ebd.).

Mit dieser linearen Unterrichtsführung kann der anstehende Lernstoff zwar relativ rasch durchgenommen und abgehakt werden. Nur, mit nachhaltigem Lernen und Be-Greifen der Schüler/innen hat das alles recht wenig zu tun. Die deutschen Schüler/innen sind, wie Klaus Döring zu Recht moniert, in ihrem Unterricht vorrangig gehalten, möglichst zügig »einzuatmen«, nachzuplappern und von Zeit zu Zeit zu reproduzieren, aber sie haben nur wenig Zeit, wirksam zu verdauen, zu forschen, zu konstruieren, zu präsentieren, zu reflektieren, zu diskutieren und in anderer Weise produktiv und kreativ zu lernen. Die entscheidende Stufe des Lernens wird demnach in deutschen Klassenzimmern viel zu selten erreicht, nämlich das »Ausatmen« und konstruktive Anwenden des Gelernten (vgl. Döring 2001). Damit steht das traditionelle Lehr-/Lernkonzept in deutlichem Gegensatz zu den neueren Erkenntnissen der Lern- und Gehirnforschung, denen zufolge die zentrale Quelle für erfolgreiches Lernen das besagte »Ausatmen« ist, d.h. die aktive Aneignung, Übertragung und praktische Anwendung der je zu lernenden Informationen (vgl. ebd.). Doch genau diese Ebene der aktiven und kreativen Informationsverarbeitung und -anwendung spielt im Lernalltag unserer Schüler/innen eine vergleichsweise geringe Rolle.

Die Folge des skizzierten Methodenmonismus ist, dass sich viele Schüler/innen im Unterricht »gedankenlos« leiten lassen; sie reagieren mehr oder weniger reflexartig auf das, was ihnen ihre Lehrer/innen mittels spezieller Impulstechniken nahe legen. Diese Impulstechniken machen es den cleveren Schüler/innen möglich, auch ohne tiefergehenden fachlichen Durchblick halbwegs passende Beiträge zu liefern, die der jeweiligen Lehrkraft helfen, das geplante Stundenergebnis bzw. Tafelbild zügig zu entwickeln. Dieses direktive »Unterrichtsskript« (Baumert) ist nicht nur suggestiv und dazu angetan, das Gros der Schüler/innen zu einer fragwürdigen Oberflächlichkeit und Gedankenlosigkeit beim Lernen zu verleiten; es ist für die verantwortlichen Lehrpersonen in aller Regel auch höchst anstrengend und belastend – müssen diese doch ständig konzentriert bei der Sache sein und ihre Impulse und Interventionen so setzen, dass die ins Auge gefassten Stundenziele auch tatsächlich erreicht werden. Die im letzten Abschnitt skizzierte »Burnout«-Problematik ist nicht zuletzt Folge und Ausdruck dieser Dauer-Anspannung im Unterricht.

Franz E. Weinert, ehemaliger Direktor des Max-Planck-Instituts für psychologische Forschung in München, formuliert vor diesem Hintergrund einige grundlegende Vorbehalte gegenüber der traditionellen Engführung im Unterricht. Viele Lehrer/innen – so seine Kritik – orientierten sich zu sehr an den Lernzielen der geltenden Curricula und tendierten von daher dazu, die Schüler/innen durch richtungsweisende Fragen und Impulse zu exakt diesen Zielen hinzuführen. Zudem seien sie geneigt, die jeweilige Zielerreichung durch entsprechende Klassenarbeiten bzw. Tests zu überprüfen (vgl. Weinert 1999, S. 31). Löse beispielsweise eine hinreichende Zahl von Schülern eine bestimmte Menge von Aufgaben, so werde dieses bereits als Unterrichtserfolg gewertet. Gefragt werde in der Regel nicht, ob die betreffenden Schüler/innen das erworbene Wissen auch tatsächlich verstanden hätten und anwenden könnten. Auch die Frage, wie souverän die Schüler/innen mit den neu erlernten Begriffen, Regeln und Methoden umzugehen wüssten, spiele bestenfalls eine nachgeordnete Rolle. Von daher lautet Weinerts Fazit: Der Unterricht in Deutschlands Schulen ist insgesamt zu wenig verständnisorientiert und viel zu sehr darauf fixiert, bestimmte eng definierte Ziele und Ergebnisse durch straffe Lehrersteuerung zu erreichen (vgl. ebd.).

Für Horst Rumpf ist dieser traditionelle Dirigismus und Methodenmonismus ebenfalls ein Stein des Anstoßes. Wie sollen Heranwachsende, so fragt er, sich in eine Arbeit vertiefen und Wesentliches entdecken, wenn ihr Tages- oder Wochenablauf einem »Flickerlteppich« gleicht und in dauernder Gehetztheit absolviert werden muss? Wie sollen sie Zusammenhänge verstehen und reflektieren lernen, wenn ihre Lehrer/innen sich unentwegt als Spezialisten rühmen und vom Inhalt anderer Fächer wenig oder gar nichts wissen wollen? Und wie sollen sie als »ganze Menschen« gefordert und gefördert werden, wenn sie im vorherrschenden Unterrichtsmodell »eigentlich nur als Prothesen für kognitive Prozesse« vorkommen, die in einförmiger und einkanaliger Weise zu absolvieren sind? – gerade so, als handele es sich bei den Schüler/innen nicht um lebendige Heranwachsende, die vom Drang nach eigenem Tun und nach »sinnlich-aktiver Weltbearbeitung« geprägt sind (vgl. Rumpf 1997, S. 74f.). Keine Frage: Horst Rumpf liegt mit diesen kritischen Nachfragen nicht nur richtig; er markiert damit auch bereits die pädagogische Perspektive – nämlich die: Das Lernen der Schüler/innen muss lebendiger, vielseitiger und interdisziplinärer werden und insgesamt mehr Kontinuität und Tiefgang bekommen.

Darauf zielt die hier anvisierte Neue Lernkultur. Eine Lernkultur, die Methodenvielfalt statt der beschriebenen Methodeneinfalt aufweist; eine Lernkultur, die die Schüler/innen ebenso vielseitig wie konsequent fordert und fördert; eine Lernkultur, zu der es ganz selbstverständlich gehört, dass die Lehrer/innen weniger und die Schüler/innen mehr und intelligenter arbeiten; eine Lernkultur, die den Kindern Gelegenheit gibt, im Unterricht Verantwortung zu übernehmen und in eigener Regie zu lernen und Probleme zu lösen. Eine Lernkultur aber auch, die von entsprechenden Moderations-, Organisations- und Beratungskompetenzen der verantwortlichen Lehrkräfte getragen wird. Dabei spielen methodisch-didaktische *Routinen* eine zentrale Rolle – Routinen also, die den Lehrkräften dazu verhelfen, gleichsam aus dem Stegreif neue Wege des Lehrens und Lernens zu organisieren und das eigenverantwortliche Arbeiten und Lernen der Schüler/innen ebenso wirksam wie ökonomisch voran zubringen. So gesehen genügt es nicht, auf die Kraft neuer pädagogischer Einsichten und Kenntnisse zu setzen, sondern das A und O erfolgreicher Unterrichtsentwicklung ist letzten Endes das entsprechende unterrichtspraktische Können und Wollen der zuständigen Lehrkräfte. Und diesbezüglich ist in unseren Schulen, Hochschulen und Studienseminaren noch eine Menge Klärungs- und Überzeugungsarbeit zu leisten.

1.4 Falsch verstandene Lehrerzentrierung

Die Alternative zur skizzierten Lehrerzentrierung heißt freilich nicht grenzenlose Selbststeuerung und Werkstattarbeit der Schüler/innen. Das wäre gewiss die falsche Konsequenz aus dem beschriebenen Dilemma der traditionellen Unterrichtsgestaltung. Lehrerzentrierung ist keineswegs out, sondern muss im Kern lediglich modifiziert und durch eine andere Art der Lehrerlenkung ersetzt/ergänzt werden (vgl. Klippert 2001, S. 58ff.). Wie die neuere Lernforschung zeigt, braucht erfolgreiches Lernen immer eine gewisse Lenkung und Unterstützung von Lehrerseite (siehe unten). Dieses Lenkungserfordernis wird von den Befürwortern des Offenen Lernens nur zu oft übersehen. Viele von ihnen neigen geradezu »blauäugig« dazu, einer ausgeprägten Selbststeuerung und Selbstorganisation der Schüler/innen das Wort zu reden (vgl. z.B. Vaill 1998 sowie Grönwoldt 1999) und vergessen dabei, dass das propagierte autonome Lernen für viele Schüler/innen nichts anderes als hoffnungslose Überforderung bedeutet. Dosierte Lehrerlenkung ist also vonnöten, wenn das Gros der Schüler/innen zielstrebig und effektiv lernen soll. Dass dabei der Grad der Lehrerlenkung unterschiedlich ausfallen kann und muss, je nachdem, wie versiert die betreffenden Schüler/innen in methodischer Hinsicht sind, ist klar.

Die Frage ist nur, wie man Lehrerlenkung versteht. Wird Lehrerlenkung so interpretiert, dass die Lehrkräfte dem Lern- und Arbeitsprozess ihrer Schüler/innen durch gezielte fachliche Instruktionen – Vorträge, Anfragen, Gesprächsimpulse, Knobelaufgaben, Zeit- und Materialvorgaben – Richtung und Unterstützung geben, dann ist diese Art der Lehrerlenkung fraglos richtig und wichtig. Ja mehr noch: Das Gros der Schüler/innen ist sogar dringend auf diese »Hilfe zur Selbsthilfe« angewiesen; andernfalls drohen Überforderung, Trödelei, Disziplinprobleme, Motivationseinbußen und mehr oder weniger ausgeprägtes Leistungsversagen. Wenn diese leistungsmindernden Einflüsse vermieden werden sollen, dann bedarf es dazu zwingend einer möglichst intelligenten Rahmensteuerung durch die Lehrkräfte. Das Motto dabei: so viel Freiraum wie möglich und so viel Inputs und Unterstützung durch die Lehrkräfte wie nötig. Schülerzentrierung und Lehrerlenkung sind also keine Gegensätze, sondern durchaus komplementäre Größen.

Franz E. Weinert hat auf diese Komplementarität von Schülerzentrierung und Lehrerlenkung in der Vergangenheit immer wieder hingewiesen und dabei betont, wie wichtig die »lehrergesteuerte, aufgabenbezogene und effektive Instruktion« sei. In seinen Thesen zum »Lehren und Lernen für die Zukunft« lautet sein Befund: »Sowohl das vom Lehrer angeleitete, als auch das vom Schüler selbstständig gesteuerte Lernen sind gleichermaßen wichtige Arbeitsformen im Unterricht. Deshalb ist es eine gefährliche Bildungsideologie, die aktive, konstruktive und selbstständige Rolle des Lernenden zu betonen und dem Lehrer nur noch eine anregende, beratende und moderierende Funktion zuzuschreiben. Praktisch alle verfügbaren Unterrichtsstudien zeigen die Wichtigkeit einer lehrergesteuerten, aufgabenorientierten und effektiven Instruktion.« (Weinert 1999a, S. 16). Instruktion meint für Weinert allerdings etwas anderes als die traditionelle Unterweisung. Für ihn schließt effektive Instruktion erhöhte Verantwortung und stärkere Selbstorganisation der Schüler/innen ausdrücklich mit ein. Dieses »Instruktionsverständnis« ist mittlerweile in die meisten aktuellen Studien zur Effizienzsteigerung im Unterricht eingeflossen (vgl. Bund-Länder-Kommission 1997, S. 24f.).

Für eine konstruktive Zusammenführung von Lehrerlenkung und Schülerzentrierung plädieren auch Heinz Mandl und Gabi Reinmann-Rothmeier – zwei ausgewiesene Experten in Sachen Lehren und Lernen in der modernen Wissensgesellschaft. Die Lernenden – so ihr Fazit – bräuchten nicht nur Freiraum für konstruktive und explorative Aktivitäten, sondern sie müssten auch und zugleich gezielte Hilfen für den Umgang mit Informationen, für die Bearbeitung von Problemstellungen und für die Zusammenarbeit in Gruppen erfahren. Die schulische Praxis verlange nach einer Balance zwischen expliziter Instruktion durch die Lehrenden und konstruktiver Aktivität der Lernenden (vgl. Reinmann-Rothmeier/Mandl 1997, S. 24). Diese Verzahnung betont auch Walter Edelmann, und zwar insbesondere im Hinblick auf die Erarbeitung großer Wissensgebiete. Die Koppelung von Selbsttätigkeit und gezielter Lehrerlenkung sichere effektive Vernetzung und fundiertes Begreifen großer Wissensmengen (vgl. Edelmann 2000, S. 9).

In welchem »Mischungsverhältnis« Selbststeuerung und Lehrerlenkung tatsächlich zur Anwendung gelangen, hängt u.a. vom Alter, vom Selbstvertrauen und von der Methodenkompetenz der Schüler/innen ab. Je versierter die Schüler/innen sind und je engagierter und planvoller sie an die je gestellten Aufgaben heranzugehen verstehen, desto breiter und anspruchsvoller kann der jeweilige »Lernkorridor« sein, den sie eigenverantwortlich auszugestalten haben. So mag der Arbeitsauftrag in einer ungeübten Klasse z.B. heißen: »Fasst die vorliegenden Textinformationen zum Thema Werbung in einer übersichtlichen Tabelle zusammen!« In einer versierten Klasse dagegen wird die Aufgabenstellung anspruchsvoller formuliert sein und z.B. lauten: »Erforscht die Werbestrategie des örtlichen Unternehmens X und bereitet dazu eine möglichst überzeugende 15-minütige Präsentation unter Beteiligung aller Gruppenmitglieder vor.«

Während die Schüler/innen im ersten Fall recht eng geführt und vorinformiert werden, haben sie im zweiten Fall beträchtliche Gestaltungsfreiheiten und -verantwortlichkeiten, und zwar sowohl hinsichtlich des methodischen Vorgehens als auch bezüglich der Ergebnisaufbereitung und -präsentation. Mit anderen Worten: Sie müssen planen, diskutieren und entscheiden, wo und wie sie die nötigen Informationen beschaffen, verarbeiten und so aufbereiten, dass eine überzeugende kooperative Präsentation vor der Klasse gewährleistet ist. Der Verantwortungsgrad ist im zweiten Fall also deutlich größer als im ersten.

Dieses Beispiel zeigt, dass die Ausdifferenzierung und Ausweitung des eigenverantwortlichen Arbeitens und Lernens der Schüler/innen keineswegs bedeutet, dass die Lehrersteuerung gegen Null geht. Art und Ausmaß der Lehrersteuerung verändern sich lediglich, und zwar weg von der erwähnten »Suggestivpädagogik« mit ihrer engen Führung und Ergebnissicherung, hin zur stärker indirekten Rahmensteuerung mittels Zeit-, Produkt-, Verfahrens- und Materialvorgaben. Das heißt: Die Schüler/innen müssen innerhalb der vorgegebenen Rahmenbedingungen eine ganze Menge selbst entscheiden und auf die Reihe bringen, wenn sie den betreffenden »Lernkorridor« konstruktiv nutzen und ausfüllen wollen. Sie haben also durchaus Gestaltungsspielräume, aber eben nicht uferlos. Die betriebswirtschaftliche Führungslehre spricht diesbezüglich von »Management by objektives« und meint damit die dosierte Prozesssteuerung mittels spezifischer Zielvorgaben. Dieser Ansatz steht in deutlichem Kontrast zur oben beschriebenen Detailsteuerung mit ihrer ausgeprägten Ergebnisfixierung und -darbietung durch die Lehrkräfte. In diesem Sinne wirkt der »Management-by-Gedanke« der gängigen Hyperaktivität und allseitigen Verantwortlichkeit der Lehrer/innen entgegen.

Fazit also: Nicht die Lehrerlenkung in deutschen Klassenzimmern ist das Problem, sondern die offensive und einengende Art, mit der diese Lenkungsaufgabe vielerorts wahrgenommen wird. Prototyp der geistigen Engführung ist das erwähnte fragend-entwickelnde Lehrverfahren. Daran muss sich etwas ändern; andernfalls besteht wenig Hoffnung, dass Deutschlands Schüler/innen bei zukünftigen PISA-Untersuchungen entscheidend besser abschneiden werden. Howard Gardner hat daher Recht, wenn er dafür plädiert, dass sich die Lehrer/innen viel stärker als bisher als »Trainer, Koordinatoren und Coaches« verstehen und betätigen sollten – als »Entwicklungshelfer« also, die die Schüler/innen anleiten und ermutigen, persönliche Fähigkeiten zu entdecken, eigene Ideen auszuarbeiten, diese verschiedenen Prüfungen zu unterziehen und insgesamt ein möglichst nachhaltiges Verständnis von schulischen Sachverhalten, Problemen und Verfahren aufzubauen (vgl. Gardner 1996, S. 154). Dieser Option wird im vorliegenden Buch in vielfältiger Weise Rechnung getragen. Das schließt ein, dass von Lehrerseite Aufgaben gestellt und Lernsituationen arrangiert werden, die den Schüler/innen Gelegenheit geben, entsprechende Kompetenzen zu entwickeln und einzuüben. Lehrerlenkung in diesem Sinne heißt also nicht, noch mehr Wissen in die Köpfe der Schüler/innen zu schleusen, sondern meint auch und vor allem, dass lehrerseitig konstruktive Prozesse der selbsttätigen und selbstständigen Wissenserschließung und Wissensaneignung im Unterricht initiiert, organisiert und moderiert werden (vgl. Arnold 1993, S. 53).

1.5 Vom trägen zum intelligenten Wissen

Dass sich die moderne Industriegesellschaft in einem rasanten Veränderungsprozess befindet, ist mittlerweile Allgemeingut geworden. Die Halbwertzeit des Fachwissens liegt nach neueren Schätzungen bei 3–5 Jahren, in technologisch fortgeschrittenen Anwendungsbereichen sogar bei einem Jahr und darunter. Von daher stellt sich die Frage des Wissenserwerbs heute anders als früher. Zwar trifft das rasche Veralten des Fachwissens keinesfalls für das Einmaleins, den Pythagoras, für historische Sachverhalte oder z.B. die Grundlagen der deutschen Sprache zu, wohl aber legt die Dynamik der modernen Wissensgesellschaft neue Prioritätensetzungen und Verfahrensweisen für den Schulunterricht nahe. »Jahrhundertelang konnte man davon ausgehen, dass ein Bildungs-Vorratsmodell völlig genügend war ... Dies ist nicht nur jetzt, sondern für alle Zukunft vorbei. Das heißt, wir müssen von einem Bildungs-Vorratsmodell zu einem permanenten Bildungs-Erneuerungsmodell gelangen ... Damit besteht die Notwendigkeit, dass Schulen nicht nur Inhalte vermitteln ..., sondern dass sie Voraussetzungen schaffen, mit deren Hilfe man später Neues erwerben kann.« (Weinert 2000, S. 1).

Weinert plädiert von daher für eine stärkere Gewichtung des *intelligenten Wissens* im Unterschied zum *trägen Wissen* – jenem Wissen also, dessen Vermittlung in vielen Schulen bis heute vorherrscht und nach wie vor einer recht geistlosen Paukerei der Schüler/innen Vorschub leistet. Mit diesem »trägen Wissen« meint Weinert zum einen »passiv verfügbare Fakten« zum anderen »mechanisch anwendbare Kenntnisse«, die mit bestimmten Lernsituationen »verlötet« und auf eher »unverstandenen Leistungsdispositionen« aufgebaut sind (vgl. Weinert 1999a, S. 16). In die gleiche Richtung argumentiert Horst Siebert, der zum »trägen Wissen« kritisch anmerkt: »Träges Wissen bleibt ›äußerlich‹, oberflächlich und funktionslos. Das meiste ›verordnete‹, vorgegebene Wissen wird eingeprägt, aber nicht begriffen, es trägt nichts zur Identitätsentwicklung bei. Träges Wissen beinhaltet keine Transferpotenziale, es befähigt kaum zur eigenständigen Problemlösung.« (Siebert 2003, S. 22).

Dagegen ist *intelligentes Wissen* – wie Weinert schreibt – »ein wohlorganisiertes, disziplinär, interdisziplinär und lebenspraktisch vernetztes System von flexibel nutzbaren Fähigkeiten, Fertigkeiten, Kenntnissen und metakognitiven Kompetenzen« (Weinert 2000, S. 5). Der Erwerb derartigen Wissens verlangt von den Schüler/innen, dass sie beim Lernen nicht nur selbstständig denken und kombinieren, sondern auch Probleme erfassen, Probleme lösen, Wissen vernetzen, Informationen durchdacht aufbereiten und Lernergebnisse gut strukturiert präsentieren. So gesehen zielt der Aufbau intelligenten Wissens auf ebenso vielseitige wie anspruchsvolle Lernaktivitäten der Schüler/innen.

Anhand eines einfachen Beispiels aus der Mathematik macht Weinert deutlich, wie diese Lernarbeit der Schüler/innen aussehen kann. Ausgangspunkt seines Beispiels ist die scheinbar zufällig ausgewählte Zahlenfolge *2-4-1-2-9-8-3-1-1-2-9-9.* Diese soll von den Schüler/innen nach kurzem Ansehen in der richtigen Reihenfolge memoriert und wiedergegeben werden. Weinerts Kommentar: »Wer nun die Ziffernfolge auswendig lernt, braucht mindestens sechs oder acht Wiederholungen, weil das menschliche Kurzzeitgedächtnis nur in der Lage ist, etwa sieben einzelne Elemente gleichzeitig zu speichern. Intelligent gelernt, bereitet diese Ziffernfolge überhaupt keine Schwierigkeiten. Wer erkannt hat, dass es sich um den Weihnachtstag des Jahres 98 und den Silvestertag des Jahres 99 handelt, wird nicht nur diese Ziffernfolge sofort wiederholen können, sondern sie möglicherweise auch nach vier Wochen noch nicht vergessen haben.« (ebd.). Dieses Beispiel belegt, was intelligentes Wissen ist, nämlich sinnhaft verknüpftes und geordnetes Wissen, das mittels spezifischer Denk-, Gesprächs- und Verknüpfungsaktivitäten gewonnen wird. Die jüngsten PISA-Aufgaben gehen in eine ganz ähnliche Richtung (vgl. Abb. 1, S. 21).

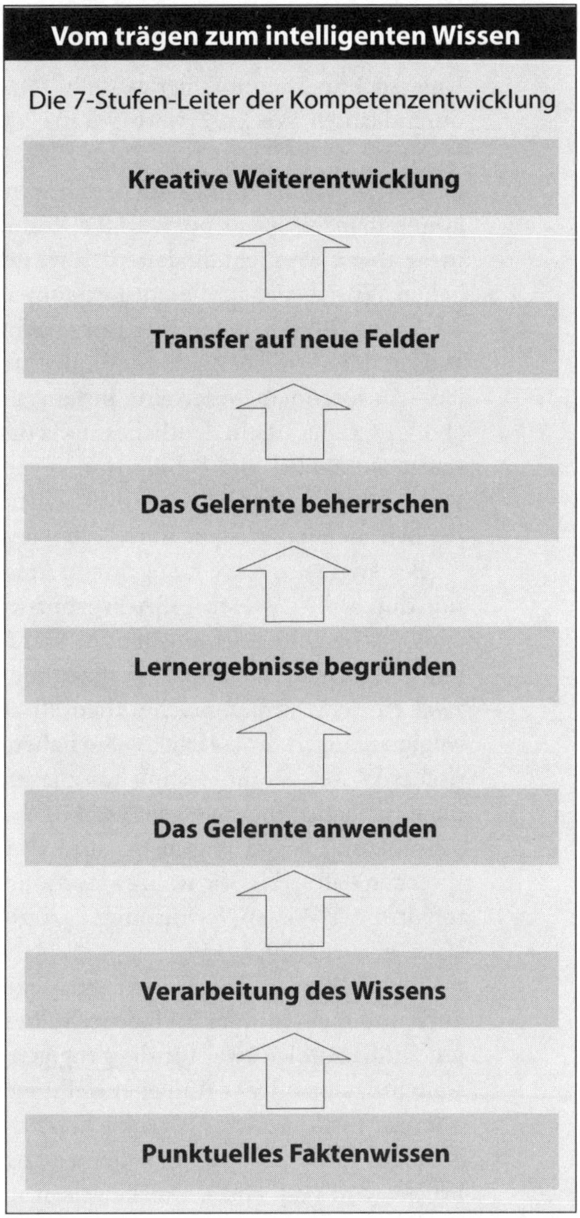

Abb. 4 © Dr. H. Klippert

Richtig und wichtig an diesem Lehr- und Lernverständnis ist, dass die tradierte Paukerei unverblümt infrage gestellt und der durchdachten Konstruktion und Rekonstruktion fachspezifischer Wissensbestände offensiv das Wort geredet wird. Wie Weinert zu Recht konstatiert, gibt es kein Lernen ohne Schüleraktivität. Andererseits betont er jedoch auch, dass es keine lernwirksamen Schüleraktivitäten ohne eine gute Portion Lehrersteuerung und -instruktion gibt (vgl. ebd., S. 6). Diese Komplementarität von Lehrerlenkung und verstärkter Schüler-Selbsttätigkeit ist spätestens seit PISA kaum noch umstritten. Wenn das Lernen der Schüler/innen also effektiver und zeitgemäßer werden soll, dann geht das weder durch enge Instruktion noch durch uferlose Selbstorganisation der Lernenden. Das Gros der Schüler/innen braucht beides: Erweiterte Freiheitsgrade, aber auch gezielte Führung und »Hilfe zur Selbsthilfe« seitens der Lehrkräfte. Darin sind sich die pädagogischen Fachleute weithin einig. Die Bildungspolitik muss die Umsetzung dieser Erkenntnis in Schule und Lehrerausbildung wirkungsvoll unterstützen.

Unterstrichen wird Weinerts Option durch die neuere Gehirnforschung. Wie Elsbeth Stern, Forscherin am Max-Planck-Institut in Berlin, unter Bezugnahme auf neuere Untersuchungsbefunde herausstellt, setzt schulische Kompetenzförderung zwingend durchdachten Wissenserwerb voraus. »Wissen ist der entscheidende Schlüssel zum Können«, so ihr Credo (vgl. Stern 2003, S. 34). Dabei verhehlt sie nicht, dass »isoliertes Faktenwissen« unter dem Strich wenig bringt. Mit dem gängigen Lexikonwissen könne man vielleicht noch einige Runden im Fernsehquiz überstehen, schreibt sie, mehr aber auch nicht. Bedauerlich sei nur, dass ein Großteil des in der Schule erworbenen Wissens genau diesem Lexikonwissen entspreche und daher so »vergänglich« sei. Vielen Schüler/innen gelinge es nachweislich nicht, das im Unterricht behandelte Wissen mit »Köpfchen und Methode« zu nutzen, wenn es ein »ungewöhnliches Problem« zu lösen gäbe oder eine bislang noch nicht behandelte Aufgabe anstehe (vgl. ebd.). Das alles ist ein deutliches Indiz dafür, dass es um den fachlichen und methodischen Durchblick der Schüler/innen nicht gerade zum Besten bestellt ist. Er reicht weder für einen durchdachten Wissenstransfer noch für die kompetente Anwendung des betreffenden Wissens innerhalb wie außerhalb der Schule.

Bestätigt wird diese mangelhafte Anwendungskompetenz der Schüler/innen nicht nur durch die neueren PISA-Ergebnisse, sondern auch durch einschlägige lernpsychologische Untersuchungen zum Verhältnis von Wissen und Handeln bei Studenten. Wie Gruber u.a. zeigen, besitzen die meisten Studenten am Ende ihres Studiums zwar ein recht umfangreiches theoretisches Wissen, können damit in der Regel aber wenig anfangen. Im Klartext: »Sie haben an der Universität nicht gelernt, ihr theoretisches Wissen für die Lösung komplexer, realitätsnaher Probleme zu nutzen, ja mehr noch, sie haben meist so gelernt, dass die Voraussetzungen für eine erfolgreiche Wissensnutzung sogar ungünstig sind. Befunde instruktionspsychologischer Studien sprechen dafür, dass die wenig anwendungsbezogene, oft abstrakte und systematisierte Form der Wissensvermittlung ... dazu beiträgt, dass träges Wissen erzeugt wird.« (Gruber u.a. 2000, S. 139).

Das Problem des »trägen Wissens« gibt es also nicht nur in den Schulen, sondern auch und nicht minder im Hochschulbereich. Das erworbene Wissen kann der zitierten Studie zufolge zwar für die gängigen Prüfungen genutzt werden, aber bei der Bewältigung alltäglicher Aufgabenstellungen und Probleme hilft es in der Regel wenig oder gar nicht. Anders ausgedrückt: Zwischen Wissen und Handeln besteht eine ausgeprägte Kluft, die weder in der Hochschule noch in den Schulen wirksam überbrückt wird (vgl. ebd.). Das beweisen nicht zuletzt internationale Vergleichsstudien wie PISA und TIMSS. Ausgehend von TIMSS stellt Jürgen Baumert mit Blick auf Japan fest, dass das dort vorherrschende Unterrichtsskript ein anderes als in Deutschland sei und offenbar nachhaltigere und breitere Lernerfolge gewährleiste. Baumerts Erklärung: »Japans Schüler nehmen nicht anderen oder mehr mathematischen Stoff durch, sondern denselben Stoff variationsreicher und mathematisch anspruchsvoller.« (Zitiert nach Gruber u.a. 2000, S. 141).

Von daher liegen die erwähnten Lernforscher Franz E. Weinert und Elsbeth Stern fraglos richtig, wenn sie variantenreiches Üben und verstärkte Selbsttätigkeit und

Konstruktionsarbeit der Kinder fordern, damit in deren Gehirnen möglichst nachhaltige Verknüpfungen entstehen können (vgl. DIE ZEIT v. 3.4.2003, S. 28). Auch der Neurobiologe Henning Scheich betont: »Ein Kind lernt dann am besten, wenn es Aufgaben selbstständig löst. Das Lustgefühl, das damit einhergeht, ist nachhaltiger als jede Belohnung von außen.« (zitiert nach: SPIEGEL 27/2002, S. 69). Dass dabei Lernumwege und Fehler zulässig sein müssen, versteht sich von selbst, ist aber in Deutschlands Schulen nach wie vor ein höchst umstrittener Punkt. Was bei den entsprechenden Debatten hier zu Lande oft übersehen wird ist, dass das Lernen der Schüler/innen vom Grundsatz her ein experimentelles Geschehen ist. Die üblichen Lernwege verlaufen in der Regel recht krumm und gehen für die Lernenden selten ohne Irritationen und Kurskorrekturen über die Bühne. Doch gerade dieses »trial and error« ist es, was in den Köpfen der Schüler/innen »intelligentes Wissen« entstehen lässt – Wissen, das durch die aktive Art seiner Aneignung vergleichsweise dauerhaft abgespeichert und verfügbar gehalten werden kann (vgl. Stern, zitiert nach Kahl 2003, S. 28).

Bestätigt wird diese Einschätzung u.a. durch neuere Ergebnisse der Konstruktivismus-Forschung (vgl. Siebert 2003; Reich 2002; Voss 2002). Danach ist die entscheidende Quelle für erfolgreiches Lernen der Schüler/innen deren Konstruktions- und Rekonstruktionsarbeit im Unterricht. Das beginnt bei schriftlichen und zeichnerischen Produkten und reicht bis hin zu eigenen Vorträgen, Diskussionsbeiträgen und sonstigen emotionalen und sozialen Klärungen, die im Unterricht vorgenommen werden (vgl. Reich 2002, S. 161ff.). Dieser erweiterte Lern- und Bildungsbegriff korrespondiert mit dem hier vertretenen Bildungsanspruch. Egal, welches Wissen den Schüler/innen von Lehrerseite auch immer angeboten wird, seine tatsächliche Aneignung steht und fällt mit den angesprochenen Konstruktions- und Rekonstruktionsaktivitäten – jener schöpferischen Lernarbeit also, bei der Denken und Tun, Fühlen und Erleben vielseitig ineinander greifen.

Wie die Abläufe und Ergebnisse der besagten Konstruktionsaktivitäten der Schüler/innen letzten Endes ausfallen, hängt nach konstruktivistischer Sicht weniger von der Qualität der Lehrerinputs ab als vielmehr davon, wie das kognitiv-emotionale System der Schüler/innen mit diesen Inputs umgeht (vgl. Siebert 2003, S. 16). Die Konstruktion »intelligenten Wissens« ist demnach nicht nur reines »Vernunftlernen« im kognitiv-intellektuellen Bereich, sondern sie schließt soziale, methodische, kommunikative und emotionale Klärungs- und Selbstklärungsprozesse der Schüler/innen mit ein. Wichtig dabei: Die betreffende Konstruktions- und Rekonstruktionsarbeit »... erfordert die ›Anstrengung des Begriffs‹, das Erkennen von Zusammenhängen, systemisches vernetztes Denken, reflexive Beobachtungen« (ebd., S. 21), ist insgesamt also höchst vielschichtig und anspruchsvoll.

Der Aufbau »intelligenten Wissens« ist aber nicht nur eine Frage des kreativen und produktiven Lernens im Unterricht, sondern auch und zugleich eine Frage des konsequenten Übens und Festigens im Lernprozess. Darauf weist die Lernforscherin Elsbeth Stern zu Recht hin (vgl. Stern 2003, S. 35). Sie moniert, dass es ein kapitaler Fehler der Bildungsreform der 60er- und 70er-Jahre gewesen sei, dem Üben, Anwenden und Festigen des erworbenen Wissens so wenig Bedeutung beigemessen zu haben. Die »Automatisierung des Wissens« sei zwar kein besonderer Intelligenznachweis, wohl aber eine zentrale Voraussetzung dafür, dass nachhaltiges Verständnis aufgebaut werden könne. Wirksame Verstehensprozesse seien im Kern nämlich daran gebunden, dass die Schüler/innen den Kopf frei hätten für kreative, sinnstiftende Lernaktivitäten. Die Automatisierung des Wissens sei daher eine durchaus wichtige und hilfreiche Angelegenheit – vorausgesetzt, dieses Wissen werde in weiter reichendes sinnstiftendes Lernen eingebettet (vgl. ebd.). Der in diesem Buch vorgestellte Trainingsansatz trägt dieser Forderung nach Routinebildung und automatisiertem Handeln Rechnung.

1.6 Was die Bildungsabnehmer erwarten

Einig sind sich die Bildungsverantwortlichen hier zu Lande darin, dass Deutschlands Schüler/innen wirksamer als bisher auf das vorbereitet werden müssen, was sie nach der Schule erwartet. Und was erwartet sie? Fest steht, dass es mit dem gängigen Pauken für das Kurzzeitgedächtnis und für die nächste Prüfung nicht mehr getan ist. Verlangt werden in der modernen Arbeits-, Berufs- und Hochschulwelt vor allem fach- und aufgabenspezifische Denk- und Problemlösungsfähigkeit, Eigeninitiative und Zielstrebigkeit, Planungs- und Organisationsfähigkeit, Kommunikations- und Teamkompetenz. Natürlich ist auch fundiertes Fachwissen gefragt, aber eher im Sinne handlungsrelevanten Wissens. Wichtiger als detailliertes Fakten- und Vorratswissen ist in der modernen Wissensgesellschaft die Kompetenz der jungen Leute, sich selbst Wissen zu erschließen, dieses wirksam im Gedächtnis zu verankern und in konkreten Aufgabensituationen überlegt anzuwenden. Dieser Wissensbegriff korrespondiert mit dem, was Franz E. Weinert das »intelligente Wissen« nennt (siehe letzten Abschnitt) – Wissen also, das durchdacht und vernetzt zur Verfügung steht und im Bedarfsfall verlässlich genutzt und angewandt werden kann.

Dass diese Art des Wissenserwerbs in unseren Schulen bis dato eine eher geringe Rolle spielt, ist in den vorangehenden Abschnitten bereits dargelegt worden. Klage darüber führen nicht nur Bildungsforscher und Bildungspolitiker, sondern seit Jahr und Tag auch eine Reihe namhafte Wirtschaftsvertreter. Fachleute der Industrie- und Handelskammern weisen seit langem nahezu »gebetsmühlenartig« darauf hin, dass viele Absolventen der Schulen weder in punkto *Wissen* noch in punkto *Können* den Ansprüchen der modernen Arbeits- und Berufswelt gerecht würden. Die Folge: Viele Ausbildungsbetriebe müssten die Jugendlichen nach Verlassen der Schule intensiv nachschulen, um das fragmentierte Schulwissen durch anwendungsbezogenes »Handlungswissen« anzureichern. Dieses Qualifikationsproblem wird durch einschlägige wissenschaftliche Untersuchungen bestätigt (vgl. Weinert 2000, S. 6).

Anwendungsbezogenes Wissen und Können stehen daher in der Wunschliste der Kammern und Wirtschaftsbetriebe ziemlich oben an. Dazu gehören »... das Verfassen einfacher Texte mit korrekter Rechtschreibung und Grammatik, das Beherrschen der vier Grundrechenarten, die Sicherheit im Umgang mit Maßeinheiten sowie Flächen-

und Volumenberechnungen, Grundkenntnisse in Geometrie, grundlegende naturwissenschaftliche Kenntnisse, Grundkenntnisse im Umgang mit dem PC, Kenntnisse wirtschaftlicher und gesellschaftlicher Zusammenhänge, Grundkenntnisse in Englisch« (Schlaffke 2003, S. 7). Doch diese eher konventionellen Qualifikationserwartungen sind nur die eine Seite der Medaille. Mindestens genauso wichtig wie die skizzierten »Grundkenntnisse« sind für die Wirtschaftsbetriebe übergreifende Schlüsselqualifikationen im personalen und sozialen Bereich. Dazu zählen Lern- und Leistungsbereitschaft, Sorgfalt und Konzentrationsfähigkeit, Verlässlichkeit und Ausdauer bei der Aufgabenerfüllung, Selbstständigkeit und Eigeninitiative, Übernahme von Verantwortung im Arbeitsprozess, Aufgeschlossenheit gegenüber Neuem, Kommunikationsfähigkeit, Teamfähigkeit sowie die Fähigkeit und Bereitschaft zur Kritik und Selbstkritik (vgl. ebd., S. 7f.).

Gemessen an diesen Anforderungen, kommen die deutschen Schulabsolventen vielerorts recht unvorbereitet in die betriebliche bzw. universitäre Ausbildungsphase. Das wird nicht zuletzt von den Jugendlichen selbst bestätigt. Wie eine neuere Abiturientenbefragung zeigt, ist die Unzufriedenheit der jungen Leute mit ihrer schulischen Vorbildung groß. »Zwei Drittel der jungen Menschen mit Hochschulreife bemängeln, dass sie trotz jahrelangen Paukens in der Schule nicht gut auf die Berufsausbildung oder das Studium vorbereitet seien.« (IWD 1/2002, S. 8). Statt eigenverantwortlich zu arbeiten und sich eigenständig Wissen zu erschließen, gehe es im Schulalltag nach wie vor wesentlich darum, historische Daten oder mathematische Formeln nach Anweisung zu pauken. Bezüglich der Förderung der im Studium und Beruf bedeutsamen »Schlüsselqualifikationen«, leisteten die meisten Schulen entschieden zu wenig (vgl. ebd.). In die gleiche Richtung gehen die Befunde einer aktuellen Studie des Hochschul-Informations-Systems in Hannover, derzufolge achtzig Prozent der Studienanfänger des Wintersemesters 2000/2001 über ernsthafte Wissens- und Fähigkeitsdefizite zu Beginn ihrer akademischen Laufbahn klagen (vgl. SPIEGEL 26/2002, S. 64). Kein Wunder also, dass sich nur knapp ein Drittel der befragten Abiturienten »gut« oder »sehr gut« auf die Ausbildungs- und Berufswelt vorbereitet wähnt (vgl. IWD 4/2002, S. 8).

Von daher hat Franz E. Weinert zweifellos recht, wenn er feststellt, dass uns das Problem der beruflichen »Schlüsselqualifikationen« in Deutschland noch intensiv beschäftigen werde (vgl. Weinert 2000, S. 7). Damit meint er vor allem die *konkreten Schlüsselqualifikationen.* Zu diesen zählt er u.a. den mündlichen sprachlichen Ausdruck, das Beherrschen von Fremdsprachen und die Medienkompetenz im weitesten Sinne des Wortes – Fähigkeiten und Fertigkeiten also, die sich im Unterricht relativ konkret vermitteln und einüben lassen. Zu den *abstrakten Schlüsselqualifikationen* rechnet er dagegen solche Kompetenzen wie Autonomie und Selbstmanagement – Kompetenzen mithin, von denen niemand so recht weiß, wie man sie im Unterricht konkret lehren und lernen kann (vgl. ebd., S. 8).

Drüber hinaus betont Weinert die zentrale Bedeutung fachübergreifender Lern- und Sozialkompetenzen, die in der Schule verstärkt vermittelt werden müssten. Jeder einzelne Schüler müsse, so sein Plädoyer, die wichtigsten Gesetzmäßigkeiten des Lernens und des eigenen Gedächtnisses durchschauen und beherrschen lernen – eine Aufgabe, die zwar nicht leicht zu lösen sei, die angesichts der bestehenden Lern- und Leistungsprobleme in unseren Schulen aber verstärkt angegangen werden müsse. Gleiches konstatiert Weinert bezüglich der Vermittlung von Sozialkompetenzen. Das systematische Einüben kooperativer Fähigkeiten und Fertigkeiten ist für ihn eine ebenso wichtige wie zukunftsträchtige Aufgabe. Weinerts Fazit zum Thema »Schlüsselqualifikationen«: Kernziel der schulischen Bildungsarbeit bleibe zwar die systematische Vermittlung von »intelligentem Wissen« (vgl. den letzten Abschnitt), doch daneben müsse im Interesse der Zukunftsfähigkeit unserer Gesellschaft verstärkt darauf geachtet werden, dass die Schüler/innen auch weiter gehende »Anwendungskompetenzen« erlernten, nämlich Methodenbeherrschung, soziale Kompetenzen, Lernkompetenzen und Wertorientierungen (vgl. ebd., S. 9f.).

In die gleiche Richtung argumentieren Heinz Mandl und Gabi Reinmann-Rothmeier – zwei Forscher, die sich seit Jahren mit den Besonderheiten des »Wissensmanagements« beschäftigen und in diesem Kontext eruiert haben, welche Kompetenzen die Jugendlichen in der modernen Wissensgesellschaft benötigen, um den neuen Anforderungen möglichst überzeugend gerecht werden zu können (vgl. Reinmann-Rothmeier/Mandl 1997, S. 20ff.). Ihr Resümee: Der forcierte Umgang mit Technik, Information und Wissen verlange ein Mehr an

- **technischer Kompetenz,** da die neuen Informations- und Kommunikationstechnologien nur so wirksam zu nutzen und zu beherrschen seien;
- **Kompetenz zum Wissensmanagement,** da die Beschaffung, Selektion, Bewertung und Konstruktion von Wissen immer wichtiger werde;
- **sozialer Kompetenz,** da die Komplexität unseres Wissens und Arbeitens nur noch durch verstärkte Kooperation im Arbeitsleben zu bewältigen sei;
- **Entscheidungskompetenz,** da der Einzelne bei wachsender Selbst- und Mitverantwortung mit diffizilen Entscheidungssituationen zurechtkommen müsse;
- **demokratischer Kompetenz,** da die moderne Wissensgesellschaft ohne demokratische Tugenden wie Verantwortungsbewusstsein, Solidarität, Toleranz und Konsens letztlich nicht auskomme (vgl. ebd., S. 20ff.).

Die aktuelle Debatte über neue Bildungsstandards unterstreicht, dass die skizzierten Qualifikationsanforderungen von Bildungspolitikern, Schulforschern und Unterrichtspraktikern durchaus gesehen und ernst genommen werden. Und das ist auch gut so. Denn der verengte Bildungsbegriff traditioneller Prägung ist längst obsolet geworden. Ihn praxiswirksam zu verändern und zu erweitern ist eine der zentralen Aufgaben, vor denen das deutsche Bildungswesen derzeit steht. Das ist spätestens seit TIMSS und PISA klar geworden. Doch wie und wo ist anzusetzen? Über neue Bildungsstandards und -ziele nur akademisch zu diskutieren hilft ebenso wenig weiter wie die bloße Dekretierung dieser Standards »von oben herab«. Die besten Kompetenz-Kataloge und Umsetzungsrichtlinien helfen solange nicht wirklich weiter, solange den zuständigen Lehrer/innen das entsprechende pädagogische »Handwerkszeug«

fehlt. Und in diesem Punkt haben wir hier zu Lande noch eine Menge Nachholbedarf. Von daher müssen dringlich Wege gesucht und gefunden werden, die über die aktuellen theoretischen Debatten und Setzung hinaus führen und unmittelbar dazu beitragen, das didaktisch-methodische Repertoire der Lehrkräfte zu verbessern.
Fakt ist nämlich, dass die meisten Lehrkräfte die Innovationserfordernisse im unterrichtlichen Bereich inzwischen durchaus einsehen und auch bereit sind, das schulische Lehren und Lernen in die skizzierte Richtung zu verändern. Von daher haben wir derzeit weniger ein *Erkenntnisproblem*, sondern vor allem ein *Kompetenzproblem.* Ein Kompetenzproblem in dem Sinne, dass es vielen Lehrer/innen schlicht und einfach am nötigen unterrichtspraktischen Know-how sowie an den korrespondierenden methodischen Routinen für die Umsetzung der neuen Lehr- und Lernverfahren mangelt. Die in der Vergangenheit angestoßenen Reformen waren meist derart anspruchsvoll und aufwändig, dass selbst gutwillige Lehrkräfte eher abgeschreckt als ermutigt wurden. Von daher kann man es drehen und wenden wie man will: Die tradierte Lehr- und Lernkultur wird sich letztlich nur dann nachhaltig verändern, wenn die schulischen Akteure das wohl begründete Gefühl haben, dass die geforderten Reformen unter Alltagsbedingungen machbar, sinnvoll und lohnend sind und ohne Autoritätsverlust und persönlichen Dilletantismus verwirklicht werden können. So gesehen ist erfolgreiche Unterrichtsentwicklung nicht nur eine Frage des Wollens und Wissens, sondern auch und vor allem eine Frage des praktischen Könnens der Lehrer/innen. Wie man dieses Könnengefühl stärken kann, wird in den nachfolgenden Abschnitten und Kapiteln gezeigt.

2. Unterrichtsentwicklung – aber wie?

Wenn man sich die bildungspolitischen Reformdebatten der letzten Jahre anschaut, so kann man sich des Eindrucks nicht erwehren, dass es den verantwortlichen Politikern weniger um die faktische Veränderung des Unterrichts ging, sondern vor allem darum, durch Druck von außen und oben politische Handlungsfähigkeit zu demonstrieren und die Schule als System *programmatisch* zu bewegen und nach vorne zu bringen (vgl. Schratz u.a. 1998). Dieser unterrichtsferne Ansatz ist bis heute nicht wirklich vom Tisch. Im Gegenteil: Viele Initiativen und Programme, die in den letzten Jahren gestartet wurden, haben das »pädagogische Handwerkszeug« der Lehrkräfte sträflich vernachlässigt und konnten daher nur sehr eingeschränkt zur faktischen Unterrichtsentwicklung beitragen. Dieses Dilemma wird in den nachfolgenden Abschnitten skizziert. Darüber hinaus wird sondiert, wie es um die Chancen der aktuellen bildungspolitischen Reformansätze steht.

2.1 Der gängige Glühwürmcheneffekt

Michael Fullan, führender Schulentwicklungsforscher in Kanada und den USA, hat das Dilemma der zurückliegenden Bildungsreformen auf den Punkt gebracht. »Bildungsreformen«, so seine Bilanz, »schlagen hauptsächlich aus zwei Gründen fehl: Zum einen sind die Probleme komplex und hartnäckig. Es ist schwer, sich wirksame Lösungen einfallen zu lassen, und noch schwerer, sie tatsächlich in die Praxis umzusetzen. Der zweite Grund ist, dass die verwendeten Strategien nicht die Dinge in Angriff nehmen, die wirklich wichtig wären. Sie sind weder auf eine grundlegende Unterrichtsreform noch auf die damit verbundene Entwicklung einer neuen pädagogischen Teamkultur ausgerichtet.« (Fullan 1999, S. 85). Zur Präzisierung berichtet Fullan von umfangreichen Reformprojekten in den USA, die mit viel Aufwand auf den Weg gebracht wurden, am Ende aber kaum etwas für das unterrichtliche Kerngeschäft erbracht hätten. Am Beispiel eines dieser Reformprogramme weist er nach, dass 16 der insgesamt 23 Schwerpunktmaßnahmen dieses Programms im Hinblick auf den Unterricht als »absolut wirkungslos« beurteilt worden seien. Fünf Maßnahmen sei eine »minimale«, einer Maßnahme eine »leichte« und einer einzigen weiteren Schwerpunktmaßnahme eine »substanzielle« Wirkung zugeschrieben worden (vgl. ebd., S. 88).

Diese ernüchternde Bilanz lässt sich problemlos auf Deutschland übertragen. Auch Deutschlands Schulen haben über Jahrzehnte hinweg vielfältige Reformen in Angriff genommen oder über sich ergehen lassen, seit Picht in den frühen 60er-Jahren den »Bildungsnotstand« ausgerufen hatte. Reformiert wurde und wird seither eine ganze Menge: Curriculumreform, Gesamtschulen, Oberstufenreform, Gruppenunterricht, Neue Mathematik, Sprachlabor, Offener Unterricht, Neue Lehrpläne, Handlungsorientierung, Projektlernen, TZI, Schulprogramme, Ganztagsschule ..., um nur einige Stichworte aus dem Reformkatalog der zurückliegenden drei Dekaden zu nennen. Doch was ist daraus geworden? Theoretisch-konzeptionell hat sich fraglos eine Menge getan; aber im praktischen Unterricht ist eher wenig angekommen (siehe Abschnitt I.1).

Man muss nicht einmal die klassischen Flops à la Sprachlabor oder Neue Mathematik bemühen, um die relative Wirkungslosigkeit der angeführten Reformansätze für die praktische Unterrichtsentwicklung feststellen zu können. Selbst dort, wo die Unterrichtsgestaltung unmittelbar angesprochen wird, nämlich bei den Reformfeldern Freiarbeit, Handlungsorientierung, Gruppenunterricht oder Projektlernen, sind die entsprechenden Initiativen in aller Regel recht punktuell und zufällig geblieben. Die meisten Lehrkräfte haben von den besagten Reformansätzen zwar gehört oder gelesen, aber sie haben deshalb noch lange keine Versuche gestartet, die eigene Unterrichtsplanung und -gestaltung entsprechend zu verändern. Nicht wenige sind sogar so weit gegangen, die besagten Innovationsansätze gleich gänzlich zu ignorieren und nach dem Motto: »Das geht nicht!« bzw. »Das haben wir noch nie so gemacht!« einfach alles beim Alten zu lassen. Unter dem Strich kann daher mit Fug und Recht festgestellt werden, dass die meisten Reformansätze der letzten Jahrzehnte ein ziemliches »Glühwürmchendasein« fristen. Neue Ideen und Programme glühen immer mal wieder auf, werden einige Zeit auch beachtet, bereiten den Betroffenen häufig eine Menge Arbeit und verglühen meist ziemlich spurlos wieder, wenn die ersten Zeitungsberichte erschienen und die ersten Rechenschaftsberichte seitens der Schulleitung abgeliefert worden sind. Schade eigentlich!

Man kann dieses Phänomen auch als »Hühnerhaus-Syndrom« bezeichnen. Dazu stelle man sich ein Hühnerhaus vor, in dem alle Hühner ihre festen Plätze auf der Stange haben – eine Gewohnheit von der sie normalerweise nicht gerne abweichen. Nun geschieht etwas, was wir aus dem bildungspolitischen Alltag nur zu gut kennen. Von außen oder oben wird von irgendwelchen politischen Entscheidungsträgern »getrommelt«, um Bewegung in den Laden zu bringen. Die Folge: Die Bewohner des Hühnerstalls beginnen aufgeregt zu flattern; sie agieren und interagieren, um den ausgegebenen Anregungen, Trends und/oder Erwartungen »irgendwie« Rechnung zu tragen. Doch diese Bewegungsphase ist meist nur von kurzer Dauer und endet nach einigen mehr oder weniger aufwändigen Versuchen und Irritationen damit, dass sich alle wieder auf einer Stange zur Ruhe setzen. Mehr noch: Sie lassen sich nicht an irgendeiner Stelle nieder, was einer faktischen Innovationsbereitschaft gleichkäme. Nein, sie kehren in aller Regel genau auf den Platz zurück, auf dem sie bereits vorher gesessen haben. »Alles beim Alten« also – oder: »Die Macht der Gewohnheit«! Ähnliches lässt sich in vielen unserer Schulen beobachten, wenn mal wieder ein Reformvorhaben ansteht. Die Folgen sind bekannt: Stagnation und Überforderung, wo immer man hinsieht.

Das skizzierte »Hühnerhaus-Syndrom« darf allerdings nicht so verstanden werden, als werde nun den Lehrkräften die primäre Schuld für das Scheitern der zurückliegenden Reformversuche zugeschoben. Das wäre weder berechtigt noch zielführend. Fakt ist nämlich, dass den meisten Reformversuchen in der Vergangenheit der nötige schulpraktische Unterbau gefehlt hat, d.h. das korrespondierende »Handwerkszeug« der verantwortlichen Lehrkräfte wurde meist zu spät oder gar nicht thematisiert, geschweige denn vermittelt. Mit anderen Worten: Die konkreten Umsetzungsstrategien blieben weithin im Dunkeln, so dass sich viele Lehrkräfte alleine gelassen fühlten. Von daher kann den »Innovationsskeptikern« in den Schulen durchaus Verständnis entgegengebracht werden, wenn diese infolge eigener Unsicherheit bemüht sind, an den althergebrachten Unterrichtsverfahren festzuhalten. Warum auch sollten sie sich anders verhalten? Die Verhaltensforschung macht seit Jahr und Tag deutlich, dass jeder Mensch auf seine Weise nach Sicherheit und Vertrautem strebt. Insofern ist nicht das Beharrungsvermögen einzelner Lehrkräfte das Problem, sondern der verbreitete Mangel an *neuen alltagstauglichen Routinen* für die praktische Umsetzung der angesagten Reformen. Die meisten Lehrer/innen sehen durchaus ein, dass sich der Unterricht verändern müsste. Doch diese Einsicht führt noch lange nicht dazu, dass sich ein alternatives methodisches Repertoire einstellt, mit dem sie bei 25 bis 28 Wochenstunden Lehrverpflichtung überzeugend arbeiten können. So gesehen ist der skizzierte »Glühwürmcheneffekt« weder überraschend noch verwerflich.

Was folgt daraus? Nachhaltige Unterrichtsreformen sind entscheidend darauf angewiesen, dass die betreffenden Lehrkräfte im Vorfeld Raum und Gelegenheit erhalten, die angesagten neuen Lehr- und Lernverfahren näher kennen zu lernen und mit ihnen im besten Sinne des Wortes vertraut zu werden. Doch an dieser Vertrautheit mangelt es in unseren Schulen bis heute in hohem Maße. Die neuen Programme und Prozeduren, die von politischer Seite meist nur grob umrissen und mehr oder weniger direktiv vorgegebenen werden, können diese Vertrautheit weder bewirken noch vermitteln. Das gilt für die neuen Lehrpläne und Kompetenzkataloge genauso wie für Qualitätsprogramme, Leistungstests, Evaluationsverfahren, Bildungsstandards und sonstige Handreichungen und Vorschriften. Diese Rahmensetzungen mögen den Lehrkräften zu einer gewissen Grundorientierung verhelfen, aber praktische Umsetzungskompetenz und persönliche Vertrautheit bezüglich der geforderten pädagogischen Innovationen erwachsen daraus noch lange nicht. Dazu braucht es vor allem eines: Erfahrungslernen und praktische Vergewisserung im Unterricht.

Wie sich aus Abbildung 5 ersehen lässt, plädieren die Bildungsverantwortlichen hier zu Lande inzwischen deutlich dafür, die Unterrichtsentwicklung ins Zentrum der Schulentwicklung zu stellen. Meinungsverschiedenheiten ergeben sich allerdings bereits dann, wenn es darum geht, die ins Auge gefasste Unterrichtsentwicklung näher zu konkretisieren. Was soll Priorität haben? Die direktive Steuerung über neue Lehrpläne, Bildungsstandards, Vergleichsarbeiten und sonstige Vorgaben und Anforderungen – in der Erwartung, dass sich dadurch die praktische Unterrichtsentwicklung schon von selbst einstellen wird? Oder soll vorrangig auf die systematische Qualifizierung und Unterstützung der schulischen Akteure mit dem Ziel gesetzt werden,

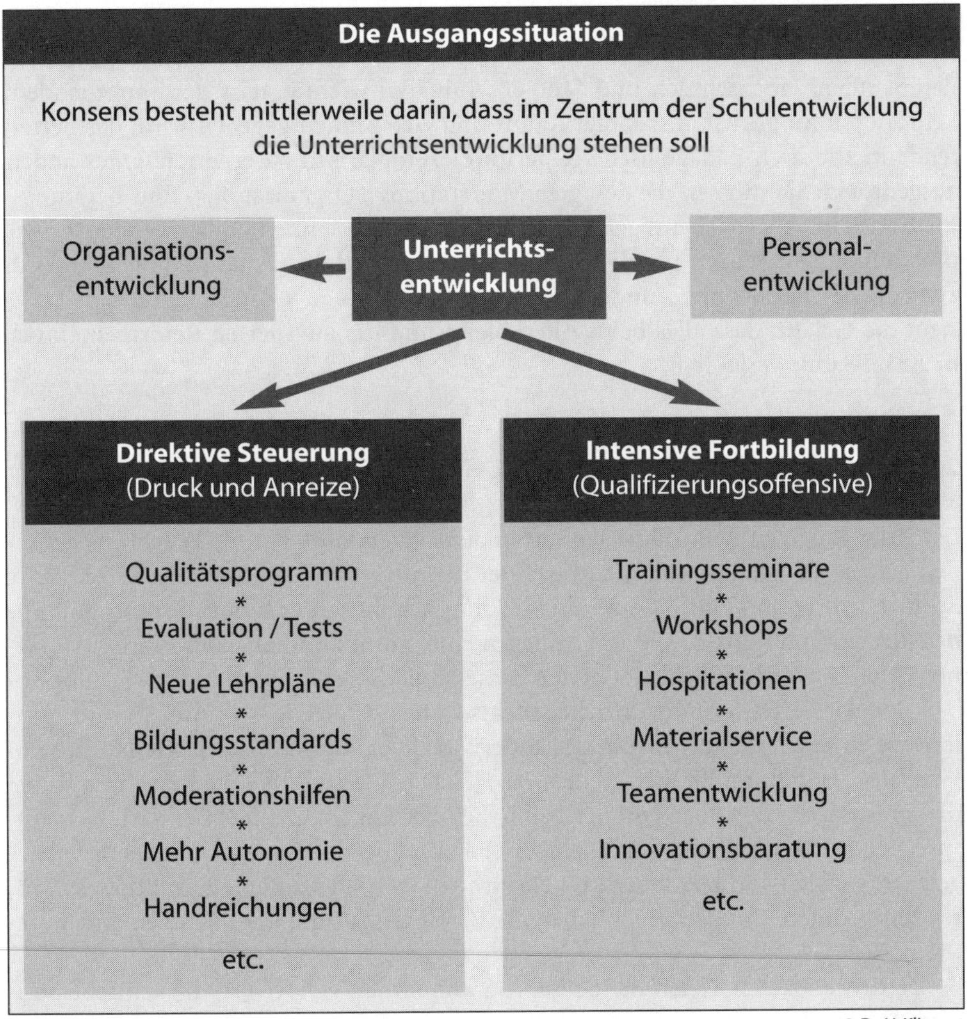

Abb. 5 © Dr. H. Klippert

die angesprochene Kompetenzproblematik zu lösen und auf Lehrerseite neue alltagstaugliche Kompetenzen und Routinen zu entwickeln? Vieles spricht dafür, dass eine Verbindung aus beidem nötig ist. Unterrichtsentwicklung ohne fordernde Rahmenbedingungen und Auflagen ist sicherlich schwierig; Unterrichtsentwicklung ohne substanzielle Qualifizierungs- und Unterstützungsmaßnahmen für die betreffenden Lehrkräfte hat aber erst recht keine Chance. Das zeigen die zurückliegenden Schulentwicklungserfahrungen in Rheinland-Pfalz und Nordrhein-Westfalen sehr deutlich.

Wenn also der erwähnte »Glühwürmcheneffekt« bisheriger Reformen wirksam überwunden werden soll, dann ist es dringend erforderlich, von den Lehrkräften nicht nur ständig Neues zu verlangen, sondern diese müssen bezüglich der Umsetzung dieses Neuen auch möglichst konkret unterstützt und qualifiziert werden.

Wirksame Unterrichtsentwicklung verlangt nun einmal Kompetenz und praktisches Know-how. Von daher ist es für das korrespondierende Innovationsmanagement in den Schulen, Hochschulen und Studienseminaren wichtig, dass den (angehenden) Lehrkräften möglichst ausgeprägt Raum und Gelegenheit gegeben wird, das betreffende methodisch-pädagogische Repertoire exemplarisch zu erfahren. Oder anders ausgedrückt: Sie müssen die besagten Moderations-, Organisations- und Beratungsmethoden in ebenso lebendiger wie praxisnaher Weise kennen und anwenden lernen, um vom bloßen Wissen um die Bedeutung neuer Methoden und Bildungsstandards zum praktischen Können und Beherrschen derselben zu gelangen. Andernfalls besteht die Gefahr, dass alles beim Alten bleibt und die anvisierten Reformen einmal mehr im Sande verlaufen.

2.2 Fragwürdige Schulprogrammarbeit

Einer der gängigen Reformansätze, der in den letzten Jahren große Beachtung gefunden hat, ist die Schulprogrammarbeit. Der damit verbundene Grundgedanke: Wenn Schüler, Lehrer und Eltern an der Entwicklung schulinterner Innovationsprogramme beteiligt sind und ihre Ideen und Anliegen einbringen können, dann führt das zu einem Mehr an Verbindlichkeit bei der Umsetzung dieser Programme sowie zum Abbau des skizzierten »Glühwürmcheneffekts«. Dieser partizipative Ansatz wird mittlerweile in einer Reihe von Bundesländern verfolgt. Bundesländer wie Nordrhein-Westfalen, Hamburg, Bremen, Schleswig-Holstein, Hessen und Niedersachsen haben diesen Ansatz in den 90er-Jahren für ihre Schulen sogar zur Pflicht erklärt. Dementsprechend sind Schulprogramme geschrieben und bei den zuständigen Behörden abgeliefert worden – in Hamburg und Nordrhein-Westfalen z.B. bis zum Ende des Jahres 2001. Andere Bundesländer haben die Berichterstattung ihrer Schulen anders geregelt.

Zu den erklärten Zielen der Schulprogrammarbeit gehört u.a. die kritische Sondierung und Weiterentwicklung des Unterrichts. Das wird in den entsprechenden Leitlinien der Bundesländer mehr oder weniger deutlich herausgestellt. So heißt es beispielsweise in den Leitlinien des niedersächsischen Kultusministeriums: »Mit einem Schulprogramm bestimmt eine Schule ihre gemeinsame ›Leitlinie‹ zur Planung und Realisierung des Unterrichts und des Schullebens. Das Programm wird schriftlich abgefasst und mit einem Votum des Schulelternrats sowie des Schülerrats der Gesamtkonferenz vorgelegt« und von dieser verabschiedet (vgl. Niedersächsisches Kultusministerium 1998, S. 2). Schulprogramme umreißen demnach die pädagogische Grundorientierung eines Kollegiums in Abstimmung mit Schülern und Eltern. Sie sind Ergebnis schulinterner Verständigungsprozesse bezüglich Schul- und Unterrichtsentwicklung und werden nach ihrer Verabschiedung schriftlich abgefasst und dokumentiert (vgl. Fleischer-Bickmann 1997, S. 16). Schulprogramme konkretisieren die vorgesehenen/vereinbarten innovativen Maßnahmen, sichern Partizipation und Transparenz für alle Beteiligten und steigern die Verbindlichkeit der schulinternen Verständigungs- und Umsetzungsprozesse. Die Funktion der Schulprogramme besteht also in erster Linie darin, als Arbeits- und Entwicklungsinstrument zu dienen (vgl. Holtappels/Rolff 2002).

Schulprogramme sind selbstverständlich nichts Statisches, sondern sie verändern sich in Abhängigkeit von den wechselnden Problemlagen und Prioritätensetzungen in einer Schule (vgl. Kliebisch u.a. 1999, S. 5). Das gilt für die Programmentwicklung genauso wie für die Umsetzung. Der nachfolgend dokumentierte Entwicklungsleitfaden der Astrid-Lindgren-Schule spiegelt diese Dynamik und Vielschichtigkeit (vgl. Abb. 6, S. 48).

Zugleich signalisiert er aber auch eines der gängigen Probleme, das die Schulprogrammarbeit bis heute empfindlich beeinträchtigt: Die Überfrachtung des jeweiligen Programms durch zu viele »Baustellen«. Auch wenn bei der Festlegung der endgültigen Vorhaben in einer Schule eine gewisse Reduktion des skizzierten Arbeitsfeldes erfolgen sollte, so ist die Gefahr doch groß, dass die schulischen Akteure chronisch überfordert werden. Wer zu viele Baustellen gleichzeitig bedienen will, muss angesichts der begrenzten Innovationskapazitäten in den Kollegien zwingend damit rechnen, dass nichts richtig angepackt und zu Ende geführt wird. Die Folge sind nur zu oft lähmende Frustrationen und Diskussionen.

Norbert Maritzen und Dorothee Wassener haben dieses Dilemma in der Reflexion eines von ihnen betreuten Schulprogrammvorhabens wie folgt kommentiert: Die betreffende Schulprogrammentwicklung habe »hohen Papierausstoß« und zahlreiche »Infowände zum Aushang aller Protokolle und Übersichten« mit sich gebracht. Trotz aller Bemühungen sei das erstellte Programm bis zum Ende jedoch nur wenigen Lehrkräften – primär den unmittelbar Beteiligten – überhaupt bekannt geworden. Die Zusammenhänge der einzelnen Arbeitsbereiche hätten sich im Prinzip nur einer kleinen »Avantgarde« von Engagierten erschlossen, nämlich den Mitgliedern der Koordinationsgruppe und den von außen kommenden Prozessbegleitern. Das Fazit der beiden Moderatoren: »Viel Arbeit wurde ... von wenigen getan; die hohe Belastung einzelner ist nicht zu übersehen ... Die vielen Aktivitäten, die teilweise nebeneinanderher laufen, führen zur Verzettelung, die die sowieso schon knappen Kräfte noch mehr belastet.« (vgl. Maritzen/Wassener 1997, S. 34).

Woher rühren diese Belastungen und Unzulänglichkeiten? Zu den Grundproblemen der Schulprogrammarbeit für die beteiligten Lehrkräfte gehören seit Jahr und Tag die äußerst umfänglichen Planungs-, Diskussions-, Abstimmungs-, Rückkoppelungs- und Dokumentationsarbeiten. Da werden Probleme und mögliche Arbeitsfelder gesucht und natürlich auch in großer Zahl gefunden. Da werden Befragungen durchgeführt und vielfältige Daten gesammelt; da werden unzählige Kärtchen beschriftet und an Pinnwänden geclustert; da werden immer neue Diskussionen und Verhandlungen geführt, Datenfeedbacks organisiert, Kontroversen und Konflikte ausgetragen, Aktionen geplant und Arbeitsgruppen gebildet, Steuergruppen installiert und Strategiefragen geklärt, Strukturen diskutiert und einzelne Vorhaben evaluiert – kurzum: Die Konferenz- und Arbeitsbelastung, die sich für die Engagierten ergibt, erschreckt vielerorts selbst gutwillige Lehrkräfte (vgl. Klippert 1997, S. 13).

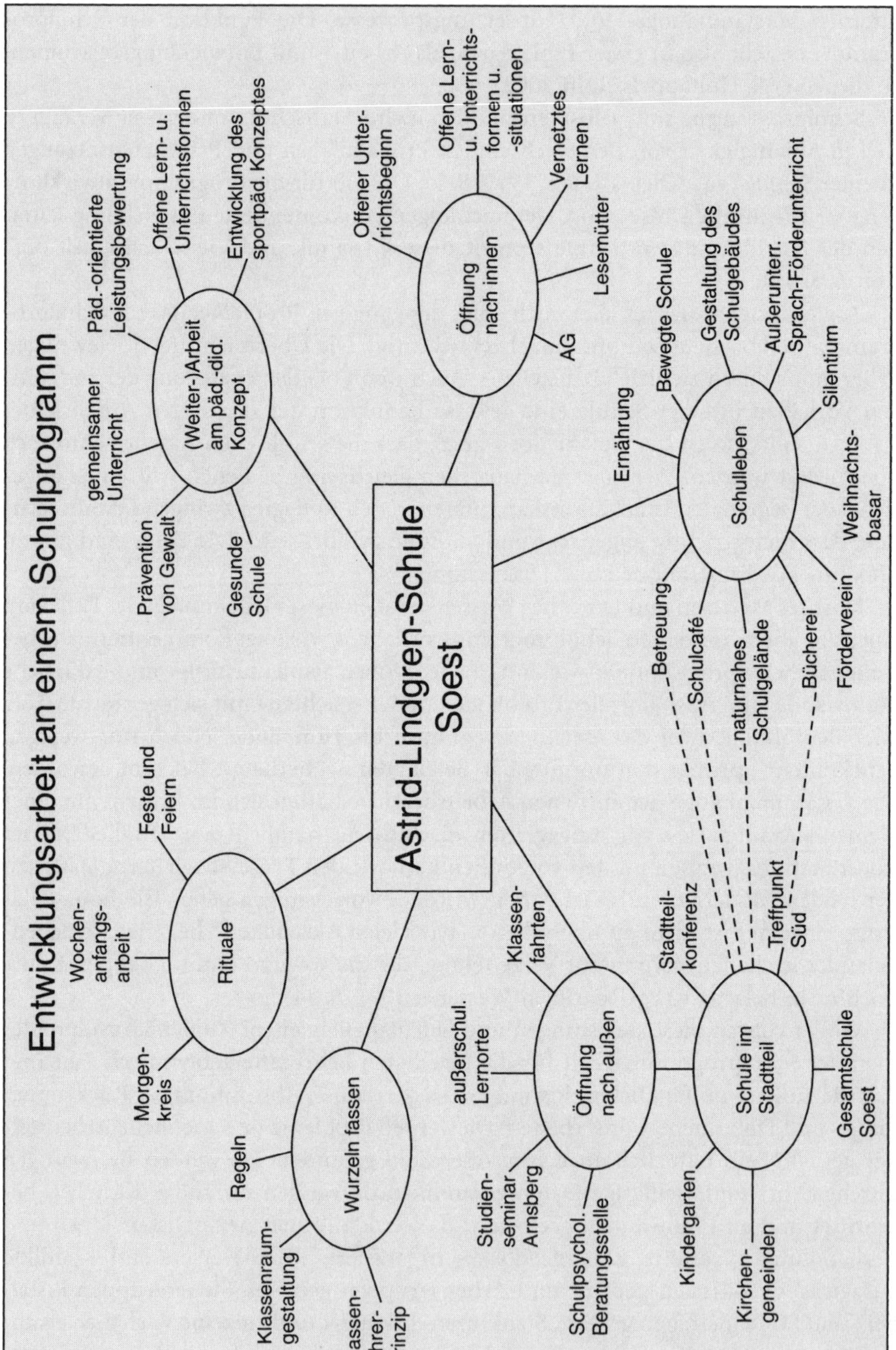

Abb. 6 (Quelle: Bildungsministerium NRW 1997, S. 28)

Trotzdem: Viele Ministerien erhoffen sich von den skizzierten Arbeitsprozessen durchschlagende Erfolge für die aktuelle Schul- und Unterrichtsentwicklung. Die bisherigen Erfahrungen und Evaluationsbefunde sprechen jedoch eher dagegen. »Viel Aufwand und wenig Wirkung«, so lassen sich die zurückliegenden Effekte der Schulprogrammarbeit mit den Worten von Wilfried Schley bilanzieren. Die Hauptsache es sei etwas getan/erstellt worden, so resümiert Schley in seinem Praxisbericht: »... ein vorzeigbares Programm, ein ehrgeiziges Vorhaben, eine erfolgreiche Abstimmung, eine lebhafte Diskussion, eine ehrliche Aussprache. In Worten sind wir weit gekommen und so wie die Verwaltungsjuristen zufrieden sind, wenn eine Verwaltungsanordnung erlassen wurde ..., so ist die Schule glücklich, wenn sie wieder etwas vorhat ... Wer wollte dagegen sein? Alle haben ihre eigenen Wahrheiten und Relevanzkriterien. Die handlungsorientierte Fraktion findet: ›Hauptsache, wir tun etwas‹ und freut sich am Handlungsplan. Die analytischen Durchdringer loben die Substanz der Diskussion, während die kommunikativen Herzlichkeitsempfinder die gute Atmosphäre und die Offenheit schätzen und die zornig aggressiven Nachsetzer die emotionale Qualität der Auseinandersetzung hervorheben.« (Schley 2003, S. 8f.).

Bestätigt werden Schleys Problemanzeigen durch die offiziellen Evaluationsergebnisse in Nordrhein-Westfalen. Wie die Repräsentativbefragung der beteiligten Lehrer/innen zeigt, wird die betreffende Schulprogrammentwicklung eher mit Skepsis gesehen und beurteilt (vgl. Burkard/Kanders 2002). Zwar konzedieren relativ viele der Befragten, dass die zurückliegenden Schulprogrammaktivitäten für den innerschulischen Verständigungsprozess durchaus etwas gebracht hätten. 50% der Befragten meinen, dass dadurch die Diskussion über gemeinsame Ziele in Gang gekommen sei; 42% konstatieren, dass der Meinungsbildungsprozess geholfen habe, Verbindlichkeit über gemeinsame Ziele herzustellen; 38% vermelden, dass die Schulprogrammarbeit zur Profilierung der Schule beigetragen habe und 37% sind der Ansicht, dass auf diesem Wege eine konkrete Planungsgrundlage für die Schularbeit der nächsten Jahre entstanden sei. Soweit die eher positive Seite der Rückmeldungen. Kritischer hingegen lesen sich die Einschätzungen der Befragten, wenn es um den persönlichen Nutzen der Schulprogrammarbeit geht sowie darum, welche Wirkung diese Arbeit auf die konkrete Unterrichtsentwicklung gehabt habe. Da ist die Bilanz höchst ernüchternd.

Lediglich 22% der befragten Lehrkräfte geben an, dass ihnen das Schulprogramm genützt hat, nur 19% sehen einen Nutzen für den eigenen Unterricht, und nicht mehr als 9% meinen, dass das Nachdenken über gemeinsame pädagogische Ziele den Unterricht der einzelnen Lehrkräfte verändert habe. Ähnlich wenige, nämlich 11%, sind der Ansicht, die Arbeit am Schulprogramm habe das Kollegium mehr zusammengeschweißt und 14% meinen, diese Arbeit habe die Kommunikation im Kollegium verbessert (vgl. ebd., S. 22). Generell, so zeigt die Evaluationsstudie, schätzen die Schulleitungsmitglieder die Schulprogrammarbeit am höchsten ein, gefolgt von den Mitgliedern der Schulprogrammgruppe, und erst dann kommen die übrigen Lehrkräfte. Das Fazit der Evaluatoren: Der Nutzen der Schulprogrammarbeit werde von den Betroffenen offenbar vor allem darin gesehen, die Schule als System zu thematisieren und zu profilieren, und weniger darin, durch diese Arbeit konkrete Hilfen für die Bewältigung des Unterrichtsalltags zu erhalten. Zwar bleibe der Unterricht in den Schulprogrammen nicht außen vor. Jedoch gehe es dort, wo er angesprochen werde, vorrangig um allgemeine Prinzipien des Lernens und der Unterrichtsorganisation und weniger um konkrete inhaltliche oder fachdidaktische Vereinbarungen (vgl. ebd., S. 28).

Zu ähnlichen Ergebnissen kommt Heinz Günter Holtappels in seiner Evaluation der Hamburger Schulprogrammarbeit. Auch dort spielt der Unterricht eine ziemliche Rolle. »Fast alle Schulprogramme«, so Holtappels in seinem Bericht, »beinhalten Entwicklungsschwerpunkte mit pädagogischen Gestaltungsansätzen im Unterricht oder im Schulleben ..., wobei es meist weniger um Methodenvielfalt geht, sondern vorrangig um die Vermittlung von Arbeitstechniken und Lernstrategien. Ebenfalls stark vertreten sind ... didaktisch-methodische Akzente im Unterricht eines Faches oder die Umsetzung fächerübergreifender Konzepte. Besondere Lernarrangements in Form von Arbeitsgemeinschaften, Projektwochen und Werkstattlernen bilden einen weiteren Sektor in den Entwicklungsplanungen ... Ein anderes Schwergewicht bilden die sozialerzieherischen Ansätze ... zur Verbesserung des sozialen Klimas.« (Holtappels 2002, S. 12f.). So gesehen wird der Unterrichtsentwicklung in den Hamburger Schulprogrammen deutlich Beachtung geschenkt, allerdings vorrangig auf der Ebene von Absichtserklärungen und Grundsatzformulierungen. Dagegen bleibt die konkrete Operationalisierung und Umsetzung dieser Optionen ziemlich im Dunkeln.

Dieses Defizit scheint generell zu gelten. Viele Schulprogramme sind durchsetzt mit hehren Grundsatzerklärungen, während die operative Ebene eher ausgeblendet wird. So heißt es z.B. in der Schulprogramm-Broschüre einer baden-württembergischen Schule in blumigen Worten: »Im Mittelpunkt unseres Auftrages, unseres Interesses und unseres Bemühens stehen die uns anvertrauten Schülerinnen und Schüler. Wir Lehrerinnen und Lehrer achten die Persönlichkeit eines jeden Kindes und behandeln es, unabhängig von seiner schulischen Leistung, mit persönlicher Wertschätzung. Wir sind Vorbild in höflichem Benehmen und respektvollem Umgang. Wir lehren, wie man die Welt versteht und Wissen nutzbar macht ... Zahlreiche Arbeitsgruppen, Teams und Workshops arbeiten in speziellen Aufgabenbereichen und an der Weiterentwicklung der Schule.« Weitere derartige »Formeln« aus Schüler-, Eltern- und Schulleitungssicht schließen sich an. Nur, was sagt das schon?

Mag sein, dass sich Bildungspolitiker und -administratoren daran erfreuen, dass die schulische Reformarbeit auf so hohem Niveau verläuft. Nur, gewonnen ist damit nicht viel. In zahlreichen Schulen werden seit Jahr und Tag tolle Konzepte entwickelt, Pläne erstellt, Leitlinien formuliert und eindrucksvolle Presseartikel lanciert – und dennoch hat sich in punkto Unterrichtsentwicklung de facto eher wenig getan. Die Schulentwicklungsforschung spricht diesbezüglich vom »implementation dip«, dem *Durchführungsloch* nach Abschluss der schulinternen Programmplanungen (vgl. Holtappels/Rolff 2002, S. 4). Der Grund für dieses Durchführungsloch: Die Lehrkräfte fühlen sich von Politik und Schulaufsicht nur zu oft allein gelassen, wenn die unterrichtspraktischen Umsetzungsarbeiten anstehen. Das gilt für Deutschland wie für andere Länder. »Teachers feel alone in education-reform fight«, so übertitelte eine große thailändische Wochenzeitung das beschriebene Dilemma. Der Untertitel dieses Artikels: «I want to change my teaching methods, but I don't know how« (The Sunday Nation vom 16.1.2000). Diese Problemanzeige signalisiert, dass Reformen schwierig sind und nicht schon deshalb eintreten, weil man den Lehrkräften Gelegenheit dazu gibt. Wirksame Unterrichtsreformen verlangen vielmehr vor allem eines: Handlungskompetenz und einschlägiges Know-how der praktizierenden Lehrer /innen. Daran aber mangelt es in unseren Schulen erheblich.

2.3 Schulautonomie als Reformmotor?

Ein weiterer Ansatz zur Förderung innerer Schul- und Unterrichtsentwicklung betrifft die Übertragung von mehr Autonomie an die Schulen. Der Grundgedanke dabei: Erweiterte Handlungs- und Gestaltungsspielräume veranlassen die Lehrkräfte kreativer zu werden und die längst überfälligen Reformen in Schule und Unterricht engagiert und effektiv in die Hand zu nehmen. Dreh- und Angelpunkt dieses Innovationsansatzes ist also die These von der *Selbsterneuerung des Systems Schule* – eine These, deren Verifizierung durch die Realität bislang noch aussteht. Den schulischen Akteuren mehr Autonomie zu gewähren, bedeutet eben noch lange nicht, dass sich die anvisierte Unterrichtsentwicklung auch tatsächlich einstellt. Mehr Selbstverantwortung für die Lehrkräfte impliziert zwar neue Chancen, ob diese jedoch ausgeschöpft werden, das ist eine ganz andere Frage und hängt vor allem davon ab, ob sich die betreffenden Lehrkräfte bereit und in der Lage fühlen, die anvisierte Innovationsarbeit erfolgversprechend in Angriff zu nehmen.

Trotz dieses Fragezeichens setzt die bundesdeutsche Bildungspolitik ausgeprägt auf Schulautonomie. Nordrhein-Westfalen und Niedersachsen propagieren seit geraumer Zeit die »Selbstständige Schule«, und zwar mit dem Ziel, den Schulalltag von den lähmenden Fesseln der Bildungsbürokratie zu befreien und dadurch jene Innovations- und Problemlösungspotenziale freizusetzen, die in vielen Kollegien bislang nur im Verborgenen schlummern. »Schulen brauchen ... mehr Freiräume und mehr Flexibilität« – so die ehemalige NRW-Bildungsministerin Gabriele Behler in einem Interview – »wenn sie Unterricht und sich selbst verbessern wollen.« (vgl. Frankfurter Rundschau vom 9.9.2001). Die daran geknüpfte Erwartung ist, dass die Gewährung von mehr Autonomie und Selbstverantwortung nicht nur die innere Schulorganisation effektiver werden lässt, sondern auch und nicht zuletzt die Unterrichtsentwicklung selbst voran treibt.

Im Zentrum des NRW-Projekts stehen fünf Arbeitsfelder: (a) Personalbewirtschaftung, (b) Sachmittelbewirtschaftung, (c) Unterrichtsorganisation und Unterrichtsgestaltung, (d) innere Organisation und Mitwirkung sowie (e) Qualitätssicherung und Rechenschaftslegung (vgl. Bildungsministerium NRW 2001). In diesen Bereichen sollen die am Programm beteiligten knapp 300 Schulen Selbstverantwortung praktizieren und zukunftsweisende Innovationen in Gang setzen. Das Besondere an diesem Programm: Die betreffenden Schulen müssen in den beiden ersten Projektjahren schwerpunktmäßig Unterrichtsentwicklung mit vielseitigem Lehrer-, Schüler- und Führungskräftetraining betreiben – und zwar auf einzelschulischer wie auf regionaler Ebene. Ziel ist es dabei, »regionale Bildungslandschaften« zu konstituieren, die nachhaltige Schul- und Unterrichtsentwicklung auf Dauer erleichtern und absichern (vgl. ebd., S. 8). Hinter dieser Zentralstellung der Unterrichtsentwicklung steht die simple Erkenntnis, dass (teil-)autonomes Handeln ohne eine konkrete Aktionsbasis nicht besonders sinnvoll ist. Diese Basis bildet die systematische Modernisierung des Unterrichts, von der sich sodann eine Fülle weiterer Maßnahmen in den Bereichen Personalmanagement, Budgetmanagement, Qualitätssicherung und Evaluation ableiten.

Auch Armin Lohmann, leitender Schulentwickler im niedersächsischen Kultusministerium, weist der Unterrichtsentwicklung sowie der Verbesserung des innerschulischen Lernklimas eine zentrale Rolle zu (vgl. Lohmann 2003, S. 10). Als zentrale Maßnahmen nennt er die Neugestaltung der Unterrichtsinhalte und -zeiten, den Ausbau der Projekt- und Praktikumsphasen, die Aufhebung detaillierter Regelungen und Vorschriften sowie die bessere Kooperation und Abstimmung der Lehrkräfte. Das alles – so seine Hoffnung – trage maßgeblich dazu bei, die Lernanstrengungen und die Persönlichkeitsentwicklung der Schüler/innen zu unterstützen sowie die Zusammenhänge der unterschiedlichen Fachinhalte besser erkennbar werden zu lassen (ebd.). Unterrichtsentwicklung und erweiterte Schulautonomie werden also als komplementäre Ansätze gesehen.

Die Grundphilosophie bei alledem ist die: Teilautonome Schulen sollen den nach Selbstbestimmung und qualifizierter Mitwirkung strebenden Lehrkräften die Möglichkeit bieten, die Geschicke der Schule und des Unterrichts selbst in die Hand zu nehmen und die je aktuellen Probleme vor Ort wirksamer und sensibler zu lösen, als das einer fernab agierenden Bildungsadministration möglich ist. Diese Sichtweise ist in Deutschland indes keineswegs neu, sondern wurde bereits in der Denkschrift der sogenannten »Rau-Kommission« Mitte der 90er-Jahre formuliert (vgl. Bildungskommission NRW 1995). Der darin zum Ausdruck gebrachte Leitgedanke: Im Interesse der Qualitätsverbesserung sei es notwendig, » ... den Schulen im Rahmen der Vorgaben für die Gestaltung des Unterrichts, der Stundentafeln und der Richtlinien und Lehrpläne grundsätzlich mehr Gestaltungsspielraum zu geben. Auch auf der Ebene der Binnenorganisation des Lernens bildet die Stärkung der Selbstverantwortung der Einzelschule die Hauptrichtung der vorgeschlagenen Veränderungen.« (ebd., S. 144). Zur Begründung wird angeführt, dass die »von oben« organisierten Innovationsprozesse in praxi häufig ins Leere liefen, da sie zu wenig vom persönlichen Engagement derjenigen mitgetragen würden, die sie vor Ort umsetzen sollten (vgl. ebd., S. 153).

Für die Richtigkeit dieser Einschätzungen sprechen u.a. die Gegebenheiten in erfolgreichen »PISA-Ländern« wie Finnland, Kanada, Schottland, Schweden und Neuseeland, wo es seit längerem eine fruchtbare Verzahnung von erweiterter Schulautonomie und konsequenter Evaluation durch externe Fachleute gibt. Von diesen Ländern zu lernen und Bewährtes zu übernehmen, kann ja nicht schaden, so das bildungspolitische Kalkül (vgl. Niedersächsisches Kultusministerium 2002, S. 2). Und was lehren uns diese Länder? »Schulen bestimmen dort im Rahmen weniger staatlicher Vorgaben und auf der Basis von Vereinbarungen wesentliche Elemente ihres Alltags selbst: die Stundentafel wird bei vorgegebenem Stundenvolumen für die Fächer selbstständig fixiert, die Unterrichtszeiten werden frei gestaltet und rhythmisiert und schließlich werden die Stunden- und Pausenzeiten sowie die Projektphasen festgelegt; die Kernzeit für Unterricht und die Präsenzzeit der Lehrerinnen und Lehrer für Reflexion und pädagogische Abstimmung werden schulintern festgelegt.« (ebd.). Und die konkrete Unterrichtsgestaltung? Darüber wird meist wenig ausgesagt.

Dieses Abgleiten in die Peripherie der praktischen Unterrichtsarbeit ist ein typisches Merkmal der aktuellen Reformdebatte in Deutschland. Unterstellt wird in mehr oder weniger naiver Weise, dass man nur den schulpolitischen Rahmen erfolgreicher PISA-Länder zu übernehmen brauche, und schon würden sich die Positiva dieser Länder auch in Deutschlands Schulen einstellen. Dieser »Kurzschluss« ist nicht nur gewagt, er ist in dieser Form letztlich auch nicht haltbar. Die Lehr- und Lernkulturen der besagten PISA-Länder sind nämlich viel zu spezifisch, als dass sie sich so einfach auf Deutschland übertragen ließen. Zu spezifisch sind die Mentalitäten in diesen Ländern, zu unterschiedlich sind die dortigen Rollenvorstellungen, Ausbildungsverläufe, Kooperationskulturen, Bildungstraditionen und finanziellen und schulrechtlichen Rahmenbedingungen. Man denke nur an die kleinen Klassen, die relativ niedrige Besoldung, die ausgeprägte Personalversorgung, die üppigen Sachmittelzuweisungen, die differenzierten Fördersysteme, den fehlenden Beamtenstatus und das ausgeprägte Ansehen der Lehrerschaft – und schon wird klar, dass die Reichweite der skizzierten Adoptionsüberlegungen sehr begrenzt ist. Vorsicht also! Die unterrichtlichen Erfolge anderer PISA-Länder sind noch kein Beleg für die Wirksamkeit erweiterter Schulautonomie!

Die bildungspolitischen Bedingungen und Traditionen in Deutschland sind andere als zum Beispiel in Finnland oder Kanada. Dieser Umstand wird in der aktuellen Diskussion über Schul- und Unterrichtsentwicklung nur zu oft übersehen bzw. vernachlässigt. Mit einer vordergründigen Angleichung schulrechtlicher und schulorganisatorischer Rahmensetzungen ist es nicht getan. Zumindest bei der Unterrichtsgestaltung greift dieser Transfergedanke nur sehr eingeschränkt. Ja mehr noch: Vieles spricht dafür, dass die meisten PISA-Länder, die vor der Bundesrepublik rangieren, nicht unbedingt eine andere Lehr- und Lernkultur haben. Vielmehr dominieren die lehrerzentrierten Verfahren in aller Regel auch dort. Das bessere Abschneiden dieser Länder erklärt sich vorrangig aus anderen Umständen – als da sind: die differenzierten Fördersysteme, die bessere Lehrerversorgung, die stärkere Hinwendung zum einzelnen Schüler (bei 20 Kindern auch leichter möglich), ein anderes Rollenverständnis der Lehrkräfte, mehr Zeit und Gelassenheit bei der Betreuung von Lernprozessen, ausgeprägte Kooperationstraditionen bei Schülern wie Lehrern etc.

So gesehen ist der »Rettungsanker« Schulautonomie mit Vorsicht zu genießen. Die Erfolge anderer Länder haben viele Ursachen. Von daher hat Manfred Weiß vom Deutschen Institut für Pädagogische Forschung (DIPF) fraglos recht, wenn er vor übersteigerten Erwartungen an das Instrument der Schulautonomie warnt. Schulautonomie führt, so seine Bilanz, noch nicht zu besseren Leistungen im Schulalltag. Lehrkräfte wollten und müssten vielmehr wissen, »what works« (vgl. Lohmann 2003, S. 10). Damit unterstreicht er die in diesem Buch betonte Bedeutung unterrichtspraktischer Qualifizierungs- und Überzeugungsprozesse für das Gelingen pädagogischer Reformen. Zwar trifft es sicherlich zu, dass erweiterte Gestaltungsspielräume in Schulen neue Möglichkeiten für Reformen eröffnen. Ob diese Möglichkeiten jedoch genutzt werden, ist eine ganz andere Frage.

Dass Skepsis angebracht ist, kann man im Schulalltag immer wieder bestätigt finden. Viele Lehrkräfte sehen die besagte Koppelung von Selbstverantwortung und verstärkter Evaluation und Inspektion eher kritisch und als Widerspruch in sich. Wenn dieser latente Widerspruch nicht glaubwürdig aufgelöst wird, dürfte es um die Akzeptanz und Wirksamkeit des Konzepts »Selbstständige Schule« eher schlecht bestellt sein. Wenn das »Gefängnis der Auflagen und Pflichten« immer nur größer wird, wie Manfred Bönsch warnend anmerkt, und die landesweiten Tests und Zentralprüfungen den pädagogischen Alltag immer nur weiter beeinträchtigen, dann steht zu erwarten, dass der positive Einfluss der Schulautonomie auf die laufende Schul- und Unterrichtsentwicklung eher marginal bleiben wird (vgl. Bönsch 2003, S. 12). Von daher ist wichtig, dass die vielfältigen Formen der Rechenschaftslegung in praxi moderat ausfallen. Moderat deshalb, damit die Lehrerschaft ihre Befürchtung widerlegt findet, es handele sich beim skizzierten Innovationsansatz letztlich nur um eine subtile Form der Gängelung und Problemverschiebung in Richtung Lehrerschaft.

Das korrespondierende Misstrauen innerhalb der Lehrerschaft ist groß. Zu oft nämlich haben Lehrer/innen in den letzten Jahrzehnten Reformen gestartet, die außer einer Menge Mehrarbeit wenig gebracht haben – wenig vor allem im Hinblick auf die Erleichterung und Effektivierung der eigenen Unterrichtsarbeit. Nun wird Schulautonomie als Königsweg propagiert, obwohl es doch grundlegende Mitwirkungsrechte und -pflichten der Lehrkräfte schon immer gegeben hat. Schon immer haben die Lehrpersonen im unterrichtlichen wie im schulorganisatorischen Bereich beträchtliche Mitwirkungs- und Gestaltungsspielräume gehabt und wahrnehmen sollen. Nur, warum haben sie davon so wenig Gebrauch gemacht? Die Erklärung von Manfred Bönsch: »Diese Selbstständigkeiten wollen im Alltag erst einmal wahrgenommen werden, besonders dann, wenn es an vielen Ecken und aus unterschiedlichen Gründen ziept und hapert.« (ebd.). Dieses Zusammentreffen von erweiterter Selbstverantwortung und steigender Lehrerbelastung macht viele Lehrkräfte mürbe. Dies umso mehr, als sie bei zurückliegenden Reformversuchen nur zu oft alleine gelassen wurden (vgl. ebd., S. 13).

Von daher tut vor allem eines Not: Die systematische Unterstützung und Qualifizierung der Lehrkräfte bei ihren Innovationsbemühungen in Schule und Unterricht. Dieser »Serviceaspekt« muss zwingend mit erweiterter Schulautonomie einhergehen. Das wird mittlerweile auch politisch eingeräumt. So heißt es dazu z.B. in einer Publikation des niedersächsischen Kultusministeriums: »Entsprechend dem schulischen Bedarf erfahren die Lehrkräfte eine flexible und bedarfsgerechte Qualifizierung. Sie arbeiten im Team und stimmen sich regelmäßig in ihren Arbeitszusammenhängen ab.« (Niedersächsisches Kultusministerium 2002, S. 2). Diese Option ist zweifellos richtig und wichtig. Denn Gestaltungsfreiheit verlangt Gestaltungskompetenz und Gestaltungsroutinen auf Seiten der schulischen Akteure. Das gilt für die Administratoren genauso wie für die ausführenden Lehrer/innen. Diese Kompetenzen und Routinen müssen aber erst aufgebaut werden. Mit anderen Worten: Schulautonomie ist alles andere als ein Selbstläufer, sondern bedarf dringend flankierender Qualifizierungs- und Unterstützungsangebote für die verantwortlichen Lehrkräfte. Andernfalls drohen Überforderung und Verweigerung. Hier setzt das vorliegende Buch an.

2.4 Qualitätsprogramme zum Unterricht

Ein weiterer Ansatzpunkt zur Förderung einer neuen Lernkultur verbindet sich mit der aktuellen politischen Forderung nach verbessertem *Qualitätsmanagement* in Schulen. Damit gemeint ist, dass die anvisierten pädagogischen Innovationsprozesse planvoller und zielführender gemanagt werden müssen, als das bislang der Fall ist. Das betrifft sowohl die qualitätsfördernden Aktivitäten der Lehrkräfte als auch das administrative Qualitätsmanagement der Schulleitungen. Qualitätsmanagement schließt also Qualitätssicherung und Qualitätsentwicklung mit ein. Die pädagogischen Bereiche, auf die sich das besagte Qualitätsmanagement beziehen kann, sind vielfältig. Das beginnt beim Führungsstil der jeweiligen Schulleitung und reicht über Aufgabenfelder wie Büroorganisation, Pausenhofgestaltung, Öffentlichkeitsarbeit, Fortbildungsplanung, Schulfeste und Ressourcenbewirtschaftung bis hin zu konkreten Fragen der Unterrichtsgestaltung und -entwicklung. So gesehen umreißt der Terminus Qualitätsmanagement ein geradezu uferloses Aktionsfeld – mit der Folge, dass darunter leicht alles oder nichts verstanden werden kann. Die unlängst im Rahmen eines Vortrags präsentierte Leerformel »Schule braucht Qualität, und Qualitätsmanagement bezeichnet die Verpflichtung aller, in allen Bereichen des alltäglichen Schulbetriebs für ein Mehr an Qualität zu sorgen« verdeutlicht diese programmatische Unschärfe und Konfusion. Entsprechend verwirrt und/oder »aktionistisch« haben viele Lehrkräfte und Schulkollegien in den letzten Jahren auf den Primat des Qualitätsmanagements reagiert.

Mittlerweile ist diese »Leerformel« beträchtlich modifiziert und stärker in Richtung Unterrichtsentwicklung akzentuiert worden. Auslöser dieses Kurswechsels waren und sind die schlechten PISA-Ergebnisse, die für die Bildungsverantwortlichen im Lande unmissverständlich haben deutlich werden lassen, dass eine zeitgemäße Qualitätsentwicklung in Schulen vor allem einem Ziel dienen muss: Der Effektivierung des Unterrichts. Diese Einsicht hat z.B. in Rheinland-Pfalz dazu geführt, dass alle Schulen seit dem Schuljahr 2002/2003 obligatorisch *Qualitätsprogramme* mit Schwerpunkt Unterrichtsentwicklung erstellen müssen. Die Verbesserung des Unterrichts wird also dezidiert ins Zentrum des Qualitätsmanagements gerückt. Diese Schwerpunktsetzung ist fraglos wichtig und richtig. Das lässt sich nicht zuletzt aus den abgebildeten »Ausführungsbestimmungen« des rheinland-pfälzischen Schulministeriums ersehen, die sehr konkrete Handlungsvorgaben enthalten (vgl. die Eckpunkte in Abb. 7). Diese Vorgaben fixieren einige recht zentrale Ebenen erfolgreicher Unterrichtsentwicklung. So gesehen kann der Übergang vom Qualitätsmanagement zum unterrichtszentrierten Qualitätsprogramm nur gutgeheißen werden.

In einem Rundschreiben der rheinland-pfälzischen Bildungsministerin an alle Schulen des Landes wird herausgestellt, dass im Zentrum der geforderten Qualitätsprogramme »Maßnahmen zur konsequenten Weiterentwicklung und Sicherung der Qualität von Unterricht und Schule ... sowie eine ergebnisorientierte Evaluation« stehen sollen (vgl. Schreiben vom 16.9.2002). Die Parallele zu der in Abschnitt 2.2 thematisierten Schulprogrammentwicklung ist unverkennbar – nur mit dem feinen, aber wichtigen Unterschied, dass die Entwicklungsarbeit im Rahmen der Qualitäts-

Die Eckpunkte des rheinland-pfälzischen Qualitätsprogramms

Die folgenden Punkte sollten nach Auffassung des rheinland-pfälzischen Schulministeriums Bestandteil eines jeden Qualitätsprogramms sein

- Maßnahmen zur Stärkung der Kooperation in den Kollegien und Fachgruppen (bei Unterrichtsvorbereitung, Unterrichtsdurchführung, Leistungsmessung etc.).
- Maßnahmen zur Intensivierung der Zusammenarbeit mit den Eltern, also Maßnahmen, die den Blick verstärkt auf die Bedeutung der Mitarbeit der Eltern für den schulischen Erfolg der Kinder und Jugendlichen lenken.
- Maßnahmen zur Stärkung des Leseverständnisses als Basiskompetenz aller Schüler/innen ... sowie Maßnahmen zur Stärkung der grundlegenden Kompetenzen im mathematisch-naturwissenschaftlichen Bereich.
- Maßnahmen, die das in erfolgreichen PISA-Teilnehmerstaaten deutlich erkennbare Prinzip des Umgangs mit Heterogenität und des individuellen Förderns stärker in den Vordergrund rücken und im Schulalltag verankern.
- Maßnahmen zur Sicherung der Qualität der sonderpädagogischen Förderung sowohl an Sonderschulen als auch in der integrativen Arbeit.
- Maßnahmen zur Erreichung der jeweils gesteckten Ziele sowie Überlegungen, Vorgaben und Methoden zur regelmäßigen Überprüfung des Erfolgs der durchgeführten Maßnahmen.
- Kurz- und mittelfristige Fortbildungsplanung im Hinblick auf die festgelegten Schwerpunkte für die jeweilige Schule, wobei die Fortbildung verstärkt nachfrageorientiert und schulintern erfolgen soll.
- Speziell für Grundschulen und/oder weiterführende Schulen: Verstärkte Kooperationsmaßnahmen mit den je vorgelagerten Bildungseinrichtungen.

Darüber hinaus können die Schulen in ihren Qualitätsprogrammen weitere Punkte verankern wie: → wechselseitige Unterrichtsbesuche von Lehrkräften → kollegialer Austausch über schulinterne Regelungen zur Erhöhung der Arbeitszufriedenheit im Lehrerberuf → Einsatz von Parallelarbeiten → Nutzung neuer Medien → externe Evaluation → Partizipation im Schulalltag → Kooperation mit außerschulischen Partnern → unterrichtliche Präventionskonzepte (z.B. gegen Fremdenfeindlichkeit, Gewalt, Sucht).

Abb. 7

programme nicht so offen beginnt, wie das für die Schulprogramme gilt, sondern stärker unterrichtsbezogen akzentuiert ist. Die Qualitätsentwicklung setzt demnach vor allem beim Unterricht an d.h. bei der Didaktik und Methodik, bei der Diagnostik und Interaktion im Lernprozess (vgl. Bildungsministerium Rheinland-Pfalz 2002, S. 2). Das ist ein neuer Akzent, der fraglos Sinn macht und in Anbetracht des dramatischen Innovationsbedarfs im unterrichtlichen Bereich längst überfällig ist.

Das Prozedere ist klar geregelt: Die rheinland-pfälzischen Schulen sollen bis zum Ende des Schuljahres 2002/2003 ihr Qualitätsprogramm entwickeln, schriftlich im Umfang von maximal 10 Druckseiten abfassen und die fertigen Produkte am Ende des besagten Schuljahres der Schulaufsicht vorlegen. Ferner wird angeregt, ein dem Qualitätsprogramm entsprechendes Arbeitsprogramm mit konkreten Angaben zu den Zielen, Vorhaben und zeitlichen Perspektiven der anvisierten Innovationsarbeiten zu entwickeln – gleichsam als Basis für die anschließende Evaluation (vgl. ebd., S. 3). Denn alle zwei Jahre sollen Evaluationsberichte erstellt und zum Anlass für eine Fortschreibung des schulinternen Qualitätsprogramms genommen werden. Erreichte Fortschritte sollen beschrieben, Problemfelder benannt und die Ergebnisse der internen Evaluationsarbeit im Zwei-Jahres-Turnus den zuständigen Instanzen der Schulaufsicht zugestellt werden. Ähnliche bildungspolitische Weichenstellungen und Reglements gibt es nach PISA auch in anderen Bundesländern.

Das alles klingt gut, bringt aber viel Aufwand, Papierverbrauch, Konferenzen, Debatten und formale Rechenschaftsberichte mit sich. Betroffen davon sind in erster Linie die Mitglieder der jeweiligen Schulleitung, die den skizzierten Meinungsbildungs- und Abstimmungsprozess im Kollegium in Gang setzt, koordiniert und begleitet (vgl. ebd.). Wohlgemerkt: Die Verpflichtung der Kollegien auf die konsequente Sondierung und Operationalisierung der hausinternen Unterrichtsentwicklung ist zweifellos legitim. Die Frage ist nur, ob mit dem Abliefern der obligatorischen Qualitätsprogramme, Arbeitspläne und Evaluationsberichte viel für die faktische Unterrichtsentwicklung gewonnen ist. Wie jeder Schulpraktiker weiß, gibt es zahlreiche Möglichkeiten, Auflagen der genannten Art vordergründig zwar zu erfüllen, de facto aber weder konsequent noch breitenwirksam umzusetzen. Der eigentlich entscheidende Indikator für nachhaltige Reformerfolge ist aber gerade deren Breitenwirksamkeit innerhalb der Lehrerschaft.

Was passiert denn, wenn Schulen bzw. Schulleitungen formal korrekt über laufende Arbeitsgemeinschaften, Schulfeste, Wahlpflichtfächer, Konferenzen, Umweltaktivitäten, Elterninitiativen, Fortbildungsveranstaltungen oder sonstige Aspekte des alltäglichen Schullebens berichten, ohne die Perspektive der Unterrichtsentwicklung ernsthaft ins Auge zu fassen und zu operationalisieren? Verlassen sie damit den gesetzten Rahmen des Ministeriums? Wenn man sich den Eckpunkte-Katalog in Abbildung 7 anschaut, ist ein solches Ausweichen nicht ausgeschlossen, da die umrissenen Arbeitsfelder im Kern doch recht dehnbar sind. Von daher muss eine Schule nicht unbedingt etwas substanziell Neues im Bereich des schulischen Lehrens und Lernens versuchen und implementieren, um der geforderten Rechenschaftslegung ordnungsgemäß nachzukommen. Wie die Erfahrungen mit der an anderer Stelle problematisierten Schulprogrammarbeit zeigen, bleiben die meisten Rechenschaftsberichte der Schulen doch eher an der Peripherie des unterrichtlichen Kerngeschäfts. Und selbst dann, wenn neue didaktisch-methodische und/oder erzieherische Akzente beschrieben werden, muss das noch lange nicht heißen, dass zukunftsweisende Unterrichtsentwicklung betrieben wird.

Wie viele Lehrkräfte praktizieren punktuelle »Reförmchen«, um sich das nötige Alibi zu beschaffen? Inwieweit sind Kontinuität, Verbindlichkeit und Nachhaltigkeit der laufenden Innovationsmaßnahmen gewährleistet? Die Erfahrungen mit den seit PISA in Mode gekommenen Massenveranstaltungen »innovativer Schulen« signalisieren, dass Skepsis angebracht ist. Da werden auf der Vorderbühne ebenso aufwändig wie eindrucksvoll »Hochglanzprojekte und -initiativen« präsentiert, die auf der Hinterbühne der Einzelschule jedoch kaum eine Entsprechung haben. Sie sind weder prägend noch verbindlich – weder für die Lehrer/innen noch für die Schüler/innen. Deshalb: Wo sind die alltagstauglichen Beispiele und Verfahren, die in überzeugender und ermutigender Weise zeigen, wie »ganz normale Lehrkräfte« unter den restriktiven Bedingungen des Schulalltags wirksame Unterrichtsentwicklung bewerkstelligt haben? Nach aller Erfahrung fallen derartige Bilanzen eher düster aus. Das gilt insbesondere dann, wenn man näher prüft, wie viele der in einem Kollegium tätigen Lehrkräfte tatsächlich daran beteiligt waren. Meist sind es die immer gleichen »Exoten«, die den »Reformkarren« in Bewegung halten.

Fazit also: Die hier in Rede stehenden Qualitätsprogramme eröffnen Chancen für eine wirksame Unterrichtsentwicklung, aber sie bieten keine Gewähr dafür, dass die hier in Rede stehenden neuen Lehr- und Lernformen tatsächlich Platz greifen. Qualitätsprogramme zu schreiben und zu evaluieren ist nun einmal etwas anderes, als das in Deutschlands Schulen vorherrschende »Unterrichtsmuster« praxiswirksam zu verändern. Von daher stellt sich einmal mehr die Gretchenfrage der Lehrerqualifizierung – und mit ihr die Frage nach der konkreten Vermittlung neuer Lehr- und Lernroutinen auf Lehrer- wie auf Schülerseite. Wenn die besagten Qualitätsprogramme nicht überzeugende Qualifizierungs- und Unterstützungsmaßnahmen für Kollegien mit einschließen, dann dürften sie vielerorts nicht das Papier wert sein, auf das sie in oft mühevoller Kleinarbeit geschrieben werden. Wie gesagt: Qualitätsprogramme mit Schwerpunkt Unterrichtsentwicklung sind wichtig und zukunftsweisend. Doch sie zu schreiben und von Zeit zu Zeit zu evaluieren ist das eine, die zuständigen Lehrkräfte jedoch in die Lage zu versetzen, entsprechend zu handeln und zu unterrichten ist das andere. Und dieser zweite Punkt erledigt sich nicht automatisch mit dem ersten. Wer dieses übersieht, läuft Gefahr, einmal mehr zu scheitern.

2.5 Helfen Tests und neue Standards?

Der aktuelle »Hit« der bundesdeutschen Bildungsreform sind Vergleichstest, Kerncurricula und neue Bildungsstandards. Mithilfe dieser Instrumente sollen die Lehrkräfte verstärkt »genötigt« werden, die Modernisierung des Unterrichts konsequenter als bisher in Gang zu bringen. Einigkeit besteht darin, dass sich das in Deutschlands Schulen vorherrschende »Unterrichtsskript« grundlegend verändern muss – und mit ihm natürlich auch das methodisch-pädagogische Handwerkszeug der Lehrkräfte. Jürgen Baumert, PISA-Verantwortlicher für Deutschland, weist bei jeder sich bietenden Gelegenheit darauf hin, dass die anstehende Unterrichtsreform zwingend verlangt, dass die Lehrkräfte vom traditionellen »fragend-entwickelnden Verfahren« zunehmend abrücken und sukzessive alternative Methoden der Unterrichtsgestaltung und -lenkung lernen und praxiswirksam umsetzen. Mit dem Flechten pädagogischer Girlanden á la Schulprogrammarbeit oder Qualitätsmanagement ist es demnach nicht getan.

»Wir haben immer an der falschen Stelle über Reformen diskutiert«, konstatiert Baumert in einem Interview, »... über Strukturreformen, Klassengröße, Pflichtstundenzahl ..., aber wir sind nicht an das Kerngeschehen des Lehrers, an die Interaktion im Unterricht, die Qualität des Unterrichts und das Ergebnis des Unterrichts gegangen ... Das Problem ist (nämlich) die Logik des Unterrichtsscripts, also die zugrunde liegende Idee des guten Unterrichts. Und diese ist in Deutschland im internationalen Vergleich einzigartig ... Ich habe diese Idee einmal den ›fragend-entwickelnden Unterricht‹ genannt. Es ist die Vorstellung, dass der Lehrer durch Fragen an den Schüler, so wie es Sokrates mit seinen Schülern getan hat, das latente Wissen, das vorhanden ist, ans Tageslicht hebt, es reinigt, entfaltet und anreichert, d.h. das Gespräch ... ist die Modellvorstellung für den deutschen Unterricht.« (Baumert 2003, S. 1ff.).

Anders dagegen der Unterricht in Japan. Wie Baumert auf der Basis von Videostudien berichtet, zeichnet sich eine gute Unterrichtsstunde in Japan in aller Regel dadurch aus, dass die Lehrkräfte relativ zurückhaltend agieren. Typisch für eine gute Mathematik-Stunde in Japans Schulen sei, dass zu Beginn der Stunde ein Problem gestellt werde, das zum Knobeln herausfordere und nicht selten auch alternative Lösungswege zulasse. Geknobelt werde nun aber nicht gleich unter Mitwirkung des Lehrers, sondern nach einer Phase der Einzelarbeit zunächst in der Gruppe. Dort werde diskutiert, gefragt, erklärt, nachgeschlagen und protokolliert, bevor es dann zu kleineren oder größeren Vorträgen im Plenum komme, die durch gezielte Gespräche und Lehrerbeiträge abgerundet würden. Bei diesem Verfahren seien alle involviert, die schwächsten wie die stärksten. Und das Faszinierende daran sei: der Lehrer habe einen Bruchteil des Stresses, den er beim fragend-entwickelnden Unterricht in Deutschland habe, wo er permanent sehr konzentriert sein müsse, um die Klasse einigermaßen im Griff zu behalten (vgl. ebd., S. 4f.).

Dieses Beispiel unterstreicht, dass wirksame Unterrichtsentwicklung mehr verlangt, als das bloße »Nachbeten« moderner Unterrichtsgrundsätze, -rezepte und -programme. Es geht um einen »pädagogischen Paradigmenwechsel« in Deutschlands Bildungseinrichtungen, der wegführt von der traditionellen Belehrung und Unterweisung und hinführt zu einer nachhaltigen Förderung von Selbstständigkeit und Selbsttätigkeit im Unterrichtsprozess. Vieles spricht dafür, dass sich dieser Paradigmenwechsel nur dann durchsetzen wird, wenn den Lehrkräften überzeugende alternative Lehr- und Lernverfahren zur Verfügung stehen. Dieses alternative Repertoire zu entwickeln und alltagstauglich zu vermitteln, ist die eigentliche Herausforderung, vor der die bildungspolitischen und pädagogischen Akteure hier zu Lande derzeit stehen. Diese Zukunftsaufgabe lässt sich durch mehr Schulautonomie und/oder eindrucksvolle Schulprogramme alleine schwerlich lösen. Das ist den politisch Verantwortlichen in den letzten Jahren klar geworden. Deshalb wird nun konkreter operiert: Mit spezifischen Leistungstests und neuen Bildungsstandards, die den Output der schulischen Bildungsarbeit genauer beschreiben und erfassen sollen.

Diese Konkretisierung der Unterrichtsergebnisse ist zweifellos positiv. Positiv ist ferner, dass die zu erreichenden Kompetenzen weit über die klassische Wissensreproduktion hinausgehen und ganz vorrangig auf selbstständige Informationsbeschaffung und -verarbeitung, auf verständnisvolles Lesen und kreatives Problemlösen abstellen. Die beiden internationalen Vergleichstudien TIMSS und PISA haben in den letzten Jahren in anregender Weise gezeigt, wie derartige Kompetenzen erfasst und geprüft werden können. Die in Abbildung 1 (S. 21) dokumentierte PISA-Aufgabe verdeutlicht die neue Aufgabenkultur und lässt erkennen, dass eine Leistungskontrolle auch etwas anderes sein kann als die gängige Reproduktion fach- und themenspezifischen »Vorratswissen«. Derartige Testaufgaben werden derzeit sowohl auf OECD-Ebene als auch auf nationaler Ebene für verschiedene Fächer und Jahrgangsstufen entwickelt. Die Kehrseite dieser fraglos begrüßenswerten Arbeit: Eine zunehmende Zahl von Lehrkräften fühlt sich durch die neuen Testaufgaben und -anforderungen eher überfordert, bleibt doch ziemlich unklar, wie die Schüler/innen zu diesen Kompetenzen hingeführt werden können.

Daher ist die laufende Testentwicklung eine eher ambivalente Angelegenheit. Mag sein, dass der durch die Vergleichsarbeiten und Zentralprüfungen ausgelöste Druck Bewegung in die Kollegien hineinbringt. Fraglich ist jedoch, ob diese Bewegung zu neuen Vermittlungskompetenzen und -routinen auf Lehrerseite führen wird. Tests haben nämlich nur solange einen Sinn, solange sie in positiver Weise anstößig und aufbauend wirken. Das hat für die PISA-Untersuchungen in den letzten Jahren durchaus gegolten. Die PISA-Studie hat dazu beigetragen, dass die längst überfällige Diskussion über zeitgemäßen Unterricht und neue Bildungsanforderungen und -ziele in Gang gekommen ist. Nicht wenige Lehrkräfte versuchen inzwischen, sogar ihre Klassenarbeiten und Unterrichtsverfahren entsprechend den vorliegenden PISA-Aufgaben zu verändern. Doch ob dieser Veränderungsprozess konstruktiv weiterlaufen wird, ist ungewiss. Ohne flankierende Unterstützungs- und Qualifizierungsmaßnahmen für die Gruppe der Lehrer/innen dürfte es um die längerfristige Motivation und Kreativität eher schlecht bestellt sein.

Diese Problemanzeige gilt nicht minder für die in Entwicklung befindlichen *Bildungsstandards*. Wie erwähnt, sind diese Bildungsstandards output- und nicht inputorientiert konzipiert, d.h. sie stellen weniger auf den zu behandelnden Lernstoff ab, sondern vorrangig darauf, was die Schüler/innen am Ende bestimmter Bildungsabschnitte *können* sollten. Dazu heißt es in der entsprechenden Expertise von Eckhard Klieme u.a.: Bildungsstandards »... benennen die Kompetenzen, welche die Schule ihren Schülerinnen und Schülern vermitteln muss ... (Sie) legen fest, welche Kompetenzen die Kinder oder Jugendlichen bis zu einer bestimmten Jahrgangsstufe erworben haben sollen ... Schule und Unterricht können sich an den Standards orientieren. Den Lehrerinnen und Lehrern geben Bildungsstandards ein Referenzsystem für ihr professionelles Handeln.« (Klieme u.a. 2003, S. 13).

Hauptzweck der besagten Standardisierung ist demnach die wirksame und nachprüfbare Vermittlung grundlegender Fähigkeiten, Fertigkeiten und Kenntnisse an die Adresse der Schüler/innen. Das verlange von den Lehrenden – so die Gutachter – dass diese ihre Aufmerksamkeit stärker als bisher auf den konkreten Prozess des Lehrens und Lernens und weniger auf das schlichte Durchnehmen des Stoffes richteten (ebd., S. 38f.). Und weiter heißt es in der besagten Expertise: Die Bildungsstandards seien ein Instrument, um den Lehrkräften mehr Freiheitsgrade, Flexibilität und Verantwortung zu sichern sowie immer wieder Anstöße zu geben, »...fachbezogene (und fächerübergreifende) Lehr- und Lernprozesse neu zu durchdenken, das Wissen der Schülerinnen und Schüler differenziert wahrzunehmen, eine realistische Vorstellung von der eigenen Wirksamkeit aufzubauen, und an der Weiterentwicklung der eigenen Professionalität und der der eigenen Schule (mit) zu arbeiten.« (ebd., S. 40f.).

So gesehen ist die Entwicklung und Veröffentlichung fachspezifischer Bildungsstandards ganz sicher ein Ansatz zur Weiterentwicklung des Unterrichts. Die bislang vorliegenden Bildungsstandards repräsentieren nicht nur ein verändertes Lehr- und Lernverständnis; sie explizieren auch recht konkret, welches die Kernkompetenzen sind, die die Schüler/innen in den betreffenden Fächern erreichen sollen. Dabei wird auf Überschaubarkeit und Anspruchsdifferenzierung Wert gelegt. Überschaubarkeit meint, dass eine recht begrenzte Zahl von Kernkompetenzen ausgewiesen wird, Anspruchsdifferenzierung heißt, dass die zu erreichenden Kompetenzen nach Niveaustufen gegliedert werden.

Diese Niveaustufen sehen nach dem Beschluss der Kultusministerkonferenz vom Juni 2003 für das Fach *Mathematik* z.B. wie folgt aus: Auf der ersten Kompetenzstufe müssen die Schüler/innen elementares Wissen und geübte Verfahrensweisen reproduzieren können. Die zweite Kompetenzstufe verlangt das selbstständige Bearbeiten bekannter Sachverhalte in der Weise, dass die zuvor erworbenen Kenntnisse, Fähigkeiten und Fertigkeiten verknüpft werden müssen. Und wer die dritte Kompetenzstufe erreichen will, der muss verallgemeinern, reflektieren, beurteilen und selbstständig Probleme formulieren und lösen können (vgl. Frankfurter Allgemeine Zeitung vom 25.6.2003, S. 2).

Für den Bereich der »Sprachkompetenz« werden ebenfalls drei Kompetenzstufen unterschieden (vgl. Abb. 8, S. 62). Die unterste Stufe (A) lässt sich als Stufe der »elementaren Sprachverwendung« bezeichnen, die zweite Stufe (B) meint die »selbstständige Sprachverwendung« und das Erreichen der dritten Stufe (C) setzt voraus, dass die Schüler/innen zu »kompetenter Sprachverwendung« in der Lage sein müssen (vgl. Klieme u.a. 2003, S. 126ff.). Näheres dazu lässt sich aus Abbildung 8 ersehen.

Wie sehr die bundesdeutsche Bildungspolitik auf den »Segen« der skizzierten Bildungsstandards setzt, geht aus dem Zeitplan hervor. Bis zum Frühjahr 2004 sollen die Standards für die Grundschule (Deutsch, Mathematik), für den Hauptschulabschluss

Kompetenzstufen im Bereich der Fremdsprachen

Der betreffende Referenzrahmen unterscheidet für jede Dimension von Fremdsprachenkompetenz je sechs Niveaustufen: Die unterste Niveaustufe A) meint »Elementare Sprachverwendung«, die Stufe B) »Selbstständige Sprachverwendung« und C) »Kompetente Sprachverwendung«. Das folgende Beispiel betrifft die Dimension »Mündliche Produktion Allgemein«

C 2	Kann klar, flüssig und gut strukturiert sprechen und seinen Beitrag so logisch aufbauen, dass es den Zuhörern erleichtert wird, wichtige Punkte wahrzunehmen und zu behalten.
C 1	Kann komplexe Sachverhalte klar und detailliert beschreiben und darstellen und dabei untergeordnete Themen integrieren, bestimmte Punkte genauer ausführen und alles mit einem angemessenen Schluss abrunden.
B 2	Kann zu einer großen Bandbreite von Themen aus seinen/ihren Interessensgebieten klare und detaillierte Beschreibungen und Darstellungen geben, Ideen ausführen und durch untergeordnete Punkte und relevante Beispiele abstützen.
B 1	Kann relativ flüssig eine unkomplizierte, aber zusammenhängende Beschreibung zu Themen aus ihren/seinen Interessensgebieten geben, wobei die einzelnen Punkte linear aneinander gereiht werden.
A 2	Kann eine einfache Beschreibung von Menschen, Lebens- oder Arbeitsbedingungen, Alltagsroutinen, Vorlieben oder Abneigungen usw. geben, und zwar in kurzen listenhaften Abfolgen aus einfachen Wendungen und Sätzen.
A 1	Kann sich mit einfachen, überwiegend isolierten Wendungen über Menschen und Orte äußern.

Abb. 8 (Quelle: Klieme u.a. 2003, S. 126f.)

sowie den Mittleren Schulabschluss (jeweils die Fächer Deutsch, Mathematik und eine Fremdsprache) vorliegen, und zwar bezogen auf die Jahrgangsstufen 4, 9 und 10. Außerdem sollen die Prüfungsanforderungen für verschiedene Abiturfächer überarbeitet werden (vgl. Klieme u.a. 2003, S. 109). Darüber hinaus sollen ab dem Schuljahr 2006/2007 Bildungsstandards sowohl für zusätzliche Fächer als auch für den Bereich der Sekundarstufe II entwickelt werden – wobei die Einbeziehung des berufsbildenden Bereichs noch nicht sicher ist (vgl. ebd., S. 119). Das Ziel dabei: Die definierten Standards sollen länderübergreifend *verbindlich* implementiert und durch spezifische Tests überprüft werden.

Ende 2003 hat die Kultusministerkonferenz den ersten Schritt getan und die Standards für den mittleren Schulabschluss in den Fächern Deutsch, Mathematik und erste Fremdsprache vorgelegt. Das Echo war und ist geteilt. Kritik entzündet sich nicht nur an den didaktischen Unschärfen und Ungereimtheiten der vorgelegten Standards, sondern auch und vor allem an den Folgearbeiten, die für die Lehrkräfte daraus erwachsen. Diese müssen nämlich nicht nur korrespondierende Tests unterrichtlich vorbereiten und schreiben lassen; sie müssen auch und zugleich schulinterne Arbeitspläne entwickeln, die die betreffenden Bildungsstandards näher konkretisieren und operationalisieren. Gerade dieses letztere Feld verspricht eine Menge Mehrarbeit für die zuständigen Fachgruppen und Fachlehrer/innen.

Daher ist der Ruf nach einschlägiger Fortbildung und Unterstützung laut und eindringlich – so eindringlich, dass die Bildungspolitiker inzwischen reagieren. Die entsprechende »Beruhigungspille« in einem Rundschreiben der rheinland-pfälzischen Bildungsministerin: »Die pädagogischen Service-Einrichtungen, die Schulaufsicht und die Studienseminare sowie die Fachberaterinnen und Fachberater, die Moderatorinnen und Moderatoren und die zuständigen Abteilungen des Ministeriums haben den generellen Auftrag, die Schulen bei der Umsetzung der Standards gezielt zu unterstützen. Um das Erreichen der Bildungsstandards und die Erarbeitung von schulinternen Arbeitsplänen zu erleichtern, werden die Pädagogischen Service-Einrichtungen beauftragt, Erwartungshorizonte auf der Basis der geltenden Lehrpläne zu entwickeln. Diese werden ... elektronisch mit den Schulen kommuniziert und möglichst bald durch Beispielaufgaben erläutert.« (Rundschreiben des rheinland-pfälzischen Bildungsministeriums vom 17.12.2003). Die Frage ist nur, ob die entsprechenden Handreichungen, Foren, Disketten, Beispielaufgaben und Informationsveranstaltungen in praxi tatsächlich weiterhelfen werden. Skepsis scheint angebracht.

Die Erfahrungen der zurückliegenden Jahrzehnte machen deutlich, dass mit Instruktion, Information, Beratung und/oder Materialbereitstellung »von oben« noch keine Neue Lernkultur zu bewerkstelligen ist. Es gab nämlich bereits in den 70er- und 80er-Jahren recht fortschrittliche Curricula/Rahmenrichtlinien, die den neuen Bildungsstandards nicht wesentlich nachstanden. Und dennoch haben diese in praxi nur punktuell und marginal Wirkung gezeigt. Warum? Weil die verantwortlichen Lehrkräfte mit den konkreten Modalitäten, Methoden und Instrumenten der intendierten Reformen viel zu wenig vertraut waren. Ihnen mangelte es sowohl am praktischen Know-how als auch an der nötigen persönlichen Sicherheit, Identifikation und Überzeugung. Kein Wunder also, dass wenig bewirkt wurde. Von daher spricht vieles dafür, die Lehrerqualifizierung anders als oben vorgesehen anzugehen, nämlich praktischer, handlungsbetonter und teamorientierter.

Allerdings sind damit die kritischen Anfragen zur »Innovationskraft« der skizzierten Tests und Bildungsstandards noch nicht erschöpft. Vor allem die ins Haus stehende Mehrbelastung ist vielen Lehrkräften ein Dorn im Auge. Wenn es z.B. in der erwähnten Expertise von Eckhard Klieme u.a. heißt, dass die Vorgabe von Bildungsstandards für die Lehrkräfte »... mehr Freiheitsgrade, Flexibilität und Verantwortung« mit sich bringe (vgl. ebenda 2003, S. 40), dann ist das bestenfalls die halbe Wahrheit. Diese Botschaft verschweigt, dass der Lehrerschaft unter dem Vorzeichen erweiterter Selbst- und Mitbestimmung ein hohes Maß an diffuser Mehrarbeit aufgedrückt wird. Denn die Lehrkräfte sollen erklärtermaßen neben ihrer gängigen Zuständigkeit für die Planung, Gestaltung und Bewertung des Unterrichts nun auch noch die zeitintensive Klärung und Abstimmung der curricularen Rahmengegebenheiten ihres Faches leisten – und das bei aufgestockter Pflichtstundenzahl, geringer werdenden Ressourcen und einem »reformpolitischen Dauerfeuer« der Ministerien, das viele Lehrkräfte schon heute zermürbt und nach den Grenzen der Zumutbarkeit fragen lässt.

Hans-Günter Rolff hat daher recht, wenn er die aktuelle »Standardisierung« als problematisch einstuft (vgl. Rolff 2003, S. 5). Er konzediert zwar, dass kompetenzorientierte Teststandards für die Neuausrichtung des schulischen Lehrens und Lernens durchaus wichtige Impulse geben könnten. Diesem Positivum stehen nach seiner Ansicht jedoch gravierende Probleme und Schwächen gegenüber. Diese beträfen vor allem die einseitige Outputorientierung der Leistungsmessung – bei gleichzeitiger Hintanstellung der unterrichtlichen Inputs und Prozesse. Die Folge davon sei, dass soziale, emotionale, musisch-ästhetische und überfachliche Kompetenzen und Leistungen über Gebühr vernachlässigt würden. Ein zweites Problem: Die Lehrer/innen gerieten in eine fatale Abhängigkeit von eigens eingerichteten Testinstituten, da die Testverfahren sehr kompliziert und aufwändig seien. Und das dritte Problem: Die Teststandards brächten für weite Teile der Lehrerschaft ungewohnte und steigende Ansprüche mit sich, auf die viele Lehrkräfte bis dato völlig unzureichend vorbereitet seien. So gesehen verschärfe die Einführung neuer Bildungs- und Teststandards nurmehr die bestehende Belastungsproblematik in den Schulen.

Fazit also: Die Einführung neuer Bildungsstandards und Testverfahren ist eine ziemlich ambivalente Angelegenheit. Auf der einen Seite wird die Qualität von Unterricht und Schülerleistung in anregender Weise neu beleuchtet und einem zeitgemäßeren Verständnis von Lehren und Lernen Nachdruck verliehen; auf der anderen Seite geschieht das alles jedoch auf einer derart abstrakt-akademischen Ebene, dass viele Lehrkräfte wenig damit anfangen können. Mag sein, dass die projektierte Konkretisierungsarbeit während der nächsten Jahre manches klären und verstehen hilft. Bis dahin bleibt aber noch eine Menge Ungewissheit und Unsicherheit zu überwinden – von den praktischen Kompetenzproblemen der Lehrkräfte einmal ganz abgesehen. So gesehen sind Bildungsstandards bestenfalls eine notwendige, nicht aber eine hinreichende Voraussetzung für nachhaltige Unterrichtsentwicklung. Nachhaltige Unterrichtsentwicklung verlangt mehr als das bloße Verstehen und Akzeptieren von Teststandards und Musteraufgaben (vgl. Von der Groeben 2003, S. 11).

Der mittlerweile fast schon legendäre Ausspruch »Ein Schwein wird durch ständiges Wiegen auch nicht fetter« unterstreicht diese Überlegungen. Von daher ist Vorsicht geboten. Vorsicht ist auch deshalb angezeigt, weil das skizzierte Setzen auf neue Bildungsstandards, Kerncurricula, Tests und verstärktes Bildungsmonitoring von Testinstituten und Schulaufsicht die unverkennbare Gefahr in sich birgt, dass die in den letzten Jahren in Gang gekommene Dezentralisierung schul- und unterrichtsspezifischer Entscheidungsprozesse einer neuen Re-Zentralisierung wird weichen müssen – mit Testinstituten und gezielten Inspektionen als Kern (vgl. ebd.). Wohin das führen kann, lässt sich in Ländern mit ausgeprägter Testtradition studieren (z.B. England), in denen das testbezogene Pauken an der Tagesordnung ist. Im Klartext: Gelernt wird »für den nächsten Ligatest, nicht fürs Leben.« (vgl. DIE ZEIT v. 31.7.2003, S. 61). Das kann ja wohl nicht die Lehre aus PISA sein!?

2.6 Neue Akzente in der Lehrerbildung

Ein weiterer Ansatz zur Forcierung der Unterrichtsentwicklung ist die Reform der Lehrerbildung. Die Kernfrage dabei: Was können die Verantwortlichen in den einzelnen Phasen der Lehreraus- und -fortbildung tun, um neuen Lehr- und Lernformen zum Durchbruch zu verhelfen? Einige Grundsätze scheinen dabei klar zu sein: Stärkere Orientierung der Lehrerausbildung an den Problemen der Schulpraxis, Erweiterung der pädagogischen, didaktischen und methodischen Basiskompetenzen der Lehrer/innen, gezieltere Vorbereitung auf die Rolle als Klassenlehrer/in, auf Elternarbeit, Teamarbeit, Projektunterricht und andere Formen des Offenen Lernens (vgl. Bastian/Gudjons 1996, S. 144). Außerdem wird für den Bereich der Lehrerfortbildung eine stärkere Orientierung des Veranstaltungsangebots an der Nachfrage der praktizierenden Lehrpersonen empfohlen. Zugegeben, diese Leitvorstellungen sind keineswegs neu; sie werden von den Protagonisten einer neuen Lehrerbildung seit Jahrzehnten diskutiert und mit wechselnden Argumenten, Evaluationsbefunden und Beispielen begründet und veranschaulicht (vgl. Kapitel II, Abschnitt1). Neu ist derzeit nur, dass diese Forderungen nunmehr offiziell ihren Niederschlag in einem von der KMK in Auftrag gegebenen Gutachten zur Reform der Lehrerbildung gefunden haben (vgl. KMK-Kommission 2000).

Plädiert wird in diesem Gutachten für ein *Ende der Beliebigkeit* in der universitären Phase. Sämtliche Studienelemente – Fächer, Fachdidaktiken, Erziehungswissenschaften, Praktika – müssten stärker als bisher am späteren Berufsfeld orientiert sein – so heißt es im besagten Kommissionsbericht. Die Beliebigkeit der Studienangebote bzw. des Studierens müssten sowohl auf Seiten der Lehrenden wie der Studierenden aufhören (KMK-Kommission 2000, S. 16). Diese Forderungen sind fraglos richtig und wichtig. Richtig sind sie deshalb, weil sie unterstreichen, dass die angehenden Lehrer/innen vor allem und zuerst »Experten für das Lehren und Lernen« sind (vgl. ebd., S. 159) und demzufolge ganz vorrangig das studieren sollten, was sie für ihre spätere Unterrichtstätigkeit brauchen. Und wichtig sind sie insofern, als die durchschnittliche Studiendauer hier zu Lande ohnedies zu lang ist und ein Ausweichen der Studierenden auf irgendwelche »Orchideen-Veranstaltungen« immer wieder dazu führt, dass sie praxisrelevante Themen verpassen.

An dieser Praxisferne sind aber nicht nur die Studenten schuld, sondern häufig auch die Hochschullehrer, die eben solche »Orchideen-Veranstaltungen« anbieten. Wilfried Plöger und Elmar Anhalt melden daher nach Auswertung der Vorlesungsverzeichnisse der Universitäten Frankfurt a.M. und Köln Zweifel an, ob denn Themen wie »Philosophie des Neuplatonismus«, »Literarische Vorläufer der Psychoanalyse« oder »›Schwule‹ Ästhetik« wirklich in das Studienangebot für Lehramtsanwärter/innen gehören oder ob es nicht wichtiger gewesen wäre, Seminare zu Themen wie »Möglichkeiten der Analyse von Unterrichtsfilmen«, »Schülerbeobachtung als psychodiagnostisches Verfahren« oder »Grundprobleme der ästhetischen Erziehung« ins Zentrum der Ausbildung zu rücken (vgl. Plöger/Anhalt 1999, S. 36). Zugegeben, ein zu enges Verständnis von Berufsrelevanz hat sicherlich auch seine Tücken, aber eine stärkere berufsfeldbezogene Profilierung der universitären Veranstaltungsangebote könnte dem Ausbildungserfolg der Studierenden nur gut tun.

Unterstrichen wird diese Einschätzung durch das besagte Gutachten der KMK-Kommission. Darin heißt es: »Die berufliche Qualität von Lehrerinnen und Lehrern wird von der Qualität ihres Unterrichts bestimmt ... Insofern versteht die Kommission Lehrkräfte als Experten für das Lehren und Lernen ... Das Zentrum der Lehrertätigkeit ist die Organisation von Lernprozessen.« (KMK-Kommission 2000, S. 15). Mit dieser längst überfälligen Rolleneingrenzung wird zum einen gegen die zunehmende »Sozialpädagogisierung der Schule und des Lehrerberufs« argumentiert, die viele Lehrkräfte mittlerweile deutlich überfordert (vgl. Terhart 2001, S. 181f.). Zum anderen wird damit unmissverständlich deutlich gemacht, dass der Kern der Lehrertätigkeit das Unterrichten ist, d.h. das Vorbereiten, Durchführen, Reflektieren und Evaluieren fachspezifischer Lernprozesse.

Daher ist es nur folgerichtig, wenn die KMK-Kommission für einen stärkeren Praxisbezug des Lehramtsstudiums plädiert – einschließlich einer besseren Koordination und Kooperation zwischen erster und zweiter Ausbildungsphase. Die klassische Trennung von Theorie (1. Phase) und Praxis (2. Phase) sei im Kern längst obsolet geworden und sollte einer stärkeren Integration weichen. Was das für die universitäre Lehrerbildung heißt, wird im Kommissionsgutachten wie folgt skizziert:

- **Ausbau der fachdidaktischen Studien:** Damit ist gemeint, dass die Studierenden verstärkt Gelegenheit erhalten sollten, (a) unterrichtsspezifische Ziele, Bedingungen, Prozesse und Ergebnisse zu analysieren, (b) die theoriegeleitete Planung, Gestaltung, Durchführung und Auswertung von fachbezogenem Unterricht zu üben sowie (c) die Entwicklung und Evaluation fachspezifischer Unterrichtseinheiten und Curricula zu versuchen. Dabei genüge es nicht, allgemeine Theorien und Methoden aus Pädagogik und Psychologie zu rekonstruieren und zu diskutieren, sondern nötig sei eine ausgeprägt praxisbezogene Integration von fachdidaktischen und allgemeinen pädagogischen und psychologischen Erkenntnissen und Theorien des Lehrens und Lernens (vgl. KMK-Kommission 2000, S. 102f.).
- **Ausbau der erziehungswissenschaftlichen Studien:** In diesem Segment wird der Blick stärker auf grundlegende Erziehungsfragen und -probleme gerichtet, die den Lehrerberuf kennzeichnen und oftmals auch belasten. Diese werden unter Einbeziehung der Basisdisziplinen Erziehungswissenschaft, pädagogische Psychologie, Bildungssoziologie und z.T. auch der Philosophie interdisziplinär beleuchtet. Dabei geht es laut Kommissionsgutachten um Problemkreise wie Lernstrategien vermitteln, Lehrer-Schüler-Beziehung, Leistungsmessung, Zusammenarbeit in der Schule, Förderung von sozialem Verhalten, Bewältigung von Disziplinproblemen, Neue Medien im Unterricht, Schule und Öffentlichkeit und anderes mehr. Diese Aufgabenfelder müssten rechtzeitig und praxisbezogen in den Blick der Studierenden gebracht werden (vgl. ebd., S. 104ff.).
- **Ausbau der schulpraktischen Studien:** Damit wird dem Ruf der Studierenden nach »mehr Praxis« Rechnung getragen. Die betreffenden Praxisbegegnungen rei-

chen nach KMK-Lesart von einführenden Berufsfelderkundungen über begrenzt vorbereitete und angeleitete Versuche unterrichtlichen und erzieherischen Handelns der Studierenden bis hin zur Möglichkeit, die eigenen Ideen in der einen oder anderen Schule ganz praktisch zu erproben (vgl. ebd., S. 108). Die Palette der möglichen Praktika ist dabei recht vielfältig und reicht vom Blockpraktikum während der Semesterferien über semesterbegleitende Tages- oder Wochenpraktika bis hin zu richtiggehenden Praxissemestern mit vergleichsweise ausgedehnten Möglichkeiten und Verantwortlichkeiten der angehenden Lehrer/innen. Ziel der schulpraktischen Studien kann es nach Kommissionsansicht selbstverständlich nicht sein, den Studierenden bereits ausgefeilte berufspraktische Routinen und/oder eigenverantwortlichen Unterricht »beizubringen«, sondern das Hauptanliegen sei ein bescheideneres: Die Studierenden sollten die gesammelten Praktikumserfahrungen einerseits zu einer reflektierten Auseinandersetzung mit den vorherrschenden erziehungswissenschaftlichen Theorien nutzen und andererseits sollten sie auf dieser Basis zu einer kritischen Würdigung der gängigen Praxisformen gelangen. In diesem Sinne könnten die schulpraktischen Studien einen wichtigen Beitrag zum »... kompetenteren Umgang mit Theorie, Empirie und Praxis« leisten (vgl. ebd., S. 107f.).

- **Ausbau der Zentren für Lehrerbildung:** Hierin sieht die KMK-Kommission einen wichtigen Ansatz, um zweierlei zu verbessern: Zum einen die Kooperation und Koordination innerhalb der Universitäten, zum anderen die Integration von erster und zweiter Phase. Allerdings sollten die Lehrerbildungszentren keine neue Fakultät neben den bereits existierenden Hochschulabteilungen bilden, sondern vorrangig Impuls- und Koordinationsaufgaben innerhalb der bestehenden universitären Strukturen übernehmen. Sie seien daher eine quer zur Struktur der Fächer bzw. Fakultäten liegende Einrichtung, deren Hauptaufgabe darin bestehe, die an Lehrerausbildung beteiligten Personen und Institutionen in Sachen Kooperation und Koordination zu unterstützen. Mitglieder der Zentren können laut Kommissionsgutachten sein: Fachdidaktiker, Erziehungswissenschaftler, Fachwissenschaftler, Haupt- und Fachseminarleiter, Mentoren, Schulleiter, Mitarbeiter der Lehrerfort- und -weiterbildung, der Prüfungsämter und der Behörden. Zudem sollten in den Führungsgremien Studenten angemessen vertreten sein (vgl. ebd., S. 110f.).
- **Ausbau gestufter Studiengänge:** Dieser Reformansatz zielt auf zweierlei: Erstens auf die Förderung beruflicher Mobilität und Flexibilität bei Lehramtsstudenten, zum zweiten auf die bereits angesprochene Forcierung der berufsfeldbezogenen Grundbildung der angehenden Lehrkräfte. Die KMK-Kommission plädiert für eine Trennung von Bachelor- und Master-Studiengängen. Alle Studierenden sollten zunächst ein strikt berufsorientiertes Bachelor-Studium von in der Regel sechs Semestern absolvieren, an das sich ein an Voraussetzungen geknüpftes Master-Studium von meist drei bis vier Semestern anschließen würde. Dieses soll nach Auffassung der Kommissionsmitglieder ausgeprägt fach- und forschungsbezogen sein (vgl. ebd., S. 234). In modifizierter Form wird dieses Konzept aktuell bereits in

Rheinland-Pfalz verfolgt und in ersten Ansätzen umgesetzt. Die Besonderheit dieses Konzepts: Die Studierenden müssen sich erst nach dem Bachelor-Studium von sechs Semestern auf eine bestimmte Schulart festlegen. Vorher studieren sie generell »auf Lehrer«, wobei die ursprünglich geplante einheitliche Grundbildung für Lehramtsstudenten aller Schularten inzwischen z.T. wieder zurückgenommen wurde (vgl. Pressemitteilung des rheinland-pfälzischen Wissenschaftsministeriums vom 10.4.2003).

- **Stärkere Professionalisierung der zweiten Phase:** Dieser Kommissionsvorschlag sieht vor, dass die amtierenden Seminar- und Fachleiter/innen ihre Ausbildungsangebote und -praktiken stärker an den Prinzipien der Erwachsenenbildung orientieren sollten. Dementsprechend sollten sich die Studienseminare »konzeptionell von einem reinen Lehr- und Lernbetrieb hin zu einer Studienstätte« entwickeln. Der Grundgedanke dabei: »Wenn in den Seminaren Bildung von Erwachsenen für Erwachsene betrieben wird, sollte dies vornehmlich als Selbstbildung unter Anregungen konzipiert werden ..., als praktisches, handlungsorientiertes, entdeckendes, exemplarisches und kritisches Lernen.« (KMK-Kommission 2000, S. 117). Dieser Anspruch müsse den Ausbildungsschulen und den dort tätigen Ausbildungsbeauftragten – so die Kommission – nachdrücklicher als bisher vermittelt werden. Oder anders ausgedrückt: Den Ausbildern müsse verstärkt Gelegenheit gegeben werden, sich selbst entsprechend weiterzubilden und neue Erfahrungen zu sammeln (vgl. ebd., S. 117f.).
- **Förderung nachfrageorientierter Lehrerfortbildung:** Dieser Ansatzpunkt zielt auf bedarfsgerechte Lehrerfort- und -weiterbildung. Dahinter steht die These, dass die Lehrkräfte vor Ort am besten einschätzen können, welche Unterstützung sie für ihre Innovationsarbeit im Schulalltag brauchen. Traditionell hat die Lehrerfortbildung in Deutschland eher anders angesetzt, nämlich stärker »Top down«, d.h. die von den Bildungsverantwortlichen für notwendig gehaltenen Innovationsmaßnahmen wurden mittels gezielter Fortbildungsangebote an die Lehrerschaft heran getragen – eine mit den aktuellen Autonomiebestrebungen nicht so recht zu vereinbarende Strategie. Denn Schulen, die eigene Programme schreiben und eigene Innovationspläne umsetzen sollen, brauchen selbstverständlich auch die Freiheit, ihren Fortbildungsbedarf hausintern zu definieren und entsprechende Unterstützung der Lehrerfortbildungsinstitute anzufordern. Von daher sind die Fortbildungseinrichtungen der Länder derzeit emsig damit beschäftigt, geeignete Fortbildner zu gewinnen, die sie den Schulen bei Bedarf flexibel zur Verfügung stellen können.

Doch dieses ist leichter gesagt als getan. Viele Aus- und Fortbildner sind bislang nämlich alles andere als »Profis« in Sachen Neues Lehren und Lernen. Sie haben ihre Routinen und Kompetenzen – gewiss. Aber ihr Know-how ist vielfach (noch) recht traditionell geartet. Diese Qualifikationslücke ist das eigentliche Hindernis bei der Umsetzung der angeführten Reformansätze. Von daher muss das besondere Augenmerk der Schul- und Unterrichtsentwickler der *Ausbildung der Ausbilder* gelten (vgl. dazu Abschnitt II.3.1) – ein Aufgabenfeld, das derzeit von den bundesdeutschen Bildungspolitikern zunehmend entdeckt wird. Die dabei im Vordergrund stehenden Leitfragen: Wo und wie können die Ausbilder die ins Auge gefasste »neue Praxis« vermitteln? Wo und wie werden sie selbst für diese neuen Aufgabenbereiche, Methoden und Kooperationsformen sensibilisiert und qualifiziert? Welche Verfahrensweisen haben sich diesbezüglich bewährt? Etc. Auf diese und andere Umsetzungsfragen werden im vorliegenden Buch Antworten gegeben.

2.7 Überschätzte Selbstheilungskräfte

Zu den Eigenheiten der skizzierten Reformansätze gehört es, dass sie vorrangig auf der Metaebene ansetzen und durch neue Programme, Konzepte und Standards zum Erfolg zu kommen versuchen. Erwartet wird, dass sich durch die Gewährung erweiterter Gestaltungsspielräume und durch die Formulierung neuer Standards in den Bildungseinrichtungen eine Eigendynamik entwickeln wird, die zu zielführenden Selbsterneuerungsprozessen in Sachen Unterrichtsentwicklung führen wird. Vertraut wird gleichermaßen auf die immanente Kraft des Wettbewerbs wie auf die grundlegende Lernfähigkeit und -bereitschaft der verantwortlichen Lehrpersonen, die unter dem Eindruck veränderter Anforderungen in Wirtschaft und Gesellschaft nach neuen Wegen des Lehrens und Lernens suchen und diese auch umsetzen. Erwartet wird ferner, dass die Schulen korrespondierende Fortbildungspläne erstellen und Qualifizierungsangebote einfordern, denen die nachfrageorientiert arbeitenden Aus- und Fortbildungsinstitute durch entsprechende Unterstützungsmaßnahmen Rechnung tragen – ja tragen müssen! Diese optimistische Sicht der Dinge hat sicherlich etwas Bestechendes, sie steht aber massiv in der Gefahr, die schulischen Innovationsprozesse in fataler Weise als »deus ex machina« zu deuten. Die faktischen Innovationsprozesse während der letzten Jahrzehnte sprechen eine andere Sprache.

Fakt ist nämlich, dass die unterstellten Selbstheilungskräfte in der Realität bestenfalls gebrochen und punktuell zur Wirkung gekommen sind. Von daher ist das Postulat der Selbsterneuerung ebenso gefährlich wie naiv. Gefährlich deshalb, weil es zur politischen Untätigkeit sowie zur Ausblendung der praktischen Qualifizierungserfordernisse an der Basis verleitet. Und naiv ist es insofern, als den Kollegien unterstellt wird, sie fragten bei den Fortbildungseinrichtungen automatisch die passenden Innovationsleistungen nach. Die Realität zeigt indes seit Jahr und Tag etwas anderes, nämlich: Das Gros der fortbildungswilligen Lehrkräfte fragt ganz überwiegend die Themen und Tagungen nach, die mit den angestammten Gewohnheiten und Kompetenzen relativ stark korrespondieren. Es wird also gerade nicht das Neue gesucht, sondern zumeist im Dunstkreis des Alten und Vertrauten nach Fortbildung Ausschau gehalten So gesehen besteht die Gefahr, dass mit der Betonung der *nachfrageorientierten Lehrerqualifizierung* eine Tautologie produziert wird. Die Lehrkräfte fragen das nach, was sie bereits kennen und schätzen; und die Fortbildungsverantwortlichen bieten das an, was diesem »Status-quo-Bedarf« entspricht.

Unter diesen Umständen ist es kein Wunder, dass die Innovationsarbeit hier zu Lande stockt. Sie leidet seit langem an dem, was der Philosoph Martin Heidegger einst die »Wiederkehr des immer Gleichen« genannt hat. Mit anderen Worten: Das Bekannte »fesselt« das Neue, und das Neue bestätigt und modifiziert das Bekannte – ohne in der Regel allerdings entscheidend darüber hinauszugehen. Aus diesem Grund ist der hier in Rede stehende Paradigmenwechsel in Sachen Lehren und Lernen auch so schwierig. Vorsätze und Einsichten helfen diesbezüglich nicht wirklich, die eingefahrenen Pfade wirksam zu verlassen und mutig neue Wege des Unterrichtens zu suchen und zu gehen. Die durch PISA ausgelöste Diskussion über guten Unterricht bestätigt diese Starrheit des bundesdeutschen »Unterrichtsskripts« mit dem fragend-entwickelnden Verfahren im Mittelpunkt.

Dort, wo Reformen in der Vergangenheit angegangen wurden, sind sie selten in die Breite gekommen. Das gilt insbesondere für die Unterrichtsentwicklung. Sie sind in aller Regel unverbindlich und punktuell geblieben und haben dem Paradigma des stofforientierten Belehrens nicht wirklich Paroli bieten können. Im Gegenteil, der traditionelle Frontalunterricht beherrscht bis heute das Feld und macht noch immer über 80 Prozent der Unterrichtszeit aus (vgl. Bohl 2002). Unter dem Strich stimmt also das, was ein bekannter kanadischer Schulforscher in der Ausgabe 4/2000 der Zeitschrift »Eductional Leadership« festgestellt hat: Viele Programme der inneren Schulreform »... sind wie Glühwürmchen am pädagogischen Himmel. Sie leuchten kurz auf, verglimmen rasch und verschwinden schnell wieder.«

An diesem Dilemma wird auch der derzeit propagierte *freie Fortbildungsmarkt* nicht viel ändern können – zumindest nicht im Hinblick auf die hier in Rede stehende Implementierung neuer Lehr- und Lernformen. Zum einen deshalb nicht, weil die freien Anbieter als »Nicht-Lehrer« in aller Regel keinen ernsthaften Zugang zum Praxisfeld Unterricht haben; der andere Grund: die »Freien« müssen aufgrund ihrer privatwirtschaftlichen Kostenrechnung natürlich Preise verlangen, die von den finanziell durchweg schwach ausgestatteten Schulen in der Regel nicht zu bezahlen sind. Mag sein, dass zukünftig in Einzelfällen das Sponsoring weiterhilft und renommierte Freiberufler in die eine oder andere Schule zieht, aber ein differenziertes und längerfristiges Trainings- und Beratungsprogramm, wie es hier in Rede steht, ist auf diese Weise wohl kaum auf die Beine zu stellen.

Derartige Qualifizierungsprogramme dürften auch in Zukunft die Domäne staatlich bestallter Unterrichtsexperten bleiben, die für die zu leistenden Trainings- und Unterstützungsmaßnahmen vom eigenen Unterricht freigestellt werden. Denn welcher praktizierende Lehrer gibt derzeit schon seinen Beamtenstatus auf, um sich auf einem höchst unsicheren freien Fortbildungsmarkt zu »verdingen«. Gebraucht werden aber zwingend erfahrene Unterrichtsexperten, wenn die betreffenden Trainings- und Beratungsangebote in Sachen Unterrichtsentwicklung glaubwürdig und überzeugend ausfallen sollen. Lehrer/innen sind in diesem Punkt nämlich recht eigen und erwarten, dass die anstehende Unterrichtsentwicklung auch von erfahrenen Unterrichtsexperten angeleitet und unterstützt wird. Fazit also: Gebraucht werden zum Zwecke der Unterrichtsentwicklung vor allem staatlich alimentierte Lehrerbildner, die ausgeprägte Innovationserfahrungen und -kompetenzen in Sachen »Neue Lernkultur« besitzen und interessierten Lehrergruppen in ebenso professioneller wie praxiswirksamer Weise »Hilfe zur Selbsthilfe« gewähren können. Mehr dazu wird in den Kapiteln II und III ausgeführt.

2.8 Verstärktes Lehrertraining tut Not!

Die entscheidende Grundlage wirksamer Unterrichtsentwicklung ist demnach einschlägiges Lehrertraining – systematisch, praxisnah, handlungsorientiert und mit dem Ziel, neue alltagstaugliche Moderations- und Beratungsroutinen zu vermitteln. Dieser Gedanke wird in den nachfolgenden Kapiteln weiter zu konkretisieren sein. Indes: Für viele Lehrkräfte ist diese Option für Training und Routinebildung ein eher befremdlicher Ansatz, klingt er doch sehr nach Drill und vordergründiger »Funktionalisierung« der Lernenden. Für die geisteswissenschaftlichen Vordenker sind derartige Ansinnen und Begrifflichkeiten über Jahrhunderte hinweg ziemlich fremd geblieben. Stattdessen wurde u.a. für Mündigkeit, Emanzipation und autonomes Lernen plädiert. Lehrertraining und Routinebildung passten nicht so recht in dieses pädagogische Weltbild.

Seit TIMSS und PISA ist manches anders geworden. Tabus sind aufgebrochen; der Ruf nach Lehrertraining und neuen alltagstauglichen Lehr- und Lernroutinen gilt nicht mehr länger als Verstoß gegen die guten pädagogischen Sitten. Vertraut wird nicht mehr allein auf die Bildungswirksamkeit hehrer Ideen und Programme. Die Unwirksamkeit der traditionellen Vermittlungsmethoden belegt schließlich, dass der Aufbau neuer Kompetenzen auf Lehrer- wie auf Schülerseite andere Wege und Methoden verlangt, als das bislang üblich ist. Daher ist auch der Ruf nach »Schlüsselqualifikationen« – bereits ein Thema in den 70er-Jahren – zu neuen Ehren gelangt. Gleiches gilt für die Uralt-Forderung nach stärkerem Praxis- und Handlungsbezug in Schule und Lehrerbildung. Dementsprechend werden derzeit Curricula überarbeitet, neue Bildungsstandards formuliert, Aufgabenbeispiele entwickelt und wegweisende Handreichungen entwickelt.

In der Theorie ist also vieles klar, nur in der Praxis noch nicht. Irritierend und verwunderlich ist dieses Faktum insofern, als die reformpädagogische Tradition in Deutschland weit zurückreicht. Die entsprechende Literatur ist seit Jahrhunderten gespickt mit vielen klugen Erkenntnissen und pädagogischen Entwürfen. Auch an praktischen »Modellversuchen« mangelt es nicht. So gibt es renommierte Landerziehungsheime, Waldorfschulen, Montessorischulen, Jenaplan-Schulen und diverse andere Reformschulzweige, die bemerkenswerte Alternativprogramme zum gängigen Unterricht der staatlichen »Normalschulen« entwickelt und zum Teil auch recht erfolgreich umgesetzt haben. Auch im staatlichen Bereich sind eindrucksvolle Reformprojekte ins Leben gerufen worden – angefangen bei der Bielefelder Laborschule über die Freie Schule Kassel-Waldau bis hin zur Wiesbadener Helene-Lange-Schule und der Glockseeschule in Hannover – um nur einige der renommierten Reformschulen zu nennen. Diese »Musterschulen« sind innerhalb des staatlichen Schulwesens bislang jedoch eher die Ausnahme und keinesfalls die Regel.

Woran liegt das? Warum sind die tradierten reformpädagogischen Erkenntnisse und Einsichten so wenig in die Tat umgesetzt worden, obwohl sie in der Theorie doch so plausibel klingen? Im Anschluss an Hilbert Meyer lässt sich feststellen, dass es wohl vor allem zwei Gründe sind, die eine nachhaltige Unterrichtsreform bis heute be- bzw. verhindern. Der erste Grund ist der, dass das traditionelle Unterrichtsskript für viele Lehrkräfte nach wie vor recht attraktiv ist. Attraktiv deshalb, weil es zum einen vertraut ist und sich in recht zeit- und arbeitsökonomischer Weise realisieren lässt und weil es zum anderen vielen Lehrkräften aufgrund der vielfältigen eigenen Aktivitäten offenbar das »gute Gefühl« vermittelt, der Unterricht sei effektiv, lebendig und erfolgreich (vgl. Meyer 2001, S. 98 ff. sowie derselbe 1989, S. 187ff.). Der zweite Grund für den mangelnden Innovationselan vieler Lehrkräfte in Deutschlands Schulen ist der, dass sie mit den anvisierten alternativen Lehr- und Lernverfahren de facto viel zu wenig vertraut sind. Wann haben sie diese schon erlebt? In der Regel wird dem Durchspielen und Erfahren neuer Lehr- und Lernmethoden weder während der eigenen (gymnasialen) Schulzeit noch während der beiden Lehrerausbildungsphasen größere Bedeutung beigemessen. Die Folge ist ein eklatanter Mangel an innovationsspezifischer Methodenerfahrung auf Seiten der angehenden oder amtierenden Lehrer/innen. Dieser Erfahrungsmangel ist der wohl entscheidende Grund dafür, warum die hier in Rede stehende Unterrichtsentwicklung bis dato so wenig stattgefunden hat (vgl. die Abschnitte I.1.3 und I.1.4).

Die Konsequenz: Wer erfolgreiche Unterrichtsentwicklung sicherstellen will, der muss verstärkt auf Erfahrungslernen und praktisches Lehrertraining setzen, d.h. auf das möglichst intensive Erleben und Operationalisieren der neuen Lehr-, Lern-, Moderations-, Interaktions- und Beratungsverfahren seitens der Lehrer/innen. Das ist die Quintessenz, die sich aus dem Scheitern zurückliegender Reformprogramme ableiten lässt. Das hier in Rede stehende Lehrertraining trägt dieser Option Rechnung. Unter Lehrertraining wird dabei verstanden, dass die betreffenden Lehrkräfte einschlägige Lehr- und Lernsituationen und -methoden exemplarisch durchspielen, reflektieren, ggf. überarbeiten, transferieren und/oder im eigenen Unterricht anwenden. Lehrertraining in diesem Sinne zeichnet sich also durch ein recht vielschichtiges »learning by doing« aus. Es integriert praktisches Tun, Reflexion, Begriffsklärung, Theorieauswertung sowie konstruktives Arbeiten an und mit bestimmten unterrichtlichen Themen, Situationen und/oder Problemen. So gesehen ist Lehrertraining alles andere als vordergründiger methodischer Drill.

Lehrertraining, wie es hier verstanden wird, setzt auf spezielle »Settings« und zielgerichtete Übungen, auf profilierte Seminarangebote und praxisgerechte Anleitung durch versierte Trainer/innen – Innovationsexperten also, die über ausgeprägte Unterrichts- wie Moderationserfahrung verfügen. Diese Trainer/innen geben Inputs, moderieren Prozesse und stehen den interessierten Lehrkräften bei Bedarf mit Rat und Tat zur Verfügung, sofern korrespondierende Fragen/Anliegen entstehen. Wichtig dabei: Die an den Trainingsseminaren teilnehmenden Lehrkräfte müssen im Rahmen der angebotenen Trainingsarrangements eine ganze Menge selbst klären, entscheiden, diskutieren und konstruktiv weiterentwickeln. Sie sind also alles andere als »Marionetten in einem vorgeplanten Trainingsablauf«, sondern müssen im Rahmen der anstehenden Simulationsspiele vieles eigenverantwortlich regeln und ausgestalten. So gesehen ist das anvisierte Lehrertraining »Hilfe zur Selbsthilfe» im besten Sinne des Wortes.

Rolf Arnold unterstreicht die Bedeutung dieses Ansatzes mit den Worten: Lehrer/innen »...setzen neue und lebendigere Methoden ... (nur) dann ein, wenn sie selbst dazu Gelegenheit hatten, diese als Lerner zu erleben. Die Lernkulturen in unserer Gesellschaft wandeln sich deshalb so langsam, weil die Akteure das wiederholen, was sie kennen, und kaum Gelegenheit erhalten, das als sinnvoll Erkannte in eigenen Lernsituationen zu erleben ... Es muss (daher) sichergestellt werden, dass die Akteure der Lehrerbildung selbst verstärkt mit den Lehr-Lern-Methoden arbeiten, deren Einsatz sie von den zukünftigen Lehrerinnen und Lehrern erwarten.« (Arnold 2002, S. 12). Dieser Einschätzung kann hier nur zugestimmt werden. Ohne Erfahrungslernen entsteht in aller Regel kein vertrautes neues Repertoire; ohne »learning by doing« bilden sich keine hinreichenden neuen Überzeugungen und Kompetenzen, auf die die betreffenden Lehrkräfte im Schulalltag verlässlich zurückgreifen können.

Fazit also: Das Durchspielen, Reflektieren und allmähliche Internalisieren neuer methodisch-pädagogischer Verfahrensweisen in Hochschulen, Studienseminaren und Lehrerfortbildungsveranstaltungen ist das A und O einer nachhaltigen Kompetenzerweiterung auf Lehrerseite. Darüber dürfen die laufenden Reformprogramme und -kampagnen nicht hinwegtäuschen. Von neuen Lehr- und Lernverfahren nur zu hören, zu lesen oder darüber zu diskutieren, ist entschieden zu wenig, wenn es gilt, die unterrichtszentrierte Innovationskompetenz der Lehrer/innen praxiswirksam zu stärken. Durch die hier in Rede stehenden Lehrertrainings-Seminare werden neue Methoden erfahrbar und erlebbar gemacht, die den Seminarteilnehmer/innen Mut machen sollen, neue Wege des Lehrens und Lernens zu beschreiten. Darüber hinaus gibt es einschlägige Reflexionen, Erarbeitungsphasen und Umsetzungsversuche, die die Praxiskompetenz der Seminarteilnehmer/innen nachweislich fördern. Das alles schafft ein Mehr an Überzeugung, Selbstvertrauen und alltagstauglichem Know-how – Qualifikationen also, auf die viele innovationsbereite Lehrkräfte ganz dringend angewiesen sind.

3. Die Grundzüge der Neuen Lernkultur

In diesem Abschnitt geht es darum, die an verschiedenen Stellen bereits angerissene Neue Lernkultur weitergehend zu präzisieren und zu »normieren«. Denn wenn in den Kapiteln II und III nähere Aussagen über die zeitgemäße Weiterentwicklung der Lehrerbildung gemacht werden sollen, dann muss die zugrunde liegende »normative Basis« ausreichend geklärt sein. Diese Klärungsaufgabe wird in den nachfolgenden Abschnitten angegangen. Das schließt dreierlei ein: Zum einen wird expliziert, was die Schüler/innen in der modernen Industrie- und Wissensgesellschaft unbedingt lernen sollten; zum zweiten wird konkretisiert, wie sich von daher die praktische Unterrichtsarbeit verändern und darstellen muss. Und zum dritten geht es selbstverständlich auch darum, welche Konsequenzen diese Neuorientierung für die zukünftige Lehrerrolle und Lehrerarbeit hat.

3.1 Was Schüler/innen können sollten

Erste Antworten auf diese Frage sind bereits in den Abschnitten I.1.5 und I.1.6 angedeutet worden. Grundsätzlich gilt: Die Schüler/innen sollten zukünftig weniger auf die Anhäufung »trägen Wissens« (Weinert) verpflichtet werden, das ohne tiefergehende Durchdringung und Anwendung bleibt, sondern sie sollten stärker im eigenständigen Denken, Arbeiten und Probleme lösen gefordert und gefördert werden. Fachspezifisches »Vorratswissen« anzuhäufen, ist nun einmal keine besondere Art von Bildung. Mag sein, dass diese Kumulierung »trägen Wissens« hilft, den einen oder anderen Schul-Test erfolgreich zu bestehen; aber *substanzielles Können*, wie es durch PISA und die neueren Bildungsstandards gefordert wird, ist fraglos etwas anderes. Im Klartext: Träges Wissen ist der Feind des Denkens und der intelligenten Anwendung und Nutzung des in der Schule Gelernten. Von daher hat Franz E. Weinert zweifellos recht, wenn er mit Nachdruck für die Vermittlung von »intelligentem Wissen« plädiert. Dieses zu erwerben sei »... die wichtigste Aufgabe des Bildungssystems, des Ausbildungssystems und des lebenslangen Lernens ... Intelligentes Wissen ist nicht reines Faktenwissen ... Unter intelligentem Wissen ist ein wohlorganisiertes, disziplinär, interdisziplinär und lebenspraktisch vernetztes System von flexibel nutzbaren Fähigkeiten, Fertigkeiten, Kenntnissen und metakognitiven Kompetenzen zu verstehen.« (Weinert 2000, S. 5).

Intelligentes Wissen ist demnach mehr als Fachwissen im klassischen Sinne des Wortes. Es umfasst Weinert zufolge auch und zugleich Methodenwissen, Sozialkompetenz, Kreativität, Anwendungsfähigkeit und manchen andere mehr (vgl. ebd.). Dahinter steht die richtige und wichtige Erkenntnis, dass die Schule mit dem gängigen *Durchnehmen* des obligatorischen Lernstoffes den bestehenden Bildungsauftrag schon lange nicht mehr richtig erfüllt. Wie Abbildung 9 zeigt, ist die Vermittlung von *Fachwissen* zwar nach wie vor ein zentraler Eckpfeiler der schulischen Bildungsarbeit, allerdings keinesfalls der einzige. Hinzu kommen zahlreiche andere Schlüsselkompetenzen, die die Schüler/innen im Unterricht erlernen müssen (vgl. Abb. 9). Außerdem: Fachwissen, wie es hier verstanden wird, meint etwas anderes als das übliche »Reproduktionswissen« – nämlich: vernetztes, erschlossenes, angewandtes und konstruktiv bearbeitetes *Knotenpunktwissen*. Die Eigenheit dieses Knotenpunktwissens: Es wird von den Schüler/innen rund um spezifische »Lernknoten« (Probleme, Fragen, Hypothesen, Fälle, Phänomene etc.) gebildet und sinnfällig verknüpft. Hierbei ist z.B. das Mindmapping ein geeignetes Verfahren.

Der Erwerb dieses »intelligenten Wissens« geht Hand in Hand mit der Aneignung und Anwendung anderer Fähigkeiten und Fertigkeiten, wie sie in Abbildung 9 angeführt werden. So gesehen überlappen sich Wissen und Können, Kognitives und Affektives, Inhalte und Methoden. Es geht also nicht um Inhalte *oder* Methoden und auch nicht um Wissen *oder* Können, sondern jeweils um beides. Winfried Schlaffke hat diesen erweiterten Anspruch mit dem Begriff der »vieldimensionalen Bildung» belegt und meint damit (a) die Sicherung einer breit gefächerten Basisbildung in Anlehnung an moderne berufliche Standards und Anforderungen, (b) die Förderung einer selbstbewussten Persönlichkeit mit Urteilskraft, Eigeninitiative, Kritikfähigkeit und persönlicher Integrität sowie (c) die Entwicklung von Kreativität, Flexibilität und Gestaltungskraft im Hinblick auf die Bewältigung des laufenden gesellschaftlichen Wandlungsprozesses (vgl. Schlaffke 2002, S. 79f.).

Abb. 9 © Dr. H. Klippert

Ähnliche Prioritäten schlägt Franz E. Weinert in seinen »10 Thesen zum Lernen in der heutigen Zeit« vor – allerdings mit dem Unterschied, dass für ihn alle diese Qualifikationen letztlich nachgeordnet sind gegenüber der erwähnten Vermittlung »intel-

Erweiterter Lernbegriff			
Inhaltlich-fachliches Lernen	**Methodisch-strategisches Lernen**	**Sozial-kommunikatives Lernen**	**Affektives Lernen**
• Wissen (Fakten, Regeln, Begriffe, Definitionen ...) • Verstehen (Zusammenhänge, Argumente ...) • Beurteilen (Begründen, Problematisieren ...) • Anwenden (Umsetzen, Transferieren ...) etc.	• Markieren • Exzerpieren • Nachschlagen • Strukturieren • Protokollieren • Organisieren • Recherchieren • Entscheiden • Gestalten • Ordnung halten etc.	• Zuhören • Fragen • Antworten • Begründen • Argumentieren • Diskutieren • Präsentieren • Kooperieren • Moderieren • Integrieren etc.	• Selbstvertrauen entwickeln • Motivation und Interesse aufbauen • Eigeninitiative und Kreativität kultivieren • Werthaltungen aufbauen und verinnerlichen etc.

Abb. 10

ligenten Wissens« (vgl. Weinert 1999b, S. 99ff.). Wie Elsbeth Stern – ebenfalls Max-Planck-Forscherin – zugespitzt formuliert, ist das Wissen »der Schlüssel zum Können« (Stern 2003, S. 30). Dieser Feststellung kann hier nur beigepflichtet werden. Doch egal, wie gut das Wissen auch immer aufgebaut und vermittelt wird, es ist nur die eine Seite der Medaille. Hinzu kommen müssen zwingend und verstärkt weitere Fähigkeiten und Fertigkeiten der Schüler/innen im methodischen, sozialen und emotionalen Bereich – Kompetenzen also, die für das lebenslange Lernen der Kinder und Jugendlichen von entscheidender Bedeutung sind. Das beste Wissen nützt nämlich wenig, wenn es veraltet ist. Und genau dieses rasante Veralten des gängigen Fachwissens gehört mittlerweile zum Alltag in den verschiedenen beruflichen und betrieblichen Arbeitsfeldern. Eingedenk dieser Umstände lassen sich in Anlehnung an Franz E. Weinert die folgenden Qualifikationsziele benennen (vgl. Weinert 1999b, S. 99):

- *Inhaltliches Basiswissen* im Sinne der Verfügbarkeit grundlegender Kenntnisse und Fertigkeiten in muttersprachlichen, fremdsprachlichen, geisteswissenschaftlich-historischen, naturwissenschaftlich-technischen, mathematischen und lebenspraktischen Bereichen;
- *Schlüsselqualifikationen* z.B. im Bereich schriftlicher und mündlicher Darstellungsfertigkeiten oder auf dem Gebiet der Nutzung moderner elektronischer Medien;
- *Formale Lernkompetenzen* im Sinne des Beherrschens grundlegender Lernstrategien und Lerntechniken, die ebenso reflektiert wie routiniert genutzt werden können;

- *Sozialkompetenzen* im Sinne der Bereitschaft und Fähigkeit zur konstruktiven Kooperation mit anderen, zum sozial empathischen Verhalten in Gruppen sowie zum sozio-moralischen Urteilen und Handeln;
- *Handlungskompetenzen* im Sinne der Verfügbarkeit und Integrierbarkeit motivationaler, kognitiver, persönlicher und sozialer Kompetenzen, um auch in schwierigen Situationen selbstständig und wirkungsvoll handeln zu können.

Diese Zielbestimmungen Weinerts und anderer Lern- und Bildungsforscher sind in die aktuelle Diskussion über neue Bildungsstandards, Schlüsselkompetenzen und veränderte Aufgabenformate eingeflossen. Sie werden von der Wissenschaft gestützt und von der Bildungspolitik überwiegend gutgeheißen. Sie sind zwar noch nicht besonders konkret, wohl aber lassen sie sich sinnvoll und richtungsweisend konkretisieren (vgl. Abbildung 10). Klar dabei ist: Die Schüler/innen müssen anders und anderes lernen; und die Lehrer/innen müssen anders und anderes lehren. Das gilt nicht erst seit PISA, wohl aber verstärkt durch PISA. Zusammengefasst wird dieser erweiterte Bildungsbegriff in Abbildung 10. In dieser Version ist er sowohl Grundlage dieses Buches als auch Richtschnur für die Neuorientierung und -profilierung der Lehrerbildung.

3.2 Fordern und Fördern mit System

Kennzeichnend für die Neue Lernkultur ist demnach ein recht anspruchsvoller Bildungsbegriff. Das gilt sowohl für den methodisch-instrumentellen Bereich (vgl. Abbildung 10) als auch für die inhaltlich-fachlichen Anforderungen, die im Rahmen des intendierten Unterrichts gestellt werden. Die Schüler/innen sollen und müssen stärker gefordert werden – darin sind sich die Bildungsverantwortlichen einig. Andernfalls werden sich viele Kompetenzen, die in der modernen Wissens- und Informationsgesellschaft dringlich gebraucht werden, erst gar nicht entwickeln können. Dementsprechend geht es in diesem Buch nicht um ein Weniger an Bildung und Kompetenzentwicklung, sondern ganz eindeutig um ein *Mehr*! Der von Felix von Cube und Dietger Alshuth einst gewählte Buchtitel »Fordern statt verwöhnen«, gibt die Richtung an, in die das hier vertretene Lern- und Bildungsverständnis zielt (vgl. von Cube/Alshuth 1989). Der gängige Unterricht führt bei vielen Schüler/innen erwiesenermaßen zu (partieller) Unterforderung. Das muss sich ändern!

Die beiden erwähnten Autoren fassen ihre Kritik in die Worte: »Der heutige Unterricht hält die Schüler immer noch viel zu sehr in einer passiv-rezeptiven Haltung. Die Leistung ist vorwiegend reproduktiv. Reproduktive Leistung allein baut aber die Aktions- und Aggressionspotenziale nicht ab – im Gegenteil ... Das natürliche Lernen funktioniert anders: es ist ein problemorientiertes Lernen, ein Lernen, das auf Exploration und Kooperation beruht, auf Anforderungen, wie sie eine natürliche Umwelt stellt.« (ebd., S. 17). Plädiert wird daher für eine Schule des produktiven und kritischen Denkens und Handelns, für eine Schule, in der das »Fordern und Selbstfordern« zum guten Ton gehört, für einen Unterricht, in dem es selbstverständlich ist, dass eigenständig und mühevoll Probleme und Aufgaben zu lösen sind, die eine echte Herausforderung darstellen (vgl. ebd., S. 16ff.). Zur Begründung wird auf reformpädagogische und verhaltensbiologische Erkenntnisse verwiesen, die ein verstärktes Fordern der Schüler/innen im Unterricht nahe legen.

Die methodischen Implikationen dieses Ansatzes werden in den nachfolgenden Abschnitten eingehender verdeutlicht. Zur Würdigung: Wenn Felix von Cube und Dietger Alshuth einem *problemorientierten Unterricht* das Wort reden, dann liegen sie damit fraglos richtig. Nicht erst seit PISA ist nämlich das problemorientierte und problemlösende Lernen in den Blick gekommen. Die prozedurale Seite dieses problemorientierten Unterrichts ist klar: Problem erfassen → Problem analysieren → alternative Lösungswege suchen → die einzelnen Lösungswege beurteilen/gewichten → eine Lösung auswählen und vor der Klasse vorstellen bzw. praktisch implementieren → Kritik und Selbstkritik üben → nötigenfalls weitere Lösungswege sondieren – das sind die gängigen Etappen des problemlösenden Lernens. Allerdings sagt diese Systematik noch nichts darüber aus, welches denn die Probleme sein sollen, die im Unterricht zu behandeln sind.

Vom Grundsatz her ist diese Problemeingrenzung Sache der Curriculumentwickler bzw. der Lehrplanmacher. Gleichwohl berührt sie in eingeschränktem Maße auch die praktizierenden Lehrer/innen. Das gilt vor allem vor dem Hintergrund erweiterter curricularer Gestaltungsspielräume in den Schulen (vgl. die Abschnitte I.2.3 und I.2.5). Den Unterricht problemorientierter zu gestalten, verlangt von den Lehrkräften sehr wohl, dass sie sich über die Art und Weise des problemorientierten Vorgehens Gedanken machen. Sie können den Schüler/innen zum einen knifflige Probleme stellen und diese knobeln, Vermutungen anstellen, Diskussionen führen, in Nachschlagewerken recherchieren und ihre Arbeitsergebnisse im Plenum kooperativ vorstellen und diskutieren lassen. Sie können zum anderen aber auch – wie das in praxi nur zu oft geschieht – die Schüler/innen eng führen und durch detaillierte Anweisungen und Kontrollen dazu bringen, genau die Problemlösungsschritte und -ergebnisse herausbekommen, die vorab geplant wurden. Obwohl der letztgenannte Weg risikoarm und zeitsparend ist, spricht dennoch alles für das erstgenannte prozessorientierte und ergebnisoffene Verfahren, da allein dieses dem angesprochenen Primat des »verstärkten Forderns« genügt.

Die Diskussion über »Schlüsselprobleme« und ihre unterrichtliche Behandlung ist in den 80er- und 90er-Jahren von führenden Pädagogen wie Wolfgang Klafki und Hartmut von Hentig in Gang gebracht worden (vgl. Klafki 1991; von Hentig 1996). Deren Option: Der Unterricht solle verstärkt auf *kritisch-konstruktives* Arbeiten an und mit zentralen »Schlüsselproblemen« unserer Tage abstellen und möglichst ausgeprägt Erfahrungslernen zulassen. Diese didaktisch-pädagogische Option ist fraglos wichtig und wegweisend. Wegweisend deshalb, weil sie deutlich macht, dass ein Unterricht, der vorrangig auf »geistloses Pauken« und normgerechtes Rezipieren von Lernstoff setzt, den aktuellen Erfordernissen in Wirtschaft und Gesellschaft gewiss nicht mehr genügt. Die Zielrichtung muss vielmehr eine andere sein: Die Schüler/innen müssen verstärkt zum *kritisch-konstruktiven Denken und Arbeiten* veranlasst werden. Sei müssen befähigt werden zur Kritik, aber auch und vor allem zur konstruktiven Lösung von Problemen. Schüler/innen, die nur Kritik zu üben verstehen, ohne in der Lage zu sein, sich konstruktiv mit Aufgaben und Problemen auseinander zu setzen, sind fraglos einseitig und unzulänglich gebildet.

Allgemeinbildung im Sinne dieses Buches zielt demnach auf *Schlüsselkompetenzen* wie Kritikfähigkeit, Urteilsfähigkeit, Sachkompetenz, Handlungsfähigkeit und Problemlösungsfähigkeit (vgl. Klippert 1981). Sie konzentriert sich vorrangig auf Aufgaben und Probleme, die anspruchsvolles konstruktives Arbeiten und Lernen der Schüler/innen ermöglichen. Klafki spricht diesbezüglich vom Primat gesellschaftlich relevanter »Schlüsselprobleme« (vgl. Klafki 1993). Auch wenn dieser Anspruch relativ abstrakt bleibt, so geben Klafkis Überlegungen doch wichtige Impulse für die curriculare wie unterrichtspraktische Planungsarbeit. Klafki spricht von »epochaltypischen Schlüsselproblemen« und meint damit solche Problembereiche wie Friedenssicherung, interkulturelles Lernen, ökologisches Lernen, weltweites Bevölkerungswachstum, gesellschaftlich produzierte Ungleichheit, Probleme der Entwicklungsländer, neue Technologien/neue Medien sowie menschliche Sexualität im Wandel (vgl. Klafki 1993 und Klafki 1991, S. 56ff.). Keine Frage, eine zeitgemäße und zukunftsgerichtete Bildungsarbeit kommt an derartigen Problemkreisen nicht vorbei und muss die Schüler/innen diesbezüglich verstärkt fordern – aber auch fördern!

Doch neue Herausforderungen für die Schüler/innen verbinden sich nicht nur mit den angesprochenen »Schlüsselproblemen«, sondern auch und vor allem mit der praktischen Vermittlungsarbeit. Wie organisiert und bewältigt man problemlösendes Lernen im Unterricht? Wie Klafki zu Recht hervorhebt, verlangt kritisch-konstruktives Lernen ein hohes Maß an *exemplarischem Lehren und Lernen*. Die Konsequenz: Der Lernstoff muss kräftig reduziert und in exemplarischer Art und Weise aufbereitet und von den Schüler/innen erarbeitet werden. Dadurch werden Klafki zufolge »Allgemeines, Kategoriales, aufschließendes Wissen und Können gewonnen« (Klafki 1993, S. 155f). Darüber hinaus sei es erforderlich, das selbsttätige, entdeckende und rekonstruktive Lernen der Schüler/innen zu forcieren sowie die Anwendung des erworbenen Wissens und Könnens zu verstärken. PISA lässt grüßen!

Im Zentrum der anvisierten Lernkultur stehen demnach Kardinalziele wie Selbstbestimmung und Mitverantwortung, Humanität und Demokratiekompetenz, Solidarität und Kreativität (vgl. dazu auch Beck 1998, S. 11ff.; Negt 1998, S. 21ff.; von Hentig 1996, S. 75ff.). Die Schüler/innen in dieser Hinsicht verstärkt zu fordern, ist Zweck der hier in Rede stehenden Bildungsarbeit. Nur: Derartige Bildungsziele und -prozeduren zu deklarieren ist das eine, sie zu realisieren ist das andere. Und in diesem letzteren Punkte gibt es bislang noch viele Fragezeichen. Fragezeichen vor allem deshalb, weil dem *Fordern* neuer Bildungsziele und -qualifikationen bislang kein hinreichendes *Fördern* zur Seite steht. Fordern und *Fördern* gehören aber zwingend zusammen – sind gleichsam »eineiige Zwillinge des pädagogischen Handelns«. Dieser Integrationsaspekte muss bei der alltäglichen Unterrichtsplanung und -gestaltung viel stärker als bisher bedacht und eingelöst werden.

Wenn Lehrkräfte nur darauf bedacht sind, die Schüler/innen durch möglichst anspruchsvolle Problemstellungen bis zur Halskrause zu fordern, dann besteht über kurz oder lang die Gefahr der »ruinösen Überforderung«. Deshalb: Wer das Fordern betont, muss auch das Fördern ernst nehmen und konsequent verfolgen. Das beginnt beim Fördern grundlegender methodischer Fähigkeiten und Fertigkeiten und reicht über die gezielte Förderung des sozialen Zusammenhalts in den Klassen bis hin zur Entwicklung und Förderung metakognitiver Kompetenzen auf Schülerseite wie Reflexionskompetenz und Selbstmotivation, Selbstwertgefühl und Ausdauer, Flexibilität und Kreativität, Eigeninitiative und Zielstrebigkeit, Verantwortungsgefühl und Fähigkeit zur Selbstkritik.

Reformer, die nur die großen Ziele sehen, nicht aber die kleinen Schritte der Kompetenzentwicklung auf Lehrer- wie Schülerseite gleichermaßen ernst nehmen, stehen fraglos in der Gefahr zu überfordern und zu entmutigen. Die Reformbemühungen in den 60er- und 70er-Jahren des letzten Jahrhunderts sind das beste Beispiel dafür, dass gute Absichten alleine noch keine nachhaltige Unterrichtsentwicklung bewirken. Das Lernziel Mündigkeit/Emanzipation vor Augen, gingen viele Pädagogen seinerzeit daran, Lernsituationen zu arrangieren, denen viele Schüler/innen nicht wirklich gewachsen waren. Projektarbeit, Gruppenarbeit, Tribunale, Hearings, Erkundungen, Wochenpläne und andere Hochformen des offenen Lernens standen auf der Tagesordnung – allerdings häufig ohne die nötigen Basiskompetenzen auf Schüler- wie Lehrerseite. Kein Wunder also, dass vieles unbefriedigend verlief.

Wenn sich diese Fehler der Vergangenheit nicht wiederholen sollen, dann muss der besagten Förderarbeit verstärkt Aufmerksamkeit geschenkt werden. Diese ins Auge gefasste Förderarbeit setzt auf »Routinebildung« im besten Sinne des Wortes. Die nachfolgenden Ausführungen zur Methodenschulung und zum eigenverantwortlichen Arbeiten und Lernen der Schüler/innen werden diesen Ansatz näher deutlich machen. Sie werden zeigen, wie grundlegende Fähigkeiten und Fertigkeiten im methodischen, kommunikativen und kooperativen Bereich vermittelt werden können. Und sie werden veranschaulichen, wie das eigenverantwortliche Lernen der Schüler/innen so arrangiert werden kann, dass die drohende Überforderung vermieden wird. Dabei wird nach dem altbekannten Grundsatz »Übung macht den Meister« verfahren. Die dahinter stehende Grunderkenntnis: Ohne Übung kein Können; und ohne Können keine nachhaltigen Lern- und Problemlösungserfolge.

Im Sportunterricht käme wohl niemand auf die Idee, die Schüler/innen über 1,80 Meter springen zu lassen, ohne ihnen vorher Gelegenheit zu geben, sich durch planvoll angeordnete Sprungversuche an diese Höhe heranzutasten und dadurch die nötigen Bewegungsabläufe zu internalisieren. Nein, es ist ganz selbstverständlich, dass die Schüler/innen in redundanter Weise üben und Zug um Zug sowohl ihr Leistungsvermögen als auch ihr Selbstvertrauen steigern. Dieses Prinzip der Kleinschrittigkeit und Redundanz gilt auch und nicht zuletzt für erfolgreiches kognitives Lernen in anderen Schulfächern. Daraus folgt: Wer Progression und Höchstleistungen will, der muss die Schüler/innen sukzessiv fördern, damit sie die nötigen Kompetenzen und Könnenserfahrungen sammeln bzw. aufbauen können.

Wichtig dabei: Dieses Fordern und Fördern muss möglichst *systematisch und verbindlich* erfolgen; andernfalls entwickelt sich auf Schülerseite keine hinreichende Vertrautheit mit den je geltenden Ansprüchen und Verfahrensweisen. Gelegentliche »Hochleistungs-Aufgaben« genügen eben nicht, um die Schüler/innen nachhaltig aufzubauen. Gleiches gilt für sporadische Appelle, Instruktionen und/oder Übungen zum je relevanten methodischen Instrumentarium. Der reflektiert und zielstrebig operierende Schüler, der das eigene Lernen selbstbewusst in die Hand nimmt, war schon immer ein ziemliches pädagogisches Konstrukt – ein Konstrukt, das in der Vergangenheit leider immer wieder dazu verleitet hat, mit einer kleinen Gruppe von Schülern geistige Hochakrobatik zu betreiben und viele andere Schüler/innen eher links liegen zu lassen. PISA bestätigt nicht zuletzt diese fatale Vernachlässigung und Überforderung eines beträchtlichen Teils unserer Schülerschaft. Deshalb: konsequent fördern und in der Breite sukzessiv mehr fordern. Das ist die Perspektive.

3.3 Dreh- und Angelpunkt ist »EVA«

Über die Bedeutung des eigenverantwortlichen Arbeitens und Lernens der Schüler/innen (kurz: EVA) ist sich die Fachwelt inzwischen ziemlich einig. Natürlich sollen die Jugendlichen in der Schule nicht nur Stoff pauken, diesen lehrergesteuert aufbereiten, ins eigene Heft übertragen und bei der nächsten Klassenarbeit beflissen reproduzieren. Nein, sie sollen auch und vor allem lernen und üben, eigenverantwortlich Aufgaben zu bearbeiten, Probleme zu lösen, Informationen zu recherchieren, Wissen zu vernetzen, in Gruppen zu arbeiten, Lernprodukte zu erstellen, Lernergebnisse zu präsentieren und manches andere mehr in eigener Regie zu leisten. Demzufolge gilt es, das *produktive, kommunikative und explorative Handeln* im Sinne der beiden Abbildungen 10, S. 76, und 11, S. 82, zu forcieren. Das ist EVA! Mit dem hier vertretenen EVA-Prinzip wird also nicht auf den »autonomen Lerner« in Reinkultur gesetzt, sondern einer dosierten Ausweitung und Einübung eigenverantwortlichen Arbeitens und Lernens das Wort geredet. Grundsätzlich gilt danach: »So viel EVA wie möglich und so viel lehrerzentriertes Lehren und Lernen wie unbedingt nötig.« Oder anders ausgedrückt: EVA ist nötig, allerdings nicht unbegrenzt und auch nicht bedingungslos. Im Gegenteil: Die Bedingungen, unter denen das eigenverantwortliche Arbeiten und Lernen im Unterricht erfolgreich umgesetzt werden kann, sind im Rahmen der Unterrichtsplanung sehr genau zu sondieren, damit die Schüler/innen nicht in die drohende *Überforderungsfalle* laufen.

Letztere droht vor allem im Rahmen von Freiarbeit, Wochenplan- und Projektarbeit. Von diesen offenen Arbeitsformen profitieren nachweislich besonders clevere, robuste und leistungsmotivierte Schüler/innen, während die weniger Motivierten und Leistungsschwächeren dazu tendieren, über Gebühr herumzutrödeln, sich vorschnell helfen zu lassen, gedankenlos abzuschreiben und insgesamt die eigenen Potenziale viel zu wenig zu nutzen (vgl. Meyer 1997, S. 169). Freiheit und Eigenverantwortung bedeuten also per se noch keinen erfolgreichen Unterricht. Mehr Erfolg ver-

EVA konkret

Mögliche Lernaktivitäten der Schüler/innen

Produktives Tun	**Kommunikatives Handeln**	**Exploratives Handeln**
• Informationen nachschlagen/exzerpieren • Arbeitsblätter bearbeiten/herstellen • Struktogramme erstellen (Tabelle, Diagramm, Schaubild) • Rätsel lösen bzw. herstellen • Plakat/Wandzeitung/Flugblatt gestalten • Referat/Wochenbericht verfassen • Lernspiele durchführen bzw. herstellen (Puzzle, Würfelspiel etc.) • Kommentar/Bericht/Brief schreiben • Assoziationsbilder zeichnen etc.	• Gruppengespräch/Partnergespräch • Kreis- bzw. Doppelkreisgespräch • Stationengespräch • Frage-Antwort-Spiel • Freies/fiktives Erzählen bzw. Berichten • Argumentationsspiel • Plenardiskussion • Talkshow • Rollenspiel/Planspiel • Fishbowl-Gespräch • Pro- und Kontra-Debatte • Hearing/Tribunal • Vortrag/Rede halten etc.	• Erkundung/Beobachtung • Expertenbefragung • Interview (z.B. in der Fußgängerzone) • Sozialstudie/Fallstudie • Recherche/Reportage/Film • Themenzentrierte Bibliotheksarbeit • Projektarbeit im kommunalen Umfeld der Schule • Betriebs-/Sozialpraktikum • Exkursionen (z.B. in Geografie) etc.

Abb. 11 © Dr. H. Klippert

spricht demgegenüber eine gute Mischung aus Lehrerlenkung und eigenverantwortlichem Arbeiten und Lernen der Schüler/innen. Das gilt für den hier vertretenen EVA-Ansatz. Der Trugschluss bei der zurückliegenden Debatte über lehrerzentrierten Unterricht war und ist nämlich, dass die Lehrersteuerung über Gebühr tabuisiert wurde. Der »Lehrer als Moderator autonomer Lernprozesse« wurde ausgerufen und dabei übersehen, dass viele Schüler/innen die Unterstützung durch ihre Lehrkräfte dringend brauchen, wenn sie zielstrebig, selbstbewusst und erfolgreich lernen und Probleme lösen sollen.

Lehrerlenkung ist in dosierter Form also unabdingbar vonnöten. Mit »dosiert« ist gemeint, dass sich die Lehrkräfte so weit wie möglich zurücknehmen und auf die Rahmenorganisationen und gelegentliche defensive Hilfeleistungen beschränken sollten. Es macht nun einmal einen Unterschied, ob eine Lehrperson beim ersten Murren oder hilflosen Aufblicken einzelner Schüler/innen gleich zu detaillierten Erklärungen und/oder Ratschlägen ansetzt oder ob sie die betreffenden Kinder freundlich, aber bestimmt zunächst einmal auf andere Helfer und Hilfen verweist – auf die Lernpartner, die Tischgruppe oder die im Klassenraum verfügbaren Nachschlagewerke. Mit dieser Option wird auf den berühmten Grundsatz von Maria

Montessori »Hilf mir, es selbst zu tun« verwiesen. Das heißt: Zuerst ist die Selbsthilfe der Schüler/innen gefragt, dann die Partnerhilfe und erst am Ende die Hilfestellung durch die jeweilige Lehrkraft in der Klasse. Wenn den Schüler/innen derartige »Handlungsschemata« vertraut sind, erleben sie in der Regel sehr schnell, dass sie auch ohne Lehrerhilfe unterrichtliche Aufgaben und Probleme zu lösen verstehen. Die in Abbildung 12, S. 84, dokumentierte Lernspirale trägt dieser Grundüberlegung Rechnung und räumt den Schüler/innen ein mehr oder weniger ausgeprägtes Maß an Selbstverantwortung und Selbstorganisation beim Lernen ein. Das ist »EVA«!

Eigenverantwortliches Arbeiten und Lernen verlangt demnach nur in begrenztem Umfang Selbstverantwortung und Selbststeuerung von den Schüler/innen. Begrenzt wird deren »Selbstmanagement« durch spezifische Zeit-, Material, Produkt- und sonstige Rahmenvorgaben und Inputs seitens der Lehrpersonen. Die Lehrkraft lenkt also; allerdings tut sie dies weniger durch fertige Tafelbilder oder sonstige Ergebnisdarbietungen, sondern primär durch stimulierende Rahmenarrangements, die die Schüler/innen zum konstruktiven Denken und Arbeiten veranlassen. Diese Rahmensteuerung ist charakteristisch für das hier in Rede stehende Unterrichtsverständnis. Es geht bei EVA eben nicht um Schülerselbsttätigkeit *oder* Lehrerlenkung, sondern um beides (vgl. Abschnitt I.1.4).

Je geübter die Schüler/innen in Sachen EVA sind, desto breiter sind die *Lernkorridore*, die sie eigenverantwortlich auszufüllen haben. Je versierter sie sind, desto mehr müssen die selbst organisieren, klären, entscheiden und verantworten (vgl. dazu auch Klippert 2001, S. 59). Welcher Grad an Offenheit und Selbstverantwortung ihnen dabei eingeräumt wird, hängt von ihrem Alter, ihrem Selbstvertrauen und ihren methodischen Vorerfahrungen ab. So mag der Rahmenauftrag in einer ungeübten Klasse beispielsweise lauten: »Erstellt anhand des vorliegenden Textes eine Tabelle zu den Gesundheitsgefahren des Rauchens.« In einer versierten Klasse dagegen lautet der entsprechende Auftrag vielleicht: »Erforscht anhand von Schulbuch, Broschüre und/oder Internet die gesundheitlichen Risiken des Rauchens, erstellt dazu eine aussagekräftige Visualisierung und bereitet euch auf die kooperative Präsentation eurer Ergebnisse vor!« Obgleich der EVA-Auftrag in der ersten Variante recht eng abgesteckt ist, müssen die Schüler/innen dennoch einiges entscheiden und regeln, nämlich: Welche Textinformationen sind relevant? Wie viele Spalten soll die Tabelle haben? Wie sollen die Spalten überschrieben werden? Welche Formulierungen sind passend? Etc. Bei der zweiten Variante ist der Verantwortungsbereich der Schüler/innen natürlich sehr viel größer.

Dieses Beispiel macht deutlich, was mit dem erwähnten Grundsatz des »dosierten Forderns und Förderns« gemeint ist. Ziel der neuen Lernkultur ist nicht EVA schlechthin, sondern ein situations- und kompetenzabhängiger Mix aus Lehrerlenkung und möglichst vielseitiger Selbsttätigkeit und Selbstorganisation der Schüler/innen. Howard Gardner schreibt zu diesem Spagat: Ein zeit- und schülergemäßer Unterricht verlangt nach einem Ansatz, »... der feiner abgestimmte Arten von Hilfe bieten und auch Schüler unterstützen kann, die nicht unabhängig denken können, Schüler, denen es an Selbstdisziplin mangelt, und Schüler, die bestimmte Lernschwä-

Beispiel einer Makro-Lernspirale

Lehrplanthema »Die Welt der Ritter«

Mögliche Arbeitsinseln und Arbeitsschritte

Vorwissen/Voreinstellungen aktivieren

A 1: **Assoziatives Zeichnen** zum Leben der Ritter (Skizzen entwerfen ➧ Erzählen im Doppelkreis ➧ Erzählen im Plenum nach Los)

A 2: **Begriffslandschaft** zur Ritterzeit **erstellen** (Begriffe notieren ➧ Erklären und Auswählen in Gruppen ➧ Präsentieren im Plenum)

A 3: **Fantasiegeschichte** zum Burgleben **schreiben** (Schreibphase ➧ Vorlesen in Tandems/Gruppen ➧ Vorlesen nach Los im Plenum)

Neue Kenntnisse/Verfahrensweisen erarbeiten

A 4: **Text** zu Burg X **erarbeiten** (Lesen + markieren ➧ Begriffe in PA klären ➧ Fragen in GA entwickeln ➧ Quiz im Plenum)

A 5: **Film** zu Burg Y **erschließen** (Sichten ➧ Klärende Gespräche in GA ➧ Fragen notieren ➧Interview in PA ➧ Fragerunde im Plenum)

A 6: **Nachschlagen** zur Ritterzeit **im Schulbuch** (Nachschlagen ➧ Kontrolle + Klärung in GA ➧ Frage-Anwort-Kette im Plenum)

A 7: **Erzählung** zu Burg Rabenstein **wiedergeben** (Lehrererzählung ➧ Fragerunde ➧ Nacherzählen in Gruppen ➧ Quiz im Plenum)

A 8: **Schaubild** zum Burgleben **vervollständigen** (Begriffe zuordnen ➧ Partnerkontrolle ➧ Schaubild im Doppelkreis erläutern ➧ Plenum)

A 9: **Plakat** zum Leben der Ritter **erstellen** (Text/e lesen ➧ Entwurf in PA anfertigen ➧ in GA Plakat gestalten ➧ Museumsrundgang)

Komplexere Anwendungs-/Transferaufgaben

A 10: **Burg** nach Schneideplan **bauen** (Teile zuschneiden ➧ Burg in PA aufbauen ➧ Kurz-Info erstellen ➧ Präsentation nach Los)

A 11: **Szenen** zum Burgleben **vorspielen** (Szenen lesen ➧ in GA klären ➧ Szenen in GA einstudieren ➧ Szenen im Plenum vorspielen)

A 12: **Erkundung** einer Burg **durchführen** (Informationsphase ➧ Burgrallyes in GA vorbereiten ➧ Erkundungsphase ➧ Auswertung)

Abb. 12

chen oder ungewöhnliche Talente aufweisen. Eine große und möglicherweise noch zunehmende Anzahl von Schülern braucht Hilfe, Unterstützung, Vorbilder und/oder Fördersysteme.« (Gardner 1996, S. 245f.). Dieser realistische Blick auf die Schulwirklichkeit macht deutlich, dass das hier in Rede stehende eigenverantwortliche Arbeiten und Lernen der Schüler/innen nur dosiert und situationsangemessen realisiert und ausgebaut werden kann. Mit anderen Worten: Die im Rahmen des EVA-Unterrichts gestellten Anforderungen müssen mit den je vorhandenen Kompetenzen der Schüler/innen gut abgestimmt werden. Andernfalls drohen Überforderung, Disziplinprobleme und Lernversagen.

Lehrerinputs und Lehrerlenkung gehören also zum EVA-Unterricht wie das Salz zur Suppe. Wichtig dabei: Die Lenkungsaktivitäten der Lehrkräfte sollten soweit wie möglich zurückgefahren und die Verantwortlichkeiten der Schüler/innen im Umgang mit den unterrichtlichen Aufgabenstellungen und Lehrerinputs so weit wie möglich ausgebaut werden. Sei es nun, dass zum betreffenden Lehrerinput im Doppelkreis nacherzählt, Schlüsselfragen formuliert, ein Kommentar geschrieben, ein Plakat erstellt, in der Gruppe diskutiert, oder spezielle Thesen, Folien oder Plakate erstellt werden – oder sei es auch, dass die Schüler/innen den betreffenden Lehrerinput im Rahmen eines Quiz, eines Hearings, einer Talkshow, einer Debatte oder eines kleinen Vortrags vertiefend bearbeiten und klären müssen. In allen Fällen geht es um das aktive Erschließen und Durchdringen des jeweiligen Themas/Lehrerinputs durch die Schüler/innen. Das ist der Kern von EVA. Beispiele für diese vertiefende Lernarbeit lassen sich aus Abbildung 12 ersehen (vgl. die Arbeitsinseln A1 bis A12).

Hinter diesem Plädoyer für möglichst vielseitige Lernaktivitäten und Verantwortlichkeiten der Schüler/innen stehen solide Befunde der Lernforschung, die eines sehr deutlich machen: Lernen ist zuallererst »ein aktiver Vorgang« (vgl. Weinert 2001, S. 81). Dazu heißt es in einem Gutachten der Bund-Länder-Kommission für Bildungsplanung und Forschungsförderung: »Entscheidend für verständnisvolle Lernprozesse sind die individuelle mentale Aktivität und die individuelle kognitive Konstruktionsleistung (der Schüler/innen) ... Lernen beruht auf Aktivitäten, die man selber ausführen muss und die nicht von anderen übernommen werden können ... Damit erweist sich die Vorstellung, Lehrkräfte könnten die Schülerinnen und Schüler auf einfache und direkte Weise zum Lernen motivieren, als unrealistisch.« (Bund-Länder-Kommission 1997, S. 24 und S. 29). Dieser Erkenntnis wird mit der Betonung des EVA-Prinzips in diesem Buch Rechnung getragen.

Vordringliches Ziel eines guten Unterrichts ist demnach, die Schüler/innen zu möglichst vielseitigen konstruktiven Lernhandlungen zu veranlassen. Zu Lernaktivitäten also, die sie herausfordern, den jeweiligen Lernstoff mit unterschiedlichen Sinnen zu bearbeiten und dabei zugleich überfachliche methodische, kommunikative, soziale und emotionale Kompetenzen einzusetzen und/oder einzuüben (vgl. Goleman 1995; Vester 1978). Jürgen Baumert spricht diesbezüglich von der Befähigung der Schüler/innen zum »selbstregulierten Wissenserwerb« und bezeichnet diese Fähigkeit als »Basiskompetenz. Dieses selbstregulierte Lernen schließt für ihn ein, dass die betreffenden Lerner gefordert und gefördert werden müssen, sich selbstständig

Lernziele zu setzen, angemessene Lernstrategien auszuwählen und anzuwenden, dabei planvoll vorzugehen, die eigene Zielerreichung zu überwachen, das gewählte Vorgehen nötigenfalls zu korrigieren sowie bei alledem die nötige persönliche Motivation aufrechtzuerhalten (vgl. Baumert 2002, S. 111). Hohe Ansprüche also! Ansprüche allerdings, die sich durchaus elementarisieren und so dosieren lassen, dass die Schüler/innen mit ihnen zügig vertraut werden können. Dieses Prinzip des »dosierten Forderns und Förderns« von EVA lässt sich aus den beiden Abbildungen 12, S. 84, und 13 ersehen.

Die in Abbildung 12 dokumentierte *Makrospirale* zum »Leben der Ritter« zeigt, wie die unterschiedlichen »Lernkorridore« für die Schüler/innen abgesteckt sein können (vgl. A1 bis A12). Mal müssen die Schüler/innen themenzentriert zeichnen, mal müssen sie einen Film erschließen, eine Lehrererzählung rekonstruieren und nacherzählen, Fragen mithilfe des Schulbuchs klären, ein Plakat gestalten, eine Burg erkunden oder z.B. Szenen zum Burgleben der Ritter entwickeln und vorspielen. Ähnliche Makrospiralen lassen sich selbstverständlich auch zu anderen Lehrplanthemen entwickeln (vgl. Klippert 2001). Kennzeichnend für die Arbeitsinseln A1 bis A12 ist also, dass die Schüler/innen innerhalb mehr oder weniger offener Rahmenarrangements eigenverantwortlich arbeiten und lernen müssen. Die Rahmenlenkung ist Sache der jeweiligen Lehrperson – ebenso die Bereitstellungen von Hilfsmitteln und gelegentlichen Lehrerinputs. So gesehen sind die Schüler/innen nur begrenzt verantwortlich für das, was sie tun und lernen. Gleichwohl sind die zugewiesenen Verantwortlichkeiten im Vergleich zu dem, was im herkömmlichen Unterricht üblich ist, verhältnismäßig groß.

Grundsätzlich lässt sich zur Systematik der dokumentierten Planungsraster folgendes feststellen: Bewährt hat sich in praxi die Unterscheidung von Makro- und Mikrospiralen (vgl. die Abbildungen 12 und 13) Beide Strukturmuster zeichnen sich durch gestufte Arbeitsprozesse der Schüler/innen aus. Die *Makrospirale* gliedert das jeweilige Lehrplanthema in unterschiedliche Arbeitsinseln der Kinder auf, die Mikrospirale dagegen zeigt, wie eine bestimmte Arbeitsinsel in unterschiedliche Arbeitsschritte zerlegt werden kann, die von den Schüler/innen eigenverantwortlich zu realisieren sind. Eine *Mikrospirale* zeichnet sich also dadurch aus, dass die Schüler/innen eine je spezifische Teilaufgabe innerhalb des betreffenden Lehrplanthemas mehrphasig bearbeiten müssen und dabei inhaltliche, methodische, kommunikative, kreative, emotionale und teamspezifische Leistungen zu erbringen haben. Fazit daher: Die skizzierten Makro- und Mikrospiralen integrieren inhaltliches und methodisches, kommunikatives und kooperatives, lehrergelenktes und handlungsorientiertes Lernen. Die entsprechenden Operationen der Schüler/innen sind vielfältig und zielen auf Denken, Klären und Verstehen, auf Planen, Organisieren und Konzipieren, auf Fragen, Argumentieren und Diskutieren, auf Reflektieren, Analysieren und Strukturieren – kurzum: auf anspruchsvolles Lernen!

Für die Unterrichtsplanung und -vorbereitung folgt aus alledem: Die zuständigen Lehrkräfte müssen bei der Vorbereitung des Unterrichts ihr besonderes Augenmerk auf die Spezifizierung von EVA richten, wie das in Abbildung 12 durch die fett ge-

Beispiel einer Mikro-Lernspirale

Lehrererzählung zum Thema »Die Welt der Ritter«

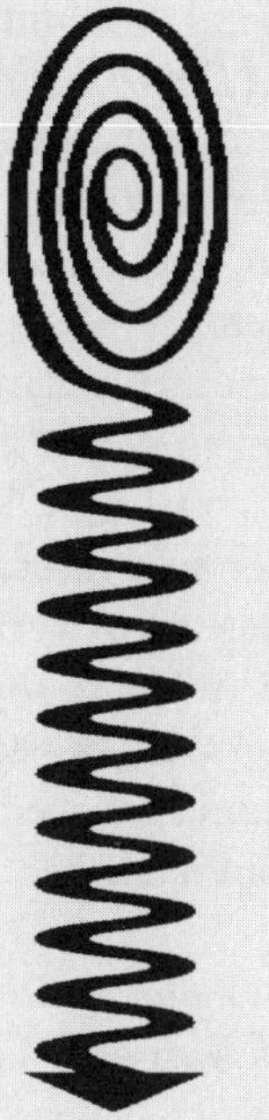

Mögliche Arbeitsschritte der Schüler/innen

❶ Erzählung des Lehrers anhören und mitschreiben (oder malen)
❷ Klärende Gespräche in 3er-Gruppen (Nachhilfephase)
❸ »Spickzettel« zum Inhalt der Erzählung erstellen
❹ Nacherzählen der Lehrerdarbietung im Doppelkreis
❺ 1–2 ausgeloste Schüler/innen erzählen nochmals im Plenum
❻ In Zufallsgruppen werden Plakate zum Leben der Ritter gestaltet
❼ Ausstellung, Sichtung und Bewertung der Plakate im Plenum
❽ Vertiefende Hinweise und Erläuterungen von Lehrerseite

Abb. 13 © Dr. H. Klippert

druckten Arbeitsangaben zu A1 bis A12 verdeutlicht wird. Wichtig dabei: Die besagten Arbeitsinseln A1 bis Ax umreißen keinen obligatorischen Unterrichtsablauf, sondern stellen alternative Möglichkeiten dar, EVA zu initiieren – Möglichkeiten, von denen die betreffenden Lehrkräfte je nach Zeitbudget, Klassenstufe und didaktischer Ausrichtung Gebrauch machen können oder auch nicht. Wie schwer diese veränderte Planungsarbeit vielen Lehrkräften in praxi fällt, zeigt sich seit Jahr und Tag bei den entsprechenden Fortbildungsveranstaltungen und Workshops zum Komplex »EVA«. Geplant wird Unterricht in erster Linie inhaltsbezogen und weniger methodenzentriert. Von daher spricht vieles dafür, diese veränderte Planungsweise im Rahmen der Lehrerbildung zukünftig viel konsequenter und konkreter einzuführen, als das bislang der Fall ist (vgl. Kapitel II, Abschnitt 2).

3.4 Lernkompetenz als Bildungsziel

Das skizzierte eigenverantwortliche Arbeiten und Lernen funktioniert freilich nicht aus sich heraus. Entscheidende Voraussetzung für erfolgreichen EVA-Unterricht ist, dass die Schüler/innen über fundierte *Lernkompetenzen* verfügen, die sie befähigen, mit den eingeräumten Freiheitsgraden selbstbewusst, zielstrebig und methodisch versiert umzugehen. Sie brauchen also Methodenkompetenz, Sozialkompetenz und Selbstkompetenz im Sinne von Abbildung 14, S. 89. Alle drei Bereiche kann man mit dem Oberbegriff Lernkompetenz überschreiben. Sieht man einmal von der letztgenannten Selbstkompetenz ab, so handelt es sich bei den ausgewiesenen Lernkompetenzen um vorrangig fächerübergreifende *prozedurale Fähigkeiten und Fertigkeiten.*

Die Gehirnforschung unterscheidet zwischen prozeduralem und deklarativem Lernen (vgl. Rigos 2003, S. 39; Weinert 1999b, S. 102). Während es beim deklarativen Lernen um das Aufnehmen und Abspeichern spezifischer Nachrichten, Begriffe, Zahlen, Namen, Strukturen und sonstiger Sachinformationen geht – also um Wissenserwerb im klassischen Sinne – meint das *prozedurale Lernen* das Einüben von Handlungsabläufen der verschiedensten Art. Die Besonderheit bei diesem prozeduralen Lernen: Die betreffenden Handlungsabläufe werden durch wiederholtes Üben, Reflektieren, Modifizieren und allmähliches Generalisieren so erschlossen und internalisiert, dass sie den Schüler/innen im Unterricht ohne längeres Überlegen zur Verfügung stehen. Das gilt für methodische, kommunikative und kooperative Handlungsfolgen genauso wie für motorische bzw. sportliche Abläufe – vorausgesetzt, die entsprechende Trainingsarbeit war erfolgreich. Prozedurale Fähigkeiten und Fertigkeiten bilden also den Grundstock für erfolgreiches *fachliches* und interdisziplinäres Lehren und Lernen.

Kernziel dieses prozeduralen Lernens ist demnach das Entwickeln *metakognitiver Kompetenzen.* Darunter versteht Weinert zum ersten das subjektive Wissen über Lernen und Denken, über die eigenen Stärken und Schwächen, über die Strategien des Wissenserwerbs sowie über die Systematik von Problemlösungsprozessen. Zum zweiten meint er damit die Fähigkeit und Bereitschaft der Schüler/innen, die eingeübten prozeduralen Fähigkeiten in konkreten unterrichtlichen Aufgabensituationen auch tatsächlich anzuwenden. Dieser letztgenannte Aspekt berührt die Motivationsfrage. Am günstigsten sei es – so Weinert –, wenn deklaratives und prozedurales Lernen Hand in Hand gingen, d.h. der Erwerb intelligenten Wissens mit der Einübung allgemeiner Lern-, Denk- und Interaktionsstrategien parallel geschaltet werde (vgl. Weinert 1999b, S. 102). Deklaratives und prozedurales Lernen sind mithin zwingend aufeinander angewiesen.

Leider hat sich diese Erkenntnis in unseren Schulen noch viel zu wenig durchgesetzt. Der Lernstoff (deklaratives Wissen) wird nach wie vor ungebremst »durchgenommen«; demgegenüber spielt das methodenzentrierte Lernen in deutschen Klassenzimmern eine eher nachgeordnete Rolle. Zwar wird immer mal wieder betont, dass die Schüler/innen nicht nur Inhalte, sondern auch Methoden lernen müssten, aber praktische Konsequenzen werden daraus eher selten gezogen. Allerdings: In den letzten Jahren ist diesbezüglich ein deutlicher Umbruch zu beobachten. Die geltenden Lehrpläne werden methodenbezogen überarbeitet, die neuen Bildungsstandards markieren wichtige methodische Kompetenzen, Projekt- und Präsentationsprüfungen werden eingeführt, einschlägige Methodenbücher finden zahlreiche Abnehmer (vgl. u.a. Klippert 1994, 1995, 1998; Realschule Enger 2001a/b).

Dimensionen der Lernkompetenz

Sach- und Methodenkompetenz

- **Informationen beschaffen, erfassen, bearbeiten und beurteilen** (z.B. Nutzen von Nachschlagewerken, Bücherei und PC, Sachtexte markieren und exzerpieren, Notizen machen, Spickzettel erstellen, Interviews führen etc.)
- **Die eigene Lernarbeit planvoll gestalten und dokumentieren** (z.B. Karteien anlegen, Mappen führen, Übersichten erstellen, Literaturverzeichnis und Gliederung entwickeln, Ober- und Unterbegriffe finden, Protokoll schreiben, Arbeitsplan erstellen, Arbeitsziele setzen, sich die Zeit einteilen etc.)
- **Wissen effektiv aufnehmen, vernetzen, behalten und anwenden** (den eigenen Lerntyp klären und beachten, Mnemotechniken einüben, Lernhilfen wie Marker und Haftzettel nutzen, Lern- und Entspannungstechniken einsetzen, Wissen wiedergeben und/oder gezielt anwenden etc.)
- **Lernergebnisse anschaulich und adressatengerecht aufbereiten** (Visualisieren, Mindmap erstellen, Handout anfertigen, Hausheft übersichtlich gestalten etc.)
- **Problemlösungsstrategien kennen und anwenden** (Problem analysieren, Fragestellungen eingrenzen, alternative Antworten/Lösungen suchen, Entscheidung treffen, ggf. Lösungsvariante umsetzen etc.)

Soziale Kompetenz

- **Kommunikationsfähigkeit** (z.B. aktiv Zuhören, Gesprächsregeln kennen und beachten, Redewendungen berücksichtigen, stringent argumentieren, überzeugend vortragen, Rhetorik-Regeln beachten, Gespräche eröffnen, Gespräche leiten etc.)
- **Teamfähigkeit** (z.B. Regeln der Zusammenarbeit einhalten, Funktionen innerhalb der Gruppe übernehmen, alle aktiv einbinden, Brainstorming zulassen, Konflikte beilegen, kooperativ präsentieren, Teamfähigkeit bewerten etc.)

Selbstkompetenz

- **Lernmotivation und Lernwille** (sich Ziele setzen, Eigeninitiative ergreifen, Verantwortung übernehmen, andere ermutigen, aktiv mitmachen, Ausdauer zeigen etc.)
- **Sich selbst einschätzen können** (eigene Stärken und Schwächen erkennen, Fähigkeit zur Selbst- und Fremdkritik, Feedback geben, Probleme offen ansprechen etc.)
- **Offenheit und Empathie** (selbstbewusst an Aufgaben herangehen, sich in andere hineinversetzen , Offenheit gegenüber Neuem, Frustrationstoleranz, Kreativität etc.)

Abb. 14 © Dr. H. Klippert *(erstellt in Anlehnung an Bertelsmann-Stiftung 2002)*

Es tut sich also einiges in punkto Lernkompetenz – eigentlich eine längst überfällige Entwicklung, wenn man bedenkt, wie lange bereits entsprechende Forderungen erhoben werden. In der 1995 erschienenen NRW-Denkschrift »Zukunft der Bildung – Schule der Zukunft« heißt es zum Beispiel: Selbstgestaltetes Lernen setze den Erwerb eines möglichst fundierten methodischen Handlungsrepertoirs voraus. Das schließe »Ich-Stärke« und Lernroutinen im besten Sinne des Wortes mit ein. Dabei gehe es in der Hauptsache »... um Arbeitsmethoden und Techniken, die das Weiterlernen aus eigenem Impuls begünstigen und die Voraussetzung für selbstgestaltetes Lernen bilden.

Dabei muss auch einfachen, aber dennoch für den Aufbau von Lernkompetenz unverzichtbaren Arbeitstechniken – z.B. Auswendiglernen, Notizen machen, Zusammenfassung erarbeiten – volle Aufmerksamkeit zuteil werden.« (vgl. Bildungskommission NRW 1995, S. 83). Dieser Impuls hat zwischenzeitlich ganz offenbar gefruchtet und zu diversen Konkretisierungs- und Umsetzungsversuchen geführt.

Die Wurzeln der aktuellen Lernkompetenz-Debatte reichen jedoch noch weiter zurück. Bereits Mitte der 70er-Jahre entbrannte die Diskussion über *Schlüsselqualifikationen*, und mit ihr die Frage nach der Bedeutung überfachlicher methodischer Kompetenzen. »Schlüsselqualifikationen«, so schrieb Dieter Mertens damals, »sind übergeordnete Bildungsziele und Bildungselemente, die den Schlüssel zur raschen und reibungslosen Erschließung von wechselndem Spezialwissen bilden.« (Mertens 1974, S. 36). Sein Credo: Die Schüler/innen müssten verstärkt befähigt werden, das eigene Lernen planvoll und wirksam selbst in die Hand zu nehmen. Diese Debatte ist in den letzten Jahren in Richtung »Lernkompetenz« zugespitzt worden. Belege dafür sind ein entsprechendes Schwerpunktheft der Zeitschrift »Pädagogische Führung« (Heft 2/2003) sowie eine Großveranstaltung der Bertelsmann-Stiftung zum Thema »Lernkompetenz und Neue Lernkultur« im Dezember 2002 in Berlin.

Einigkeit besteht mittlerweile darin, dass die Vermittlung von Lernkompetenz vor dem Hintergrund der modernen Informations- und Wissensgesellschaft höchste Dringlichkeit besitzt. Ohne Lernkompetenz keine erfolgreichen Lernhandlungen, so lautet das ebenso simple wie richtige Fazit von Heinz Mandl und Ulrike Krause. Lernen erfordere selbstgesteuerte, aktive Wissenskonstruktion, so konstatieren die beiden Forscher. Und weiter: Lernen sei ein sozialer, interaktiver Prozess, der auf konstruktive Kooperation und Kommunikation angewiesen sei. Außerdem sei die Lernarbeit der Schüler/innen zunehmend auf die Fähigkeit zum reflektierten Umgang mit neuen Medien angewiesen (vgl. Mandl/Krause 2002, S. 247). Zum Letzteren: Medienkompetenz ist nach dem hier vertretenen Verständnis Teil der angesprochenen *Methodenkompetenz*, da medienspezifische Handlungsprozeduren immer auch methodenspezifische Prozeduren sind. Insofern kann an der in Abbildung 14 skizzierten Übersicht über wichtige Dimensionen der Lernkompetenz festgehalten werden.

Eine Klarstellung zum Schluss: Der Erwerb von Lernkompetenz darf auf keinen Fall so verstanden werden, als werde dieser Anspruch auf die bloße Aneignung allgemeiner Lern-, Kommunikations-, Kooperations oder Selbstreflexions-Techniken reduziert, die abgehoben von inhaltlichen und fachspezifischen Bezügen eingeübt werden. Eine derartige Trennung wäre künstlich und praxisfern; sie ist weder sinnvoll noch beabsichtigt. Im Gegenteil: Nach dem hier vertretenen Verständnis gehören inhaltliches und methodisches Lernen zwingend zusammen, d.h. die Vermittlung von Lernkompetenz ist de fakto immer auch mit fach- bzw. inhaltsspezifischen Arbeitsprozessen der Schüler/innen verbunden (vgl. auch Solzbacher 2003, S. 66). Oder anders ausgedrückt: die Förderung von Lernkompetenz ist keine isolierte Angelegenheit, sondern schließt *fachspezifische Methodenpflege* grundsätzlich mit ein (vgl. Klippert 1994, S. 264 ff. sowie Klippert/Müller 2003, S. 46ff.).

3.5 Fördern durch soziale Integration

Spätestens seit PISA und IGLU (Grundschulstudie) steht einmal mehr die Frage im Raum, wie Kinder eigentlich am besten gefördert werden können. Durch individualisiertes Lernen mit ausgeprägter Lehrerunterstützung oder durch stärker sozial-integrative Verfahrensweisen nach dem Motto: »Schüler helfen Schülern«? Die vorliegenden Testergebnisse sprechen eindeutig dafür, dass das Moment der *Heterogenität* ein höchst vorteilhaftes ist. Leistungs- und verhaltensheterogene Gruppen tragen offenbar in überzeugender Weise dazu bei, dass jeder Einzelne in seinem Lern- und Leistungsergebnis begünstigt wird – ein Befund, der in deutlichem Gegensatz zu dem steht, was hier zu Lande bis heute kolportiert wird. Nämlich: der Mix von guten und schlechten Schüler/innen in den Klassenzimmern sei im Kern für alle von Nachteil. Die gängige Begründung: Die »Guten« würden durch die »Schwachen« heruntergezogen, unnötig aufgehalten und am effektiven Lernen gehindert. Und die »Schwachen«? Sie würden durch das permanente Erleben ihres eigenen Unvermögens lediglich frustriert und in ihren Minderwertigkeitskomplexen bestärkt.

Der Kardinalfehler bei diesem Deutungsmuster ist die Festschreibung eines unbewiesenen Klischees, das sich seit der ideologisch aufgeladenen Gesamtschul-Debatte der 70er-Jahre bis heute gehalten hat. Wie Andreas Schleicher, PISA-Verantwortlicher bei der OECD in Paris, zu Recht warnt, darf man das integrative Förderkonzept nicht einfach mit der deutschen Gesamtschule gleichsetzen. Denn auch die hiesigen Gesamtschulen setzen im Kern auf homogene Lerngruppen, indem sie die vorhandenen Begabungs- und Fähigkeitsunterschiede durch das Instrument der äußeren und inneren Differenzierung soweit wie möglich wegzufiltern versuchen (vgl. Interview in der Frankfurter Rundschau vom 21.5.2003). So gesehen sind die seit Jahrzehnten ins Feld geführten Schwächen und Defizite der Gesamtschularbeit keine Argumente gegen die Wirksamkeit und pädagogische Sinnhaftigkeit des Arbeitens mit heterogenen Lerngruppen in der Schule.

Die hier in Rede stehenden integrativen Fördermaßnahmen meinen etwas anderes: Sie zielen auf den Aufbau wirksamer Helfer- und Erziehungssysteme in den Klassen sowie darauf, die Schüler/innen hinsichtlich ihrer Helfer- und Erzieheraufgabe konsequent zu qualifizieren. Der Grundgedanke dabei: Wenn Schüler Schülern helfen, dann ist das nicht nur für die »Hilfsbedürftigen« von Vorteil, sondern auch für die Helfer. Letzteres deshalb, weil Schüler nachweislich dann am besten lernen, wenn sie anderen etwas erklären müssen. Das fördert nicht nur ihren fachlichen Durchblick, sondern auch und zugleich ihre methodischen, sozialen und kommunikativen Kompetenzen, ihr Selbstbewusstsein und ihre Selbstständigkeit, ihre Eigeninitiative und ihr Problemlösungsvermögen – Fähigkeiten und Dispositionen also, die in der modernen Informationsgesellschaft gar nicht hoch genug eingeschätzt werden können. Dennoch sind derartige Fördersysteme hier zu Lande weder besonders angesehen noch verbreitet.

Das war historisch keinesfalls immer so. Die einklassigen Volksschulen, wie sie in kleinen Dörfern in den 50er- und frühen 60er-Jahren des letzten Jahrhunderts noch gang und gäbe waren, setzten sogar sehr stark auf das Prinzip »Schüler helfen Schülern«. Ja, sie mussten dies auch, weil ansonsten ein vernünftiger Unterrichtsbetrieb gar nicht aufrecht zu erhalten gewesen wäre. Trotzdem: Die Erfahrungen waren positiv. Organisierter Nachhilfeunterricht war an der Tagesordnung – zum Vorteil aller Schüler. So mussten z.B. die Schüler/innen der achten Jahrgangsstufe eine Mathematikarbeit für den fünften Jahrgang entwickeln und diese Arbeit zeitlich versetzt – nachdem sie geschrieben worden war – nicht nur korrigieren, sondern auch den anschließenden »Nachhilfeunterricht« übernehmen. Oder ein anderes Beispiel: Die Schüler/innen der vierten Jahrgangsstufe schrieben ein spezifisches Märchen, um es den Kindern der ersten Klasse in der nächsten Stunde vorzulesen sowie gemeinsam mit diesen passende Zeichnungen dazu zu erstellen.

Zugegeben, diese altersheterogenen Lernverbände lassen sich heute nur noch schwer arrangieren; gleichwohl gibt es wieder entsprechende Ansätze – insbesondere im Grundschulbereich sowie im Rahmen von Projektwochen. Dass sich auf diesem Wege eindrucksvolle Lernerfolge erziehen lassen, zeigt u.a. die jüngste IGLU-Studie für den Grundschulbereich. Das Leistungsniveau deutscher Grundschüler/innen kann sich danach im Vergleich zum Leistungsniveau im gegliederten Sekundarbereich – siehe PISA – wahrlich sehen lassen (vgl. Kahl 2003). Bestätigt wird dieser Befund u.a. durch Andreas Schleicher von der OECD in Paris, demzufolge die Differenzierung von leistungsschwächeren und leistungsstärkeren Schüler/innen eher niveausenkend als niveaufördernd wirkt (vgl. Frankfurter Rundschau v. 21.5.2003). Schleicher meint damit zwar vorrangig die äußere Differenzierung nach Schularten; sein Befund gilt tendenziell aber auch für heterogene Lerngruppen in ein und derselben Schulart. »Traditionell versuchen wir«, so merkt Schleicher mahnend an, »gute und schlechte Lerner frühzeitig zu selektieren. Die Zukunft braucht ein offenes und integriertes Lernangebot, das unterschiedlichen Interessen und Fähigkeiten gerecht wird.« (Schleicher 2003, S. 4).

In die gleiche Richtung argumentiert der Bildungsforscher Klaus Klemm, wenn er in einer Expertise kurz und bündig feststellt: »Wir wissen: In Schulsystemen, die ihre Schülerinnen und Schüler länger als in Deutschland üblich gemeinsam lernen lassen und die dabei auch innerhalb der einzelnen Schule auf alle Formen äußerer Leistungsdifferenzierung verzichten, werden Leistungen erreicht, von denen das deutsche Schulsystem nur träumen kann.« (Klemm 2002, S. 15). So gesehen spricht vieles dafür, die Schüler/innen mit ihren unterschiedlichen Begabungen, Fähigkeiten und Fertigkeiten häufiger als bisher zusammen lernen zu lassen. Das wäre ein ebenso sinnvoller wie praktikabler Schritt zur Forcierung der Förderarbeit in Schule und Unterricht. Wie z.B. die Nachhilfetätigkeit von Schüler/innen zeigt, profitieren vom gemeinsamen Geben und Nehmen nicht nur die Kinder, die Nachhilfe erfahren, sondern vor allem auch diejenigen, die diesen Nachhilfeunterricht erteilen. Sie lernen Probleme zu erfassen, Empathie aufzubauen, Verantwortung zu übernehmen, nötigenfalls nachzuschlagen, präzise etwas zu erklären, Frustrationstoleranz zu entwickeln, den Lernstoff gezielt zu wiederholen, flexibel auf ungewohnte Fragen zu reagieren, Sachverhalte zu veranschaulichen, kleine Vorträge zu halten, Selbstvertrauen zu tanken etc. – Schlüsselkompetenzen also, die heute dringlicher denn je gebraucht werden.

Diese Überlegungen machen deutlich, dass das Arbeiten in verhaltens- und leistungsheterogenen Gruppen ein fraglos chancenreiches Förderkonzept ist. Franz E. Weinert bestätigt diese Einschätzung aus der Sicht der Lernforschung, indem er bilanziert, »... kooperative Formen des Lernens (haben sich) nicht nur in der pädagogischen Praxis bewährt, sondern auch in der psychologischen Forschung als wirksam erwiesen.« (Weinert 1999b, 101). Laut Manfred Spitzer, Hirnforscher und Lernpsychologe, ist Kooperation unter Menschen mit unterschiedlichen Begabungen und Fähigkeiten sogar als »genetischer Normalfall« anzusehen. Auslöser und Stütze dieser Kooperationsbereitschaft seien vornehmlich Emotionen, die durch gruppenspezifische Momente wie Belohnung, Bestrafung, Freude und Ärger angeregt würden (vgl. Spitzer 2002, S. 293 ff., insbesondere S. 317f.).

Der Schüler Jan Helge fasst die Chancen heterogener Lerngemeinschaften in einem ZEIT-Interview wie folgt zusammen: »Mir macht es Spaß, anderen Sachen zu erklären. Davon profitiere ich ja auch selbst. Ich hätte es am liebsten, wenn im Unterricht viel mehr von Schüler zu Schüler passiert ... die Fragen kommen direkter zwischen Gleichaltrigen und werden häufig besser verstanden. Wahrscheinlich sind auch die Erklärungen ein wenig besser ... Im Physikunterricht zum Beispiel sitzt ein Mädchen neben mir, das versteht den Stoff manchmal nicht. Das kann ich gut nachvollziehen, denn ich begreife auch nicht alles auf Anhieb. Ich weiß deshalb oft genau, wo das Problem meiner Nachbarin liegt, eben weil ich kurz davor dasselbe Problem hatte.« (DIE ZEIT vom 19.12.2001, S. 32).

In der Literatur firmiert dieser Ansatz unter »Lernen durch Lehren« (LdL). Begründer und Wegbereiter dieses Lernkonzepts ist Jean-Pol Martin (vgl. Martin 1986). Wie Rüdiger Fischer und Roland Graef in ihrer Würdigung des LdL-Ansatzes schreiben, liegt sein größter Vorteil darin, »...dass hier der Lernende selbst im Zentrum des Interesses steht: indem die Schüler den Stoff selbst (unter Anleitung der Lehrkraft) erarbeiten und sich gegenseitig vorstellen, entsteht über die reine Stoffvermittlung hinaus Gelegenheit, das Lernen zu lernen, rücksichtsvolles und höfliches Verhalten zu zeigen ..., im Klassenraumdiskurs soziale Interaktion zu üben, Verantwortung gegenüber den Inhalten und der Gruppe zu übernehmen und dabei Fähigkeiten zu erlernen, die in unserer komplexer werdenden Welt immer notwendiger werden, wie z.B. die Fähigkeit zur Empathie oder die Bereitschaft, sich verantwortlich mit komplexeren Problemen auseinander zu setzen und dabei exploratives Verhalten zu lernen und einzuüben.« (Fischer/Graef 1994, S. 9f.). Die sozial-integrative Komponente wird von den LdL-Vertretern demnach als wichtige Stütze und Gewähr für erfolgreiches Lernen angesehen.

Voraussetzung für den Erfolg des skizzierten Förderkonzepts ist, dass bestimmte Regeln beachtet werden. Diese betreffen sowohl die Gruppenbildung als auch den Gruppenprozess. Wichtig bei der Gruppenbildung sind vor allem das *Zufallsverfahren* (Losen, Abzählen etc.) sowie das damit in Verbindung stehende *Setzverfahren*. Das zeigen die bisherigen Erfahrungen sehr deutlich. Das Interessante dabei: Das Zufallsverfahren garantiert nicht nur eine gewisse Gerechtigkeit, es wird von den Schüler/innen in aller Regel auch recht problemlos akzeptiert. Und das Setzverfahren? Es wird hin und wieder gewählt, um leistungs- und/oder verhaltensstabile Schüler/innen gleichmäßig auf die einzelnen Gruppen »zu verlosen«. Auf diese Weise wird der Heterogenität und Funktionsfähigkeit der zu bildenden Gruppen also nachgeholfen. Denn beim reinen Los- oder Abzählverfahren kann es natürlich sein, dass der Zufall recht ungünstige Gruppenkonstellationen entstehen lässt. Allerdings betrifft das besagte »Regelwerk« nicht nur die Gruppenbildung, sondern auch und zugleich den Gruppenprozess. Diesbezüglich sind sowohl grundlegende Verhaltensregeln als auch gruppenspezifische Ablaufregeln zu vereinbaren und zu klären (vgl. Abb. 15).

Einige Regeln für das Arbeiten in Zufallsgruppen

Gute Gruppenarbeit verlangt, dass ...

... einer dem anderen hilft und Mut macht;
... andere Meinungen toleriert und akzeptiert werden;
... zugehört und aufeinander eingegangen wird;
... persönliche Angriffe und Beleidigungen vermieden werden;
... kein Gruppenmitglied links liegen gelassen wird;
... jeder mitmacht und sein Bestes gibt;
... das Thema/die Aufgabe beachtet wird;
... zielstrebig gearbeitet und diskutiert wird;
... auftretende Probleme offen angesprochen werden;
... jeder die aufgestellten Regeln beachtet.

Abb. 15 © Dr. H. Klippert

Damit jedoch keine Missverständnisse entstehen: Das skizzierte Förderkonzept mittels leistungs- und verhaltensheterogener Lerngruppen bedeutet selbstverständlich keine Verabsolutierung der Gruppenarbeit. Neben dem Arbeiten in Zufallsgruppen und -tandems gibt es natürlich auch noch andere unterrichtliche Arbeits- und Sozialformen – allen voran die Einzelarbeit. Auch Plenararbeit und lehrergelenkte Unterrichtsgespräche sind gelegentlich sicherlich sinnvoll. Nicht zuletzt kann das Bilden *leistungshomogener* Niveaugruppen hin und wieder angebracht sein, um etwaige »Spitzenbegabungen« gezielt zu fordern und zu fördern. Gleichwohl sollte das skizzierte Arbeiten in und mit leistungs- und verhaltensheterogenen Gruppen aus den genannten Gründen einen deutlich größeren Stellenwert bekommen, als das bislang der Fall ist (vgl. dazu auch Klippert 1998).

3.6 Verstärkte Methodenschulung

Ein weiteres zentrales Merkmal der Neuen Lernkultur ist die systematische Förderung grundlegender Arbeits-, Kommunikations- und Kooperationsmethoden im Unterricht. Nähere Erläuterungen und Begründungen dazu finden sich in Abschnitt I.3.4 unter der Überschrift »Lernkompetenz als Bildungsziel«. Was damit im Einzelnen gemeint ist, lässt sich aus den vorliegenden Trainingshandbüchern ersehen (vgl. Klippert 1994, 1995, 1998). Die folgenden Methodenbausteine geben einen Überblick über die wichtigsten Facetten der anvisierten Methodenschulung:

- Heftseiten übersichtlich gestalten
- Freies Erzählen und Berichten üben
- Ordnung am Arbeitsplatz halten
- Aktives Zuhören und Nacherzählen
- Unterstreichen und markieren üben
- Argumentieren und Vortragen lernen
- Rasch Nachschlagen/Recherchieren
- Regeln für Gruppenarbeit entwickeln
- Schaubilder/Tabellen entwickeln
- Umgang mit Konflikten in Gruppen
- Zeit- und Arbeitsplan erstellen
- Kooperativ präsentieren lernen

Zur besagten Methodenschulung gehören *Methodentraining* und *Methodenpflege.* Mit »Methodentraining« ist gemeint, dass die methodische Übungs- und Klärungsarbeit der Schüler/innen phasenweise ins Zentrum des Unterrichts gerückt wird. Das heißt: Das Methodenlernen wird phasenweise zum Lerngegenstand. Diese gelegentliche Prioritätensetzung zugunsten des methodischen Übens, Wiederholens, Reflektierens und Regeln-Entwickelns hat sich in der Praxis als recht hilfreich erwiesen, da die Schüler/innen auf diese Weise Zeit und Gelegenheit finden, die betreffenden Methoden eingehend kennen zu lernen, zu klären und anzuwenden. Das begünstigt ihren methodischen Ein- und Überblick, fördert Selbstvertrauen und unterstützt nicht zuletzt die Routinebildung im methodischen, kommunikativen und kooperativen Bereich.

Einen Eindruck von dieser Trainingssystematik vermittelt Abbildung 16. Das zentrale Instrument dabei: Die *Trainingsspirale.* Deren Ablauf gliedert sich üblicherweise in sieben Etappen. Die erste Etappe zeichnet sich dadurch aus, dass die Schüler/innen zur Einstimmung Gelegenheit erhalten, über die jeweilige Methode (z.B. das Markieren) kurz nachzudenken, ihre persönlichen Vorkenntnisse und Vorerfahrungen zu rekapitulieren und diese mit dem einen oder anderen (Zufalls-)Partner auszutauschen. Im zweiten Schritt wird zwecks Schaffung einer gemeinsamen Erfahrungsgrundlage eine einschlägige Übung durchgeführt, die den Schüler/innen Aufschluss darüber gibt, ob und inwieweit sie das betreffende methodische Verfahren bereits beherrschen oder nicht. Die dabei gemachten Erfahrungen werden im dritten Trainingsschritt näher reflektiert, und zwar so, dass von der Einzelarbeit über die Partner- und/oder Gruppenarbeit bis hinein ins Plenum besprochen und geklärt wird, was geklappt hat und wo eventuell Probleme aufgetreten sind. Auf der Basis dieser Reflexionsphase werden im vierten Trainingsschritt einige Regeln ermittelt und festgehalten, die bei der Anwendung der betreffenden Methode beachtet werden sollten. Auch diese Re-

Trainingsspirale zur Förderung methodischer Fähigkeiten und Fertigkeiten

z.B. zum Thema »Markieren lernen«

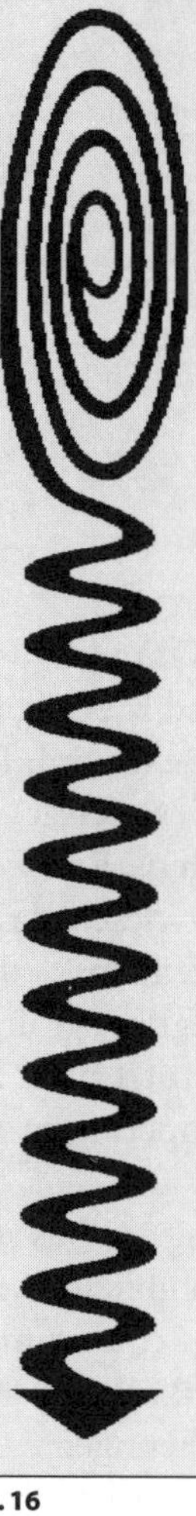

Phase	Trainingsschritt	Sozialform
1	**Sensibilisieren** Vorwissen/Voreinstellungen/Vorerfahrungen bewusst machen	EA ➧ PA
2	**Konkrete Übung** die betreffende Methode versuchsweise durchspielen	EA
3	**Reflektieren** Erfahrungen und Probleme auswerten und besprechen	EA➧PA➧GA ➧PI
4	**Regeln klären** wichtige Regeln und Tipps feststellen und festhalten	EA➧PA➧GA ➧PI
5	**Regeln anwenden** neuerliche Übung regelgebunden durchführen	EA
6	**Strategie verfeinern** das Vorgehen erneut überdenken und ggf. revidieren	EA➧GA➧PI
7	**Routine festigen** weitere gezielte Anwendungen (i.d.R. im Fachunterricht)	EA➧GA➧PI

Abb. 16 © Dr. H. Klippert

gelklärung kann mittels unterschiedlicher Sozialformen erfolgen. Im fünften Trainingsschritt werden sodann die gewonnenen Regeln und Vorsätze gezielt angewandt und »getestet«. Hakt es erneut, so wird im sechsten Trainingsschritt nochmals problematisiert und reflektiert, was wie besser gemacht werden könnte. In der siebten Trainingsphase schließlich können weitere einschlägige Übungen mit dem Ziel der vertiefenden Routinebildung durchgeführt werden. Soweit die Grundstruktur des Trainings. Ein konkretes Beispiel zum Methodenfeld »Heftgestaltung« findet sich in Abbildung 17.

Beispiel zum Methodentraining

Trainingsspirale zum Methodenfeld »Heftgestaltung«

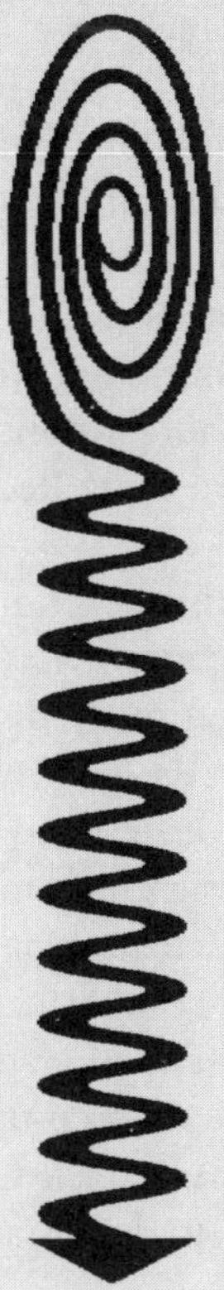

❶ Offener Erfahrungsaustausch zum Thema »Heftgestaltung« ➔ zunächst in Einzelarbeit, dann in Kleingruppen

❷ Vom Lehrer eingebrachte defizitäre Heftseite wird kritisch gesichtet und in Einzelarbeit versuchsweise neu gestaltet

❸ Die erstellten Produkte werden in Zufallsgruppen verglichen ➔ dann werden gemeinsam Regeln zur Heftgestaltung festgelegt

❹ Nun entwirft jeder Schüler zu einem bestimmten Thema unter Beachtung dieser Regeln eine Heftseite (Material liegt vor)

❺ Die erstellten Entwurfsfassungen werden in Zufallsgruppen verglichen und kritisch besprochen

❻ Anschließend produziert jeder Schüler in Einzelarbeit eine überarbeitete/optimierte Heftseite zum besagten Thema

❼ Die fertigen Heftseiten werden im Klassenraum ausgehängt und im Rahmen eines Museumsrundgangs »inspiziert« und beurteilt

❽ Zum Schluss gibt die Lehrkraft vertiefende Erläuterungen und Tipps

Abb. 17

Die neuere Lernforschung unterstreicht die Wichtigkeit derartiger Methodentrainings unter Hinweis auf die damit verbundene *Routinebildung*. Überall dort, wo Handlungsabläufe in ihren Schritten und Teilschritten so geklärt und internalisiert werden, dass sie den Schüler/innen gleichsam automatisch zur Verfügung stehen, kommt das dem Lernerfolg zugute. Routinen sind unter bestimmten Umständen also etwas durchaus Positives. Sie gewährleisten Sicherheit, fördern Selbstvertrauen und steigern die Zielstrebigkeit im Umgang mit fachspezifischen wie interdisziplinären Aufgaben und Problemen im Unterricht. Ja mehr noch: »Automatisiertes Wissen« ist, wie die Entwicklungs- und Lernpsychologin Elsbeth Stern vom Max-Planck-Institut in Berlin schreibt, »die Voraussetzung für Verstehensprozesse, eben weil man für Verstehensprozesse freie Kapazitäten (im Gehirn) braucht.« (Stern 2003, S. 35). Von daher hält sie das teilweise stupide Üben in Teilschritten mit dem Ziel der Automatisierung für durchaus wichtig und berechtigt und weiß sich dabei im Einklang u.a. mit dem Hirnforscher Manfred Spitzer.

Spitzers Befund: Wenn wir alles, was wir können, wissen müssten, wäre es um unsere Leistungsfähigkeit schlecht bestellt. Oder anders formuliert: »Im Vergleich zu unserem Können ist unser Wissen bei Lichte betrachtet unglaublich bescheiden.« (Spitzer 2002, S. 60). Spitzer weist darauf hin, dass wir viele unserer Handlungsabläufe beherrschen bzw. »können«, ohne dass wir jedoch in der Lage sind, sie sprachlich exakt in Worte zu fassen und anderen zu erläutern. Spitzer spricht diesbezüglich vom *impliziten Wissen* im Unterschied zum expliziten Wissen, welches bewusst zur Verfügung steht. Und die Konsequenz? Die Methodenschulung im Unterricht sollte so erfolgen, dass auf Seiten der Schüler/innen möglichst viel automatisiertes Wissen (= Können) aufgebaut wird. Allerdings muss dieses automatisierte Wissen, wie Elsbeth Stern zu Recht fordert, »... immer wieder in sinnstiftendes Lernen eingebettet werden.« (vgl. Stern 2003, S. 35). Die hier verfolgte Koppelung von Methodentraining und fachspezifischer Methodenpflege trägt dieser Erkenntnis und Forderung Rechnung.

Dass eine forcierte Methodenschulung keinesfalls zu Lasten des fachlichen Kompetenzerwerbs der Schüler/innen geht, ist evident. In den methodenzentrierten Übungsphasen wird anfangs der Lernstoff zwar etwas zurückgenommen; diese »Investition« zahlt sich mittel- und längerfristig jedoch eindeutig aus, da die Schüler/innen trainingsbedingt durchdachter und zielstrebiger zu lernen verstehen. Die Folge: Je kompetenter sie den Lernstoff zu exzerpieren und zu visualisieren vermögen, je zügiger und durchdachter es ihnen gelingt, Informationen nachzuschlagen und selektiv zu lesen, Fragen zu stellen und präzise zu argumentieren, Lernkärtchen anzulegen und planvoll zu üben, folgerichtig zu schreiben und Mindmaps zu erstellen, Ordnung zu halten und die eigene Arbeit zu organisieren, aktiv zuzuhören und konstruktiv zu diskutieren, in Gruppen zu arbeiten und Ergebnisse überzeugend zu präsentieren, Probleme zu lösen und vereinbarte Regeln einzuhalten ..., in dem Maße werden sie auch das eigene Lernen effektiver gestalten können.

Diese Effekte sind allerdings nur gesichert, wenn zum gelegentlichen Methodentraining die konsequente *Methodenpflege* hinzukommt, d.h. die vielschichtige Anwendung und Reflexion der eingeführten Arbeits-, Kommunikations- und Kooperationsmethoden auf Fachebene. Je konsequenter diese Methodenpflege durch die Fachlehrer/innen geschieht, desto nachhaltiger werden die Schüler/innen mit den betreffenden Methoden vertraut. Das gewährleistet die angesprochene Routinebildung im besten Sinne des Wortes. Deshalb: Die besagte Methodenpflege muss zum festen Bestandteil in den Fächern werden. Andernfalls besteht die Gefahr, dass die Schüler/innen die wenigen Grundlagentrainings zwar als willkommene Abwechslung vom normalen Fachunterricht wahrnehmen, nicht aber die angestrebte methodische Souveränität und Anwendungskompetenz erwerben.

Die in Abbildung 18 dokumentierte *Lern*spirale zum Thema »Arbeitslosengeld« zeigt, wie diese Methodenpflege im Fachunterricht verstärkt verankert werden kann. Die Besonderheit dieser Lernspirale ist die konsequente Verzahnung von inhaltlicher Informationsbeschaffung und -verarbeitung und breit gefächerter Methodenanwendung. Zu den eingeplanten/eingesetzten Arbeits-, Kommunikations- und Kooperations-

Beispiel zur Methodenpflege

Lernspirale zum Thema »Arbeitslosengeld« – mit PC

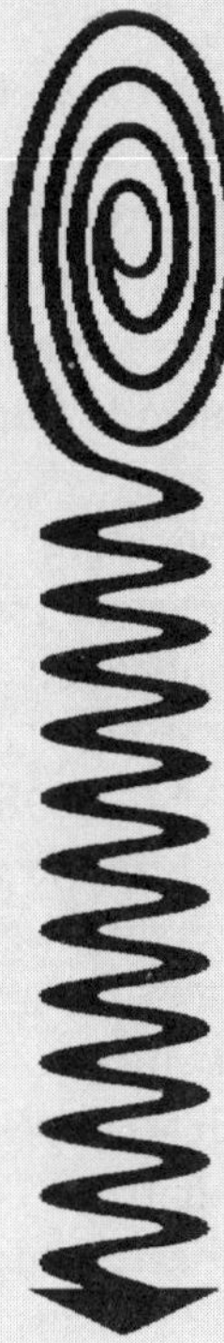

❶ Zunächst wird in einschlägigen Medien (Schulbuch, CD-Rom, Lexikon) zum Thema «Arbeitslosengeld« (Alg) recherchiert

❷ Die Schüler/innen klären in Zufallsgruppen unbekannte Begriffe und Sachverhalte (Nachhilfephase)

❸ Dann werden in den gleichen Gruppen geeignete Struktogramme zum besagten Thema entworfen

❹ Auf der Basis dieser Entwürfe werden nun in Tandems entsprechende »Power-Point-Folien« aufbereitet

❺ Anschließend präsentieren 1–2 per Los ermittelte Tandems ihre erstellten Power-Point-Produkte

❻ Zur Vertiefung werden unter Nutzung z.B. des Word-Tabellenprogramms Lernkärtchen zum Thema Alg entwickelt

❼ Die betreffenden Lernkärtchen werden sodann im Rahmen eines Quiz (mit spezifischem Interaktionstraining) »abgearbeitet«

❽ Zum Schluss gibt die Lehrkraft vertiefende Erläuterungen und Tipps

Abb. 18

tionsmethoden gehören unter anderem das gezielte Recherchieren in Lernabschnitt 1, das Kooperieren und gegenseitige Fragen und Helfen in Abschnitt 2, das Strukturieren und Kooperieren in Abschnitt 3, das Erstellen von Power-Point-Folien in Abschnitt 4, die kooperative Präsentation dieser Folien in Abschnitt 5, die vertiefende Lernkarteiarbeit mittels PC in Abschnitt 6, das Frage-Anwort-Spiel in Abschnitt 7 sowie die »Expertenbefragung« in Lernabschnitt 8.

Ähnliche Lernspiralen mit vielseitiger Methodenanwendung und -pflege lassen sich zu anderen Lehrplanthemen entwickeln. Und was ist neu daran? Neu sind vor allem die Konsequenz und Systematik, mit der methodische Anwendungssituationen gesucht und operationalisiert werden. Und neu ist ferner die ausgeprägte Betonung und Stufung des eigenverantwortlichen Arbeitens und Lernens der Schüler/innen. Wie die ausgewiesenen Lern- bzw. Arbeitsschritte zeigen, müssen sich die Schüler/innen ausgesprochen vielschichtig in das jeweilige Thema und die dazugehörigen Materialien hineinbohren. Dabei wechseln sich Einzel-, Partner- und Gruppen- und Plenararbeit konsequent ab. Wer wollte bestreiten, dass dieses »Unterrichtsskript« intensives Lernen gewährleistet?

3.7 Auf die Lehrperson kommt es an

Zur Neuen Lernkultur gehören aber nicht nur neue Methoden, sondern auch und nicht zuletzt inspirierende Lehrkräfte. Wenn bisher ganz vorrangig auf das didaktisch-methodische Instrumentarium der Lehrer/innen abgestellt wurde, dann hängt das wesentlich damit zusammen, dass sich dieses Instrumentarium im Rahmen der Lehrerbildung relativ gut operationalisieren und in praktische Ausbildungshandlungen übersetzen lässt. Bei der Lehrperson dagegen wird es schwieriger. Wie etwa muss eine Ausbildungsstrategie aussehen, die gewährleistet, dass eine zur Belehrung und Bevormundung neigende Lehrperson zu einer defensiven, Mut machenden Rolle findet? Oder noch schwieriger: Wie kann man jemandem helfen, Pessimismus durch Optimismus zu ersetzen oder vom Zauderer zum Macher zu werden?

Die Fragen sind deshalb falsch gestellt, weil sie suggerieren, die Entwicklung der Lehrerpersönlichkeit sei von der Ausbildung instrumentellen Know-hows zu trennen. Diese Sicht ist insofern problematisch als Know-how und Persönlichkeit im Kern zutiefst interdependent sind. Das zeigt sich zum Beispiel beim Anspruch »Lehrer sollten ihre Schüler/innen mögen und ermutigen«. Natürlich ist es leicht, die Kinder zu mögen und ihnen etwas zuzutrauen, wenn sie »pflegeleicht« sind und kompetent, zielstrebig und motiviert zu arbeiten verstehen. Wie aber sieht es aus, wenn diese Prämissen nicht erfüllt sind? Dann helfen in der Regel die besten Vorsätze und/oder Therapien nichts. Desinteressierte Schüler/innen bedingen meist missmutige Lehrer/innen. Von daher ist der in diesem Buch verfolgte Weg eigentlich so naheliegend. Man fördere und fordere die Schüler so, dass diese Spaß und Erfolg beim Lernen haben – dann ist das noch immer die beste Medizin gegen das vielzitierte »Burnout-Syndrom« der Lehrer/innen!

Die Lehrerpersönlichkeit ist also keine genetisch programmierte Größe, sondern eine durchaus beeinflussbare. Je motivierter, selbstständiger und erfolgreicher die Schüler/innen sind und je souveräner ihre Lehrkräfte den korrespondierenden Unterricht zu gestalten verstehen, desto inspirierender stellt sich in aller Regel auch die Lehrerpersönlichkeit dar. Zwar darf daraus nicht der Schluss gezogen werden, dass die Schüler/innen nun auch noch für die Motivation und positive Ausstrahlung ihrer Lehrpersonen zu sorgen hätten. Nein, die Verantwortung ist anders herum verteilt. Die Lehrer/innen sind primär dafür verantwortlich, dass die Atmosphäre und Leistungsbereitschaft in den Klassen stimmt und müssen von daher alles daran setzen, ihre persönlichen Einstellungen und Haltungen den Schüler/innen gegenüber so in den Griff zu bekommen, dass deren Lern- und Leistungsverhalten möglichst positiv beeinflusst und stimuliert wird.

Diese »Kultur der Ermutigung« ist in unseren Schulen noch viel zu wenig verbreitet. Im Gegenteil: Vorherrschend sind nach wie vor eher Misstrauen, Kontrollen, Zurechtweisungen und offensive Fehlerkorrekturen. Wenn Reinhard Kahl eine seiner Filmreihen unter das Motto »Lob des Fehlers« gestellt hat, dann signalisiert dieses recht präzise, worauf es im Unterricht verstärkt ankommt. Die Lehrkräfte müssen lernen und verinnerlichen, dass ein erfolgreiches Lernen der Schüler/innen vor allem eines braucht: Zuspruch und Ermutigung, Toleranz und Verständnis, Hilfsbereitschaft und Offenheit. Mit anderen Worten. Den Schüler/innen sollte im Unterricht mehr zugemutet und zugetraut werden; sie sollten Fehler machen und Lernumwege gehen dürfen; ihnen sollte geistiges, handwerkliches und sprachliches Experimentieren ausdrücklich erlaubt sein, auch wenn dieses »trial and error« möglicherweise etwas mehr Zeit kostet.

Die daraus erwachsenden Anforderungen an die Lehrerpersönlichkeit hat Hilbert Meyer zu zwölf Merkmalen zusammengefasst, an denen sich die Lehrerausbildung unbedingt orientieren sollte. Das sind: Selbstvertrauen, Selbstkritik, pädagogischer Takt, klare Zielorientierung, fundiertes Expertenwissen, Kooperationsfähigkeit, Sicherheit in der Fachsprache, reiches Handlungsrepertoire, soziale und emotionale Intelligenz, Identifikation mit dem Lehrerberuf, reflektierte Routinebildung und Erkennen der eigenen Grenzen (vgl. Meyer1997, S. 36ff.). Eine gewaltige Anforderungspalette also, die auf den ersten Blick eher Angst macht als Zuversicht und Gestaltungswillen auslöst. Hilbert Meyer gibt das selbst zu. Zudem macht er deutlich, dass diese zwölf Merkmale nicht alle perfekt verwirklicht werden müssen. Sie seien lediglich Orientierungspunkte für die Lehreraus- und -fortbildung. Nicht mehr, aber auch nicht weniger.

Denn eines ist klar: Was die Lehrpersonen ausstrahlen, bekommen sie von den Schüler/innen meist in der einen oder anderen Weise auch wieder zurück. Motivation wird in der Regel mit Motivation, Freundlichkeit mit Freundlichkeit, Selbstkritik mit Selbstkritik, Toleranz mit Toleranz, Zuwendung mit Zuwendung beantwortet.

Am Beispiel der emotionalen Intelligenz von Lehrer/innen erläutert Hilbert Meyer die ausgeprägte Interdependenz von Lehrerpersönlichkeit und Schülermotivation. »Lehrerinnen mit emotionaler Intelligenz verstehen es«, so schreibt er, »mit den Gefühlen zu ›spielen‹. Sie wecken keine falschen Hoffnungen, um nicht zu hilflosen Helfern zu werden. Sie wecken keine falschen Ängste, um nicht kalt, zynisch oder arrogant zu erscheinen. Sie sind in der Lage, Lob so zu formulieren, dass es nicht schal wird, und Kritik so ›rüberzubringen‹, dass sie von den Schüler/innen nicht als persönlicher Angriff gedeutet wird. Und sie können, wenns denn nötig sein sollte, Empörung oder Wut ›inszenieren‹.« (ebd., S. 43). Diesbezüglich gibts für Lehrerinnen und Lehrer hier zu Lande noch eine Menge zu lernen.

Das gilt nicht minder für die von Anette Schavan, Kultusministerin des Landes Baden-Württemberg, ausgerufene Neue Lernkultur – eine Lernkultur, von der sie erwartet, dass die Lehrkräfte die Leistungsbereitschaft ihrer Kinder wahrnehmen und so pflegen, dass diese zum Lernen ermutigt werden (vgl. Schavan 1997, S. 30). Mut machen ist demnach eine wichtige Komponente erfolgversprechenden Lehrerhandelns; eine zweite Komponente ist die, dass sich Lehrer/innen und Schüler/innen gegenseitig schätzen müssen, wenn der Unterricht gelingen soll. Manfred Spitzer, Neurobiologe und Lernforscher, hebt dieses Moment der Akzeptanz ebenso hervor wie die Liebe der Lehrkräfte zu ihren Kindern sowie deren Begeisterungsfähigkeit im Hinblick auf die je zu behandelnden Lerngegenstände (vgl. Spitzer 2002, S. 412f.). »Lehrer müssen einfach beides haben:«, so zitiert er einen Forscherkollegen, »ein gutes Herz und ein gut funktionierendes Hirn, Gefühl und Verstand, Warmherzigkeit und Strenge. Jedes zu seiner Zeit. Und die Liebe zu den jungen Menschen wird ihnen sagen, wann es Zeit für das eine und wann es Zeit für das andere ist.« (Bayerwaltes 2002, S. 91).

Diese Anforderungen machen deutlich, warum der Lehrerberuf als schwieriger Beruf gilt. Es geht eben nicht nur um instrumentelle Fähigkeiten und Fertigkeiten, die man rasch erlernen kann, sondern es geht auch und zugleich um recht tiefreichende Qualitäten im menschlichen und zwischenmenschlichen Bereich. Und es geht um (Selbst-)Motivation, Liebe zum Fach, Frustrationstoleranz, Überzeugungskraft, Empathie und andere Persönlichkeitsmomente mehr. Vor allem aber geht es um die Fähigkeit, Kinder und Jugendliche für das Lernen zu begeistern und zu inspirieren. Denn der Wirkmechanismus ist klar: Motivation begründet Motivation! Ein Mechanismus, den eigentlich jeder aus der eigenen Schulzeit kennt. Wer kann sich nicht an die eine oder andere Lehrperson erinnern, die es verstand, die Schüler/innen aufgrund ihrer Ausstrahlung, Einstellung und Haltung so für sich und das angebotene Fach einzunehmen, dass diese fast alles für sie getan hätten (vgl. auch Schlaffke 2002, S. 177f.). Aber natürlich gab es auch die anderen: jene Lehrkräfte nämlich, von denen man einfach nichts annehmen wollte, weil man sie aus irgendwelchen Gründen nicht ausstehen konnte. Das alles bestätigt, dass erfolgreiches Lernen mehr ist als das Arbeiten mit modernen Lehr- und Lernmethoden. Methoden sind wichtig und auch stimulierend – für Lehrer/innen wie für Schüler/innen. Aber sie machen noch längst nicht die ganze Faszination einer Lehrkraft aus.

Was heißt das für die Lehrerbildung? Die Lehrkräfte müssen vielseitig Gelegenheit erhalten, ihre Lehrerpersönlichkeit zu entwickeln und berufsbezogen zu profilieren. Vieles ist formbar, auch und nicht zuletzt in Sachen Lehrerpersönlichkeit. Gelegentliche Supervision und regelmäßige Reflexionen tragen zu dieser Persönlichkeitsentwicklung ebenso bei wie vielschichtiges Erfahrungslernen – angefangen bei videogestützten Unterrichts- und Verhaltensanalysen über spezielle Interaktionstrainings bis hin zu Rollen- und Simulationsspielen, die Raum geben, das eigene Verhaltensrepertoire selbstkritisch zu sondieren und in die eine oder andere Richtung zu erweitern. Howard Gardner nennt dies den »transformatorischen Ansatz«. Kern dieses Ansatzes ist die »indirekte Persönlichkeitsentwicklung« durch Förderung neuer Rollenvorstellungen und -kompetenzen auf Lehrerseite. Gardner betont dabei vor allem die Bedeutung der Moderatorentätigkeit der Lehrpersonen. Moderner Unterricht – so Gardner – brauche vor allem eines: Den Lehrer als Lernorganisator, Lernbegleiter und Lernberater. Sein Credo: Lehrer/innen stellen ihre Schüler/innen vor gewisse Probleme, sie arrangieren Herausforderungen und/oder schaffen Lernsituationen, die den Schüler/innen Gelegenheit geben, eigene Ideen auszuarbeiten, diese zu prüfen und zu diskutieren und auf diese Weise sukzessiv ein eigenes Verständnis aufzubauen (vgl. Gardner1996, S. 154).

Diese Rolle des Lehrers als Lernorganisator, -moderator und -berater ist die Rolle, die in diesem Buch zentral gestellt wird. Sie deckt zwar nur einen Teil der im Unterricht wirksam werdenden Lehrerpersönlichkeit ab, aber einen wichtigen. Das Organisieren und Moderieren offener Lernsituationen ist stets mit der Botschaft an die Adresse der Schüler/innen verbunden, »es selbst zu versuchen«. Den Schüler/innen wird also etwas zugetraut und zugemutet. Sie werden von Lehrerseite ermutigt und gefordert, aber immer wieder auch gefördert, beraten und nötigenfalls mit konkreten Hilfestellungen unterstützt. Der Lehrer als Lernbegleiter und Lernberater verhält sich eher defensiv, gleichwohl freundlich, verständnisvoll, konsequent und ermutigend. Eine Rolle, durch die auf Schülerseite nicht zuletzt Lernfreude, Forscherdrang, Identifikation und nachhaltiges Lernen ausgelöst werden (können). So gesehen wird der von Maria Montessori geprägte Anspruch »Hilf mir es selbst zu tun« durch die besagte Lehrerrolle mit Leben gefüllt.

3.8 Teamarbeit als Schlüsselgröße

Die Neue Lernkultur braucht aber nicht nur neue Methoden und Lehrerpersönlichkeiten; sie braucht auch eine verbesserte Zusammenarbeit in den Klassen- und Lehrerzimmern. Zunächst zur Schülerseite: Wie in den Abschnitten I.3.4 und I.3.6 bereits angedeutet, ist Teamfähigkeit eine der zentralen Schlüsselkompetenzen, die im Unterricht verstärkt gefördert werden müssen. Wie Eckhardt Klieme, Cordula Artelt und Petra Stanat mit Blick auf die aktuelle Diskussion über neue Bildungsstandards zu Recht feststellen, kommt der Entwicklung von Sozialkompetenz in Schule und Unterricht zentrale Bedeutung zu (vgl. Klieme u.a. 2002, S. 216). Warum? Die Schüler/innen müssen zum einen damit rechnen, in Studium und Beruf in punkto Teamfähigkeit zunehmend gefordert zu werden; zum zweiten gilt es der verbreiteten Vereinzelung von Kindern und Jugendlichen in der modernen Familien- und Medienwelt durch forciertes soziales Lernen in der Schulgemeinschaft entgegenzuwirken. Und zum dritten ist Teamarbeit in Schule und Unterricht auch und vor allem ein Hebel, um das in die Krise geratene Lernen der Schüler/innen nachhaltiger und effektiver werden zu lassen (vgl. Abschnitt I.3.5).

Wie sich aus Abbildung 19 ersehen lässt, sind die Nutznießer einer verbesserten Teamfähigkeit nicht nur die Schüler selbst, sondern auch ihre Lehrkräfte. Im Hinblick auf die Schüler/innen wird in einer Studie der Bund-Länder-Kommission für Bildungsplanung und Forschungsförderung festgestellt: »Es gibt eine hinreichende Zahl von Untersuchungen zum kooperativen Lernen ..., welche die Wirksamkeit dieser Unterrichtsform gut belegen ... Das kooperative Lernen anhand einer komplexen und weniger gut strukturierten Aufgabe ist im Sinne eines tieferen Verstehens von Konzepten und Verfahren allerdings nur dann erfolgversprechend, wenn während des Arbeitsprozesses Anleitungen und Hilfen verfügbar sind.« (Bund-Länder-Kommission 1997, S. 24). Franz E. Weinert bestätigt diese Notwendigkeit einer flankierenden Lehrerunterstützung, wenn er darauf hinweist, dass die systematische Arbeit in Gruppen einer mehr oder weniger ausgeprägten Anleitung durch die jeweilige Lehrkraft bedürfe (vgl. Weinert 2000, S. 10). Dem kann hier aus eigener Erfahrung nur zugestimmt werden.

Was die Effekte der Teamarbeit auf Lehrerseite betrifft, so lassen sich aus Abbildung 19 einige Chancen ersehen. Die allseitige Verantwortlichkeit der Lehrer/innen wird in dem Maße reduziert, wie die Schüler/innen – begünstigt durch die Einbettung in wechselnde Teams – Verantwortung übernehmen. Die wechselseitige Disziplinierung in den Gruppen führt zu einer Reduzierung der Schülerstörungen und mindert die Interventionserfordernisse für die Lehrkräfte. Das wiederum wirkt der chronischen Hyperaktivität vieler Lehrpersonen entgegen, hilft ihnen Stress abzubauen, der durch die Hilflosigkeit zahlreicher Kinder ausgelöst wird, und mindert insgesamt ihr Misstrauen gegenüber den Schüler/innen in Phasen des offenen Lernens. Warum? Weil auf die konstruktive Wirkung der Teamarbeit gebaut werden kann – vorausgesetzt, die Schüler/innen sind entsprechend qualifiziert. Diese Qualifizierungsarbeit geschieht im Rahmen der angesprochenen Schülertrainings (vgl. Klippert 1995).

Doch die Teamarbeit der Schüler/innen ist nur die eine Seite der Medaille, die andere Seite ist die möglichst konsequente Kooperation und Teamentwicklung in Lehrerkreisen. Das gilt für die Ausbildungsphase genauso wie für die Fort- und -weiterbildung der Lehrkräfte in den Einzelschulen. Die Gründe für eine forcierte Teamarbeit unter Lehrer/innen liegen auf der Hand. Der Hauptgrund ist, dass eine einzelne Lehrkraft unmöglich eine Neue Lernkultur aufbauen und auf Dauer stabilisieren kann. Dazu bedarf es vielmehr einer konzertierten Aktion mehrerer Lehrkräfte auf Klassen- wie Fachebene. Andernfalls werden die Schüler/innen im Hinblick auf die anvisierten Schlüsselkompetenzen einfach zu selten gefordert und gefördert; sie kommen nicht hinreichend in Übung und fallen immer wieder in das bequeme Fahrwasser des »Sich-Berieseln-Lassens« zurück. Die Folge: Weder die Schüler/innen noch ihre Lehrkräfte können die nötigen Lehr- und Lernroutinen entwickeln.

Wirksame Unterrichtentwicklung steht und fällt also mit effektiver Teamarbeit in den Kollegien. Das ist mittlerweile Konsens unter den Schulentwicklern hier zu Lande. Ohne Teamarbeit keine konzertierte Aktion; und ohne konzertierte Aktion keine nachhaltige Unterrichtsentwicklung. So einfach sind die Zusammenhänge. Wie in Kapitel III noch näher zu erläutern sein wird, hat es sich in praxi als sinnvoll und hilfreich erwiesen, mit Klassenteams, Fachteams und Steuerungsteams zu arbeiten. Zum einen wegen der erwähnten Nachhaltigkeit der Innovationsarbeit; zum anderen aus Gründen der Zeit- und Arbeitsökonomie. Denn wenn jede einzelne Lehrkraft ihre eigene Reform vorzubereiten, durchzuführen und auszuwerten versucht, dann ist die Überforderung nachgerade programmiert. Deshalb: Erfolgreiche Reformen brauchen ein möglichst günstiges Aufwand-Ertrags-Verhältnis für die engagierten Lehrkräfte. Andernfalls werden sie zumeist schnell wieder fallen gelassen. Die besagte Teamarbeit auf Klassen-, Fach- und Führungsebene sorgt durch ihre immanente Arbeitsteilung dafür, dass diese Gefahr der Überforderung minimiert wird.

Die Vorzüge der skizzierten Teamarbeit in Lehrerkreisen sind vielfältig. Teamarbeit wirkt inspirierend und motivierend, ermutigend und entlastend. Sie erweitert die Ideenvielfalt der betreffenden Lehrkräfte und erleichtert die Entwicklung neuer Materialien und Lernarrangements zur Umsetzung der neuen Lehr- und Lernformen. Und

Vorzüge verstärkter Teamarbeit im Schulunterricht

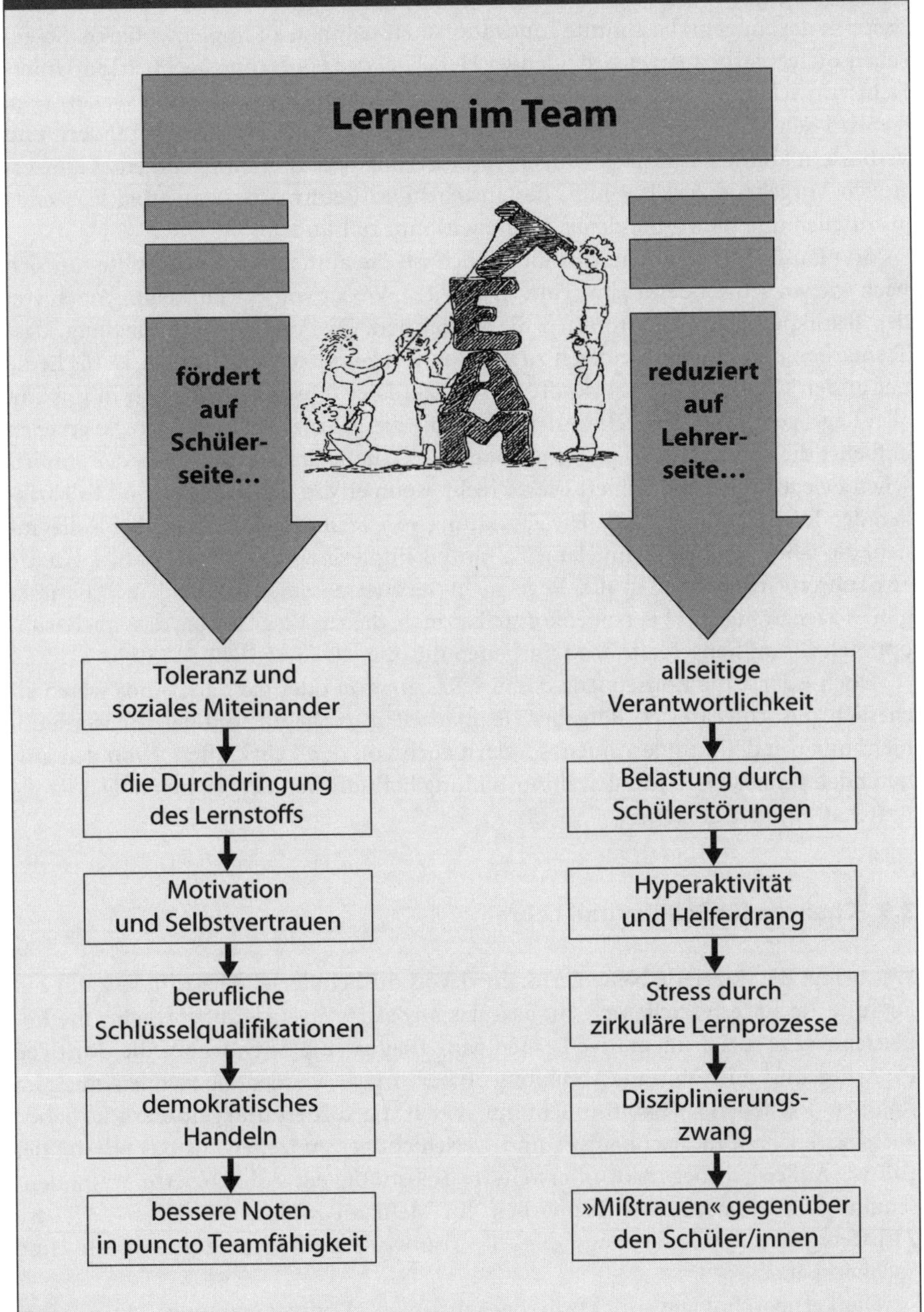

Abb. 19

sie führt zu größerer Überzeugungskraft und Durchsetzungsfähigkeit der einzelnen Lehrkräfte gegenüber Eltern, Schulleitung, Gesamtkollegium und/oder Schulaufsicht, wenn es darum geht, bestimmte Innovationsmaßnahmen zu implementieren. So gesehen ist Teamarbeit ein entscheidender Hebel bei der Förderung nachhaltiger Unterrichtsentwicklung. Denn die einzelne Lehrkraft kann noch so willig und versiert sein, sie wird den gängigen Unterricht im Alleingang bestenfalls punktuell verändern und verbessern können. Zur nachhaltigen Verbesserung bedarf es zwingend eines konzertierten Vorgehens, welches hilft, die anstehenden Reformarbeiten »arbeitssparend« aufzuteilen und die vorhandenen Kräfte wirksam zu bündeln.

So plausibel diese Erkenntnis indes auch ist, die amtierenden Lehrkräfte tun sich nach wie vor schwer damit, im Team zu arbeiten. Weder von der Einstellung noch von der Teamkompetenz her stimmen die Vorzeichen. Die landläufige Auffassung, dass Teamarbeit unter Lehrern einfach zu viel Zeit koste und zu wenig bringe, ist bis heute tief in den Köpfen vieler Lehrkräfte verwurzelt. Dies umso mehr, als sich in praxi in aller Regel genügend Beispiele finden lassen, die dieses Vorurteil bestätigen. So gesehen entbehrt die verbreitete Skepsis gegenüber der Gruppenarbeit keinesfalls der empirischen Belege. Daher hat Hilbert Meyer recht, wenn er von den »Tücken und Fallstrikken der Teamarbeit« spricht. »Die Zumutung von Teamarbeit«, löse »... bei Kolleginnen, die jahre- und jahrzehntelang als Einzelkämpferinnen gearbeitet haben, Ängste aus. Lehrerteams können in aller Regel nicht frei zusammengesetzt werden; fast immer gibt es Sachzwänge und Personenkonstellationen, die zur Folge haben, dass auch ›suboptimal‹ zusammengesetzte Teams arbeiten müssen.« (Meyer 1997, S. 189).

Doch was ist die Konsequenz daraus? Resignation oder gar Sarkasmus wären sicherlich die schlechtesten Ratgeber. Teamarbeit muss geübt und gelernt werden – nicht nur von den Schüler/innen, sondern auch von den Lehrkräften – von den amtierenden genauso wie von den in Ausbildung befindlichen Lehrer/innen. Das ist die Botschaft dieses Buches.

3.9 Chancen für Schüler und Lehrer

Was bringt die skizzierte Neue Lernkultur? Was die Schülerseite betrifft, so kann mit Fug und Recht festgestellt werden, dass das anvisierte eigenverantwortliche, methodenzentrierte, sozial-integrative Lernen ganz fraglos eine Antwort auf die dürftigen PISA-Ergebnisse ist. Wie aus Abbildung 20 hervorgeht, werden die Schüler/innen im Rahmen der Neuen Lernkultur nicht nur verstärkt gefordert und gefördert, sie haben auch beste Chancen, nachhaltiger und vielschichtiger zu lernen, als das bislang der Fall ist. Außerdem begünstigen erweiterte Selbsttätigkeit, differenzierte Methodenschulung und konsequente Teamarbeit ein Mehr an Motivation, Selbstvertrauen, Zielstrebigkeit, Problemlösungsfähigkeit, Teamgeist und nicht zuletzt Fach- und Sachkompetenz.

Die Lernpsychologie spricht diesbezüglich von »Kompetenzmotivation« – jener Motivation also, die sich aus der Erfahrung und Gewissheit der Schüler/innen speist,

Wie das vorgestellte Reformprogramm den PISA-Defiziten entgegenwirkt

Kritische Befunde der PISA-Studie zur deutschen Lernkultur	Korrespondierende Ansatzpunkte des Reformprogramms
Der Unterricht in deutschen Schulen verläuft zu schematisch und verleitet die Schüler/innen zum oberflächlichen Wissenserwerb!	Im Rahmen der Neuen Lernkultur werden die Schüler/innen durch spezifische **Lernspiralen** angehalten, intensiv an und mit dem Lernstoff zu arbeiten und **unterschiedliche Lernwege** zu nutzen.
In Deutschlands Schulen wird zu wenig das eigenständige Denken und das intelligente Anwenden von Kenntnissen und Fertigkeiten gelernt!	Das Programm fordert und fördert **eigenverantwortliches, methodenbewusstes Arbeiten** und Lernen der Schüler/innen und begünstigt damit einen **breiten Kompetenzerwerb**.
Die Diskrepanz zwischen »guten« und »schlechten« Schüler/innen ist hierzulande größer als in allen anderen an PISA beteiligten Staaten.	Durch die konsequente **Teamentwicklung** im Unterricht werden wirksame **Helfersysteme** aufgebaut, von denen letztlich alle Schüler/innen profitieren (»organisierte Nachhilfe!«).
Kinder aus unteren sozialen Schichten haben es in Deutschland besonders schwer, ihre geistigen Fähigkeiten zu entfalten!	Durch die Betonung des **tätigen Lernens** und die kleinschrittige Förderung elementarer **methodischer Routinen** werden die Begabungen der besagten Kinder gezielt mobilisiert.
Deutsche Schüler/innen verstehen Texte und Schaubilder schlechter als in fast allen anderen vergleichbaren Nationen!	Das Neue Lernen stellt stark auf das **selbstständige Beschaffen, Verarbeiten und Anwenden von Informationen** durch die Schüler/innen ab und begünstigt damit deren Lesekompetenz.
Deutschen Lehrern mangelt es an Kooperationsbereitschaft und zeitgemäßen Routinen für eine veränderte Unterrichtsgestaltung.	Zum Reformprogramm gehört die systematische **Förderung der unterrichtszentrierten Lehrerkooperation** durch vielschichtige Teamfortbildung und Teamarbeit im Schulalltag.

Abb. 20 © Dr. H. Klippert

dass die anstehenden Aufgaben und Probleme aufgrund der erworbenen Methoden-, Kommunikations- und Teamkompetenzen mit guter Aussicht auf Erfolg zu bewältigen sein werden (vgl. Bruner 1981, S. 22). Wie Abbildung 20 zeigt, trägt das im Zentrum der Neuen Lernkultur stehende *spiralförmige* Arbeiten, Trainieren und Lernen zu dieser Kompetenz- und Motivationsförderung bei. Indem sich nämlich die Schüler/innen in die betreffenden Themen ebenso versiert wie intensiv hineinarbeiten, werden gleich mehrere Effekte erzielt: Das Begreifen und Behalten des jeweiligen Lernstoffs wird gefördert; der Aufbau grundlegender methodischer Fähigkeiten und

Fertigkeiten wird unterstützt; die Überwindung auftretender Lernhemmnisse wird erleichtert; das Entstehen intrinsischer Motivation wird begünstigt und der Erwerb zukunftsträchtiger Schlüsselqualifikationen wird angestoßen (siehe dazu auch die Lern- und Trainingsspiralen in den Abschnitten I.3.3 und I.3.6).

So gesehen bringt das vorgestellte Reformprogramm den Schüler/innen zweifellos eine ganze Menge. Ihre Erfolgsaussichten steigen; sie erleben einen methodisch abwechslungsreichen Unterricht, werden vielseitig gefordert und gefördert, können in mannigfaltiger Weise aktiv, produktiv und kreativ tätig werden, entwickeln Selbstständigkeit und Selbstvertrauen, Methodenkompetenz und Problemlösungsfähigkeit. Darüber hinaus sind sie sozial eingebettet und können auf hilfreiche Gruppenarbeit rechnen; sie können fachlich stärker verweilen und im Rahmen der besagten Lernspiralen das jeweilige Fachwissen relativ intensiv erschließen und vernetzen; sie dürfen auch mal Fehler machen und können auf Mut machende Lehrkräfte rechnen usw. Wohlgemerkt: das alles ist keine Utopie, sondern eine durchaus reale Perspektive der besagten Unterrichtsreform. Auch ist das Ganze keinesfalls revolutionär, sondern folgt im Kern nur dem, was die deutsche Reformpädagogik schon immer wollte, nämlich: Kompetenzförderung und Persönlichkeitsentwicklung im besten Sinne des Wortes.

Dass diese Innovationsarbeit überzeugende Früchte trägt, zeigen die vorliegenden Evaluationsergebnisse aus Nordrhein-Westfalen, wo das skizzierte Reformprogramm in rund 90 Schulen konzertiert umgesetzt wird. Wie die Evaluatoren Hans-Günter Rolff und Johannes Bastian mittels Befragung, Interview und Feldbeobachtung ermittelt haben, ist das Gros der Schüler/innen zu bemerkenswerten Routinen im Umgang mit den neuen Methoden und unterrichtlichen Anforderungen gelangt. Wie die beiden Experten in ihrer Vorabevaluation schreiben, ist es gelungen, »... dass die allermeisten Schülerinnen und Schüler ... neue Lern- und Arbeitstechniken erworben haben und auch routiniert anzuwenden wissen ... Ebenso können wir davon ausgehen, dass bei den beteiligten Schülern die Fähigkeit zur Teamarbeit zugenommen hat ... Hinsichtlich der Arbeitshaltung und Disziplin der Schüler wurden überall, z.T. deutliche Verbesserungen beobachtet und berichtet.« (Bastian/Rolff 2001, S. 31).

Noch deutlicher werden die beiden Evaluatoren in ihrem Abschlussbericht zum Modellversuche »Schule & Co.«, in dem sie das folgende Fazit ziehen: »Die durch die Trainings angestrebten Effekte konnten ... statistisch untermauert werden ... Wir können feststellen, dass die Trainings ... die Schüler/innen in einem erheblichen Ausmaß – nämlich zu über 80% – erreicht haben. Die Schüler bestätigen in den Interviews und in der repräsentativen Befragung, dass die meisten der neuen Methoden im Unterricht praktiziert werden, dass sie in den trainierten Bereichen besser geworden sind und dass ihnen die neuen Fähigkeiten beim Lernen helfen. Und schließlich lässt sich nachweisen, dass die gemeinsame Arbeit an einer Verbesserung der Lernkultur auch zu einem deutlich höheren Einsatz von gezielten Lernstrategien geführt hat.« (Bastian/Rolff 2002, S. 35 und S. 48).

Erhärtet wird diese Bilanz durch die angedeutete Schülerbefragung, an der mehr als 3.000 Schüler/innen der beteiligten Projektschulen teilnahmen. Durchgeführt wurde die Befragung im Jahr 2002; verantwortliche Evaluatoren waren Heinz Günter

Holtappels und Stefanie Leffelsend. Der Befund: In ihrem Bericht stellen die beiden Evaluatoren fest, dass die in die Trainingsprogramme eingebundenen Schüler/innen in hohem Maße Gruppen- und Partnerarbeit beherrschen und eine Vielzahl grundlegender Lernstrategien kennen und intensiv anwenden – angefangen bei der Arbeit mit Lernkarteien über das Erstellen von Plakaten, Mindmaps und Protokollen bis hin zum Schreiben und Präsentieren von Referaten. Außerdem wird berichtet, dass die betreffenden Schüler/innen ausgeprägte Selbstständigkeit in schulalltäglichen Lernabläufen an den Tag legen; darüber hinaus zeigten sie eine relativ hohe Selbstreflexivität in Bezug auf das eigene Lernen (vgl. Holtappels/Leffelsend 2003, S. 61). Zur Fachleistung im engeren Sinne (Fachwissen, fachspezifisches Können) lässt sich zwar nichts Abschließendes sagen, da es keine entsprechenden Tests gab. Aber Bastian und Rolff liegen mit ihrer Feststellung sicherlich nicht falsch, »... dass es nicht ohne Auswirkungen auf die Leistung bleibt, wenn Schüler/innen gelernt haben methodisch reflektiert, effektiv im Team und in guten Kommunikationsformen zu lernen.« (Bastian/Rolff 2002, S. 50).

Und die Chancen für die Lehrer/innen? In dem Maße, wie die Schüler/innen lernen, in eigener Regie zu arbeiten und unterrichtliche Aufgaben und Probleme zu lösen, stellt sich für die Lehrkräfte *Entlastung* ein. Bei einer Befragung von rund 500 rheinland-pfälzischen Lehrkräften, die das skizzierte Reformprogramm in ihren Schulen umsetzen, fielen die Rückmeldungen recht eindeutig aus: »Die Neue Lernkultur verursacht zunächst Mehrarbeit, bringt dann aber auch Entlastung.« Diesem Statement stimmten 50 Prozent der Befragten mit höchster Priorität zu. Die besagte Mehrarbeit resultiert daraus, dass anfangs recht zeitintensive Vorbereitungsarbeiten zu leisten sind. Doch diese Mehrbelastung reduziert sich schon bald spürbar – zum einen durch die entstehenden neuen Routinen und Materialvorräte, zum zweiten durch die sich einspielende Teamarbeit und Arbeitsteilung im Kollegium; und zum dritten durch die entspanntere Arbeitssituation im Unterricht selbst, die aufgrund der steigenden Selbststeuerungsfähigkeit der Schüler/innen ermöglicht wird.

Die letztgenannte Befragung zeigt ferner, dass das differenzierte Schülertraining offenbar lohnend und hilfreich ist. So meinen 79 Prozent der Befragten, dass die Trainingswochen bei den Schüler/innen gut angekommen und deren methodische Fähigkeiten wohltuend gefördert worden seien – ein Umstand, der sowohl der Atmosphäre in den Klassen als auch der Berufszufriedenheit der Lehrer/innen zugute komme. Erfreulich ist aber auch die Bestätigung, dass die betroffenen Eltern die neue Lern- und Methodenkultur sehr zu schätzen wissen. 55 Prozent der befragten Lehrkräfte beurteilen die Unterstützung seitens der Eltern positiv; nur 7 Prozent signalisieren eine gewisse Skepsis (38 Prozent mussten sich mangels Erfahrung enthalten). Diese ausgeprägte Aufgeschlossenheit der Eltern gegenüber der hier in Rede stehenden Unterrichtsentwicklung ist fraglos ermutigend.

II. Kompetenzförderung in der Lehrerausbildung

Die Problemanzeigen in Kapitel I zeigen zweierlei. (a) Die traditionelle Lernkultur ist alles andere als effizient und zeitgemäß, und (b) dem bestehenden Reformbedarf ist mit neuen Grundsatzdebatten, Tests, Schulprogrammen, Bildungsstandards und sonstigen bildungspolitischen Vorgaben und Weichenstellungen auf der *Metaebene* nicht wirklich gerecht zu werden. Nötig ist vielmehr eine konsequente Neuorientierung und -profilierung des unterrichtspraktischen Repertoires der Lehrkräfte. Denn erfolgreiche Unterrichtsentwicklung braucht vor allem eines: ein verändertes »Handwerkszeug« der Lehrer/innen sowie korrespondierende Qualifizierungsmaßnahmen mit dem Ziel, das traditionelle Unterrichtsskript und Rollenverständnis wirksam zu verändern. Andernfalls werden wir uns weiterhin theoriegeschmückt im Kreis drehen. Was das für die Lehrerausbildung in der ersten und zweiten Phase bedeuten kann, wird in diesem Kapitel gezeigt.

1. Zur aktuellen Reformdiskussion

In diesem ersten Abschnitt wird sondiert, wie es um den Ist-Zustand der Lehrerausbildung in den Hochschulen und Studienseminaren steht. Kritik gibt es seit vielen Jahren besonders an der ersten Phase der Lehrerbildung. Worauf sie sich bezieht, wird einleitend umrissen. Und die Konsequenzen? Reformvorschläge gibt es zahlreiche – sowohl zur ersten als auch zur zweiten Phase. Diese Vorschläge werden im Folgenden skizziert und knapp gewürdigt. Gemeinsam ist diesen Vorschlägen eines: Sie stellen an die Ausbilder und Lehrkräfte nicht nur hohe zusätzliche und veränderte Anforderungen, sondern sie stehen auch und zugleich in der Gefahr, diese deutlich zu überfordern. Das gilt für die Ausbilder/innen genauso wie für die angehenden Lehrer/innen. Folgt man den aktuellen Plädoyers von Wissenschaftlern und Bildungspolitikern, dann müssten die Lehrkräfte wahre Multitalente und Multifunktionäre sein. Die beschriebene Kompetenzvielfalt ist atemberaubend. Doch Vorsicht! Vieles spricht dafür, dass die *neue Unübersichtlichkeit* im schulischen Bereich mehr lähmt als beflügelt. Deshalb: Wir brauchen Reduktion von Komplexität und hilfreiche neue Routinen – Routinen, die alltagstauglich sind und in zeit- und arbeitsökonomischer Weise gelernt werden können.

1.1 Kritik an der Ausbildungspraxis

Die Unzufriedenheit mit der Lehrerausbildung ist groß. Kritik wird nicht nur seitens der Lehrerschaft, der Bildungspolitik und der wissenschaftlichen Begleitforschung geübt, sondern auch und besonders seitens der Studierenden und Referendar/innen. Die Hauptkritikpunkte betreffen die Realitätsferne der Ausbildung, die einseitige fachwissenschaftliche Ausrichtung, die Zersplitterung der Ausbildungsabläufe, die Vernachlässigung erziehungswissenschaftlicher und schulpraktischer Studien sowie die nicht selten penetrante Unterweisung und Gängelung, die insbesondere für die Studienseminare beklagt wird. Zur Konkretisierung dieser Kritikpunkte sei auf einige neuere Befragungen und Expertisen eingegangen, die sich mit der (Un-)Wirksamkeit der aktuellen Lehrerausbildung beschäftigen.

Dieter Lenzen, Hochschulpräsident in Berlin, fasst seine Problemanzeigen wie folgt zusammen: Die spätere Unterrichts- und Erziehungstätigkeit der Lehrer/innen werde während der Ausbildung viel zu wenig in den Blick genommen. Während des Studiums seien Unterrichtspraktika marginal, im Vordergrund stünden die fachspezifischen Studien. Das erste Staatsexamen konzentriere sich auf eine Prüfung der Kompetenz im Unterrichtsfach, und selbst in den so genannten Berufswissenschaften würden nur Theorien zu Erziehung, Schule und Unterricht geprüft, nicht aber pädagogische Handlungskompetenzen gescheckt (vgl. Lenzen 2003).

Noch drastischer formuliert Reinhard Kahl seine Kritik der Lehrerbildung. Gestützt auf neuere Studien stellt er fest: Viele Gymnasiallehrer/innen kämen während ihres Studiums nicht einmal mit den elementarsten jugend- oder lernpsychologischen Erkenntnissen in Berührung. Sie studierten in erster Linie Fächer und müssten später doch als Lehrer arbeiten. Die Lehrerausbildung sei bloß Anhängsel eines Fachstudiums, das im Kern einem anderen Zweck diene, nämlich der Ausbildung zum Wissenschaftler. Aber Physiker seien nun einmal keine Physiklehrer und Germanisten könnten nicht automatisch das Fach Deutsch unterrichten (vgl. Kahl 2003, S. 57). Selbst in der Ausbildung der Grundschul- und Sekundarschullehrer/innen gebe es diese einseitige Ausrichtung. Angehende Grundschulpädagogen lernten kaum etwas über das Lernen der Kinder, und noch weniger darüber, wie »metakognitive Prozesse« ablaufen und wie Kinder zum Selberlernen anzuregen seien. Auch die Dynamik sozialer Gruppen bleibe weitgehend außen vor. Kahls Fazit: In pädagogischen Fragen hätten Lehrer hier zu Lande »... ein Rezeptwissen, das sie von dem der Feldwebel Friedrichs des Großen kaum unterscheidet.« (vgl. ebd.).

Dagmar Hänsel und Ludwig Huber weisen zu Recht darauf hin, dass professionelles Lehrerhandeln selbstverständlich wissenschaftlich grundgelegt werden müsse – die Frage sei nur *Wie?* (vgl. Hänsel/Huber1996, S. 10). Das Problem sei daher nicht die »Verwissenschaftlichung des Studiums« als solche, sondern die fatale Auf- und Zersplitterung des Studiums über mehrere Fächer hinweg sowie der Umstand, dass viele Hochschullehrer über Gebühr von der eigentlichen Lehrerpraxis abrückten (vgl. ebd., S. 10f.). Ähnliche Beanstandungen finden sich bereits in den »Hamburger Thesen zur Revision der Lehrerbildung« aus dem Jahre 1993. Eine der dort formulierten Forderungen lautet: »Wer nicht Fächer, sondern Schüler unterrichten will, der muss Fachwissen so erwerben können, dass es als Grundlage für Vermittlungsprozesse und Instrument zur Gestaltung von Wirklichkeit taugt.« (zitiert nach Huber 1996, S. 54). Der in diesem Buch anvisierte Handlungs- und Methodenbezug trägt dieser Option Rechnung.

Dieses Credo für eine stärkere Koppelung von Theorie und Praxis ist bis heute allerdings eher »Wunschdenken« geblieben. Das gilt insbesondere für die erste Phase der Lehrerbildung. Wie Stefan Heil und Gabriele Faust-Siehl in ihrer Studie monieren, krankt die universitäre Lehrerbildung in hohem Maße an mangelndem Berufsbezug. Die praktische Lehrerarbeit spiele kaum eine Rolle; die schulpraktischen Studien seien eher marginal. Die fachlichen, fachdidaktischen, erziehungswissenschaftlichen, gesellschaftswissenschaftlichen und schulpraktischen Studienanteile seien wenig koordiniert und spiegelten eine gewisse Beliebigkeit (vgl. Heil/Faust-Siehl 2000, S. 35). Die vor einigen Jahren eingerichtete KMK-Kommission zur Reform der Lehrerbildung spricht daher zu Recht von einem »weithin unkoordinierten, lückenhaften Flickenteppich« fernab der spezifischen Situation und Aufgaben von Schullehrern. Sowohl die erziehungswissenschaftlichen als auch die fachspezifischen Studien seien häufig diffus und wenig berufsbezogen (vgl. KMK-Kommission 2000, S. 27f.).

Die in Abbildung 21 dokumentierten Befragungsergebnisse bestätigen diese Kritik aus Sicht der Studierenden. Auch wenn die zitierten Einzelstimmen sicherlich keine Generalisierung erlauben, so zeigen diverse Repräsentativuntersuchungen doch sehr deutlich, dass die skizzierte Kritik mehr als berechtigt ist (Bohnsack 2000, S. 56; vgl. ferner Flach u.a. 1995 sowie Rosenbusch u.a. 1988). Vorgebracht wird diese Kritik von Studierenden aller Lehramtsstudien und bezieht sich sowohl auf den Bereich der fachlichen, fachdidaktischen und erziehungswissenschaftlichen Studien als auch auf die schulpraktische Arbeit. Kern der studentischen Kritik ist die bereits erwähnte Praxis- bzw. Berufsferne der universitären Lehrerbildung. Gewünscht wird dagegen etwas anderes. Das zeigt u.a. eine von Fritz Bohnsack angeführte Befragung von Studie-

Was angehende Lehrer/innen beklagen ...

»Absolventen bayerischer Hochschulen, welche Grundschullehrer werden wollten, gaben an, die ihnen vermittelten fachwissenschaftlichen Inhalte seien zu 17,9% für die Schulpraxis bedeutsam, zu 67,9% nicht; angehende Gymnasiallehrer nannten 38% und 32% ... Unter dem Blickwinkel der ›persönlichen Bereicherung‹ wurden die Fachstudien allerdings sehr geschätzt.«
(Bohnsack 2000, S. 57)

»Das Schulpraktikum war das einzige, was ich als sinnvoll angesehen hab .... (Bei den Vorlesungen) hatte ich eigentlich während des gesamten Studiums nie den Eindruck, das könnte ich irgendwie mal verwenden, und das würde mir helfen.«
(Herrmann 2002, S. 104)

»Wie man ein guter Lehrer wird, lernt man an der Universität meistens nicht. Schuld daran ist die Struktur des Studiums. Wer später mal Englischunterricht geben will, sitzt gemeinsam mit den Magisterstudenten in der Anglistikvorlesung, künftige Mathelehrer lernen zusammen mit angehenden Diplom-Mathematikern. Was die Lehramtsstudenten unter ihren Hörern später mal können müssen, ist vielen Dozenten schlicht egal – und das, obwohl die künftigen Klassenkämpfer in manchen Fächern bis zu 80 Prozent der Studierenden stellen.«
(Kirsten 2003, S. 20)

»Während mehr als drei Viertel der befragten hessischen Lehrkräfte angaben, die ersten wirklich praxisrelevanten Informationen für ihr pädagogisches Handeln nicht im Studium, sondern als Referendare erhalten zu haben, stellen sie zugleich kritisch fest, sie hätten sich ihr eigentliches berufliches Handlungswissen erst bei ihrer eigenen Lehrtätigkeit aneignen müssen ... Die im Studium angebotenen pädagogisch-psychologischen Texte werden als ›praxisfern und abgehoben‹ ... bezeichnet.«
(Bohnsack 2000, S. 61)

»›Wie man unterrichtet, habe ich an der Uni nicht gelernt‹, erinnert sich Pia Menser. Die 31-Jährige lehrt Englisch und Französisch an einem Gymnasium in Süddeutschland. Während ihres Studiums wurde sie zur Expertin für Shakespeares Komödien und Synonymie. Welche Texte für den Unterricht in einer neunten Klasse geeignet sind oder wie man Schülern englische Grammatik beibringt, musste sie dagegen selbst herausfinden.«
(Kirsten 2003, S. 20)

»Praktika sind mittlerweile überall Teil des Studiums ... Häufig kommen die Studenten von ihrem Schulausflug zurück an die Hochschule, ohne dass die Dozenten mit ihnen besprechen, welche Erfahrungen sie dort gemacht haben. Forschungen zeigen jedoch, dass gerade das sehr nützlich wäre.«
(Kirsten 2003, S. 20)

Abb. 21

renden im ersten und zweiten Blockpraktikum. Die Befragten weisen dem »Fachwissen im jeweiligen Unterrichtsfach« z.B. lediglich Rangplatz acht in ihrer persönlichen Prioritätenliste zu. Die ersten Rangplätze dagegen belegen Ausbildungsangebote, die auf den Umgang mit Verhaltensproblemen, mit Lernproblemen, mit multikulturell zusammengesetzten Klassen sowie mit unterrichtsorganisatorischen Herausforderungen vorbereiten (vgl. Bohnsack 2000, S. 56).

Selbst die neuerdings hoch im Kurs stehenden »Zentren für Lehrerbildung« lassen eine Menge zu wünschen übrig. Sigrid Blömeke, die das Paderborner Lehrerausbildungszentrum betreut, betont zwar zu Recht, dass die intendierte Verzahnung von Theorie und Praxis eine höchst wichtige Angelegenheit sei. Sie konstatiert aber auch, dass es um die faktische Kooperation im Rahmen der »schulpraktischen Studien« nach wie vor eher schlecht bestellt sei. »Die Verknüpfung von Theorie und Praxis«, so schreibt sie in ihrem Erfahrungsbericht, »... ist mangels Vor- und Nachbereitung der Praxisphasen, fehlender begleitender Betreuung der Studierenden in der Praxis und mangels Bezug der übrigen Inhalte des Studiums auf die Praxiserfahrungen defizitär bzw. überhaupt nicht vorhanden ... Problematisch erscheinen auch die Lehr-Lernformen, die überwiegend aus den traditionell üblichen Vorlesungen und Seminaren bestehen, so dass keine Rede davon sein kann, dass die Ausbildung an der Hochschule als praktisches Lehr-Lernfeld genutzt wird.« (Blömeke 2000, S. 253f.).

Und die Studienseminare? Die Hoffnung, dass die Studienseminare all das kompensieren können, was in den Lehrerbildungsfakultäten der Hochschulen versäumt wird, ist fragwürdig und trügerisch zugleich. Fragwürdig deshalb, weil die erste Phase aufgrund ihrer zeitlichen Ausdehnung eigentlich eine Menge Möglichkeiten böte, auf die Belange der Unterrichtspraxis verstärkt einzugehen – Möglichkeiten, die bislang nur zu wenig wahrgenommen werden. Und trügerisch ist diese Hoffnung insofern, als sie mit einer Überschätzung der zweiten Phase einhergeht. Denn auch in den Studienseminaren ist es vielerorts noch längst nicht üblich, dass den Referendar/innen ein Repertoire vermittelt wird, das eine innovative Unterrichtsarbeit in *alltagstauglicher* Weise unterstützt.

Ulrich Herrmann geht aufgrund einer Befragung von Referendar/innen sogar noch weiter: Viele Referendar/innen, so bilanziert er seine Interviews, empfänden die gängigen Lehrproben als »Show-Stunden«, d.h. »... als Belastung und als Konzept, das nicht wirklich zur Beurteilung der für den Lehrberuf nötigen Fähigkeiten taugt. Diese ›künstlichen‹ Unterrichtsstunden verschlangen unnötig viel Energie und Zeit. Die anschließende Diskussion einer solchen Lehrprobe wurde als wenig hilfreich empfunden ..., sondern es ging häufig in die Richtung: Was hätte man alternativ *noch* machen können?« (Herrmann 2002, S. 105).

Kritik entzündet sich aber nicht nur an den Lehrproben, sondern auch am überzogenen Formalismus und Dogmatismus zahlreicher Ausbilder. Wie die erwähnte KMK-Kommission in ihrer Expertise zur Reform der Lehrerbildung zu berichten weiß, monierten viele Referendar/innen die ausgeprägte Abhängigkeit von den Seminar- und Fachleitern. Die Kommission erweitert diese Kritik mit den Worten: »Die stärker an Selbstständigkeit orientierten Prinzipien des Lernens im Erwachsenenalter werden zu wenig angewandt. Die Rekrutierung und spezifische Ausbildung der Ausbilder lässt zu wünschen übrig. Ein guter Lehrer muss nicht automatisch ein guter Lehrerausbilder sein.« (KMK-Kommission 2000, S. 28; vgl. auch Terhart 2001, S. 197).

Gleichwohl ist die zweite Phase ein »Hoffnungsträger« in Sachen Unterrichtsentwicklung. Warum? Weil der allseits geforderte Praxisbezug für die Studienseminare eben nicht lediglich eine vage Option ist, sondern eine unumgängliche Notwendigkeit, soll den praktischen Erfahrungen und Anfragen der Referendar/innen gebührend Rechnung getragen werden. Vor allem den eigenverantwortlichen Unterricht gilt es auszuwerten und aufzuarbeiten. Von daher ist die zweite Phase in besonderer Weise prädestiniert, der hier in Rede stehenden Unterrichtsentwicklung nachzuhelfen und entsprechendes Know-how zu vermitteln.

1.2 Was Lehrer/innen können sollten

Die bestehenden Unzulänglichkeiten der Lehrerbildung werden noch deutlicher, wenn man sich vor Augen führt, was die jungen Leute beim Eintritt in den Schuldienst so alles können sollten. Die Palette der Anforderungen ist vielschichtig. Dieter Lenzen, Präsident der FU Berlin, hat in seiner Studie zur Professionalität von Lehrern gleich 26 Merkmale angeführt, die einen guten Lehrer/eine gute Lehrerin auszeichnen – angefangen bei der Stabilität und Integrität der eigenen Person über Konfliktfähigkeit, Organisationsgeschick, Teamgeist, Problemlösungskompetenz, Optimismus, Selbstkritik und Selbstbegrenzung bis hin zu kontrolliertem Regelwissen, Diagnosefähigkeit, Moderationskompetenz, Lernfähigkeit, Zeitmanagement und Methodenvarianz (vgl. Lenzen 2003, S. 9). Diese Auflistung bestätigt, dass das Berufsfeld »Lehrer« ein höchst anspruchsvolles ist.

Zugegeben, das ideale Fähigkeitsprofil für Lehrer/innen zu bestimmen ist schwierig, wenn nicht gar unmöglich. Gleichwohl lassen sich vor dem Hintergrund der veränderten Anforderungen, die an Schüler- wie Lehrer/innen gestellt werden, einige zentrale Merkmale der modernen Lehrertätigkeit bestimmen – Merkmale, die deutlich über das hinausgehen, was die traditionelle Lehrerrolle kennzeichnet. Zu den Unterschieden von »alter« und »neuer« Lehrerrolle schreibt Andreas Schleicher, PISA-Verantwortlicher bei der OECD in Paris (vgl. Schleicher 2003, S. 4):

- Traditionell erfolgt der Zugang zum Lernen durch die Lehrer, die Wissen vermitteln. Die Zukunft braucht Lehrkräfte als Experten, die Schüler/innen begleiten und dabei unterstützen, durch eigenständiges Denken und Handeln selbstständig und kooperativ zu lernen;
- Traditionell lernen die Schüler/innen für sich – im Rahmen vorgegebener Lehrpläne. Die Zukunft braucht Lehrkräfte, die Lernpfade individualisieren und die Schüler/innen dazu befähigen, gemeinsam und voneinander zu lernen;
- Traditionell benutzen wir Klassenarbeiten und Zensuren zur Kontrolle und Selektion. Die Zukunft braucht Lehrkräfte, die andere Formen der Leistungsüberprü-

fung und -beurteilung kultivieren. Lehrkräfte, die den Schüler/innen motivierende Rückmeldungen geben und Hilfen bereitstellen, eigene Lernpfade und Lernstrategien zu entwickeln;

- Traditionell versuchen wir gute und schlechte Lerner frühzeitig zu selektieren. Die Zukunft braucht Lehrkräfte, die offene und integrierte Lernangebote unterbreiten, die den unterschiedlichen Interessen und Fähigkeiten der Schüler/innen gerecht werden.

Diese unterrichtsbezogenen Qualifikationen sind freilich nur die eine Seite der Medaille. Denn Lehrkräfte sind nicht nur Unterrichtsgestalter, Wissensvermittler und Lernmoderatoren, sondern sie sind auch und zugleich *Erzieher* im weitesten Sinne des Wortes. Gerade der einschneidende Wandel, den Kindheit und Jugend im modernen Informations- und Medienzeitalter erfahren haben, unterstreicht die Bedeutung dieser Erziehungsaufgabe. Doch wie ist sie konkret zu verstehen? Nadja Kirsten schreibt dazu in ihren Überlegungen zu einer veränderten Lehrerbildung: »Lehrer müssen neugierig auf andere Menschen sein; sie müssen Geduld haben und organisieren können. Sie sollten nicht alles persönlich nehmen und nicht leicht zu kränken sein. Und sie müssen damit leben, dass nicht jeder sie mag; Durchsetzungsvermögen brauchen sie ja nicht nur gegenüber den Schülern, sondern auch gegenüber nörgelnden Eltern. Sie müssen konsequent sein ... Sie brauchen Selbstbewusstsein und Gelassenheit. Denn auf Lob von außen können sie lange warten ... Und Unterrichten ist nur ein Teil der Arbeit ... Die Neunte in Englisch (zum Beispiel): Auf Konfrontationskurs. Hart bleiben, Grenzen setzen. Und dann ist da auch noch der Junge, der zum Außenseiter geworden ist; vorsichtige Gespräche mit den Schülern, mit den Eltern. Gehört alles dazu zum Lehreralltag. Genauso wie die Unterrichtsvorbereitung und die Korrekturen.« (Kirsten 2003, S. 21).

Zum Lehreralltag gehören also nicht nur innerschulische Umstände, sondern auch und nicht zuletzt außerschulische Wirkfaktoren, denen die Lehrerausbildung Rechnung tragen muss. Damit gemeint ist das vielschichtige Hineinwirken familiärer, gesellschaftlicher und persönlicher Problemlagen der Schüler/innen in das alltägliche Unterrichtsgeschehen. Das beginnt mit der Erosion der familiären Gegebenheiten, Vorbilder und Erziehungsstile und reicht bis hin zu geradezu dramatischen Veränderungen in der modernen Konsum- und Medienwelt. Problembereiche wie Drogen, Gewalt und soziale Deprivation sind Ausdruck dieses gesellschaftlichen Wandlungsprozesses, der für viele Kinder immer neue Anreize, aber auch immer höhere Belastungen produziert.

Gefordert wird deshalb von Pädagogen- wie von Politikerseite eine verstärkte »Sozialpädagogisierung des Lehrerberufs«, d.h. ein verstärktes Hineinrücken der Lehrpersonen in die Eltern-, Berater-, Animatoren-, Sozialhelfer- und Therapeutenrolle, um so viel wie möglich zu kompensieren. Eine höchst problematische Ausweitung des Tätigkeitsfeldes von Lehrer/innen! Eine Ausweitung, die zwangsläufig die Frage aufwirft, ob die Lehrkräfte diese neuen Zuständigkeiten und Herausforderungen denn auch noch schultern sollen, oder ob es nicht viel wichtiger wäre, Grenzen zu ziehen und die eigenen Kräfte in Richtung Unterrichtsarbeit zu bündeln. Vieles spricht für die alte Volksweisheit: »In der Beschränkung liegt die Kraft.«

Ewald Terhart, einer der verantwortlichen Berater der Kultusministerkonferenz in Sachen Lehrerbildung, warnt daher zu Recht vor der drohenden Überforderung der Lehrkräfte. Er spricht von der »... Gefahr einer Überbürdung der Schule durch Anforderungen, denen sie – zumindest in ihrer gegenwärtigen Gestalt – nicht nachkommen kann ... Die gezielte, bewusst betriebene Ausweitung des Mandats der Lehrerschaft ins Privat-Unspezifische hinein«, so Terharts Warnung, »macht diesen Beruf womöglich ›grenzenlos‹, dessen Inhaber/innen im Grunde für alles und damit *für nichts wirklich* zuständig und kompetent sein können.« (Terhart 2001, S. 182). Diese Gefahr ist deshalb so ernst zu nehmen, weil viele Lehrkräfte schon jetzt mit Abwehr reagieren, wenn innovatives pädagogisches Handeln von ihnen gefordert wird.

Fritz Bohnsack bestätigt diese »Wagenburgmentalität« auf dem Hintergrund einschlägiger Lehrerbefragungen. Die festgestellten Widerstände beziehen sich sowohl auf außerschulische Herausforderungen als auch und nicht zuletzt auf neue unterrichtliche Optionen wie Schülerorientierung oder Gruppenunterricht (vgl. Bohnsack 2003, S. 318ff.). Dahinter stehen keinesfalls nur vordergründige Abwehrreflexe, sondern in aller Regel ganz handfeste Befürchtungen, die einerseits aus »Reformpleiten« in der Vergangenheit resultieren, zum anderen auf einschneidende Überforderungserlebnissen infolge fehlender persönlicher Kompetenzen und Erfahrungen zurückgehen. Um wie viel größer mögen diese Widerstände erst sein, wenn den Lehrkräften nun auch noch die angedeutete sozialpädagogische und -therapeutische Betreuungsarbeit verantwortlich übertragen wird. Deshalb: »Schuster bleib bei deinen Leisten!« Wer diesen Rat nicht befolgt, wird sich am Ende nicht wundern dürfen, wenn die anvisierten Innovationen ausbleiben.

Von daher hat die KMK-Kommission zur Reform der Lehrerbildung in ihrem Abschlussbericht eine ebenso wichtige wie richtige Klarstellung getroffen: Lehrkräfte seien zuerst und vor allem *»Experten für das Lehren und Lernen«* in der Schule. Mit anderen Worten: Das Zentrum der Lehrertätigkeit sei die gezielte Planung, Organisation, Gestaltung und Reflexion unterrichtlicher Lehr-Lern-Prozesse – eine Focussierung, die der Überdehnung und Überforderung des Lehrerberufs entgegenwirken soll (vgl. KMK-Kommission 2000, S. 15). Dieser Eingrenzung der Lehreraufgabe kann hier nur zugestimmt werden. Natürlich heißt das nicht, dass der soziale Background der Schüler/innen deshalb unwichtig ist und ausgeblendet wird. Nein; er wird selbstverständlich in die didaktisch-pädagogischen Erwägungen und Planungen der Lehrkräfte mit einbezogen. Allerdings nicht mit dem Ziel, die spezifischen Problemlagen der Kinder aufzuarbeiten und zu »therapieren«. Dafür sind Sozialpädagogen, Psychologen, Jugendhelfer und andere spezialisierte Berufsgruppen zuständig, die dieses aufgrund ihrer Ausbildung in der Regel auch besser können. Sie bei Bedarf anzusprechen und flankierend zu unterstützen, ist die verbleibende Lehreraufgabe – nicht mehr, aber auch nicht weniger!

Diese skizzierten Lehreraufgaben lassen sich in Anlehnung an Helmut Fend noch weiter präzisieren. Wie Fend in seinen »Leitlinien zum guten Lehrer« schreibt, gehören zur Unterrichtskompetenz der Lehrer/innen Teilqualifikationen wie fachliche Kompetenz, effektive Zeitnutzung, gute strukturierte Darbietung des Lehrstoffes, flexible Nutzung sozialer Arrangements, gute Diagnosefähigkeit, gezielte Fehlerbehebung und Begabungsförderung sowie freundliche, konsistente Klassenführung. Lehrer seien dann gut, so schreibt Fend, »... wenn sie Lernwege in dem Sinne effizient gestalten, dass sie Eigenaktivität fördern und dabei unvermeidliche Fehler konstruktiv korrigieren.« Fend spricht in diesem Zusammenhang vom Lehrer als ›Entwicklungshelfer‹ und verweist damit auf ein äußerst wichtiges Moment der Lehrertätigkeit. Darin eingeschlossen ist die Forderung nach sozialintegrativer Kompetenz, d.h. nach der Fähigkeit, mit sozialen Friktionen und Problemen in der Klasse umzugehen bzw. »... mit den Tendenzen zur Missgunst und Konkurrenzneid, mit den Neigungen zu vernichtendem Dominanzstreben und von Ausschlusshaltungen, mit dem Hang zur Bequemlichkeit und der narzisstischen Selbstverliebtheit, mit Borniertheit und Überheblichkeit.« (vgl. Fend 2000, S. 56f.).

Fazit: Lehrer/innen müssen vieles können. Die folgende Zusammenfassung einschlägiger »Schlüsselkompetenzen« zeigt, in welche Richtung sich Lehrerrolle und Lehrerausbildung weiterentwickeln müssen, wenn sie der anvisierten Neuen Lernkultur zum Durchbruch verhelfen sollen (vgl. dazu auch Weinert 2000, S. 14f.):

- **Sachkompetenz:** Die Lehrkräfte besitzen die Fähigkeit, mit den zu vermittelnden Lerninhalten souverän umzugehen. Sie beherrschen die wissenschaftlichen Grundlagen ihres Faches und sind in der Lage, begründet einzuschätzen, wie sich die betreffenden Inhalte von jüngeren und älteren Schüler/innen lernen lassen.
- **Diagnostische Kompetenz:** Die Lehrkräfte können die Lernfortschritte und die Leistungsprobleme der Schüler/innen sensibel und fundiert erfassen, beschreiben und beurteilen. Sie sind bereit und in der Lage, ihr pädagogisches Handeln entsprechend kritisch zu überprüfen und sukzessive zu optimieren. Zudem sind sie vertraut mit dem Erstellen neuartiger Prüfungsaufgaben (s. PISA).
- **Didaktische Kompetenz i.e.S.:** Die Lehrkräfte besitzen die Fähigkeit, das jeweilige Unterrichtsthema sachlich wie intentional überzeugend zu erschließen. Sie beherrschen die Inhaltsanalyse und vermögen wichtige Lernziele prägnant zu formulieren und in einen angemessenen Ordnungsrahmen zu stellen.
- **Methodenkompetenz:** Die Lehrkräfte sind in der Lage, ihren Unterricht methodisch anspruchsvoll und handlungsorientiert zu planen und zu gestalten. Sie wissen um die Besonderheiten des Methodentrainings und der darauf aufbauenden Methodenpflege. Sie vermögen die Schüler/innen methodisch vielseitig und wirksam zu fordern und zu fördern.
- **Instruktionskompetenz:** Die Lehrkräfte können den jeweiligen Lernstoff gut verständlich darbieten und durch treffende Impulse und Fragen dafür sorgen, dass die Schüler/innen verständnisvoll und nachhaltig lernen. Sie beherrschen die Grundregeln der Rhetorik, der Visualisierung und der Präsentation.
- **Moderationskompetenz:** Die Lehrkräfte verstehen es, offene Lernprozesse so zu organisieren und zu moderieren, dass die Schüler/innen vielschichtig aktiviert

und zum Aufbau durchdachter Wissens- und Handlungsstrukturen veranlasst werden. Sie beherrschen die entsprechenden Moderationsverfahren und ermutigen zum »trial and error«.

- **Beratungskompetenz:** Die Lehrkräfte sind in der Lage, Beratungsgespräche gezielt vorzubereiten und mit Schüler/innen wie Eltern wirkungsvoll zu führen. Sie verstehen sensibel zu beobachten, zuzuhören und zu reagieren.
- **Emotionale Kompetenz:** Die Lehrkräfte identifizieren sich mit ihrer pädagogischen Arbeit und zeigen entsprechendes Engagement sowohl auf der Sachebene als auch auf der interaktiven Ebene. Sie signalisieren den Kindern und Jugendlichen Freude, Optimismus, Wärme und Empathie. Sie zeichnen sich durch Gelassenheit, Fairness, Offenheit und nicht zuletzt Frustrationstoleranz aus.
- **Klassenführungskompetenz:** Die Lehrkräfte besitzen die Fähigkeit, die eigene Klasse im besten Sinne des Wortes zu »führen«. Sie vermögen zu motivieren und etwaigen Störungen wirkungsvoll zu begegnen. Sie kennen die formalen Pflichten eines Klassenlehrers und lösen diese formal korrekt ein.
- **Kooperationskompetenz:** Die Lehrkräfte sind bereit und in der Lage, im Team zu arbeiten und die gängigen Regeln konstruktiver Teamarbeit konsequent zu beachten und zu befolgen. Sie initiieren neue Teams und setzen sich für effektive Arbeitsbedingungen und Arbeitsprozesse ein.

Diese Schlüsselkompetenzen umreisen die ganze Bandbreite des Lehrerberufs. Sie zu vermitteln, setzt voraus, dass die entsprechende Lehrerbildungsarbeit gezielt fokussiert und begrenzt wird. Andernfalls drohen Überforderung und Konfusion. Das heißt für dieses Buch: Im Mittelpunkt der weiteren Überlegungen zur Kompetenzförderung in der Lehrerbildung stehen ganz zentral die unterrichtsspezifischen Qualifizierungsprozesse. Damit wird an die von der KMK-Kommission formulierte Grundforderung angeknüpft, der zufolge die Lehrkräfte in erster Linie »Experten für das Lehren und Lernen« sind (vgl. KMK-Kommission 2000, S. 15). Mit dieser unterrichtszentrierten Schwerpunktsetzung wird der drohenden Überforderung von Ausbildern und Studierenden entgegengewirkt. Gleichwohl ist das daraus erwachsende Arbeits- und Ausbildungsprogramm gerade noch umfangreich genug.

1.3 Vielfältige Reformvorschläge

Die bildungspolitisch Verantwortlichen haben auf die neuen Anforderungen an die Lehrerbildung reagiert. Die Tendenz ist eindeutig: Ausbau der didaktischen, erziehungswissenschaftlichen und schulpraktischen Studien, stärkere Betonung der Vermittlungsaufgabe von Lehrer/innen, konsequentere Auseinandersetzung mit neuen Lehr- und Lernmethoden, Erweiterung und Vertiefung der Kooperation zwischen erster und zweiter Phase, verstärkte Professionalisierung der Lehrerbildner durch gezielte Weiterbildungsmaßnahmen. Das sind die wichtigsten Ansatzpunkte, die derzeit auf Länder- wie auf KMK-Ebene diskutiert werden. Die in Abbildung 22 dokumen-

Reformvorschläge der KMK-Kommission (je 3 pro Phase)

Universitäre Phase

1. Erarbeitung eines Kerncurriculums Erziehungswissenschaften und der Fächer/Fachdidaktiken im Lehramtsstudium; Ende der Beliebigkeit für Lehrende und Lernende.
2. Verstärkung der Fachdidaktiken in Forschung und Lehre (Professuren für Fachdidaktik); Fachdidaktiken zu Schnittstellen von fachbezogener und pädagogisch-didaktischer Ausbildung machen.
3. Einrichtung/Erprobung von Zentren für Lehrerbildung und Schulforschung an den Universitäten, die quer zur herkömmlichen Fakultätsstruktur die Belange der Lehrerbildung vertreten.

Studienseminare

1. Vorauslaufende Qualifizierung des Ausbildungspersonals; dies ermöglicht dann eine Auswahl unter den Geeignetsten.
2. Bessere Abstimmung der Ausbildungsinhalte zwischen 1. und 2. Phase; Erleichterung des temporären Austauschs von geeignetem Personal zwischen Universität und Vorbereitungsdienst.
3. Für Referendare sollte ein höheres Maß an Selbstorganisation beim berufsbezogenen Lernen verpflichtend und selbstverständlich werden.

Lernen im Beruf

1. Personaleinsatzplanung für junge Lehrkräfte, die an der schrittweisen Entfaltung der beruflichen Kompetenz orientiert ist und die Einrichtung eines Unterstützungssystems für die Berufseinstiegsphase mit einer hierauf abgestimmten verpflichtenden Fortbildung einschließt.
2. Erarbeitung von Fortbildungsplänen an den einzelnen Schulen als Teil von Personal- und Schulentwicklung vor Ort.
3. Einbau und Verwirklichung von leistungs- und kompetenzbezogenen Elementen in die Lehrerbesoldung; Übertragung von Funktionsstellen zunächst nur auf Probe bzw. auf Zeit.

Abb. 22 Quelle: KMK-Kommission 2000, S. 20f.

tierte Prioritätenliste der KMK-Kommission zur Reform der Lehrerbildung unterstreicht die skizzierte Ausrichtung der geplanten oder auch schon angelaufenen Reformaktivitäten in der ersten, zweiten und dritten Phase der Lehrerbildung.

Viele der unterbreiteten Vorschläge sind durchaus vertraut und gehören schon seit längerem zum hochschuldidaktischen Forderungskatalog. Das einzige, woran es nach wie vor mangelt, ist die praktische Umsetzung. Skeptiker bezweifeln ohnedies seit langem, dass der versuchte Spagat zwischen Fachwissenschaft und Pädagogik, zwischen Universität und Schulpraxis sowie zwischen Innovationsforschung und faktischer Unterrichtsentwicklung wirklich erfolgreich gelingen kann. Ewald Terhart verweist u.a. auf die Bedingungen der Massenuniversität die nach seiner Ansicht eine pädagogisch und schulpraktisch ausgerichtete Lehrerausbildung erheblich erschwere. Zunächst würden in den Universitäten die Anforderungen der Fächer bedient – und erst dann gingen die Studenten daran, die übrig bleibenden Lücken in ihren Stundenplänen mit pädagogischen, psychologischen und/oder sonstigen erziehungswissenschaftlichen Veranstaltungen zu schließen. Dieses Handlungs- und Entscheidungsmuster aufzubrechen und durch eine gesteigerte berufspraktische Orientierung abzulösen, stoße in der Massenuniversität an strukturelle Grenzen – so Terhart. Sein Resümee: »Man kann dort nicht wirklich erlernen, wie man gut unterrichtet!« (vgl. Terhart 2001, S. 167f.).

Zugegeben, die Bedingungen an den Universitäten sind alles andere als günstig. Das gilt vor allem im Hinblick auf die Vermittlung unterrichtspraktischer Kompetenzen. Deshalb jedoch den Status quo zum »Gesetz« zu erklären und die Praxisferne der universitären Lehrerausbildung lediglich fortzuschreiben, wäre falsch und fatal zugleich. Fatal deshalb, weil auf diese Weise der verbreiteten Lethargie und/oder Arroganz vieler Hochschullehrer/innen nur noch Vorschub geleistet würde. Und falsch wäre diese Sichtweise insofern, als es genügend Gegenbeispiele gibt, die zeigen, dass zumindest in überschaubaren Seminargruppen sehr unterrichtsbezogen, methodenzentriert und handlungsorientiert gearbeitet und studiert werden kann. Diese Spielräume stärker als bisher zu sondieren und praktisch auszuschöpfen, das wäre eine ebenso lohnenswerte wie dringliche Handlungs- und Entwicklungsperspektive für Hochschulen und Hochschullehrer/innen. Die Ausführungen in Abschnitt 2 dieses Kapitels werden das deutlich machen.

Dass sich am Ist-Zustand in der ersten und zweiten Phase eine Menge verändern muss und auch verändern lässt, wird nicht nur von KMK-Seite betont, sondern z.B. auch von Seiten der Wirtschaft. Wie der baden-württembergische Handwerkstag in seinem berühmt gewordenen Positionspapier zu den »Konsequenzen aus PISA« unverblümt signalisiert, ist es höchste Zeit, dass in den Einrichtungen der Lehrerbildung ein verändertes Berufsbild des Lehrers verfolgt und durch entsprechende Qualifizierungsmaßnahmen unterstützt wird. Gefordert werden unter anderem (a) ein höherer Stellenwert der pädagogischen neben der fachlichen Professionalität, (b) eine verstärkte Ausbildung der Lehrkräfte zu Coaches ihrer Schüler/innen im Bildungsprozess und (c) eine konsequentere Förderung von Kooperationsfähigkeit und Kooperationsbereitschaft auf Lehrerseite. Plädiert wird übergreifend für die zügige Einführung einer neuen Lernkultur sowie eine damit korrespondierende »zielgerichtete Reform der Aus- und Weiterbildung der Lehrer.« (vgl. Baden-Württembergischer Handwerkstag 2002, S. 19). Und plädiert wird des Weiteren für eine frühzeitige Überprüfung der Berufseignung von Lehrer/innen – eine Forderung, die sich inzwischen auch der Deutsche Arbeitgeberverband sowie die Hochschulrektorenkonferenz zu eigen gemacht haben (vgl. Die Rheinpfalz vom 16.8.2003).

In praxi stehen die meisten der genannten Forderungen derzeit allerdings nur auf dem Papier. Sie werden diskutiert und hin und her gewendet. Mit ihrer Realisierung geht es dagegen äußerst langsam voran. Die Qualifikationen der Personen, die die angedeuteten Reformen verwirklichen sollen, stimmen (noch) nicht. Das gilt nicht zuletzt für das Vorhaben einer verstärkten Kooperation zwischen erster und zweiter Ausbildungsphase. Zwar besteht auf KMK-Ebene Einigkeit darin, dass die Ziele und

Inhalte der beiden Phasen besser aufeinander abgestimmt werden müssten, damit ein »systematisches, kumulatives Lernen« erreicht werde (vgl. KMK-Kommission 2000, S. 113), doch das ist im Augenblick nicht mehr als ein Vorsatz.

Weitergehende Pläne und Aktivitäten gibt es derzeit in Rheinland-Pfalz, wo Wissenschaftsminister Jürgen Zöllner ernsthaft daran geht, die Lehrerausbildung nach dem angelsächsischen Stufenmodell (Bachelor/Master) umzuorganisieren. Zöllners Motto: »Der Lehrer muss zum Lehrer ausgebildet werden.« Der anschließende Master-Studiengang wird als schulartgebundenes Aufbaustudium angelegt und dauert je nach Schulart 1–2 Jahre. Das Referendariat wird verkürzt – im Gymnasialbereich z.B. von zwei Jahren auf ein Jahr. Die gestuften Studiengänge sollen im Zeitraum 2005 – 2008 schrittweise eingeführt werden. In einer Presseerklärung des zuständigen Ministeriums heißt es dazu: das neue duale Studien- und Ausbildungskonzept der Lehrerbildung fördere den Bezug zur Schulpraxis und steigere quantitativ wie qualitativ sowohl die bildungswissenschaftlichen als auch die fachdidaktischen Anteile der Ausbildung. Außerdem sorge die Einführung verbindlicher curricularer Standards für »das Ende der Beliebigkeit« sowie dafür, dass eine neue Qualität der Lehrerbildung erreicht werde (vgl. Wissenschaftsministerium Rheinland-Pfalz 2003).

Ein zentrales Element der skizzierten Studienreform ist die Einrichtung von *Zentren für Lehrerbildung* an den Universitäten, in denen Vertreter der jeweiligen Universität und der Studienseminare u.a. zur Wahrung eines stärkeren Praxisbezugs zusammenarbeiten sollen. Derartige Lehrerbildungszentren gibt es bereits seit einigen Jahren an verschiedenen Universitäten, vornehmlich in Nordrhein-Westfalen. Die dort gesammelten Erfahrungen sind bislang allerdings eher ambivalent. Auf der einen Seite gelingt es offenbar, die Praktikums- und Lernwerkstattarbeit zu verbessern sowie die schulpraktischen Studien insgesamt konsequenter zu gestalten, auf der anderen Seite stellen sich aber nach wie vor gravierende Probleme auf der institutionellen Ebene – angefangen bei der Randständigkeit der Lehrerbildungszentren über die äußerst schmale Personalausstattung und die unzureichende Ausbildungsorganisation bis hin zu mangelnden Kompetenzen und Kooperationsverpflichtungen der in den Zentren arbeitenden Ausbilder/innen (vgl. Blömeke 2000, S. 251ff.).

Fazit: Es gibt einige wichtige und wegweisende Reformvorschläge für die beiden Phasen der Lehrerausbildung. Allerdings verbleiben diese auf einem eher abstrakten Niveau. Das entscheidende Problem ist und bleibt deshalb die Implementierung dieser Vorschläge, d.h. ihre Umsetzung in der Weise, dass sich für die Studenten und Referendar/innen spürbar etwas verändert und verbessert. Bislang ist es eher so, dass die meisten Reformansätze und -debatten weit oberhalb der faktischen Unterrichtsentwicklung verpuffen. Bernd Janssen, Hochschullehrer an der Universität Hannover, fasst dieses Dilemma mit den Worten zusammen: »Alle wissen um die Misere der Lehrerausbildung. Stets werden Reformkommissionen eingesetzt, werden bis zur Ermüdung aller Beteiligten Details geändert – aber der trostlose Gesamtzustand bleibt. Die Betrogenen sind die Lehrerstudenten.« Dieser fatalen Verdrängung und Verschleppung der bestehenden Probleme der Lehrerausbildung soll mit diesem Buch entgegengewirkt werden.

1.4 Mehr Praxisbezug – aber wie?

Das große Zauberwort im Rahmen der laufenden Reformdebatte heißt *Praxisbezug*. Mittlerweile ist so ziemlich jedem klar geworden, dass sich die Lern- und Leistungsergebnisse in Deutschlands Schulen letztlich nur dann nachhaltig verbessern lassen, wenn sich die Unterrichtspraxis verändert. Mit anderen Worten: Das pädagogische und unterrichtspraktische Repertoire der Lehrkräfte muss so weiterentwickelt werden, dass die Schüler/innen konsequenter, vielschichtiger und wirksamer als bisher gefordert und gefördert werden. Näheres dazu findet sich in Abschnitt I.3. Für die Lehrerbildung heißt das vor allem: Mehr Praxisbezug. Nur, wie lässt sich dieser erreichen und gestalten?

Praxisbezug kann grundsätzlich vieles meinen. Bildungspolitiker und Hochschullehrer verstehen darunter in aller Regel den Auf- und Ausbau der Praxisbegegnungen während der Ausbildung – also Orientierungspraktika, semesterbegleitende Praktika, Tagespraktika, Blockpraktika oder auch ganze Praxissemester während der ersten Phase. Für die zweite Phase bedeutet das vor allem die Forcierung der gemeinsamen Unterrichtsplanung, -durchführung und -auswertung. Das schließt Hospitationen, Teamteaching und gezielte Unterrichtsbesprechungen mit ein. Natürlich müssen diese Praxisphasen in entsprechenden Veranstaltungen der Hochschulen und Studienseminare gut vorbereitet, begleitet und ausgewertet werden – auch und nicht zuletzt unter Einbeziehung grundlegender wissenschaftlicher Erkenntnisse und Theorien zu den einzelnen Praktikumsaspekten. Andernfalls besteht die Gefahr, dass die betreffenden Praxisphasen schnell zum »vordergründigen Aktionismus« verkommen.

Während der Praxisbezug in der ersten Ausbildungsphase eher exemplarisch, beobachtend und reflektierend hergestellt wird, ist die Schul- und Unterrichtspraxis in der zweiten Ausbildungsphase eine unmittelbar erlebbare Ernstsituation. Das gilt für die schulorganisatorischen Belange und Probleme genauso wie für das eigenverantwortliche Unterrichten im Klassenzimmer. Den Referendar/innen ist »Praxis« mithin nicht nur ein mittelbarer Reflexionsanlass, sondern sie dient ihnen in der zweiten Phase ganz direkt zum Aufbau beruflicher Handlungskompetenz und erster Routinen – von Fachleiter/innen angeleitet zwar, aber doch über weite Strecken im Sinne eigenverantwortlichen Probierens und Lernens. Dass auch dabei die Rückbindung an Theorien und wissenschaftliche Erkenntnisse wichtig ist, versteht sich von selbst (vgl. KMK-Kommission 2000, S. 71).

Als »Praxisfelder« werden in den letzten Jahren die erwähnten *Zentren für Lehrerbildung* auf- und ausgebaut. Ihre Hauptfunktion: Sie sollen zum einen sicherstellen, dass Theorie und Praxis stärker aufeinander bezogen werden und zum zweiten gewährleisten, dass das spezifische Know-how der zweiten Phase für die um mehr Praxisbezug ringende erste Phase möglichst vielfältig fruchtbar gemacht wird. Konkret: Fachleiter/innen und Hochschullehrer/innen sollen als Praxis- bzw. Wissenschaftsexperten durch ihr forciertes Zusammenwirken dafür sorgen, dass eine möglichst fundierte Vorbereitung, Durchführung und Auswertung der besagten universitären Praktika gewährleistet wird. Doch das ist nur die eine Seite des anvisierten Praxisbezugs. Die andere Seite betrifft den Aufbau von Praxiswissen »... zum Beispiel durch angeleitete Beobachtungen oder durch das forschende Lernen innerhalb von Lehr- und Forschungsprojekten.« (vgl. ebd., S. 70). Praxisbezug in der universitären Phase meint demnach nicht nur das »Dabeisein« in Schule und Unterricht, sondern auch und vor allem das gezielte Beobachten, Erforschen, Reflektieren und/oder Erproben unterrichtspraktischer Situationen und/oder Verfahrensweisen.

Doch so richtig und wichtig diese Option auch ist, sie lässt die Frage nach der Art und Qualität der betreffenden Praxis unbeantwortet. In aller Regel lautet die Botschaft nur, dass die Lehrerbildung die Tür zur Praxis stärker aufstoßen müsse. Aber welche Praxis ist gemeint? Ist es egal, ob im Rahmen einer Hospitation irgendein konventioneller Unterricht mit ausgedehnter Stillarbeit und lehrergelenktem Unterrichtsgespräch vorgeführt wird, oder muss der Anspruch nicht dahin gehen, innovatives Lehren und Lernen erfahrbar zu machen? »Der Praxisbezug wird in der universitären Lehrerausbildung zur Farce«, schreibt Bernd Janssen, Hochschullehrer an der Universität Hannover. Und weiter moniert er: Unsere Junglehrer/innen könnten zwar wunderbare Referate über handlungsorientierten Unterricht oder sonstige moderne Lehr- und Lernverfahren halten, aber die in den Universitäten und Schulen erlebte Wirklichkeit sei zumeist eine deutlich andere (vgl. Janssen 2002, S. 71).

Die Gründe für diesen Widerspruch zwischen Anspruch und Wirklichkeit sind vielfältig – angefangen bei den unzureichenden Rahmenbedingungen in den Universitäten über die Konsumentenhaltung vieler Student/innen bis hin zur mangelnden Bereitschaft und Fähigkeit vieler Hochschullehrer/innen, innovative Lehr- und Lernsituationen zu arrangieren und erfahrbar zu machen. Hinzu kommt eine oftmals erschreckende Nachlässigkeit bei der Betreuung der Praktika. »Die Praktikumsbetreuung angehender Grund-, Haupt- und Realschullehrer«, so weiß Bernd Janssen zu berichten, »wird häufig lustlos als Pflichtübung abgewickelt. Viele Hochschullehrer verteidigen hartnäckig die vorlesungsfreie Zeit als Zeit für Forschung oder Freizeit und wollen sie nicht in Schulen verbringen.« (ebd., S. 71).

Nur, was folgt daraus? Wichtig ist offenbar, dass den angehenden Lehrer/innen nicht irgendeine Praxis zugänglich gemacht wird, sondern eine innovative. Eine Praxis, die zeigt, dass der Unterricht in Deutschlands »Normalschulen« auch anders sein kann, als er traditionell inszeniert wird. Mit anderen Worten: Sinn und Zweck der in den einzelnen Phasen der Lehrerausbildung angebotenen Praktika, Hospitationen und/oder Unterrichtsversuche muss es sein, die jungen Leute mit einer Lernkultur vertraut zu machen, die durch zweierlei gekennzeichnet ist: zum einen durch vielschichtiges eigenverantwortliches und methodenzentriertes Lernen der Schüler/innen, zum anderen durch anregende Moderations-, Organisations- und Beratungsaktivitäten der Lehrkräfte (vgl. Abschnitt I.3). Insofern kann Rolf Arnold nur zugestimmt werden, wenn dieser feststellt: »›Praxis‹ ist nicht allein deshalb schon eine legitime Zielgröße, weil es sie gibt, es kommt vielmehr darauf an, in den zukünftigen Lehrerinnen und Lehrern einen Möglichkeitssinn, d.h. ein Verständnis von den ungenutzten Möglichkeiten der Veränderbarkeit und der alternativen Gestaltbarkeit von Lehren und Lernen zu entwickeln.« (Arnold 2003, S. 10).

Fazit also: Innovative Lehrerbildung braucht eine innovative Ausbildungspraxis – eine Ausbildungspraxis, die den angehenden Lehrer/innen hilft, eine konkrete Vorstellung davon zu entwickeln, wie neues Lehren und Lernen unter schulischen Alltagsbedingungen organisiert, moderiert und pädagogisch betreut werden kann. Das schließt konsequente Reflexion und wissenschaftliche Besinnung und Informationserarbeitung mit ein. Als Orientierungsrahmen und praktischer Leitfaden bietet sich diesbezüglich die in Abschnitt 2 des letzten Kapitels skizzierte Neue Lernkultur an – mit EVA und Methodenlernen im Mittelpunkt.

1.5 Neue Routinen sind nötig!

In den letzten Jahrzehnten ist viel Zeit und Energie darauf verwandt worden, Schule und Unterricht auf der Metaebene neu zu konzipieren. Neue Programme sind entwickelt und eindrucksvolle Leitbilder und Rechenschaftsberichte geschrieben worden. Nur die Unterrichtspraxis hat sich eher wenig verändert. Das gilt vor allem für die Schulen der Sekundarstufen I und II. Soll dieser traditionelle »Glühwürmchen-Effekt« wirksam überwunden werden, dann muss das konkrete Handwerkszeug der Lehrer/innen stärker in den Blick genommen werden. Denn das A und O innovativen Lehrerhandelns ist das *praxistaugliche Know-how* der Lehrer/innen, d.h. ihre Fähigkeit und Bereitschaft, die hier in Rede stehende Neue Lernkultur zügig und wirksam mit Leben zu füllen.

Neues Lernen hat nach aller Erfahrung nur dann eine Chance, wenn die verantwortlichen Lehrkräfte neue Handlungsmuster zur Verfügung haben, die sie »routinemäßig beherrschen«. Das ist bei den Reformdebatten und -programmen der letzten Jahrzehnte nur zu oft vergessen worden. Viele Bildungsverantwortliche hier zu Lande hängen bis heute der irrigen Vorstellung an, dass es genügt, den Lehrkräften nur richtungsweisende Vorgaben zu machen, Programme abzuverlangen und /oder Reflexionen und Meinungsbildungsprozesse zu ermöglichen, und schon werde sich die intendierte Neue Lernkultur im Stile einer »deus ex machina« einstellen. Übersehen wird dabei, dass die beste Information und Reflexion noch lange keine alternative Handlungskompetenz begründet – und natürlich auch keine tragfähige Motivation und Überzeugung, das je Neue in Angriff zu nehmen.

Eine neue Lernkultur mit Überzeugung und Kompetenz zu implementieren, setzt mehr voraus als intellektuelle Auseinandersetzungen. Wissen ist lediglich die Vorstufe des Könnens und Wollens. Deutsche Lehrer/innen wissen eine ganze Menge über modernes Lehren und Lernen; aber sie setzen es deshalb noch lange nicht um. So gesehen spricht vieles dafür, dass wir in unseren Schulen in punkto Unterrichtsentwicklung weniger ein *Kenntnisproblem*, sondern vor allem ein *Kompetenzproblem* haben. Dieses Kompetenzproblem verlangt vor allem eines: Die Bildung neuer didaktisch-methodischer *Routinen.*

Manfred Spitzer, führender Neurobiologe und Lernforscher, erhärtet diese Einschätzung mit dem Hinweis, dass unsere Überlebensfähigkeit ganz maßgeblich auf unser routinegestütztes Können zurückgeht und weniger auf unser Wissen. »Im Vergleich zu unserem Können«, so schreibt er, »ist unser Wissen bei Licht betrachtet unglaublich bescheiden.« (Spitzer 2002, S. 60). Mit *Können* meint er dabei all das, was prozedural abgespeichert und so verinnerlicht ist, dass es gleichsam routinemäßig zur Verfügung steht und in Alltagssituationen verlässlich abgerufen werden kann. Der Vorteil einer derartigen Routinebildung ist der, dass sich bei den betreffenden Akteuren nicht nur Sicherheit, Selbstvertrauen und Zielstrebigkeit einstellen, sondern es werden auf diese Weise auch und zugleich geistige Kapazitäten frei, die für kreative Zwecke genutzt werden können (vgl. Stern 2003, S. 35).

Somit kann man es drehen und wenden, wie man will: Die entscheidende Voraussetzung für gelingende Unterrichtsentwicklung ist nicht hinreichend erfüllt, nämlich die Vermittlung und Ausbildung tragfähiger innovativer Routinen auf Lehrerseite. »Die Hochschulen«, so schreibt Jochen Bölsche in einem SPIEGEL-Beitrag, »vermitteln künftigen Lehrern nach wie vor zwar ein Übermaß an sterilem Fachwissen, jedoch nur karge Didaktik- und Methodikkenntnisse und kaum Tipps und Tricks für erfolgreiches Unterrichten.« (Bölsche 2002, S. 18). Die Psychologin Isabella Heuser, Spezialistin in Sachen »Burnout von Lehrern« bestätigt diese Einschätzung mit ihrem Hinweis, dass es den Lehrer/innen »... vor allem an einem mangelt: Routine« (vgl. Süddeutsche Zeitung vom 24./25.5.2003).

Die Konsequenz dieses Routinemangels: Die betreffenden Lehrkräfte fallen in alltäglichen »Stegreifsituationen« immer wieder in die tradierten lehrerzentrierten Handlungsmuster zurück, die sie bereits aus der eigenen Schulzeit kennen, und die sie während ihrer anschließenden Ausbildungsphase nur noch weiter gefestigt haben. Stefan Heil und Gabriele Faust-Siehl sprechen diesbezüglich vom »impliziten Wissen«, das aus der Wiederholung eigener Schul- und Ausbildungserfahrungen stammt (vgl. Heil/Faust-Siehl 2000, S. 26). Die ausgeprägte Dominanz des fragend-entwickelnden Verfahrens in deutschen Klassenzimmern ist ein deutliches Indiz dafür, dass die *alten Routinen* immer wieder durchschlagen, solange keine *neuen Routinen* verlässlich zur Hand sind. Kein Wunder also, dass sich alternatives didaktisch-methodisches Handeln in unseren Schulen bislang so wenig durchsetzt.

So gesehen braucht eine erfolgreiche Unterrichtsreform vor allem eines: Neue Routinen hinsichtlich Unterrichtsplanung, Moderation, Interaktion, Lernberatung und Evaluation. Wenn dieser Übergang von den alten Routinemustern zu tragfähigen neuen Routinen nicht gelingt, dann wird die allseits geforderte »Unterrichtsentwicklung nach PISA« noch lange eine ziemlich hohle Angelegenheit bleiben. Diese neuen Routinen aufzubauen und im Ausbildungskontext möglichst verlässlich einzuüben, ist die zentrale Herausforderung, vor der die Lehrerbildung derzeit steht.

Dass diese Zielstellung nicht nur wichtig, sondern für die betreffenden Lehrkräfte auch ausgesprochen hilfreich und entlastend ist, bestätigt Hilbert Meyer mit seiner Klarstellung: »Routinierte Lehrer kommen mit deutlich weniger Informationen als Berufsanfänger zu Handlungsentscheidungen, sie kommen auch in schwierigen Situationen (z.B. bei Störungen des geplanten Unterrichtsablaufs) ganzheitlich und zügig zu Planungskorrekturen, sie benötigen einfach weniger Gedankenarbeit als die Anfänger für den täglichen Kleinkram des Unterrichts – und deshalb haben sie ... ihren Kopf für die wenigen neu zu durchdenkenden ... Aufgaben frei.« (Meyer 1989, S. 46). Meyers Fazit: Die Routinisierung des methodischen Handelns ist die Voraussetzung für die Ausweitung der Handlungsspielräume der Lehrer/innen, also auch die Voraussetzung für die Freisetzung von Innovationsbereitschaft und -kompetenz im Bereich alternativer Unterrichtsgestaltung und -moderation (vgl. ebd.).

Dieser Einschätzung kann hier nur beigepflichtet werden. »Routine«, wie sie in diesem Buch verstanden wird, ist nicht mit Langeweile, Drill und einförmigem Unterricht zu verwechseln, sondern zielt ganz zentral auf durchdachte und intensiv geübte Handlungsabläufe. Die Lern- und Trainingsspiralen in den Abschnitten I.3.3 und I.3.4 machen dieses deutlich. So gesehen sind die intendierten pädagogischen Routinehandlungen Quelle und Gewähr für Methodenvielfalt wie für die kreative Weiterentwicklung des Unterrichts.

2. Was sich im Praxistest bewährt hat

In diesem Abschnitt werden die wichtigsten innovativen Strategien, die sich für die Lehrerausbildung im Kontext von Unterrichtsentwicklung anbieten, näher umrissen und konkretisiert. Klar ist: Wir brauchen eine Qualifizierungsoffensive mit stärker praxisorientierten und praxiswirksamen Lernverfahren und Lernfeldern für die nachwachsende Lehrergeneration. Wir brauchen vor allem *Lehrertraining* im weitesten und besten Sinne des Wortes. Was das konkret heißt, und wie die entsprechenden Seminarangebote aussehen können und sollten, wird in den nachfolgenden Abschnitten gezeigt. Dabei wird exemplarisch gearbeitet und anhand von persönlichen Versuchen und Erfahrungen dargelegt, wie die skizzierte Unterrichtsreform durch spezifische Ausbildungsmodule und -methoden in der ersten und zweiten Phase der Lehrerbildung unterstützt werden kann. Ausgangspunkt und Grundlage der vorgestellten Anregungen sind langjährige Erfahrungen mit Unterrichtsentwicklungsprozessen in Bundesländern wie Nordrhein-Westfalen, Rheinland-Pfalz, Berlin und Hessen. In diese Versuche waren partiell Vertreter der ersten und zweiten Ausbildungsphase mit einbezogen.

2.1 Erfahrungslernen als Grundprinzip

Eine der Kardinalfragen der Lehrerbildung ist die, wie Lernen abläuft und nachhaltig gefördert werden kann. Ist es sinnvoll, schwerpunktmäßig auf *direkte Instruktion* mit gut strukturierten Lernangeboten, ausgeprägter Wissensorientierung und straffer Lehrerlenkung zu setzen, wie sich das in Anlehnung an Franz E. Weinert schlussfolgern ließe (vgl. Weinert 1999, S. 33). Oder ist es erfolgversprechender, dem konsequenten »learning by doing« der Auszubildenden den Vorzug zu geben – mit vielseitigem eigenständigem, kooperativem, forschend-entdeckendem Lernen? Gewiss, ein klares Entweder-Oder verbietet sich angesichts der in diesem Buch erhobenen Forderung nach Methodenvielfalt eigentlich von selbst. Gleichwohl sprechen die bisherigen Erfahrungen eindeutig dafür, dass wirksame Bildungs- und Ausbildungsprozesse vor allem eines brauchen: *Erfahrungslernen!* Andernfalls bleiben sie nur zu oft abstrakt und erschöpfen sich leicht in schönen Formulierungen, interessanten Beobachtungen, klugen Fragen und mehr oder weniger hilfreichen Diskussionen. Was jedoch fehlt, ist die korrespondierende Selbst-Erfahrung, d.h. das konkrete Erleben der betreffenden didaktisch-methodischen Ansätze und Verfahren.

Die in Abb. 23 dokumentierten Aussagen berühmter Vertreter der deutschen Geistesgeschichte machen deutlich, dass diese Erkenntnis gar nicht so neu ist. Die

Forderung nach »learning by doing« als Weg zum nachhaltigen Begreifen lernrelevanter Sachverhalte und Verfahren durchzieht die deutsche Pädagogik seit ihren Anfängen. Überträgt man diese Erkenntnis auf den Bereich der Unterrichtsentwicklung, so bedeutet das: Die angehenden Lehrer/innen sollten in ihren Ausbildungseinrichtungen von der Neuen Lernkultur nicht nur hören, sondern sie müssen diese auch und vor allem erleben und praktizieren. Dieses Erfahrungslernen spielt im Ausbildungsalltag an Hochschulen und Studienseminaren bislang bestenfalls eine nachgeordnete Rolle. Mit anderen Worten: Innovative Verfahrensweisen lernen die jungen Leute in erster Linie über das Lesen und/oder Hören-Sagen kennen. Das ist zu wenig!

Durch derartige Verfahrensweisen werden weder Vertrautheit noch tiefergehenden Überzeugungen geschaffen. Auf Letzteres aber ist innovatives Handeln ganz dringlich angewiesen. Ohne das sichere Gefühl im Bauch, dass die anvisierten innovativen Verfahren auch machbar und sinnvoll sind, geht häufig nämlich gar nichts.

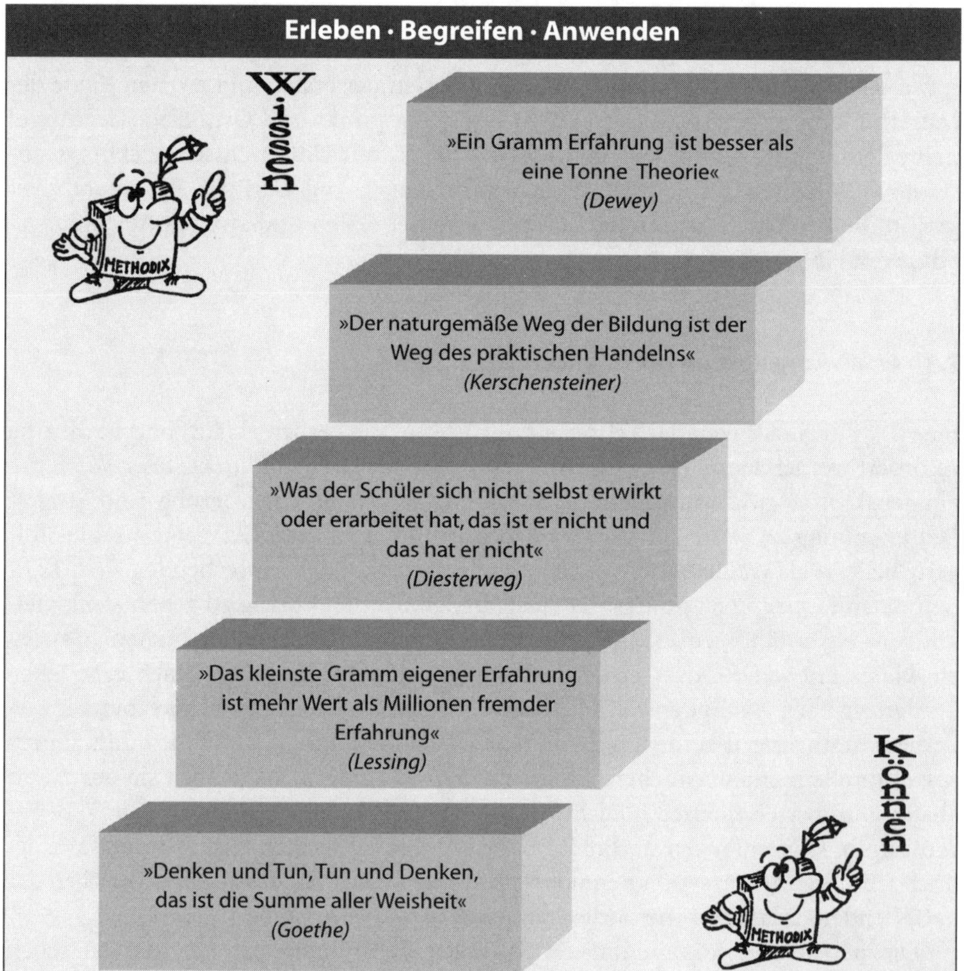

Abb. 23

© Dr. H. Klippert

Von daher steht fest: Die Anschauung des Neuen ist das eine, das Erfahren und Erleben dieses Neuen ist das andere. Vieles spricht dafür, dass die konkrete Umsetzung innovativer pädagogisch-methodischer Verfahren nur dann wirklich gelingen wird, wenn die verantwortlichen Lehrkräfte korrespondierende ermutigende Erfahrungen gesammelt haben.

Das folgende Beispiel aus der Lehrerbildung unterstreicht diese Hypothese: Seinerzeit (1979) ging es um die Konzipierung und Durchführung eines Seminars für Lehrkräfte mit den Fächern Wirtschaft und/oder Politik. Der Schwerpunkt des Seminars: Die *Planspielmethode* als Instrument zur Erarbeitung komplexer Themen innerhalb des ökonomisch-politischen Lernbereichs – ein innovatives Angebot also. Als Tagungsverantwortlicher wusste ich, dass mit Planspielen im Schulalltag kaum gearbeitet wurde und setzte von daher alles daran, für die potenziellen Seminarteilnehmer/innen eine möglichst überzeugende Vorstellung und Veranschaulichung des betreffenden methodischen Instrumentariums vorzubereiten. Meine Vorbereitungsaktivitäten waren aufwändig, aber sie vermochten die 25 Lehrkräfte, die später an dem Seminar teilnahmen, auch durchaus zu beeindrucken. Meine Präsentation umfasste (a) ein komplett ausgearbeitetes Planspiel zur Umweltpolitik mit allen Kopiervorlagen, (b) ein vertiefendes Impulsreferat zur Planspielmethode in Theorie und Praxis sowie (c) einen konkreten Unterrichtsfilm, der in klar gegliederter Form zeigte, wie das besagte »Umwelt-Planspiel« in einem Kurs der 11. Jahrgangsstufe realisiert worden war.

Die Seminarteilnehmer/innen waren sichtlich angetan. Wie das eingeholte Feedback zeigte, fanden sie sowohl den Tagungsablauf als auch die im Film dokumentierte Lernarbeit der Schüler/innen anregend und ermutigend. Einig war man sich darin, dass das vorgestellte Planspiel unbedingt in den Unterricht gehöre. So gesehen war die »direkte Instruktion« gelungen. Doch die Ernüchterung folgte drei Monate später, als ich auf die Idee kam, alle Seminarteilnehmer/innen nochmals anzuschreiben und anhand einer vorbereiteten Antwortkarte um Rückmeldung zu ersuchen, ob sie das seinerzeit vorgestellte Planspiel zwischenzeitlich umgesetzt hätten oder nicht. Hochgradig frustrierend war das Ergebnis! Von den 25 Rückmeldern konnte nur einer mit der frohen Botschaft aufwarten, das betreffende Planspiel tatsächlich im Unterricht erprobt zu haben, und zwar mit tollen Ergebnissen. Alle anderen signalisierten – teils mit dem Ausdruck des Bedauerns in der Fußnote –, dass sie noch nicht dazu gekommen seien. Nur, ein innovativer Impuls, der nach drei Monaten noch nicht umgesetzt wurde, wird erfahrungsgemäß auch danach nicht mehr aufgegriffen. Die Distanz wird zu groß. Von daher liegt der Schluss nahe: Die gewählte Präsentationsmethode war und ist ungeeignet, das betreffende innovative Verfahren so an den Mann und an die Frau zu bringen, dass tragfähige Umsetzungskompetenzen entstehen. Der Schritt vom Kennenlernen des besagten Planspiels zu seiner Umsetzung ist offenbar doch schwieriger als das gemeinhin angenommen wird.

Dass es auch anders geht, zeigt ein zweites Beispiel: Kurze Zeit später war ich nämlich selbst Teilnehmer eines Seminars, in dem es u.a. um die Methode des assoziativen Zeichnens in Verbindung mit dem Thema »Fortbildungsplanung« ging. Ich saß zu

Beginn der Veranstaltung mit ca. 20 weiteren Teilnehmer/innen in einem Stuhlkreis und sollte mit dickem Filzstift und DIN-A4-Blatt ausgestattet ein Bild zur Frage »Wie sehen bzw. erleben Sie die Vorbereitung einer Fortbildungstagung?« zeichnen. Zwar wies der Tagungsleiter darauf hin, dass es nicht um Schönzeichnen gehe, aber trotzdem baute sich in mir umgehend eine gewisse Distanz auf, weil ich wusste, dass ich nicht gut zeichnen kann. Mir war die Methode des assoziativen Zeichnens aus der Literatur zwar bekannt und ich fand sie im Prinzip auch recht positiv, doch in der nun eingetretenen Ernstsituation erschien mir das ganze Verfahren plötzlich ziemlich unsinnig, viel zu zeitaufwändig, inhaltlich flach und schon gar nicht zielgruppengerecht. Ich ging deshalb in die innere Emigration und war kurzfristig entschlossen, das ganze »Spiel« nicht wirklich mitzumachen.

Doch dann griff die Gruppendynamik. Nach und nach zeichneten alle Seminarteilnehmer/innen irgendein »Bild«, so dass mir die Rolle des Außenseiters drohte. Also entschloss ich mich nach vielleicht fünf Minuten des »Schmollens« doch etwas zu Papier zu bringen und griff verständlicherweise zu dem, was ich konnte: nämlich zur Methode des Flussdiagramms. Ich zeichnete also ein linear aufgebautes Schema zur Vorbereitung einer Fortbildungstagung. Doch unmittelbar nach dessen Fertigstellung kam mir noch ein anderer Zugang zur besagten Leitfrage in den Sinn. Ein Zugang, der für meine Verhältnisse höchst abstrakt und ungewöhnlich war und sich schließlich so darstellte, dass ich auf der Rückseite meines Blattes eine Mauer mit einem hellen Loch in der Mitte skizzierte. Diese Assoziationsskizze sollte mein »Erleben« von Lehrerfortbildungsplanung widerspiegeln und meiner Unsicherheit angesichts diffuser Teilnehmererwartungen Ausdruck verleihen. Deshalb die Mauer. Und das helle Loch? Damit verband ich die Hoffnung, den Durchbruch zu schaffen und die versammelten Lehrer/innen für mein Angebot und meine Ideen gewinnen zu können. Alles in allem eine recht simple Erkenntnis. Dennoch war ich beeindruckt von meiner ungeahnten Kreativität und Produktivität in nicht einmal zehn Minuten.

Diese positiv gewendete Grundstimmung verbesserte sich noch, als die Präsentationsrunde lief, denn die Vielfalt der vorgestellten Symbole, Aspekte und Erfahrungen war ungemein anregend und spannend. Außerdem lernte ich auf diese Weise meine Mitstreiter/innen in der Gesamtgruppe näher kennen und entdeckte so manchen Anknüpfungspunkt für spätere Gespräche. Kein Wunder also, dass ich mich nach dieser intensiven Methoden-Erfahrung mit all ihren Höhen und Tiefen ermutigt und in der Lage sah, das Verfahren des Assoziativen Zeichnens nun auch in mein Repertoire zu übernehmen. Konkret: Ich setzte das besagte methodische Arrangement zwei Tage später in einer Mainzer Schule deckungsgleich ein, in der ich einen Studientag zum Thema »Leistungsbeurteilung« zu moderieren hatte, d.h. jede/r Teilnehmer/in bekam ein Blatt Papier und einen dicken Filzstift und musste zum Thema »Wie sehen bzw. erleben Sie die Aufgabe der Leistungsbeurteilung« assoziativ zeichnen. Ich wusste ja, was nun folgen würde und welche Widerstände, aber auch positiven Erfahrungen und Einsichten auftreten könnten. Von daher konnte ich das besagte Prozedere mit ausgeprägter innerer Sicherheit und Gelassenheit anleiten. Mit anderen Worten: Das assoziative Zeichnen war zu »meiner Methode« geworden – zumal auch diesmal wieder eindrucksvolle Ergebnisse und Gespräche im Prozessverlauf zu beobachten waren. Ich bin sicher, hätte ich die besagte Methode nicht konkret erlebt, ich wäre wohl trotz meiner theoretischen Einsichten nicht wirklich auf die Idee gekommen, sie im Tagungsbetrieb einzusetzen.

So inspiriert und gestärkt, habe ich die oben erwähnte Planspiele-Tagung nochmals aufgelegt – nämlich so, dass die Seminarteilnehmer/innen eines der vorgesehenen Planspiele mit all seinen Anforderungen und methodischen Finessen ganz praktisch durchspielen, auswerten, reflektieren und anschließend – analog dazu – ein eigenes Planspiel zu einem anderen Thema entwickeln mussten. Das beeindruckende Ergebnis dieses Vorgehens: Bei der erneuten Nachbefragung nach drei Monaten stellte sich heraus, dass rund 70 Prozent aller Seminarteilnehmer/innen das durchgespielte Planspiel im eigenen Unterricht umgesetzt hatten. Das Erfahrungslernen hatte sich mithin als wirksamer Hebel erwiesen. Bei zwei weiteren Planspiele-Tagungen dieser Art wurde diese Schlussfolgerung bestätigt: Die Transferquote lag in beiden Fällen zwischen 50 und 70 Prozent – ein Ergebnis, das die Wichtigkeit und Wirksamkeit des hier in Rede stehenden Erfahrungslernens unterstreicht. Seither ist dieser Befund in zahlreichen Trainingstagungen mit Lehrer/innen bestätigt worden (vgl. dazu die näheren Ausführungen in Abschnitt II.2.4).

Diese Schilderungen machen deutlich, warum das Erleben neuer Lehr-, Lern-, Moderations-, Interaktions- und Beratungsverfahren so wichtig ist, wenn es um die Überwindung des traditionellen »Unterrichtsskripts« geht. Lehrer/innen, die innovativ handeln sollen, tun dies in der Regel nur dann, wenn sie diese Innovationen als machbar und überzeugend erlebt haben. Daher plädiert die erwähnte KMK-Kommission zu Recht für mehr Veranstaltungen, »... bei denen die Studierenden selbst kooperative Lernformen anwenden und insofern selbst ›praktisch‹ ... Erfahrung sammeln. Schließlich sollten auf hochschuldidaktischer Ebene die Studierenden praktische (didaktisch-methodische) Erfahrungen sammeln können, indem sie selbst (im Rahmen des jeweils Möglichen) Darstellungs-, Moderations- und Vermittlungsaufgaben übernehmen.« Auf diese Weise würden für die angehenden Lehrerinnen und Lehrer die »Grundprobleme des Lehrens und der Organisation und Gestaltung von Lehr-Lernprozessen erfassbar« (KMK-Kommission 2000, S. 70).

Reinhard Kahl bestätigt diesen erfahrungsorientierten Ansatz der Lehrerbildung unter Hinweis auf die Ausbildungspraxis in Schweden. Dort stehe nicht mehr das »Speichern von Wissen«, sondern ganz wesentlich das »Handeln und Erfahren« an erster Stelle – angefangen bei schulbezogenen Projekten und Erkundungen bis hin zu kleineren Handlungseinheiten mit innovativem methodischem Zuschnitt (vgl. Kahl 2003, S. 60). Allerdings weist Fritz-Bohnsack auf eine Besonderheit hin, die entsprechende Veränderungen in Deutschland erschwert, nämlich das tradierte »Über-Ich« vieler Lehrkräfte. Daher führten Appelle nicht wesentlich weiter, sondern nötig seien vor allem konkrete und überzeugende »Alternativ-Erfahrungen« – Erfahrungen also, die die Lehrkräfte auf den »Geschmack am Zurücktreten zugunsten von Schüleraktivität« brächten. Nur so könnten die angestammten Gewohnheiten und Traditionen deutscher Lehrer/innen überwunden werden (vgl. Bohnsack 2003, S. 318).

In die gleiche Richtung argumentiert Rolf Arnold, wenn er für eine deutliche Ausweitung des erfahrungs- und methodenorientierten Arbeitens und Lernens in der Lehrerbildung plädiert. Sein Befund: Lehrer/innen setzen neue Lehr- und Lernmethoden erfahrungsgemäß nur dann ein, »wenn sie selbst dazu Gelegenheit hatten, diese als Lerner zu erleben«. Oder andersherum: Die Lernkulturen in unserer Gesellschaft wandelten sich deshalb so langsam, weil die Akteure das wiederholten, was sie kennen, und kaum Gelegenheit erhielten, das als sinnvoll Erkannte in eigenen Lernsituationen zu erleben. Aus diesem Grunde plädiert Arnold mit Nachdruck dafür, dass die Lehrerausbilder verstärkt mit den Lehr-Lern-Methoden arbeiten, deren Einsatz sie von den zukünftigen Lehrer/innen erwarten (vgl. Arnold 2002, S. 12).

Fazit: Es genügt nicht, den angehenden Lehrkräften den neuen Unterricht nur gebührend zu erklären und zu zeigen, wie alternative Lernsituationen und -verfahren aussehen können, sondern nötig ist etwas anderes: Nötig sind vor allem und zuerst das Tun und Erleben des je Neuen. »What I hear I forget – what I read I remember – what I do I understand« – so lautet die entsprechende Botschaft aus angelsächsischer Sicht. Dieser lernpsychologischen Erkenntnis muss die Lehrerbildung verstärkt Rechnung tragen; dann dürfte es um die Chancen einer wirksamen Unterrichtsentwicklung gar nicht so schlecht bestellt sein.

2.2 Integration von Theorie und Praxis

Zu den zentralen Schwachpunkten der Lehrerbildung gehört die Trennung von Theorie und Praxis. »Theorie« – das ist für viele Hochschullehrer/innen die wissenschaftsimmanente Rezeption und Reflexion mit dem Ziel, über die grundlegenden fach- und erziehungswissenschaftlichen Erkenntnisse und Kontroversen möglichst fundiert Bescheid zu wissen. Die Wissenschaft ist demnach etwas Abgehobenes, etwas, was über der realen Welt des Unterrichts steht. Daher insistieren viele Hochschulvertreter bis heute darauf, dass die universitäre Ausbildungsphase weniger für die Praxisvorbereitung, sondern vor allem und zuerst für die wissenschaftliche Hintergrundvermittlung zuständig sei.

Diese Akzentsetzung ist deshalb fragwürdig, weil die Theorie erst im Spiegel der Praxis ihre Berechtigung erhält. Die Wissenschaft um ihrer Selbst willen zu betrachten, ist ein Studienverständnis, das noch nie überzeugt hat – vor allem nicht im Kontext der Lehrerbildung. Denn Lehrer/innen sind von ihrer Funktion her nicht als Wissenschaftler/innen, sondern ganz vorrangig als Vermittlungsexperten und handlungsfähige Pädagogen gefragt. Jürgen Zöllner, Wissenschaftsminister in Rheinland-Pfalz, fasst diese Option in die Worte: »Mathelehrer brauchen keine brillanten Wissenschaftler zu sein, sondern müssen einem Schüler mit Leidenschaft vermitteln, dass der Dreisatz etwas Spannendes ist, das man auch im Leben gebrauchen kann.« Und sein Saarländischer Ministerkollege Jürgen Schreier ergänzt: »Wir brauchen keine Romanisten oder Historiker an den Schulen, sondern Französischlehrer und Geschichtslehrer.« (zitiert nach Saarbrücker Zeitung v. 25.2.2003).

Doch so selbstverständlich diese Klarstellung auch ist, sie einzulösen bereitet in praxi große Schwierigkeiten. Die unmittelbare Verzahnung von Theorie und Praxis, von Wissenschaft und Unterricht scheint vielen Lehrerausbildern nach wie vor Unbehagen zu bereiten. Praktika ja, so lautet das gängige Zugeständnis, aber bitte in getrennten Veranstaltungen, geleitet von »nachgeordneten« Dozenten, Fachleiter/innen oder sonstigen universitären Hilfskräften. Die Lehre dagegen wird als wissenschafts- und theoriefixiert gesehen und als Domäne der Professoren betrachtet. Und die Studierenden? Ihre Wünsche gehen nachweislich in eine andere Richtung, nämlich in die, praktisch verwertbares fachdidaktisches und unterrichtspraktisches Handeln einzuüben. Die angehenden Lehrer/innen sehen also sehr wohl, dass sie sich später vor allem als Vermittlungsexperten werden beweisen müssen – und da reichen wissenschaftliche Theorien und fachwissenschaftliche Spezialkenntnisse nun einmal nicht aus.

Die gängige Rechtfertigung des Wissenschafts- und Theoriebezugs der Lehrerausbildung ist im Grunde immer die gleiche: Die Hochschule müsse den wissenschaftlich-theoretischen Fundus schaffen, damit sich die Ausbilder in der zweiten und dritten Phase der theoriegeleiteten Sondierung der schulischen und unterrichtlichen Praxis zuwenden könnten. Theorie und Praxis werden demnach als zwei relativ getrennte Welten gesehen. Und selbst wenn deren Interdependenz anerkannt wird, folgt doch zumeist im gleichen Atemzug das Argument, der universitäre Lehrbetrieb sei mit viel zu vielen Aufgaben überfrachtet und müsse daher Prioritäten setzen und das Aufgabenspektrum der Universität auf ein leistbares Pensum reduzieren. Doch damit dreht sich die Argumentation im Kreis. Denn leistbar erscheint dem Gros der Universitätsvertreter eben genau das, was sie beherrschen, und was im Kern schon immer üblich war, nämlich das extensive Rezipieren und Diskutieren grundständiger Theorien und Befunde der unterschiedlichen Wissenschaftsdisziplinen.

Wohlgemerkt: Es soll hier nicht gegen den Wissenschaftsbezug des Lehramtsstudiums argumentiert werden. Das wäre töricht. Wissenschaftlich fundierte Reflexion und Erkenntnisgewinnung müssen sein, wenn die Praxisdeutungen nicht beliebig werden sollen. Insofern ist den Fürsprechern einer wissenschaftsorientierten Lehrerbildung durchaus zuzustimmen, dass grundlegende Theoriekenntnisse vonnöten sind, wenn die Unterrichtspraxis reflektiert und im Bewusstsein begründeter Alternativen weiterentwickelt werden soll. Die Frage ist nur, ob die skizzierte Trennung von Theorie und Praxis wirklich so Distanz erzeugend bleiben muss, wie das bislang der Fall ist. Wenn beispielsweise Wilfried Plöger und Elmar Anhalt die Auffassung vertreten, die Studierenden müssten zunächst das »Theoretisieren« lernen und deshalb sei es wenig sinnvoll, dass die universitäre Studienphase bereits Aufgaben der zweiten Ausbildungsphase übernehme (vgl. Plöger/Anhalt 1999, S. 42), dann rechtfertigen sie damit letztlich nur den defizitären Status quo.

Theorie und Praxis müssen im universitären Lehrbetrieb verstärkt integriert werden. Und zwar verbunden mit der klaren Maßgabe, die unterrichtliche Handlungskompetenz der Lehramtsanwärter theoriegeleitet und praxistauglich zu fördern. Das ist eine fraglos akzeptable Maxime. Praxisbezug bedeutet demnach nicht nur Praktika oder irgendwelche andere Formen der Realbegegnung, sondern meint in Anlehnung an die KMK-Kommission auch und zugleich »... den Aufbau von Praxiswissen, zum Beispiel durch angeleitete Beobachtungen oder durch das forschende Lernen innerhalb von Lehr- und Forschungsprojekten.« Durch eine derartige Nutzung der Wissenschaften könnten Problemlagen der Praxis identifiziert, pädagogische Behauptungen und Überzeugungen kritisch überprüft und unterrichtliche Handlungen und Entscheidungen argumentativ begründet werden (vgl. KMK-Kommission 2000, S. 70).

Diese Theorie-Praxis-Deutung ist sinnvoll und wegweisend. Sie verweist darauf, dass es dringend an der Zeit ist, dass in den deutschen Lehrerbildungsstätten stärker induktiv – von den schulpraktischen Problemen aus – und weniger deduktiv – vom wissenschaftlichen Podest aus – gelehrt und gelernt wird. Doch das ist nur eine der Konsequenzen aus den vorstehenden Ausführungen. Eine andere ist die, dass der Verzahnung von Methodenlernen und wissenschaftlichem Kenntniserwerb in den universitären Veranstaltungen sehr viel mehr Raum als bisher gegeben werden muss. Denn eines ist klar: Eine auf innovativen Unterricht ausgerichtete Lehrerausbildung braucht nicht nur veränderte Inhalte und Themen; sie braucht auch und vor allem neue Methoden (vgl. die Abschnitte I.3.6 und II.2.4).

Von daher liegt es nahe, dass in der Lehrerausbildung stärker auf Methodenvielfalt und praxistaugliche Moderationsverfahren gesetzt wird. Denn die in den Hochschulen nach wie vor dominierenden Vorlesungen, Referate und Diskussionen decken nur einen schmalen Bereich des Methodenspektrums ab. Arbeits- und Unterrichtsmethoden wie Planspiel, Hearing, Tribunal, Interview und Rollenspiel müssen ebenso dazukommen wie Fallstudien, Erkundungen, Plakatgestaltung, Reportage, Pro-und-Kontra-Debatte, Talkshow, Mindmap, Recherche, Konferenzspiel, assoziatives Zeichnen und vieles andere mehr, was lebendiges handlungsorientiertes Lernen erfahrbar werden lässt. Derartige Methoden spielen in den Lehrerbildungsseminaren bislang bestenfalls eine nachgeordnete Rolle. Das gilt vor allem für das entsprechende »learning by doing«. Dabei wäre es doch so naheliegend, die obligatorischen fach- und erziehungswissenschaftlichen Themen und Inhalte von den Studierenden mithilfe derartiger Methoden erarbeiten zu lassen.

Auf diese Weise wäre gleich zwei Anliegen der Lehrerbildung Rechnung zu tragen. Zum einen würden die angehenden Lehrer/innen das obligatorische Fachwissen (im weitesten Sinne des Wortes) ebenso aktiv wie intensiv erschließen, zum anderen würden sie zeitgleich neue Methoden praktizieren und erleben und könnten sich dadurch einen näheren Eindruck von den Implikationen und Chancen dieser Methoden verschaffen. So gesehen könnten effektives Lernen auf der Fach- und Sachebene und einprägsames prozedurales Lernen auf der Methodenebene höchst wirksam verknüpft werden. Die Beispiele in Abbildung 24 zeigen, wie diese Integration von Methodenlernen und fachlicher Klärungsarbeit vonstatten gehen kann. Wer in dieser Art gearbeitet hat, der kann sich in der Regel nur wundern, dass diese so naheliegende Koppelung von Wissenschaftsorientierung und Methodenorientierung in unseren Universitäten und Studienseminaren so wenig genutzt und praktiziert wird. Das gilt nicht zuletzt für die Integration von Rhetorik-Training und fachlichem Lernen, von

Fachstudien und Methodenlernen

Am Beispiel des Themas »Waldsterben«

- **Mindmap erstellen:** Die Student/innen konzipieren und gestalten auf der Basis ihres Vorwissens eine persönliche Mindmap zu den Ursachen und Auswirkungen des Waldsterbens. Grundinformationen zum Mindmapping liegen vor. Die Mindmaps werden in Zufallsgruppen gesichtet; eine Reflexion im Plenum schließt sich an.
- **Folie entwickeln:** Die Student/innen werten zum aktuellen Stand des Waldsterbens vorliegende Zeitungsartikel aus und erstellen eine möglichst aussagekräftige und übersichtliche Folie zum Ausmaß der Waldschäden. Anschließend wird präsentiert und sowohl die Sachebene als auch die Methodik reflektiert.
- **Text markieren:** Die Student/innen lesen und markieren einen mehrseitigen Text zu den Ursachen des Waldsterbens. Anschließend vergleichen und problematisieren sie in Zufallsgruppen ihre Markierungsweise, klären inhaltliche Fragen und Aspekte, vereinbaren wichtige Markierungsregeln und stellen diese schließlich im Plenum vor. Eine Aussprache schließt sich an.
- **Interview führen:** Die Student/innen bereiten sich anhand vorliegender Unterlagen arbeitsteilig darauf vor, entweder als Journalist/in (Name: Listig) oder als Waldexpert/in (Name: Förster) zu den Auswirkungen des Waldsterbens Rede und Antwort zu stehen. In funktionsgleichen Gruppen werden Sachfragen und Vorgehensweise besprochen. Dann werden die Interviews in Zufallstandems geführt (J1/W1; J2/W2; J3/W3 etc.); anschließend berichten 2 Tandems über ihre Interviewergebnisse; die Methodik wird reflektiert; am Ende kann ein Zeitungsartikel geschrieben werden.
- **Plakatgestaltung:** Die Student/innen recherchieren in einer vorliegenden Broschüre, was gegen das Waldsterben unternommen werden kann. Die ermittelten Strategien werden übersichtlich auf einem Plakat vorgestellt und möglichst einprägsam visualisiert. Anregungen zur Visualisierungstechnik liegen vor. Die erstellten Plakate werden im Rahmen eines Museumsrundgangs präsentiert und reflektiert.
- **Hearing:** Die Student/innen bereiten sich anhand von Rollenkarten darauf vor, in einer Anhörung vor einem Ausschuss des Landtags über die Möglichkeiten und Probleme der Waldschadensbekämpfung zu berichten. Ausbilder und einige ausgewählte Student/innen bilden den Ausschuss; die unterschiedlichen »Experten« stehen Rede und Antwort. Eine Reflexion der Methodik schließt sich an.
- **Bürgerbefragung:** Die Student/innen entwickeln in Zufallsgruppen zum Problemfeld Waldsterben einen geeigneten Fragebogen für eine Straßen- bzw. Campusbefragung Die Fragebögen werden zum Zwecke eines Pretests zwischen den Gruppen ausgetauscht und kritisch gesichtet. Auf der Basis der optimierten Fragebögen wird die Befragung durchgeführt und anschließend ausgewertet; die Befunde werden im Seminar präsentiert und unter sachlichen wie methodischen Aspekten reflektiert.

etc.

Abb. 24

Kooperationstraining und Wissenserwerb, von Lerntraining und kognitiver Strukturierungsarbeit.

Das in Abbildung 24, dokumentierte Methodenspektrum zum Thema »Waldsterben« macht deutlich, wie vielseitig das besagte Methodenlernen mit der themenzentrierten Informationsbeschaffung und -verarbeitung verbunden werden kann. Beispiele dieser Art lassen sich selbstverständlich zu allen möglichen weiteren fachwissenschaftlichen, didaktischen und allgemein-pädagogischen Themenfeldern finden. Das beginnt bei einem möglichen Hearing zum Schulrecht oder zu ausgewählten fachdidaktischen Ansätzen und reicht über themenzentrierte Planspiele und Rollenspiele (vgl. dazu Klippert 1996) bis hin zu konkreten Visualisierungs- und Präsentationsübungen hinsichtlich Kognitionspsychologie, Konstruktivismus, Leistungsbeurteilung oder anderer Themen aus dem Bereich der Erziehungswissenschaften. Ja, selbst zu den administrativen Aufgaben eines Klassenlehrers kann man z.B. ein Plakat erstellen oder eine Folie vorbereiten und unter Beachtung elementarer Präsentationsregeln vorstellen lassen. Das alles trägt zur lernwirksamen Vernetzung von inhaltlichem und methodischem Lernen bei; darüber hinaus steigert diese Vorgehensweise die methodische Variabilität und Sicherheit der betreffenden Seminarteilnehmer/innen hinsichtlich der Gestaltung und Moderation ihres eigenen Unterrichts. Näheres dazu findet sich in den nachfolgenden Abschnitten.

Nun mag mancher Hochschullehrer einwenden, dass das alles in der Massenuniversität unserer Tage doch gar nicht geht. Zugegeben, diese Theorie-Praxis-Koppelungen sind in einem Vorlesungssaal mit einigen Hundert Stunden schwerlich zu realisieren. Aber es gibt im Hochschulalltag ja nicht nur Vorlesungen und frontal ausgerichtete Hörsäle, sondern des Öfteren auch Seminare mit überschaubaren Studentenzahlen und akzeptabler Raumgröße und -bestuhlung. Wenn in allen diesen Räumlichkeiten mit der neuen Lehr- und Lernkultur begonnen würde, dann kämen wir in punkto Unterrichtsentwicklung fraglos ein gutes Stück voran. Und zwar sowohl im Hinblick auf den wissenschaftlichen Kompetenzerwerb als auch bezüglich der Kenntnisse und Anwendungskompetenzen im Bereich neuer Lehr- und Lernmethoden. Man muss nur anfangen! Dabei soll keineswegs geleugnet werden, dass es in praxi einschneidende Restriktionen gibt. Angefangen bei den umfangreichen Stoffkatalogen über die etablierten Zeittakte (eineinhalbstündige Seminare) bis hin zu mangelhaften Seminarräumen, fehlenden Ressourcen und fragwürdigen Prüfungsmodalitäten. Auch die Konsumentenhaltung der Studierenden sowie ihre mangelnde Teambereitschaft und Teamfähigkeit mögen hier und da manches erschweren. Trotzdem: Wer nicht anfängt, den bestraft das Leben!

Wer zu lange klagt und bedauert, dass die Umstände nicht optimal sind, der verhindert, dass die angehenden Lehrer/innen in die Neue Lernkultur frühzeitig hineinwachsen und auf diese Weise inspiriert und ermutigt werden, das schulische Lehren und Lernen zukunftsweisend zu verändern. Außerdem: Blockseminare und mehrtägige Ausbildungsveranstaltungen sind ebenso zulässig wie Stoffreduktion und exemplarisches Lehren und Lernen in Studium und Seminar. So gesehen kann über mangelnde Gestaltungsspielräume gewiss nicht geklagt werden. Sie müssen nur genutzt werden! Nichts spricht dagegen, dass die Hochschulen und Studienseminare mit gutem Beispiel vorangehen und den angehenden Lehrer/innen innovative Lernarrangements anbieten – Lernarrangements, die sowohl die beschriebene Theorie-Praxis-Kluft als auch die verbreitete Methodenarmut in Schule, Studium und Seminar überwinden helfen. Das Schwierigste ist meist der Anfang.

2.3 Der Primat der Alltagstauglichkeit

Der skizzierte Praxisbezug ist freilich nur die eine Seite der Problemlösung. Die andere Seite betrifft die Alltagstauglichkeit des in Hochschulen und Studienseminaren vermittelten Repertoires. Mit anderen Worten: Die angemahnte Praxisnähe der Lehrerausbildung gewährleistet noch lange nicht, dass die betreffenden Lernarrangements auch alltagstauglich sind. Es gibt nicht »die Praxis«, sondern stets unterschiedliche Zugänge. Und je nachdem, wie Praxis definiert wird, können die angehenden Lehrer/innen mehr damit anfangen oder auch weniger. Vieles, was derzeit an modernen Unterrichtsmethoden »verkauft« wird, ist nicht besonders alltagstauglich. Das gilt für Projektarbeit genauso wie für Wochenpläne und Lernzirkel. Nur zu oft werden »pädagogische Orchideen« gezüchtet, die bereits bei der ersten Trockenperiode im Schulalltag verwelken. Dieses Phänomen ist an anderer Stelle des Buches mit dem Begriff »Glühwürmchen-Effekt« belegt worden (vgl. Abschnitt I.2.1). Ein Phänomen, das sich daraus erklärt, dass engagierte Lehramtsanwärter/innen immer wieder dazu neigen, mit hohem Zeit- und Arbeitsaufwand nachgerade exotische Unterrichtsprojekte und/oder -modelle zu entwickeln und umzusetzen, die spätestens am Ende der Ausbildung durch das ersetzt werden, was an alltagstauglichem Repertoire zur Verfügung steht, nämlich durch klassische Vortrags-, Frage-, Impuls-, Kontroll- und Sanktionstechniken. Schade eigentlich!

Ein Beispiel mag dieses Dilemma belegen. Dreh- und Angelpunkt dieses Beispiels ist ein *Lernzirkel*, den drei Referendar/innen im Fach Deutsch entwickelt haben. Als sie mir anlässlich eines Seminars ganz stolz von ihrem neuen Lernzirkel berichten, bin ich zunächst natürlich neugierig und lasse mir den Aufbau und Ablauf dieses Arrangements näher schildern. Doch als mir die Referendar/innen auf meine Bitte hin am nächsten Seminartag die entsprechenden Unterrichtsmaterialien mitbringen, wird mir sehr schnell klar, dass der vorliegende Lernzirkel nicht besonders alltagstauglich ausgefallen ist. Warum? Weil die Materialfülle nicht nur überwältigend, sondern nachgerade abschreckend ist. 33 perfekt gestylte DIN-A4-Blätter werden mir vorgelegt: Arbeitsblätter, Informationsblätter, Differenzierungsblätter, Selbstkontrollblätter – ein wahrlich beeindruckender, aber eben auch irritierender Leistungsnachweis der jungen Leute.

Beeindruckend deshalb, weil sich die Referendar/innen gewiss große Mühe gegeben und mit viel Perfektion am Computer ganze Arbeit geleistet haben. Irritierend ist der vorliegende »Materialberg« insofern, als er in mir unweigerlich zwei Fragen auslöst. Die erste Frage ist die, ob denn diese »Blätterwirtschaft« nun wirklich die neue Unterrichtsqualität bringt, von der nach PISA so oft die Rede ist. Ich verspüre Skepsis, weil eng gestrickte Arbeitsblätter noch lange kein anspruchsvolles Lernen der Kinder begründen. Die zweite Frage, die sich mir stellt, ist eine ganz praktische: Wie lange haben die drei Referendar/innen wohl daran gesessen, um alle diese Materialien vorzubereiten? Dementsprechend frage ich bei dem Trio nach. Die Antwort: zwei Wochenenden hätten sie zusammen vorbereitet, ausgedruckt und überarbeitet. Und zusätzlich sei ein Freitagnachmittag und -abend dafür draufgegangen. Meine naheliegende Anschlussfrage: »Und wie lange beschäftigt dieser Lernzirkel eure Schüler/innen?« Die Antwort kommt prompt und ist höchst desillusionierend: Drei Unterrichtsstunden! Die drei jungen Leute mögen mir wohl meine Irritation und unverhohlene Skepsis angemerkt haben, fügen sie doch sogleich kokettierend hinzu: »Aber so etwas machen wir bestimmt so schnell nicht wieder!«

Derartige »Eintagsfliegen« sind keine Seltenheit. Sie gehören seit Jahrzehnten zum Schul- und Unterrichtsalltag in Deutschland. Nun kann man sicherlich einwerfen, dass sich die Referendar/innen in der Lernphase, in der sie sich befinden, einfach mal richtig intensiv in die eine oder andere anspruchsvolle Methodik (hier: Lernzirkel) hineinknien müssen, um exemplarisch die ganze Vielschichtigkeit des pädagogischen Geschäfts zu studieren. Das rechtfertigt dann natürlich auch einen ungewöhnlichen Vorbereitungsaufwand. Bei Lichte betrachtet, vermag diese Rechtfertigung jedoch nicht so recht zu überzeugen, da sie das Ziel aus den Augen verliert, nämlich das, berufliches Alltagshandeln der Lehramtsanwärter/innen vorzubereiten. Richtig an der angesprochenen Entwicklung von »innovativen Hochformen« ist sicherlich, dass diese Arbeit den Referendar/innen nicht grundsätzlich schadet. Aber nützt sie deshalb schon? Zweifel sind angebracht, weil die Erfahrung zeigt, dass zwischen der besagten »Hochakrobatik« im Rahmen der Lehrerausbildung und dem »Sackhüpfen« im Schulalltag doch beträchtliche Welten liegen. Distanzen also, die viele Lehrer/innen späterhin gar nicht auf die Idee kommen lassen, nach Überbrückungsmöglichkeiten zu suchen. Deshalb der erwähnte Glühwürmchen-Effekt. Viel wichtiger wäre es dagegen, eine Unterrichtsvorbereitung und -gestaltung anzupeilen, die bei 26 – 28 Stunden Unterrichtsverpflichtung pro Woche noch immer zu bewerkstelligen ist (vgl. das Beispiel in Abbildung 25).

Dieser Nützlichkeits- und Machbarkeitsaspekt muss unbedingt im Auge behalten werden, wenn innovative Ausbildungsangebote im Schulalltag fruchtbar werden sollen. Wer diese Pragmatik ignoriert, hat schon verloren. Lehrer/innen brauchen nun einmal ein »Handwerkszeug«, das für die 26- bis 28-Stunden-Woche taugt und so zeit- und arbeitsökonomisch vorzubereiten ist, dass es auf Dauer zur Verfügung steht und genutzt werden kann. Diese *Alltagstauglichkeit* der pädagogisch-methodischen Innovationsarbeit ist eine zentrale Voraussetzung für das Gelingen der skizzierten Unterrichtsreform. Von daher ist den Ausbildungsverantwortlichen in der zweiten wie in der ersten Phase der Lehrerbildung nur zu raten, sich stärker als bisher an diesem Kriterium zu orientieren. Andernfalls müssen sie damit rechnen, dass ihre Ausbildungsbemühungen und -angebote leicht zur fragwürdigen »Beschäftigungstherapie« verkommen. Und das kann ja wohl niemand ernsthaft wollen!?

Deshalb: Nicht die perfekten didaktischen und methodischen Hochformen bilden den Maßstab, an dem sich eine gute Lehrerausbildung bemisst, sondern die alltagstauglichen Lernarrangements und Instrumentarien, auf die eine Lehrkraft gleichsam aus dem Stegreif heraus zurückgreifen kann. Nötig sind von daher Ausbildungsmodule, die genau diese »*Stegreifkompetenzen*« vorbereiten. In diesen Punkten ist in den Studienseminaren wie in den Universitäten noch eine Menge Klärungs- und Entwicklungsarbeit zu leisten.

Unterrichtsplanung einmal anders

oder: Wie man die Schüler/innen im Deutschunterricht
Methoden »pflegen« lassen kann

Mögliche methodenzentrierte Lernaktivitäten rund um einen Schulbuch-Text

- **Nachschlagen im Schulbuch:** Den Schüler/innen werden Autor und Kapitelüberschrift des betreffenden Sachtextes zum Thema »Umgang mit Hunden« vorgegeben; sie recherchieren, kombinieren und suchen den Text;
- **Markieren:** Die Schüler/innen markieren zu den aus dem Text ersichtlichen Verhaltensregeln (das sind max. neun) je ein »Schlüsselwort«; die gefundenen Wörter werden in Zufalls-Tandems verglichen und bei Bedarf besprochen;
- **Strukturieren:** Die Schüler/innen verknüpfen die markierten Schlüsselbegriffe auf einem DIN-A4-Blatt zu einer sinnvollen »Gedankenkette« und halten sodann im Doppelkreis einem Zufallspartner einen kleinen Probevortrag;
- **Präsentieren:** Die Schüler/innen stellen die gefundenen Verhaltensregeln im Plenum im Rahmen einer Kettenpräsentation vor (Regel nennen → Melden → Wort weitergeben → Blickkontakt halten → Regel wiederholen → neue Regel nennen etc.);
- **Erlebnisgeschichte schreiben:** Die Schüler/innen beschreiben ein persönliches Erlebnis/Ereignis, das mit Hunden zu tun hat (DIN-A4-Seite);
- **Spickzettel erstellen:** Die Schüler/innen erstellen zu ihrer Erlebnisgeschichte einen übersichtlichen Spickzettel mit maximal zehn Wörtern;
- **Freies Vortragen:** Die Schüler/innen tragen ihre Erlebnisgeschichten anhand ihrer »Spkckzettel« in freier Rede in Kleingruppen vor;
- **Plakat gestalten:** Die Schüler/innen fassen die erarbeiteten Regeln bzw. Tipps zum Umgang mit Hunden auf einem großen Plakat anschaulich zusammen.

Abb. 25 © Dr. H. Klippert

Wie eine derartige alltagstaugliche Unterrichtsplanung und -gestaltung aussehen kann, lässt sich aus Abbildung 25 ersehen. Das Beispiel ist bewusst so gewählt, dass es eine recht einfache Planungssystematik vor Augen führt. Eine Planungssystematik, die gleichwohl mehrere innovative Ansatzpunkte einschließt. Nämlich erstens die vielseitige Methoden-, Kommunikations- und Kooperationspflege im Rahmen der skizzierten Unterrichtssequenz, zweitens die konsequente Veranlassung der Schüler/innen zum eigenverantwortlichen Arbeiten und Lernen sowie drittens den gezielten Wechsel von Einzel-, Partner-, Gruppen- und Plenararbeit. Und natürlich wird auf diese Weise auch höchst intensiv Texterschließung betrieben. Indem die Lehramtsanwärter/innen derartige Unterrichtsbausteine und -abläufe im einen oder anderen Seminar entwickeln, darüber in Gruppen reflektieren, anschließend vielleicht eine unterrichtliche Erprobung starten und am Ende erneut in Gruppen prüfen und ggf. überarbeiten, können sie sich in Sachen Neue Lernkultur ganz elementar üben und zu ersten »Routinen« vortasten. So gesehen handelt es sich bei diesem Verfahren um einen ebenso wichtigen wie gangbaren Schritt zur Sicherstellung einer größeren Alltagstauglichkeit in der Lehrerbildung.

Natürlich bedeutet diese Forderung nach Alltagstauglichkeit nicht, dass die Unterrichtsplanung und -gestaltung generell so elementar wie in Abbildung 25 angegangen werden soll. Grundsätzlich gilt: Je sensibler die Lehramtsanwärter/innen in Sachen EVA und Methodenschulung sind und je selbstverständlicher und ideenreicher sie unterrichtliche Abläufe zu operationalisieren verstehen, desto anspruchsvoller werden auch die unterrichtlichen Planungsverfahren und Ablaufmuster. Nur, anders herum geht das Ganze weniger gut. Wer meint, durch die Konzipierung didaktisch-methodischer Hochformen (Projekt, Lernzirkel, Erkundung, Planspiel etc.) bereits die entscheidende Voraussetzung für einen erfolgreichen Unterricht geschaffen zu haben, der irrt. Man kann vom Elementaren zum Komplizierten vorstoßen, aber schwerlich umgekehrt. Warum? Weil die Hochformen zu planen in der Regel nur dem gelingt, der das elementare didaktisch-methodische Handwerkszeug so beherrscht, dass er den Kopf für »Höheres« freibekommt. Dafür sorgen die entstehenden Routinen.

Das heißt für die entsprechenden Seminare im Rahmen der Lehrerausbildung, dass mit der Planung und Ausgestaltung einfacher Unterrichtsarrangements begonnen und mit wachsender Übung und Ideenvielfalt der Lehramtsanwärter/in auf zunehmend komplizierter und komplexer werdende Lernarrangements abgestellt wird. Wie die Erfahrung zeigt, gehen auf diese Weise nach einiger Zeit selbst anspruchsvolle Lehr-/Lernplanungen recht zügig von der Hand. Mit anderen Worten: Die Hochformen werden alltagstauglich. Gelernt werden auf diesem Wege also nicht nur innovative Lehr- und Lernverfahren, sondern auch und zugleich Strategien zur Sicherstellung einer tragfähigen Arbeitsökonomie. Letzteres ist deshalb wichtig, weil auf innovative Unterrichtsmethoden im Schulalltag dauerhaft nur dann zurückgegriffen wird, wenn sich diese zeit- und arbeitssparend vorbereiten und im Unterricht umsetzen lassen.

2.4 Verstärkte Methodenorientierung

Dass sich das Methodenrepertoire der angehenden Lehrer/innen verbessern muss, ist in den vorangehenden Abschnitten hinlänglich deutlich gemacht worden. Die Konsequenz: Ins Zentrum der Lehrerausbildung muss verstärkt das Arbeiten an und mit innovativen Strategien des Schulunterrichts gestellt werden – praxisbezogen wie theoriegeleitet, erfahrungsorientiert wie handlungsbetont, fachbezogen wie fächerübergreifend, exemplarisch wie systematisch. Dieser Impetus wird hier zu Lande mehr und mehr akzeptiert. Die Frage ist nur, wo und wie mit der methodenzentrierten Basisschulung der nachwachsenden Lehrergeneration angesetzt werden soll. Grundsätzlich bieten sich drei Ebenen an: Erstens die verstärkte Beachtung methodischer Aspekte im Rahmen der Unterrichtspraktika und -hospitationen, zweitens die konsequente Ausrichtung von Unterrichtsplanung und Unterrichtsversuchen auf innovative methodische Arrangements (vgl. die Abbildungen 24 und 25) sowie drittens die systematische Förderung methodenzentrierter Simulationsspiele und Trainings im

Kontext der einzelnen Fach-, Haupt- und/oder Pädagogik-Seminare. Dazu einige nähere Anregungen und Erfahrungswerte:

a) **Methodenzentrierte Realerkundungen:** Zu den obligatorischen Bestandteilen der Lehrerausbildung gehören Praktika (Blockpraktika, semesterbegleitende Praktika, Praktikumssemester etc.), Hospitationen und gezielte Unterrichtserkundungen unter dem einen oder anderen »Forschungsaspekt«. Die Frage ist nur, was die betreffenden Student/innen bzw. Referendar/innen bei diesen Gelegenheiten zu sehen bzw. zu tun bekommen. Hier müssen die Ausbilder wachsam sein. Wie in Abschnitt II.1.4 bereits angedeutet, kann Praxis nämlich vieles bedeuten: Gute oder schlechte, innovative oder konventionelle, inhaltszentrierte oder methodenorientierte. Da die inhaltlich-fachliche Kompetenzvermittlung in den Lehrerbildungseinrichtungen offenbar recht gut funktioniert, liegt es nahe, die Prioritäten im Rahmen der hier in Rede stehenden Realbegegnungen anders zu setzen, nämlich primär in Richtung Unterrichtsmethodik. Das heißt: Das Hauptaugenmerk der pädagogischen Akteure sollte sich ganz vorrangig auf die methodischen Arrangements und -abläufe im jeweiligen Unterricht richten. Das gilt für Hochschullehrer/innen wie für Fachleiter/innen, für Mentor/innen wie für die betreffenden Lehramtsanwärter/innen.

Welche Methoden damit gemeint sein können, lässt sich überblickhaft aus Abbildung 26 ersehen. Dort wird zwischen Makromethoden und Mikromethoden unterschieden. *Makromethoden* sind relativ komplexe und anspruchsvolle methodische Arrangements, die von Lehrerseite organisiert werden, damit die Schüler/innen innerhalb dieser methodischer Fenster mit vielfältigen Mikromethoden arbeiten und lernen. Makromethoden werden also in erster Linie vom Lehrer durchschaut und in ihrem Gesamtablauf gesteuert, und weniger von den Schüler/innen. Letztere mögen unter Anleitung der Lehrkraft Teile managen, aber selten werden sie den komplexen Gesamtablauf – etwa eines Projekts – selbstständig steuern. So gesehen können Makromethoden auch als »Lehrermethoden« bezeichnet werden.

Demgegenüber sind die *Mikromethoden* konkrete Arbeits- bzw. Trainingsfelder der Schüler/innen (vgl. Abbildung 26). Zwar übernehmen die Lehrkräfte im Rahmen ihrer Vermittlung eine gewisse Rahmensteuerung, allerdings sind die Mikromethoden in aller Regel so schmal zugeschnitten, dass die betreffenden Operationen für die Schüler/innen relativ rasch erlernbar sind. Insofern sind die Mikromethoden ziemlich präzise und ergiebig zu trainieren (vgl. Klippert 1994, 1995, 1998), während die Makromethoden für viele Schüler/innen weder trainierbar noch als komplexe Handlungsschemata hinreichend beherrschbar sind. Vielmehr verlangen sie mehr oder weniger einschneidende Interventionen und Hilfestellungen der Lehrkräfte, wenn die entsprechenden Lernprozesse in halbwegs geordneten Bahnen verlaufen sollen. Die Hauptverantwortung bei den Makrospiralen liegt also bei den Lehrkräften, die Hauptverantwortung bei den Mikrospiralen tragen die Schüler/innen.

Wozu diese Differenzierung? Sie hilft das Methodenlernen im Rahmen der hier in Rede stehenden Praktika und Hospitationen gezielt zu planen und zu akzentuieren. Denn wichtig ist, dass im Zuge dieser Ausbildungsveranstaltungen nicht einige weni-

Grundlegende Lehr- und Lernmethoden		
Komplexere Makromethoden	**Elementare Mikromethoden**	
	Lern- und Arbeitstechniken	**Kommunikations- und Kooperationstechniken**
• Gruppenarbeit	• Text markieren	• Einem Partner erzählen
• Projektmethode	• Gezielt nachschlagen	• Berichte nacherzählen
• Wochenplan	• Heftseite gestalten	• Sachtext wiedergeben
• Metaplanmethode	• Sauber ausschneiden	• Frage-Antwort -Spiel
• Planspielmethode	• Schultasche packen	• Blitzlicht zur Woche
• Prüfungsmethodik	• Aufgabenheft führen	• Blitzlicht zur Stunde
• Lernkarteiarbeit	• Mindmap erstellen	• Ein Plakat erläutern
• Leittextmethode	• Fragen formulieren	• OH-Folie vorstellen
• Moderationsmethode	• Tabelle erstellen	• Aktives Zuhören
• Schülerreferat	• Plakat gestalten	• Partnerinterview
• Facharbeit	• Folie gestalten	• Feedback geben
• Sozialstudie	• Mitschrift anfertigen	• Kleine Rede halten
• Hearing	• Arbeitsplatz gestalten	• 5-Satz-Argumentation
• Tribunal	• Zeitplan erstellen	• Brainstorming
• Rhetorik	• Gliederung entwerfen	• Tandem-Präsentation
• Heuristik	• Protokoll schreiben	• Gruppenbilanz
• Dialektik	• Kommentar verfassen	• Konfliktmoderation
etc.	etc.	etc.

Abb. 26

ge Methoden inflationär angeboten und erkundet werden und andere gar nicht zum Zuge kommen. Das wäre fatal und kontraproduktiv, verlangt doch die Umsetzung der Neuen Lernkultur erklärtermaßen Methodenvielfalt und nicht neuerliche Methodeneinfalt, die es ja gerade zu überwinden gilt. Von daher sollten im Rahmen der besagten Praktika, Hospitationen und Unterrichtsversuche möglichst vielfältige methodische Arrangements ins Angebot genommen und für die Lehramtsanwärter/innen erfahrbar gemacht werden. Abbildung 26 kann diesbezüglich als Such- und Planungsraster dienen und genutzt werden – als Raster also, das zeigt, welcher Art die methodenzentrierten Übungen und Unterrichtsversuche sein können, die im Rahmen der einzelnen methodenorientierten Ausbildungsveranstaltungen in den Schulen ein- und umgesetzt werden.

Dementsprechend kann an den betreffenden »Versuchsschulen« z.B. gezeigt bzw. erprobt werden, wie man mit den Schüler/innen Mikromethoden wie Markieren, Heftgestaltung, Nachschlagen, Tabellenkonstruktion, Plakatgestaltung, Interviewmethode, 5-Satz-Argumentation, Feedback, Blitzlicht oder Aktives Zuhören einüben kann oder wie sich Makromethoden wie Gruppenpuzzle, Hearing, Rollenspiel, Talkshow oder Lernkarteiarbeit im Unterricht organisieren und moderieren lassen (vgl. Abbildung 26). Dass die Schüler/innen derartiges lernen müssen, ist mittlerweile

Konsens. Unklarheiten gibt es lediglich beim »Wie«. Problematisch ist diese Unsicherheit deshalb, weil die angehenden Lehrer/innen nach dem PISA-Debakel wohl kaum umhin kommen werden, verstärkt das Lernen zu lehren, das eigenverantwortliche Arbeiten zu fördern, das effektive Erschließen von Texten und Schaubildern zu unterstützen, das Erfassen und Lösen von Problemen zu üben oder das konstruktive Kooperieren und Kommunizieren in Gruppen zu verbessern – um nur einige der neuen Unterrichtsziele zu nennen. So gesehen wäre es gut, die Lehrerausbildung würde diesbezüglich verstärkt »Anschauungsunterricht« initiieren und anbieten.

b) **Methodenzentrierte Unterrichtsplanung:** Das zweite Feld des Methodenlernens betrifft die erwähnte Planung und Ausarbeitung ausgewählter Unterrichtsstunden mit methodischen Schwerpunkten. Wenn die KMK-Kommission fordert, dass die Lehrerausbildung die angehenden Lehrkräfte in erster Linie »als Experten für das Lehren und Lernen« zu qualifizieren habe (vgl. KMK-Kommission 2000, S. 15), dann schließt das zwingend eigene Versuche in Sachen Unterrichtsplanung und -vorbereitung mit ein. Das gilt nicht nur für die zweite Phase der Lehrerbildung, sondern – zumindest in Ansätzen – auch für die erste Ausbildungsphase in den Universitäten. Dort läuft in dieser Hinsicht bislang zwar noch nicht viel, aber das kann sich ja ändern. Ja, es muss sich sogar ändern! Denn wer ein kompetenter, innovativer Lehrer werden will, der ist zwingend darauf angewiesen, möglichst früh methodisches Denken und Planen zu üben und zu lernen. Andernfalls fehlt eine wichtige Grundlage für die spätere Unterrichtstätigkeit. Über innovative Stundenentwürfe nur in Büchern zu lesen oder in Vorlesungen das eine oder andere zu hören, ist nämlich zu wenig. Innovative methodische Arrangements beherrscht man vornehmlich dadurch, dass man sie auch planerisch aufbereiten kann. Denn Planen ist eine Form der Anwendung und bringt sowohl persönliche Vergewisserung und Klärung mit sich, als auch praktischen Kompetenzerwerb im Hinblick auf die konkrete Operationalisierung neuer Methoden für den alltäglichen Unterricht.

Wie Lernabläufe geplant und methodisch systematisiert werden können, ist beispielhaft in den Abbildungen 17, S. 97, 18, S. 99, 24, S. 137, und 25, S. 141, dieses Buches dargelegt worden. Wichtig dabei ist der spiralförmige Lernablauf mit seinen vielfältigen inhaltlichen und/oder methodischen Klärungs-, Reflexions- und Anwendungsschritten. Das in Abbildung 27 dokumentierte Planungsraster zur Entwicklung entsprechender *Lernspiralen* macht diese Planungssystematik deutlich und kann in der Seminararbeit als Leitfaden und Strukturierungshilfe genutzt werden. Sinnvoll ist es natürlich, das dokumentierte Hochformat des Planungsrasters in ein Querformat umzuwandeln, damit die Spalten breiter und übersichtlicher werden. Auch ist es empfehlenswert, die Planungsvorlage nicht nur in Kopie für handschriftliche Notizen bereitzustellen, sondern sie direkt mit Word oder Excel in den Computer zu übernehmen. Das erleichtert die Erfassung, Weitergabe und Überarbeitung der Planungsergebnisse ganz erheblich. Näheres dazu wird in Abschnitt III.1 auszuführen sein.

Wie sich aus Abbildung 27 ersehen lässt, gehört zur Lernablaufplanung nicht nur die inhaltliche Zielbestimmung und Stoffanalyse, sondern auch und zugleich das sys-

Planungsraster zur Förderung neuer Lehr-Lern-Formen

Inhaltliche Kernziele

❶ ....

❷ ....

Arbeitsschritte	Sozialformen	Lernaktivitäten der Schüler/innen (EVA konkret!)	Welche Methoden werden gepflegt?	Merkposten für die Durchführung
1				
2				
3				
4				
5				
6				

Abb. 27

tematische Herausarbeiten unterschiedlicher Sozialformen, Lernaktivitäten und Methodenanwendungen der Schüler/innen. Die betreffenden Spalten des Rasters sind also gleichsam »Alarmglocken«, die den planenden Lehrkräften immer wieder in Erinnerung rufen sollen, dass möglichst konsequent auf EVA und Methodenpflege, auf Methodenvielfalt und unterschiedliche Sozialformen geachtet werden muss. So gesehen ist die dokumentierte Planungssystematik nicht zuletzt ein Beitrag zur Förderung neuer Planungsroutinen auf Seiten der Lehrkräfte sowie dazu, mit den betreffenden Lehr-/Lerninstrumenten besser vertraut zu werden. Die bisherigen Erfahrungen zeigen eines nämlich sehr deutlich: Die Grundorientierung der Lehrkräfte im Rahmen der Unterrichtsplanung geht nach wie vor ganz vorrangig in Richtung didaktische Analyse und Stoffverteilung und weniger dahin, Methodenvielfalt, Schüleraktivierung und Methodenpflege sicherzustellen. Diese Grundorientierung muss sich verändern. Das vorgestellte Planungsraster ist ein erprobtes und bewährtes Instrument, um diese Neuorientierung in praxi zu schaffen.

c) **Systematisches Methodentraining:** Die wohl intensivste und wirksamste Form der Methodenorientierung in der Lehrerausbildung ist das praktische Durchspielen und/oder Trainieren ausgewählter Methoden. Dieses »learning by doing« hat sich in der Vergangenheit außerordentlich bewährt. Die entsprechenden Simulationsspiele können sowohl fachbezogene *Lernspiralen* als auch methodenzentrierte *Trainingsspiralen* zur einen oder anderen Arbeits-, Kommunikations- oder Kooperationstechnik betreffen (vgl. Klippert 1994, 1995, 1998, 2001, 2003). Diese »Spiralen« werden von den Studierenden bzw. Referendar/innen probeweise durchgespielt, reflektiert und möglicherweise auch zum Anlass für analoge Planungsarbeiten genommen. Die in Abbildung 17 auf Seite 97 dokumentierte Trainingsspirale zur Heftgestaltung ist ein entsprechendes Beispiel. Ein weiteres Beispiel ist die auf Seite 99 vorgestellte Lernspirale zum Thema Arbeitslosengeld.

Derartige methodische Abläufe können im Rahmen der Lehrerausbildung immer wieder Ausgangspunkt und Grundlage für gezielte methodenzentrierte Übungen und Reflexionen sein. Wichtig dabei: Es wird nicht nur »gespielt«, sondern regelmäßig auch reflektiert und unter Berücksichtigung von Theorie und Schulpraxis geprüft, ob und inwieweit der jeweilige methodische Ablauf günstig und lernwirksam ist und im Unterricht eingesetzt werden kann. Das zeigt das in Abbildung 16 auf Seite 96 vorgestellte 7-Stufen-Schema des systematischen Methodentrainings, zu dem ein konsequentes Wechselspiel von Üben, Auswerten, Reflektieren, Generalisieren und Anwenden gehört. Das zeigen aber auch die gängigen Lernspiralen zur systematischen Erschließung bestimmter inhaltlich-fachlicher Sachverhalte, Probleme und/oder Themen. Das gilt nicht nur für die Schüler/innen im Unterricht, sondern auch für die Lehramtsanwärter/innen in ihren Seminaren. Die nachfolgend angeführten Arbeitsetappen zur Durchdringung eines Expertenvortrags zum Thema »Wie das Lernen im Gehirn funktioniert« mag das deutlich machen:

- **1. Arbeitsschritt:** Der Dozent hält seinen ca. 15-minütigen Vortrag; die Studierenden schreiben die Ausführungen stichwortartig mit und stellen Verständnisfragen.
- **2. Arbeitsschritt:** Nun werden Zufallsgruppen gebildet; die Gruppenmitglieder besprechen etwaige Unklarheiten und konzipieren einen »Spickzettel« zum Vortragsinhalt.
- **3. Arbeitsschritt:** In Einzelarbeit erstellen die Studierenden ihre persönlichen »Spickzettel« und konsultieren bei Bedarf die Gruppenmitglieder (in Notfällen auch den Ausbilder).

- **4. Arbeitsschritt:** Jetzt folgt die Anwendungsphase: Die Studierenden halten anhand ihrer »Spickzettel« zugelosten Tandempartnern Kurzvorträge. (Doppelkreis!)
- **5. Arbeitsschritt:** Nun geht es zurück in die Gruppen; aufgetretene Probleme und Unklarheiten werden besprochen; verbleibende Fragen werden an den Dozenten gerichtet.
- **6. Arbeitsschritt:** Zur Vertiefung werden in neu zusammengelosten Tandems Schlüsselfragen zur Funktionsweise des Gehirns entwickelt und auf »Lernkärtchen« festgehalten.
- **7. Arbeitsschritt:** Nun folgt ein regelgebundenes Frage-Antwort-Spiel im Plenum; die richtigen Antworten werden in Kurzfassung auf den Rückseiten der Kärtchen notiert.
- **8. Arbeitsschritt:** Den Abschluss bildet ein Feedback/Blitzlicht zum methodischen Ablauf sowie zu den inhaltlichen Ergebnissen. Eine Aussprache schließt sich an.

Wie der skizzierte Ablaufplan zeigt, gehen inhaltliches und methodisches Lernen und Reflektieren Hand in Hand. Das trifft genauso auf andere Themen und methodische Arrangements zu, die im Rahmen der Lehrerausbildung in Gestalt von Simulationsspielen behandelt werden. So ist es selbstverständlich möglich, zur Vorbereitung, Durchführung und Auswertung eines themenzentrierten Hearings, Planspiels, Referats oder Moderationsablaufs entsprechende Simulationsspiele zu konzipieren und einzusetzen. Dass derartige methodenzentrierte Simulationsspiele weder vordergründige Motivationsangebote noch »theorieloser« Aktionismus sind, lässt sich aus den angeführten Beispielen unschwer erkennen. Im Gegenteil: Allein schon der Aufbau der besagten Lern- und Trainingsspiralen verlangt, dass vielfältige didaktische, methodische, allgemeinpädagogische und/oder fachwissenschaftliche Aspekte und Befunde bedacht und erarbeitet werden müssen.

Deshalb zur Klarstellung: Es gibt keine Methodenvielfalt ohne die Kenntnis alternativer Methoden; es gibt auch keine stimmige Lern- oder Trainingsspirale ohne didaktische Analyse; und es gibt selbstverständlich auch keine Lerneffizienz ohne grundlegendes Wissen um neurobiologische, lernpsychologische und gruppentheoretische Faktoren des Lehrens und Lernens. Hinzu kommt, dass sich durch das gesamte Spiralkonzept die Reformpädagogik hindurchzieht – angefangen beim handlungsorientierten Lernen bis hin zum Methodenlernen im weitesten Sinne des Wortes. Diese Verknüpfungen von Methodentraining und Theorieerarbeitung, von Unterrichtsplanung und didaktischer Forschung, von Realbegegnung und pädagogisch-methodischer Besinnung sind Chance und Verpflichtung zugleich für eine auf Unterrichtsentwicklung zielende Lehrerbildung.

Voraussetzung für diese Arbeitsweise ist, dass die zuständigen Ausbilder bereit und in der Lage sind, entsprechende Lern- und Trainingsarrangements anzubieten sowie in den Bezugsschulen dafür zu sorgen, dass korrespondierende Unterrichtsstunden gehalten und zur Diskussion gestellt werden. Hier hakt es in den Lehrerbildungseinrichtungen bislang noch ganz beträchtlich. Viele Ausbilder propagieren zwar hohe Ansprüche, tragen zur Operationalisierung und Umsetzung dieser Ansprüche aber eher wenig bei – weder in den Seminarveranstaltungen, noch im Rahmen schulischer Unterrichtsversuche und Hospitationen. Von daher hat Rolf Arnold Recht, wenn er vor der Beliebigkeit der Methodenpraxis in der Lehrerausbildung warnt (vgl. Arnold 2002, S. 12). Es ist eben nicht egal, ob die angehenden Lehrkräfte während ihrer Seminare und/oder Schulerkundungen vorrangig Frontalunterricht erleben oder aber inspirierende Methoden des eigenverantwortlichen Arbeitens und Lernens erfahren.

2.5 Verstärkte Problemorientierung

Ein weiteres Muss in der Lehrerbildung ist die verstärkte Problemorientierung der Seminararbeit von Referendar/innen und Studierenden. Grundsätzlich haben die Ausbildungsverantwortlichen in den Universitäten und Studienseminaren mehrere Möglichkeiten des Vorgehens: Sie können einmal von den Erkenntnissen und Theorien der Fach- und Erziehungswissenschaften ausgehen und den entsprechenden »Stoff« zum Ausgangs- und Mittelpunkt der Seminararbeit machen. Dieses Verfahren kann als *deduktiver Ansatz* bezeichnet werden. Sie können zweitens die schulische und unterrichtliche Realität als Lernfeld betonen und die Lehramtsanwärter/innen diesbezüglich beobachten, befragen, beschreiben und in anderer Weise Schul- und Unterrichtswirklichkeit erforschen lassen. Das ist ein eher *induktiver Ansatz.* Sie können drittens die nachwachsende Lehrergeneration schwerpunktmäßig mit der Konzipierung und Gestaltung lernwirksamer und möglichst innovativer Unterrichtsarrangements beauftragen und damit die Unterrichtsplanung und -vorbereitung in den Mittelpunkt stellen. Diesen Ansatz kann man als *produktiven Ansatz* bezeichnen. Und sie können viertens natürlich auch ganz speziell auf schul- und unterrichtspraktische Probleme im weitesten Sinne des Wortes abstellen und diese zum Zentrum der Seminarplanung und Seminararbeit machen. Das ist der hier in Rede stehende *problemorientierte Ansatz* (vgl. Abbildung 28).

Natürlich wäre die Lehrerausbildung schlecht beraten, wenn sie sich entweder auf den einen oder anderen Ansatz verlegen würde. Letztlich sind alle diese Ansätze in je spezifischer Weise geeignet, zur Entwicklung von Lehrerkompetenz beizutragen. Gleichwohl eröffnen sie der nachwachsenden Lehrergeneration unterschiedliche Chancen, sich auf das vorzubereiten, was im Lehrerberuf späterhin vor allem zählt, nämlich die Vermittlungsaufgabe sowie die Fähigkeit und Bereitschaft, unterrichtspraktische Probleme zu lösen. Das beginnt bei erzieherischen Problemen (Aggressivität, Leistungsverweigerung etc.) und reicht über persönliche Problemlagen einzelner Kinder (Angst, soziale Isolation etc.) bis hin zu administrativen und interkollegialen Problemen (Zensurengebung, Parallelarbeiten, Klassenbuchführung, Sanktionsregeln, Elternkonflikte, Zoff mit Kolleg/innen, etc.). Hinzu kommen die vielfältigen Probleme und Fragen, die sich in Verbindung mit der Unterrichtsvorbereitung und -gestaltung stellen. Letztere bleiben hier jedoch außer Betracht, da sie bereits im letz-

<table>
<tr><th colspan="4">Problemorientierte Lehrerausbildung im Aufriss</th></tr>
<tr><th>Problem-felder</th><th>Mögliche »Schlüssel-probleme«</th><th>Art der Dokumentation</th><th>Methodische Bearbeitungs-formen</th></tr>
<tr><td>Verhaltens-störungen einzelner Schüler</td><td>● Aggressivität
● Disziplinprobleme
● Angst/Unsicherheit
● Hyperaktivität
etc.</td><td rowspan="5">● Bericht
● Protokoll
● Reader
● Tafelbild
● Fallbeispiel
● Befragung
● Fotokollage
● Diaserie
● Wandzeitung
● Ton-Protokoll
● Videoaufnahme
● Szenisches Spiel
● Kurzreferat
● Fragekartei
● Schaubild
● Plakat
etc.</td><td rowspan="5">● Rollenspiel
● Hearing
● Debatte
● Fallstudie
● Reportage
● Brainstorming
● Fishbowl
● Planspiel
● Kreisgespräch
● Konferenzspiel
● Stationen-gespräch
● Partnerinterview
● Schreibgespräch
● Bericht verfassen
● Plakat gestalten
● Vortrag vorbereiten
etc.</td></tr>
<tr><td>Lern- und Leistungs-probleme im Unterricht</td><td>● Desinteresse
● Lernversagen
● Unzuverlässigkeit
● Methodenmangel
etc.</td></tr>
<tr><td>Probleme im sozialen Miteinander in der Klasse</td><td>● Mobbing/Gewalt
● Regelmissachtung
● Vulgärsprache
● Einzelkämpfertum
etc.</td></tr>
<tr><td>Schulorgani-satorische Probleme der Lehrkräfte</td><td>● Zeitknappheit
● Raumgestaltung
● Konferenzprobleme
● Elternprobleme
etc.</td></tr>
<tr><td>Schul-rechtliche Probleme der Lehrkräfte</td><td>● Zensurengebung
● Parallelarbeiten
● Lehrplanerfüllung
● Sanktionsarten
etc.</td></tr>
</table>

Abb. 28

ten Abschnitt thematisiert wurden. So gesehen ist die Problemfülle im Schulalltag wahrlich groß und für nicht wenige Lehrkräfte sogar dazu angetan, Angst, Unsicherheit und krankmachenden Stress zu erzeugen.

Von daher liegt es nahe, die Lehrerausbildung viel stärker als bisher auf problemlösendes Lernen und Arbeiten der Lehramtsanwärter/innen auszurichten. Wie diese problemorientierte Arbeit strukturiert und akzentuiert werden kann, lässt sich aus der tabellarischen Übersicht in Abbildung 28 ersehen. Dass diese Arbeit wichtig ist, ist Praktikern seit langem klar. Was hilft es denn, wenn man über alle möglichen pädagogischen, psychologischen, soziologischen, lerntheoretischen oder sonstigen erziehungswissenschaftlichen Erkenntnisse und Theorien Bescheid weiß, aber nicht in der Lage ist, die konkreten Probleme im Schul- und Unterrichtsalltag kreativ, sensibel, tatkräftig und erfolgreich zu lösen?

Im Klartext: Die wichtigste Kompetenz des Lehrers ist nicht sein Wissen, sondern sein konkretes Problemlösungsvermögen in heiklen Situationen des Schul- und Unterrichtsalltags. Von daher ist das typisch deutsche Verständnis von Wissenschaftsorientierung bis dato ein ziemliches Handikap im Bereich der Lehrerausbildung – ein Wissenschaftsverständnis, das die schulpraktischen Probleme und Fragen eher nachgeordnet betrachtet und viel zu selten zum Ausgangspunkt des pädagogisch-didaktischen Lernens und Handelns macht. Zwar können wissenschaftliche Befunde beim problemorientierten Lehren und Lernen in Hochschulen und Seminaren fraglos hilfreich sein, aber sie sind eben nicht als Selbstzweck geeignet. Deshalb: Eine praxis- und innovationsorientierte Lehrerbildung muss sich eindeutig stärker als bisher den Problemen des pädagogischen Alltagshandelns von Lehrer/innen zuwenden und von dieser Warte aus die »Theorie« einholen und nicht umgekehrt (vgl. Abbildung 29).

Dementsprechend muss die Hochschul- und Seminardidaktik neu ausgerichtet werden, und zwar nach dem Motto: »Weniger fach- und sachsystematische Stoffhuberei, sondern mehr exemplarisches Lehren und Lernen unter besonderer Berücksichtigung schulpraktischer Probleme und Herausforderungen.« Das setzt voraus, dass von den Ausbildern in Universitäten und Studienseminaren gezielt sondiert und geklärt werden muss, welches die lernrelevanten *Schlüsselprobleme und -fragen* im Schulalltag eines Lehrers bzw. einer Lehrerin sind und wie diese exemplarisch behandelt und gelöst werden können. Mit dieser didaktischen Kernaufgabe müssen sich die Ausbildungsverantwortlichen hier zu Lande viel stärker auseinandersetzen, als das bislang üblich ist. Ein Beispiel für die Problemaufbereitungsarbeit liefern Ulrike Itze, Herbert Ulonska und Christine Bartsch, die in ihrem Buch »Problemsituationen in der Grundschule« ausgewählte Problemfälle vorstellen und unter Beachtung von Theorie und Praxis konkretisieren (vgl. Itze u.a. 2002). Wer derartige potenzielle Probleme des Lehreralltags nicht ernst nimmt und rechtzeitig zum Gegenstand von Ausbildung macht, versäumt einen wesentlichen Teil des Auftrags der Lehrerbildung. Nötig und sinnvoll ist diese stärkere Hinwendung zu den Grundproblemen und -fragen des Schulalltags deshalb, weil es nun einmal zum Los der Lehrerinnen und Lehrer gehört, ständig irgendwelche Probleme und Friktionen erfassen und versuchsweise lösen zu müssen. Und dieses in einem Umfeld, in dem viele Bedürfnisse, Interessen und Regularien zu beachten sind. So gesehen brauchen die Lehrkräfte vor allem eines: Eine möglichst ausgeprägte Reaktions- und Handlungssicherheit im Umgang mit schulischen/unterrichtlichen Problemen – Grundqualifikationen also, zu denen die Lehrerausbildung verstärkt hinführen muss. Der Vorteil dieser Basisqualifikationen: Erfahrene »Problemlöser« können mit Fug und Recht auf Entlastung und vermehrte Bestätigung im Unterrichtsalltag hoffen. Warum? Weil diejenigen Lehrkräfte, die flexibel, gelassen, verständnisvoll und souverän auf auftretende Probleme im Unterricht zu reagieren verstehen, vom Gros der Schüler/innen in aller Regel geschätzt und respektiert werden. Allein dieses schon lohnt das skizzierte problemzentrierte Arbeiten und Üben im Rahmen der Lehrerausbildung.

Die besagten Schlüsselprobleme betreffen nicht nur verschiedene Bereiche des Lehrerhandelns; sie können didaktisch und methodisch auch recht unterschiedlich

Problemlösendes Lehren und Lernen im Seminar

- **Problemvereinbarung**
  Die Lehramtsanwärter/innen halten in ihren Bezugsschulen Ausschau nach dem einen oder anderen pädagogischen »Schlüsselproblem«, das im Rahmen des abgesteckten Seminarprogramms von Relevanz sein könnte. Werden sie fündig, wird in Absprache mit dem zuständigen Dozenten geprüft, ob das betreffende Problem näher sondiert werden soll. Wenn ja, werden Neigungs- oder Zufallsgruppen mit in der Regel 3–4 Personen gebildet, die sich der weiteren Problemerforschung annehmen.
- **Problemerforschung**
  Zu dieser Aufgabe gehört zweierlei: Zum einen die schulpraktische Forschung, zum zweiten die wissenschaftliche Hintergrunderarbeitung. Was den schulpraktischen Teil angeht, so nehmen die besagten Gruppenmitglieder das betreffende Problem vor Ort näher unter die Lupe, d.h. sie beobachten, befragen, protokollieren und dokumentieren. Darüber hinaus ziehen sie die korrespondierende wissenschaftliche Literatur heran, um das eigene Verständnis zu vertiefen und mögliche Lösungsvarianten zu eruieren.
- **Problemerörterung**
  Dann wird die entsprechende Problemstudie in der einen oder anderen Form ins Seminar eingebracht. Die Palette der Präsentationsmöglichkeiten reicht vom Kurzreferat über differenzierte Handouts und Fallbeschreibungen bis hin zu anschaulichen Präsentationen mithilfe neuer und alter Medien (vgl. Abbildung 28, S. 150). Nach erfolgter Präsentation wird im Seminar diskutiert, interpretiert, problematisiert und der Sache auf den Grund gegangen. Darin eingeschlossen ist der Rückgriff auf wissenschaftliche Literatur (und den Dozenten!).
- **Problemlösung**
  Hauptziel der ganzen Auseinandersetzung ist natürlich nicht nur der Aufbau eines angemessenen Problemverständnisses, sondern auch und vor allem das Herausfinden gangbarer Problemlösungsmaßnahmen und -wege. Dementsprechend werden alternative Lösungsansätze in einer Entscheidungsmatrix festgehalten und bezüglich ihrer Erfolgsaussichten diskutiert und gewichtet. Ferner wird – wenn möglich – die verantwortliche Anwärtergruppe in ihrer Bezugsschule eine Erprobung bzw. Lehrerberatung durchführen.
- **Prozessreflexion**
  Den Abschluss des problemorientierten/problemlösenden Arbeitsprozesses bildet eine gezielte Reflexion sowohl in der jeweiligen Kleingruppe als auch im Seminar. Dabei geht es zum einen darum, die Arbeitsergebnisse und -erfolge (selbst-)kritisch unter die Lupe zu nehmen und etwaige Versäumnisse aufzuarbeiten. Der andere Schwerpunkt: Die nähere Reflexion der gewählten methodischen Verfahrensweisen. Das betrifft das Forschungsverfahren in der Schule genauso wie die methodischen Arbeitsweisen im Seminar.

Abb. 29 © Dr. H. Klippert

angegangen werden. Das zeigt das Arbeitsschema in Abbildung 29. Die entsprechenden Vorgehensweisen reichen vom Erforschen und Erkunden bestimmter Problemsituationen in Schule und Unterricht über die Aufarbeitung und Aufbereitung dieser Problemlagen in möglichst ansprechender und methodisch variantenreicher Form bis hin zum lebendigen und praxisnahen Klären und/oder Einüben gangbarer Problemlösungsstrategien mittels Simulationsspiel, Hearing etc. Wie die Ansatzpunkte in

Abbildung 28 auf Seite 150 verdeutlichen, ist die Palette der methodischen Möglichkeiten groß. So gesehen lassen sich pädagogisches und methodisches Lernen in ebenso praktischer wie handlungsbetonter Weise verknüpfen. Warum nicht z.B. Problemsituationen wie die folgenden zum Gegenstand der Ausbildung machen?

- In einem zweiten Jahrgang einer berufsbildenden Schule haben verschiedene Schülergruppen im Fach BWL Vorträge und Visualisierungen zu unterschiedlichen Unternehmensformen erarbeitet. Am Tag der Präsentation – der Termin war zwei Wochen vorher festgelegt worden – entschuldigt sich die mit der GmbH beschäftigte Gruppe damit, dass Jens als »Materialverwalter« der Gruppe krank geworden sei, und deshalb die vorgesehene Präsentation ausfallen müsse. Wie sollte die Lehrkraft reagieren?
- In einer siebten Klasse in Mathematik stehen unterschiedliche Dreisatz-Aufgaben auf dem Programm. Der Lehrer bildet Vierer-Gruppen und verteilt an jede Gruppe ein Arbeitsblatt mit einer relativ diffizilen Aufgabe, die sowohl gelöst als auch visualisiert werden soll. Kaum ist der Arbeitsauftrag erteilt, wird es laut und lauter. Nach kurzer Zeit erreicht der Lärmpegel ein Ausmaß, dass der Lehrer abbrechen muss. Was ist falsch gelaufen? Wie kann der Arbeitslärm in Gruppen minimiert werden?
- In der dritten Klasse einer Grundschule läuft Wochenplanarbeit. Plötzlich bricht in einer der Tischgruppen ein Streit aus, weil zwei Schülerinnen die Wochenplanaufgabe zum kooperativen Zeichnen erledigen möchten (alle Gruppenmitglieder müssen gemeinsam ein Plakat zu einer bestimmten Tierart erstellen), während zwei Schüler die ebenfalls zum Wochenprogramm gehörenden Mathematik-Aufgaben lösen möchten. Der Dissens eskaliert. Ein Junge ohrfeigt eines der Mädchen. Was tun?
- In einer neunten Klasse ist Tina per Los dazu bestimmt worden, ein in häuslicher Vorarbeit erstelltes Bild im Rahmen des Kunstunterrichts vor der Klasse vorzustellen. Sie weigert sich jedoch, dieses zu tun, obwohl sie weiß, dass darauf eine mündliche Note erteilt wird. Nachdem die Lehrerin eine Weile insistiert, rechtfertigt sich Tina schließlich mit dem Hinweis, ihr lägen eben die großen Worte nicht und sie sehe auch nicht ein, warum sie sich vor der Klasse produzieren solle. Wie sollte die Lehrerin reagieren?

Selbstverständlich können die Problemsituationen auch deutlich komplexer sein. Gleichwohl empfiehlt es sich, mit relativ überschaubaren Problemskizzen zu beginnen, die den Lehramtsanwärter/innen Gelegenheit geben, sich in punkto Problemerfassung, -analyse und -lösung in kleinen Schritten zu üben. Solche »Impulsprobleme« können von den Ausbildern vorbereitet werden; sie können aber auch von den Lehramtsanwärter/innen selbst im Rahmen gezielter Brainstormings entwickelt werden. Eine weitere praktische Möglichkeit: Die Studierenden bzw. Referendar/innen recherchieren in Gruppen am einen oder anderen Schulstandort gezielt Problemsituationen, die lernrelevant erscheinen (vgl. Abbildung 29).

Dementsprechend erhalten die betreffenden Anwärtergruppen im Rahmen ihrer Praktika bzw. Schulerkundungen den Auftrag, bestimmte schul- und unterrichtspraktische Problemfälle zu ermitteln, näher zu sondieren und nach Abstimmung mit den verantwortlichen Ausbildern didaktisch-methodisch so aufzubereiten, dass sie in die konkrete Seminararbeit einfließen können. Auf diese Weise können z.B. ein Rollenspiel zu einem bestimmten Schüler-Lehrer-Konflikt, ein Hearing zu einem schulrechtlichen Problem, eine Pro-und-Kontra-Debatte zum Sinn der Hausaufgaben oder eine Visualisierung zum Thema »Mobbing im Klassenzimmer« entwickelt werden. Wichtig dabei: Die betreffenden Recherchen und Vorbereitungsarbeiten sollten im Vorfeld der Ausarbeitung zwischen Ausbildern und Lehramtsanwärter/innen abgestimmt werden, damit die Qualität der Problemfälle und -bearbeitung stimmt.

Durch diese Einbindung der Studierenden bzw. Referendar/innen in die Vorbereitung, Gestaltung und Moderation spezifischer »Problemlösungs-Seminare« lassen sich relativ zügig und praxisnah eine ganze Reihe von Problemfällen erschließen, die sowohl für die aktuelle Seminararbeit als auch für zukünftige Ausbildungsjahrgänge einsetzbar sind. So gesehen ist das vorgeschlagene Verfahren nicht nur ein Ansatz zur »Bereicherung« der Seminararbeit, sondern auch eine Möglichkeit für die verantwortlichen Ausbilder, sich eine gewisse Entlastung und Hilfestellung zu organsieren (Stichwort: Arbeitsökonomie). Zwar müssen sich die Ausbilder selbstverständlich fundiert in die jeweilige schulpraktische Materie einarbeiten, damit sie von wissenschaftlicher Warte aus Rede und Antwort stehen können. Gleichwohl liegt die Verantwortung nicht allein bei ihnen, sondern die Lehramtsanwärter/innen übernehmen im Rahmen der Vorbereitung und Durchführung der Seminare beträchtliche Mitverantwortung.

2.6 Arbeiten und Planen im Team

Ein weiteres zentrales Arbeitsfeld für die Lehrerbildung ist die Teamentwicklung im Rahmen der Ausbildungsseminare. Der Grund: Erfolgreiche Schul- und Unterrichtsentwicklung bedarf zwingend der Zusammenarbeit von Lehrer/innen. Das gilt sowohl für den innerschulischen Bereich als auch für die Lehrerausbildung in Universitäten und Studienseminaren. Von daher muss im Rahmen der Lehrerausbildung verstärkt darauf abgestellt werden, die Teamfähigkeit und -bereitschaft der angehenden Lehrer/innen zu fördern. Die hier in Rede stehende Unterrichtsentwicklung ist mit der herkömmlichen Einzelkämpfermentalität nämlich unmöglich zu bewerkstelligen. Eine einzelne Lehrkraft kann die eine oder andere punktuelle Veränderung im eigenen Unterricht erreichen, aber sie ist in der Regel völlig überfordert, wenn es gilt, eine neue Lernkultur aufzubauen, die sich durch ganze Klassen und Jahrgangsstufen hindurchzieht. Am ehesten geht das noch in den Grundschulen, wo die Lehrkräfte in ihren Klassen fast alle Stunden abdecken. Aber auch dort bedarf es – wie die bisherigen Erfahrungen zeigen – der konsequenten Teamarbeit auf Jahrgangs- und/oder Stufenebene, da ansonsten die Gefahr besteht, dass innovative Versuche zu halbherzig, unverbindlich und manchmal auch dilletantisch angegangen werden. Kooperation ist daher ein Schritt zur Qualitätssicherung im Reformprozess.

Wichtig ist Teamarbeit aber nicht nur wegen der damit verbundenen sozialen Einbettung, Kontrolle und Inspiration, sondern auch wegen der dadurch erzielbaren Arbeitsökonomie. Arbeitsökonomie meint hierbei zweierlei: Zum einen Arbeitsersparnis aufgrund der einsetzenden Arbeitsteilung; zum zweiten Produktivitätssteigerung infolge der größeren Ideenvielfalt einer Gruppe. Da die Vorzüge der Teamarbeit in Abschnitt I.3.8 bereits ausführlich dargelegt wurden, soll hier vorrangig darauf eingegangen werden, wie die Teamfähigkeit unter Studierenden und Referendar/innen gezielt verbessert werden kann. Ein grundlegender Tipp: Teamfähigkeit lernt man am besten, indem man möglichst häufig in unterschiedlichen Gruppen arbeitet und auf der Basis vereinbarter Regeln immer wieder reflektiert, was gut gelaufen ist, was problematisch war und was auf welche Weise verändert und verbessert werden soll. Dieses permanente Wechselspiel von Kooperation, Reflexion, Selbst- und Fremdkritik, Vorsatzbildung und nachfolgenden neuerlichen Versuchen ist das A und O erfolgreicher Teamentwicklung.

Dabei ist wichtig, dass an konkreten Aufgaben angesetzt und weniger auf subtile gruppendynamische Übungen bzw. Selbsterfahrungsarrangements abgestellt wird. Zwar mögen letztere hier oder dort durchaus angebracht sein, um gewisse persönliche Klärungsprozesse in Gang zu bringen. In aller Regel sind sie jedoch viel zu weit weg von den schulischen Alltagssituationen der Lehrer/innen, als dass sie zu deren Bewältigung viel beitragen könnten. Gruppendynamische Laborsituationen und/oder psychologische Endlos-Reflexionen sind in der Regel wenig geeignet, die faktische Teamarbeit von Lehrer/innen entscheidend zu verbessern. Die Vermittlung praxistaugliche Teamkompetenz in Hochschulen und Studienseminaren verlangt vielmehr vor allem eines: die regelmäßige und regelgebundene Gruppenarbeit zu alltäglichen Fragen und Problemen der Schul- und Unterrichtsgestaltung – einschließlich der konsequenten Prozess- und Ergebnisreflexion.

Apropos *Regelgebundenheit*: Teamarbeit ist in der Regel um so erfolgreicher, je klarer und konsequenter sie an »Spielregeln« orientiert ist, die für alle transparent und nachvollziehbar sind. Das Entwickeln derartiger Regelwerke ist Aufgabe und Herausforderung für die Lehrerbildung. Denn die wenigsten jungen Leute haben während ihrer eigenen Schulzeit wohl organisierte und geregelte Gruppenarbeit kennen gelernt, geschweige denn internalisiert. Im Gegenteil: Die gängigen Gruppenarbeiten und -erfahrungen sind häufig alles andere als ermutigend und motivierend. Von daher gibt es bei vielen Lehramtsanwärter/innen verständliche Vorbehalte gegenüber dem Arbeiten in Gruppen. Auch wenn Gruppenarbeit mitgemacht wird, so signalisieren viele doch ein erschreckendes Maß an Skepsis, Gleichgültigkeit oder gar Ablehnung gegenüber dieser Sozialform. Das gilt vor allem für diejenigen, die mittels Einzelarbeit (noch) einigermaßen zurecht kommen.

Von daher ist Teamentwicklung nötig, d.h. die Entwicklung tragfähiger Einsichten, Fertigkeiten und Regeln in punkto »konstruktive Kooperation«. Gute Teamarbeit verlangt präzise zeitliche Verabredungen (Zeitmanagement!) und straff organisierte gruppeninterne Ablaufpläne, verlangt kooperationsfördernde Aufgabenstellungen und einsichtige Sanktionsmechanismen, braucht klare Beurteilungskriterien und abgestimmte Verhaltensregeln wie: Ich-Botschaften verwenden, anderen helfen, andere Meinungen akzeptieren, konsequent mitarbeiten, neue Ideen zulassen, Probleme offen ansprechen etc. Derartige Regelwerke gemeinsam zu entwickeln und vor dem Hintergrund der Gruppenforschung näher zu begründen und in Selbstversuchen zu evaluieren, das ist eine der zentralen Aufgaben von Lehrerbildung. Allein schon die Binnenstruktur der Gruppenarbeit ist so schwierig, dass sie ganz dezidiert zum Lerngegenstand in den Seminaren der ersten und zweiten Phase gemacht werden muss. Was macht z.B. ein Gesprächsleiter, ein Regelbeobachter, ein Zeitwächter, ein Fahrplanüberwacher? Was bedeutet eine Tandempräsentation oder eine kooperative Präsentation unter Beteiligung aller?

Die Crux ist, dass derartige Regeln und Funktionen zumeist weder geklärt noch vertraut sind. Von daher gibt es immer wieder unnötige, aber störende Friktionen, wenn Gruppenarbeit angesagt ist. Das gilt für Lehrer/innen ganz ähnlich wie für ihre Schüler/innen. Die Unsicherheit ist groß: Was machen z.B. fünf Gruppenmitglieder, nachdem sie an ihrem Gruppentisch zusammengekommen sind? Wie sind die nachfolgenden Schritte, Zuständigkeiten und Regularien? Stellt man derartige Fragen, so kann man immer wieder beobachten, dass die meisten Junglehrer/innen ähnlich irritiert und hilflos reagieren wie das Gros der alteingesessenen Lehrkräfte. Die Modalitäten guter Teamarbeit sind in Deutschlands Schulen und Lehrerbildungseinrichtungen eben weder hinreichend geläufig noch geklärt. Diesbezüglich besteht erheblicher Nachholbedarf, dem die Universitäten und Studienseminare dringend nachkommen und mit geeigneten Seminaren begegnen müssen. Mit theoretischen Diskussionen und/oder sporadischen Vorlesungen zur Theorie und Praxis des Gruppenlernens ist dieser Aufgabe beim besten Willen nicht gerecht zu werden. Was viel dringlicher benötigt wird, sind praktische Versuche, Reflexionen, Regelklärungen und Regelanwendungen, und zwar in strenger Anbindung an obligatorische Aufgaben und Problemstellungen der Lehrerbildung.

Bislang ist diese Art der Teamentwicklung in den Lehrerbildungseinrichtungen eher selten zu finden. Gruppenarbeit wird zwar immer wieder mal aufgerufen, aber in der Regel weder systematisch moderiert und angeleitet, noch einschlägig ausgewertet, problematisiert und optimiert. Gruppenarbeit macht man – irgendwie!? Wenn dabei häufig zu wenig herauskommt, dann hängt das genau damit zusammen, dass vieles ungeklärt und unverbindlich verläuft. Der gute Wille alleine reicht nicht. Effektive Teamarbeit verlangt klare Regeln und Regelungskompetenzen. Diese betreffen die Ablaufregeln genauso wie die Verhaltensregeln, die Präsentationsregeln, die Feedbackregeln und die Sanktionsregeln. Fatal an dieser Praxis ist, dass sie nach wie vor höchst wirksam verhindert, dass die jungen Leute Teamarbeit schätzen und so zu managen lernen, dass sie darauf in ihrer späteren Schul- und Unterrichtspraxis motiviert und routiniert zurückgreifen können. Die Innovationsblockaden in unseren Schulen sind zu einem erheblichen Teil Folge dieser mangelhaften Teamkultur und -mentalität.

Dass sich dieses Handicap beheben lässt, ist unstrittig. Nur muss dann in den Ausbildungsseminaren viel konsequenter als bisher auf produktive und konstruktive Teamarbeit gesetzt werden. Nötig sind u.a. zufallsbedingt zusammengesetzte Kleingruppen und seltener Neigungsgruppen, da letztere deutlich in der Gefahr stehen, Lähmung und Ausgrenzung zu induzieren. An der Universität Maastricht ist es im Rahmen des Studiengangs »International Economics« beispielsweise üblich, dass es fest institutionalisierte Arbeitsgruppen gibt, deren Mitglieder alle 8 Wochen per Los neu zusammengesetzt werden. Außerdem werden in den Anfangssemestern spezifische »Skill-Trainings-Seminare« angeboten, die u.a. Gelegenheit zum Erwerb spezifischer Kooperationstechniken geben. Warum sind derartige Rotations- und Trainingsverfahren in Deutschlands Lehrerbildungseinrichtungen bislang so selten zu finden? Der Ruf der Bildungsverantwortlichen nach mehr Teamfähigkeit und Teambereitschaft in unseren Schulen ist ein deutliches Indiz dafür, dass die Lehrerausbildung die Lehramtsanwärter/innen in Sachen Teamentwicklung stärker fordern und fördern muss.

Eine praktische Möglichkeit dazu sind regelmäßige *Workshops* wechselnder Studenten- bzw. Referendarteams, die spezifische Unterrichtsmaterialien und -arrangements entwickeln – angefangen bei Arbeitsblättern, Lernspielen, Lernkarteien und Rätseln über methoden-, team- und kommunikationszentrierte Übungsarrangements bis hin zu einschlägigen Lernspiralen und Trainingsspiralen nach den an anderen Stellen vorgestellten Mustern (vgl. die Abbildungen 12, [S. 84], 17, [S. 97], und 18, S. 99). Auch die Erarbeitung und Bearbeitung der im letzten Abschnitt thematisierten pädagogischen »Schlüsselprobleme« kann selbstverständlich genutzt werden, um die Lehramtsanwärter/innen in punkto Teamfähigkeit und Teambereitschaft gezielt weiter zu bringen. Wichtig bei alledem sind klare Ablaufpläne, Teamregeln und Regelwächter, die sicherstellen, dass die jeweilige Gruppenarbeit konstruktiv und effektiv verläuft. Das gilt für die Arbeit der angehenden Lehrer/innen in ihren Seminaren genauso wie für die Arbeit der Schüler/innen im alltäglichen Unterricht. Wenn sich die Lehramtsanwärter/innen im Ausbildungsverlauf eingehend mit den Modalitäten guter Teamarbeit vertraut machen können, dann erwerben sie damit zugleich einen wichtigen Grundstock für die Teamentwicklungsarbeit in den späteren Klassen.

2.7 Erweiterte Leistungsdiagnostik

Ein ebenfalls eher unzulänglich bestelltes Ausbildungsfeld ist die Leistungsdiagnostik. Auch hier ist es wichtig, dass über die Theorie und Praxis der Leistungsdiagnostik nicht nur doziert, referiert und/oder diskutiert wird, sondern erforderlich sind vor allem korrespondierende Übungen und Ausarbeitungen, die dazu beitragen, ein verändertes Lern- und Leistungsverständnis bei der nachwachsenden Lehrergeneration aufzubauen. Der etablierte Leistungsbegriff ist eher eng und traditionell ausgerichtet. Im Mittelpunkt stehen nach wie vor ganz vorrangig rezeptive und reproduktive Lernleistungen der Schüler/innen, d.h. das Lernen nach Schema F dominiert ziemlich unverändert. Vormachen und Nachmachen, Präsentieren und Rezipieren, das sind die zentralen Eckpunkte der unterrichtlichen Lehr- und Lernarbeit. Die Schüler/innen »pauken« die lehrerseitig gesicherten und autorisierten Lernergebnisse. Und die Lehrkräfte dirigieren und instruieren ihre Schüler/innen so, dass sie möglichst genau wissen und pauken können, was drankommt. Ein fataler Teufelskreis, wie sich spätestens seit PISA und TIMSS gezeigt hat.

Dieses Lern- und Leistungsverständnis ist aus mehreren Gründen fragwürdig. Der erste Grund ist der, dass die Schüler/innen zu wenig zum eigenverantwortlichen Denken und Problemlösen veranlasst werden. Daraus erklärt sich das schwache Abschneiden bei PISA, da es dort vor allem um das kreative und kombinatorische Arbeiten an und mit vorliegenden Informationen ging. Nicht Reproduzieren ist also angesagt, sondern der intelligente Umgang mit bereitgestelltem Basiswissen. Das können Texte der verschiedensten Art sein; das können aber auch Schaubilder, Tabellen und andere grafisch aufbereitete Info-Dateien sein. Wenn Deutschlands Schüler/innen vergleichsweise große Schwierigkeiten haben, mit derartigen Aufgaben der Informationserarbeitung, -auswertung und -anwendung erfolgreich umzugehen, dann ist das ein deutliches Indiz dafür, dass der Lern- und Leistungsbegriff einer kritischen Überprüfung bedarf. Die Lehrerausbildung muss darauf reagieren und durch entsprechende Seminare und Übungen dazu beitragen, dass ein verändertes Lern- und Leistungsverständnis Platz greift (vgl. die Abbildungen 9, [S. 75], und 10, [S. 76]).

Der zweite Grund, warum das tradierte Leistungsverständnis dringend hinterfragt werden muss, betrifft die verbreitete »Schema-F-Mentalität« der Schüler/innen – eine Mentalität, die früher oder später zu beträchtlichen Lernblockaden führen muss – nämlich dann, wenn knifflige Denk- und Problemlöseaufgaben gestellt oder sonstige Schlüsselqualifikationen im methodischen, kommunikativen und/oder teamspezifischen Bereich abverlangt werden. Und ein dritter Grund für die Fragwürdigkeit des tradierten Lern- und Leistungsverständnisses: Wenn Schüler/innen gelernt haben, dass es besser ist, auf das vom Lehrer autorisierte Lernergebnis zu warten, als selbst nach dem »Trial-and-error-Verfahren« mit eigenen Versuchen zu beginnen und vielleicht den einen oder anderen Fehler zu machen, dann lähmt das natürlich deren Eigeninitiative und Zielstrebigkeit. Deshalb: Fehler und Lernumwege müssen grundsätzlich zugelassen sein. Andernfalls wird die Forderung nach eigenständigem Denken und Problemlösen der Schüler/innen leicht zur Farce. Dieses Plädoyer für eine neue »Fehlerkultur« heißt ja nicht, dass die betreffenden Fehler einfach stehen bleiben. Im Gegenteil: Sie werden im Lernprozess selbstverständlich abgebaut – aber eben nicht allein durch den Lehrer und auch nicht immer so umgehend, wie das die traditionellen Interventionsgewohnheiten von Lehrer/innen nahe legen.

Wie die Erfahrung zeigt, neigen viele Schüler/innen dazu, lieber abzuwarten oder »gedankenlos« den Lehrer zu fragen, als einen Fehler zu riskieren. Die Bereitschaft und Fähigkeit zum experimentellen Denken und Arbeiten sind in Deutschlands Schulen deutlich unterentwickelt – mit der Folge, dass die Potenziale der Schüler/innen über Gebühr brach liegen bleiben. Das mag bei den herkömmlichen Verfahren der Leistungsmessung noch zu passablen Noten führen; eine ausreichende Vorbereitung auf die späteren Herausforderungen in Studium und Beruf ist das indes nicht.

Unsere Schüler/innen könnten fraglos sehr viel mehr, wenn sie nur anders gefordert, gefördert und beurteilt würden. Die Frage ist nur »Wie?«. Wie sieht ein zeitgemäßer Lern- und Leistungsanspruch aus? Wie können die Lehrkräfte ihre Schüler/innen diesbezüglich gezielt fordern und fördern? Wie sehen die entsprechenden Lern- und Evaluationsaufgaben aus? Wie lassen sich korrespondierende Lernschwierigkeiten der Schüler/innen erkennen und beheben? Wie müssen Klassenarbeiten und sonstige Prüfungssituationen gestaltet werden, damit die Schüler/innen ihre breit gefächerten Kompetenzen auch unter Beweis stellen können? Diese und andere Fragen gehören in das hier zur Debatte stehende Aufgabenfeld der Leistungsdiagnostik (vgl. Meyer 1997, S. 172ff; Baumert 2002; Weinert 2001).

Allerdings reicht es nicht hin, diese Fragen nur wissenschaftlich zu sondieren und in entsprechenden Vorlesungen, Referaten und/oder Seminardiskussionen theoretisch zu würdigen. Zum Aufbau nachhaltiger diagnostischer Kompetenzen von Lehrer/innen gehört mehr – nämlich vor allem und zuerst die Befähigung zur praktischen Lern- und Leistungsdiagnose in konkreten schulischen Alltagssituationen, und zwar unter Verwendung unterschiedlicher Diagnoseinstrumentarien. Das beginnt bei der differenzierten Beobachtung und Analyse des Lernverhaltens einzelner Schüler/innen und reicht über die Entwicklung geeigneter Lern- und Prüfungsaufgaben für Klassenarbeiten, Tests und spezifische »Assessments« bis hin zur Konzipierung und Erprobung einschlägiger Bewertungsraster und Feedbackinstrumentarien für die alltägliche Unterrichtsarbeit (vgl. von Groeben 2003a sowie Höhmann 2003). Es ist dringend an der Zeit, in der Lehrerausbildung ein stärkeres Augenmerk auf derartige Aspekte und Verfahren einer zeitgemäßen Lern- und Leistungsdiagnostik zu richten. Die wichtigsten Ansatzpunkte in Kurzfassung:

- **Erweiterter Lernbegriff:** Damit ist die Notwendigkeit angesprochen, in den betreffenden Ausbildungsseminaren von einem erweiterten Lern- und Leistungsverständnis auszugehen und die diagnostischen Überlegungen und Reflexionen entsprechend breit anzulegen. Was damit gemeint ist, lässt sich aus Abbildung 10 auf Seite 76 dieses Buches ersehen. Die inhaltlich-fachlichen Lernleistungen bilden danach einen zwar zentralen, aber nicht allein ausschlaggebenden Leistungsbereich. Hinzu kommen methodisch-strategische, sozial-kommunikative und nicht zuletzt affektive Kompetenzen, die im Unterricht verstärkt vermittelt und bei den entsprechenden Leistungsdiagnosen berücksichtigt werden müssen. Bisher stellen die Leistungsdiagnosen in den Schulen viel zu sehr auf angelerntes Wissen und reproduktive Fähigkeiten ab und viel zu wenig auf die aus Abbildung 10 ersichtlichen »Schlüsselkompetenzen«. Konkrete Anregungen zur Erfassung und Beurteilung des skizzierten Kompetenzspektrums finden sich in den einzelnen Methodenbüchern zum Kommunikations-, Team- und Methodentraining (vgl. Klippert 1994, 1995, 1998 sowie Klippert/Müller 2003).
- **Neue Aufgabenkultur:** Das erweiterte Lern- und Leistungsverhalten der Schüler/innen angemessen zu diagnostizieren, setzt u.a. voraus, dass entsprechende Aufgabenstellungen entwickelt und in den Unterricht eingebracht werden: Kno-

belaufgaben, Problemlöseaufgaben, Rechercheaufgaben, Strukturierungsaufgaben, Präsentationsaufgaben etc. Solche Aufgaben zu entwickeln, kann und sollte Aufgabe des einen oder anderen Ausbildungsseminars sein. Denn eines ist klar: Problemlösungskompetenz erwerben die Schüler/innen nur, indem die betreffenden Lehrkräfte es verstehen, entsprechende Problemstellungen zu konzipieren und im Unterricht erfolgreich einzusetzen. Strukturieren und Visualisieren z.B. lernen die Kinder nur dadurch, dass ihnen regelmäßig entsprechende Aufgaben übertragen werden, die sinnfälliges Strukturieren und Visualisieren erforderlich machen. So gesehen brauchen wir in Deutschlands Schulen eine neue Aufgabenkultur, die sich durch knifflige Aufgaben mit unterschiedlicher methodischer Ausrichtung auszeichnet. Die Aufgabenstellungen in den PISA-Untersuchungen geben vielfältige Anregungen, wie die Modalitäten der neuen Aufgabenkultur aussehen können (vgl. Abbildung 1, S. 21).

- **Veränderte Klassenarbeiten/Tests:** Teil der skizzierten neuen Aufgabenkultur ist das Konzipieren und Ausarbeiten einzelner »Muster-Klassenarbeiten«. Derartige Übungen sind für die Lehrerausbildung deshalb wichtig, weil das Erstellen aussagekräftiger Klassenarbeiten und Tests späterhin zu den Standardpflichten der Lehrer/innen gehört. Wenn die Klassenarbeiten also nicht simple Kopien der traditionellen Wissensabfragen werden sollen, dann müssen die angehenden Lehrer/innen während ihrer Ausbildung verstärkt Gelegenheit erhalten, sich im Konzipieren, Formulieren und Bewerten alternativer Klassenarbeiten ganz praktisch zu üben. Je früher der »7. Sinn« für knifflige Denk-, Arbeits- und Knobelaufgaben entwickelt wird, desto besser. Dazu gehört auch, sich über die Schwierigkeitsgrade einzelner Aufgaben klar zu werden und eine angemessene Punktezuordnung zu finden. Ratsam ist es daher, in der Lehrerausbildung verstärkt Raum für derartige Konstruktions- und Reflexionsarbeiten im Rahmen spezifischer Workshops zu geben. Das gilt nicht zuletzt im Hinblick auf Lernentwicklungsberichte und sonstige schriftliche Lern- und Leistungsdiagnosen.
- **Differenzierte Beobachtungsraster:** Zu einer fundierten Lern- und Leistungsdiagnostik gehören ferner das Beobachten und Beraten der Schüler/innen während ihrer Arbeitsprozesse. Defizite und Förderbedarfe der Kinder müssen festgestellt werden. Dazu aber bedarf es klarer Leistungskriterien, die den betreffenden Lehrkräften Aufschluss darüber geben, was die Schüler/innen tatsächlich können. Abbildung 30 zeigt beispielhaft, wie ein derartiges Kriterien- bzw. Beobachtungsraster zur Erfassung methodischer, kommunikativer und kooperativer Leistungen der Schüler/innen aussehen kann. Derartige Raster müssen die angehenden Lehrkräfte späterhin zur Hand haben, wenn sie das Leistungsverhalten ihrer Schüler/innen diagnostizieren und zur Grundlage gezielter Beratungs- und Fördermaßnahmen machen sollen. Von daher wäre es wichtig und hilfreich, in einzelnen Seminaren der ersten und zweiten Phase derartige Kriterien- und Beobachtungsraster für spezielle Kompetenzbereiche versuchsweise zu entwickeln; so z.B. für den Kompetenzbereich »Lesefähigkeit« – ein im Zusammenhang mit PISA sehr zentraler Leistungsbereich, der im Grunde genommen alle Fächer betrifft.

Beispiel für ein Beobachtungsraster

	Wie gut kann Schüler X diese Sachen?	sehr gut	eher gut	nicht so gut	gar nicht gut
Arbeitstechniken	Arbeitsblätter lochen und abheften				
	Mit Lineal arbeiten/unterstreichen				
	Heftseiten übersichtlich gestalten				
	Arbeitsplatz in Ordnung halten				
	Arbeitsanweisungen umsetzen				
	Einen Arbeitsplan erstellen				
	Die Arbeitszeit gut einteilen				
	Sachen auswendig lernen				
	Im Text Wichtiges markieren				
	Unbekannte Wörter nachschlagen				
	Tabellen/Schaubilder erstellen				
	Plakat übersichtlich gestalten				
	Gedächtnislandkarten erstellen				
	Mit Lernkartei gezielt üben				
Kommunikationstechniken	Gut zuhören und nacherzählen				
	In vollständigen Sätzen reden				
	Laut und deutlich sprechen				
	Eingeübte Satzmuster verwenden				
	Verständlich berichten/erzählen				
	Mitschüler gezielt befragen				
	Einen kleinen Vortrag halten				
	Eigene Meinungen begründen				
	Im Stuhlkreis aktiv mitmachen				
	Die Gesprächsregeln beachten				
	Beim Gesprächsthema bleiben				
Kooperationstechniken	Mit allen zusammenarbeiten				
	Den Gruppenmitgliedern helfen				
	Auf zügige Gruppenarbeit achten				
	Die bekannten Rollen befolgen				
	Die Gruppenarbeit gut aufteilen				
	Andere Vorschläge gelten lassen				
	Regelverstöße offen ansprechen				
	»Außenseiter« mit einbeziehen				
	Bei Konflikten gut vermitteln				
	Zusammen Ergebnis präsentieren				

Abb. 30

- **Assessments für Schüler/innen:** Die in der Wirtschaft mittlerweile üblich gewordenen Assessment-Center können ebenfalls Ausgangspunkt und Übungsfeld für angehende Lehrer/innen sein (vgl. Püttjer/Schnierda 2001). Zwar muss der Assessment-Aufbau in der Schule sehr viel schlichter gestaltet werden, als das in der freien Wirtschaft der Fall ist. Gleichwohl ist es reizvoll und notwendig, im Rahmen der Lehrerbildung an diesem Thema exemplarisch zu arbeiten. Die z.B. in Baden-Württemberg angelaufenen Projekt- und Präsentationsprüfungen gehen in diese Richtung. Grundsätzlich gilt: Assessment-Verfahren sind gruppenbezogene Prüfungs- und Bewertungsverfahren, in deren Rahmen (Schüler-)Gruppen an komplexeren fachbezogenen oder fachübergreifenden Aufgaben arbeiten, wobei die Nutzung diverser Hilfsmittel (Nachschlagewerke, Computer, Flipchart, Pinnwände, Visualisierungsmaterial etc.) ausdrücklich erlaubt ist. Kennzeichnend für das Schüler-Assessment ist demnach, dass beobachtet und diagnostiziert wird, inwieweit die Schüler/innen vereinbarte Team-, Kommunikations- und Arbeitsregeln befolgen und die betreffenden Aufgaben arbeitsteilig und sachlich fundiert innerhalb eines bestimmten Zeitrahmens, unter geschickter Nutzung der zur Verfügung stehenden Hilfsmittel zu lösen verstehen. Ganz ähnliches gilt z.B. für gruppenspezifische Formen der Projektarbeit, Stationenarbeit, Wochenplanarbeit oder des Rollenspiels (vgl. Grunder/Bohl 2001). Da derartige Prüfungsverfahren im schulischen Bereich bislang eher selten sind, könnte die Lehrerausbildung diesbezüglich verdienstvolle Pionierarbeit leisten.

2.8 Arbeiten an und mit neuen Medien

Neue Herausforderungen warten auf die Lehrerbildung auch im Bereich »Neue Medien«. Zum einen indirekt, indem Internet, CD-Rom, Digitalkameras und moderne Videotechniken zunehmend in den Schulen Einzug halten und über entsprechende Probleme und Anfragen auf die Lehrerbildung zurückwirken. Zum anderen direkt, indem die genannten Medien in den Ausbildungsseminaren genutzt und z.B. zu Dokumentationszwecken eingesetzt werden können. Selbst die »Kulturpessimisten« unter den Pädagogen müssen mittlerweile eingestehen, dass die Lehrkräfte die Augen vor den neuen Möglichkeiten und Problemen des modernen Informations- und Kommunikationszeitalters unmöglich verschließen dürfen. Die Neuen Medien haben nicht nur Einfluss auf die moderne Unterrichtsgestaltung; sie eröffnen auch und nicht zuletzt neue Möglichkeiten, um interessanter, zeitgemäßer, selbsttätiger und effektiver zu unterrichten. Die Neuen Medien implizieren insofern neue Chancen für das Lehren und Lernen in Schule, Universität und Studienseminar; aber sie stellen auch neue Anforderungen – an die Schüler/innen genauso wie an ihre Lehrkräfte.

Wie die KMK-Kommission zur Reform der Lehrerbildung zu Recht konstatiert, wächst mit zunehmender Nutzung der neuen Netze und Lernsoftware in den Schulen der Bedarf an formalen Kompetenzen – angefangen beim Entwickeln von Suchstrategien über das Sichten und Auswerten großer Datenmengen bis hin zum zielgenauen

Abrufen, Bearbeiten und/oder Speichern relevanter Daten. Das alles hat natürlich »... Auswirkungen auf die Kompetenzen, die Lehrkräfte im Laufe ihrer Ausbildung erwerben müssen. Diese Kompetenzen führen zu einer veränderten Lehrerrolle, die im Studium bewusst und erfahrbar gemacht werden sollte. Man könnte diese Rolle mit dem Begriff ›Wissensmanagement‹ beschreiben. Der aktuelle Forschungsstand zeigt, dass man das Potenzial der Neuen Medien und Kommunikationstechnologien nur dann ausschöpfen kann, wenn man sie zielgerecht und didaktisch kompetent einsetzt. In diesem Zusammenhang haben Lehrerinnen und Lehrer eine äußerst wichtige Funktion.« (vgl. KMK-Kommission 2000, S. 73f.).

Diese Grundüberlegungen der KMK-Kommission sind zutreffend und fragwürdig zugleich. Zutreffend sind sie deshalb, weil die Ausstattung der Schulen mit moderner Hard- und Software in den letzten Jahren in der Tat kräftig zugenommen hat und mittlerweile bemerkenswerte Möglichkeiten für ein verstärktes E-Learning eröffnet. Fragwürdig ist der darin zum Ausdruck kommende Optimismus insofern, als sich in der Schulpraxis vielerorts eine ziemliche Zurückhaltung gegenüber der faktischen Nutzung der modernen Informations- und Kommunikationsmedien zeigt. Zusammenfassend lässt sich resümieren: Die Technik ist recht überzeugend herangereift; die ausgeprägte Computerfortbildung der letzten Jahre hat die traditionelle Distanz gegenüber den modernen elektronischen Medien deutlich abgebaut; ja selbst die Ausstattung der Schulen mit moderner Hard- und Software nähert sich allmählich einem Niveau, das dem E-Learning im Unterrichtsalltag viele Möglichkeiten eröffnet. Und dennoch: Viele Lehrkräfte wollen einfach nicht anbeißen, wollen den Segen der neuen Informationstechnologien nicht recht nutzen.

Woran liegt das? Und wie kann man diese Vorbehalte abbauen? Das ist die Frage, die derzeit nicht nur schulpolitisch gestellt wird, sondern natürlich auch die Lehrerbildung betrifft. Vieles spricht dafür, dass das Gros der Lehrkräfte mit den neuen Informations- und Kommunikationsmedien (noch immer) überfordert ist und die Lehrerbildung von daher verstärkt Gelegenheit geben muss, Wege zur alltagstauglichen Nutzung dieser Medien zu finden und zu klären. Die beste Intel-Schulung hilft nämlich wenig, wenn die Lehrkräfte nicht gleichzeitig lernen, wie man die Neuen Medien unter den restriktiven Bedingungen des Schulalltags zeit- und arbeitsökonomisch einsetzen kann. Eine Fähigkeit, die ausgeprägtes Improvisationsvermögen und didaktisch-technische Souveränität voraussetzt – Qualifikationen also, an denen es vielerorts noch deutlich mangelt. Mag sein, dass die persönliche Nutzung der besagten Medien bei vielen Lehrkräften perfekt funktioniert, aber darauf kommt es letztlich gar nicht so sehr an. Entscheidend ist vielmehr die didaktisch-methodische und unterrichtsorganisatorische Nutzung, die zügig von der Hand gehen muss. Und an dieser Nutzungsroutine hapert es nach wie vor ganz beträchtlich.

Der bisherige Weg der technischen Schulung sowie der Bereitstellung einschlägiger Handreichungen und Unterrichtsmaterialien genügt offenbar nicht, um die Lehrkräfte praxiswirksam zu motivieren, ihren Fachunterricht entsprechend zu verändern und technologisch »aufzurüsten«. Was fehlt, ist die erfahrungsgestützte Überzeugung, dass die anvisierte »technologische Revolution« des Unterrichts auch tatsächlich alltagstauglich und lernwirksam zu bewerkstelligen ist. Viele gut gemeinte Unterrichtsprojekte im Bereich des E-Learning belegen bisher eher das Gegenteil: Sie sind in aller Regel höchst anspruchsvoll, aufwändig und von der Durchführung her oft zu riskant, um Mut zu machen und zur Nachahmung zu veranlassen. Der bedrohliche Perfektionismus, den diese Projekte nur zu oft ausstrahlen, macht vielen Lehrkräften eher Angst als Mut. Dass es durchaus auch anders geht, zeigt das Beispiel in Abbildung 18 auf Seite 99 zur Computernutzung im Fachunterricht.

Die Existenz elektronischer Medien bewirkt also noch lange nicht, dass sie unterrichtlich auch genutzt werden. Ohne neue Anwendungsroutinen der Lehrkräfte, ohne einschlägige Workshops, ermutigende Erfahrungen und machbare Beispiele, ohne tragfähige Basiskompetenzen der Schüler/innen läuft erfahrungsgemäß recht wenig. Zu groß sind und bleiben für viele Lehrkräfte das Risiko des Scheiterns, der absehbare Mehraufwand, der drohende persönliche Autoritätsverlust und/oder das mögliche Abgleiten in irgendwelche vordergründigen »Spielereien« der Schüler/innen. Daran ändern auch ausgefeilte persönliche Computerkenntnisse nur wenig. Hier muss die Lehrerbildung einsetzen, will sie die Modernisierung des schulischen Lehrens und Lernens unter Einschluss der neuen Medien wirksam unterstützen. Vieles, was in den Abschnitten II.2.1 und II.2.2 zum Erfahrungslernen sowie zum Primat der Alltagstauglichkeit ausgeführt wurde, gilt auch hier. So gesehen müssen die Lehramtsanwärter/innen in entsprechenden Seminaren möglichst früh und praxisnah lernen und erfahren können, wie man mit den Neuen Medien unter schulischen Alltagsbedingungen arbeiten kann. Je früher dieser »Realismus« einsetzt und vermittelt wird, desto besser.

Dieser Realismus kann beispielsweise im Zusammenhang mit der abgebildeten »Trainingswoche« geschult werden (vgl. Abbildung 31), und zwar dergestalt, dass die angehenden Lehrer/innen in Gruppen für die einzelnen Wochentage machbare Unterrichtsprogramme zu den einzelnen PC-Schwerpunkten entwickeln. Wie kann man die Schüler/innen mittels PC zu ausgewählten Fachthemen üben und wiederholen lassen? Wie kann man sie Strukturmuster der verschiedensten Art am PC erstellen oder Texte mithilfe des PC layouten lassen? Wie können sie sinnvoll und überzeugend mit Power-Point präsentieren lernen? Oder auch: Wie können themenzentrierte Interaktions- und Planspiele computergestützt durchgeführt werden? Diese Leitfragen signalisieren ein breites Spektrum der Computernutzung, das im Unterricht wie in der Lehrerbildung themenbezogen und handlungsbetont aufbereitet werden kann und muss (vgl. Abschnitt II.2.1 zum Erfahrungslernen).

Doch diese unterrichtsbezogenen Kompetenzen sind nur das eine, was im Zusammenhang mit den neuen Informations- und Kommunikationstechnologien von Belang ist. Das andere ist die unmittelbare Nutzung der Neuen Medien im Rahmen der Seminardokumentation und -reflexion. Überall dort, wo bestimmte Verhaltensweisen eingeübt und supervidiert werden sollen, bieten sich videogestützte Verfahren an. Diese Verwendungsart der Neuen Medien ist eigentlich gar nicht so neu. Bereits in den 70er-Jahren gab es entsprechende Ansätze in der Lehrerausbildung, die aber zwischenzeitlich wieder ziemlich in der Versenkung verschwunden sind. Nun werden

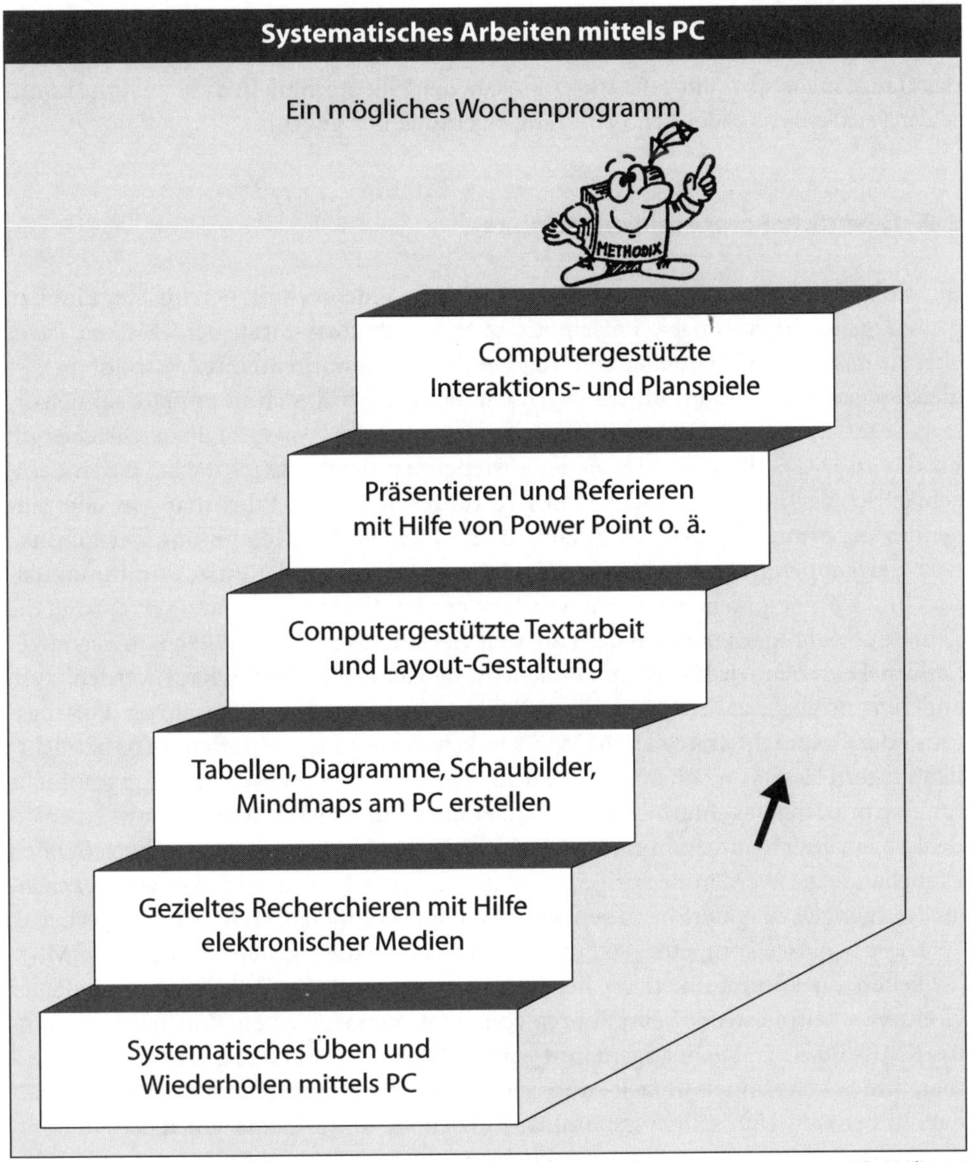

Abb. 31 © Dr. H. Klippert

sie vor dem Hintergrund neuer Digitaltechnik und anregender Videostudien aus diversen »PISA-Siegerländern« wieder aktuell. »Mit Videoaufnahmen die Unterrichtsqualität steigern«, so ist z.B. ein aktueller Bericht zur Praxisorientierung der Lehrerbildung an der Universität Landau betitelt (vgl. Die Rheinpfalz vom 11.8.2003). Die beiden Landauer Wissenschaftler Andreas Helmke und Detlev Gohrbrandt bieten ein videogestütztes Lehr-/Lernprogramm an, das konkrete Unterrichtsdokumentationen zum Mittelpunkt hat. Anhand dieser Dokumentationen geben sie den Studierenden Gelegenheit, ihren 7. Sinn in punkto Unterrichtsgestaltung zu »trainieren«. Konkret:

Die Studierenden sichten, analysieren und diskutieren die Aufnahmen und können bestimmte Szenen bei Bedarf mehrfach abspielen und prüfen. Wohlgemerkt: Neu ist das Ganze nicht, aber ein verstärkter Einsatz der Videotechnik in diesem Sinne könnte der Praxisrelevanz der Lehrerbildung eigentlich nur gut tun.

2.9 Gesprächskompetenzen trainieren

Ein weiterer Anwendungsbereich der erwähnten Videotechnik betrifft das Einüben grundlegender Beratungs-, Präsentations- und Rhetorik-Strategien. Bislang ist es eher so, dass den Studierenden und Referendar/innen während ihrer Ausbildung vergleichsweise wenig Raum und Gelegenheit gegeben wird, sich in punkto Lehrervortrag, Stimmeinsatz und Rhetorik im weitesten Sinne des Wortes zu üben. Gleiches gilt für die im Lehreralltag immer wieder anstehenden Beratungsgespräche, die mit einzelnen Schüler/innen und/oder Eltern zu führen sind. Wie führt man ein überzeugendes Beratungsgespräch? Wie kann man einen Vortrag interessant, verständlich und zielgruppengerecht gestalten? Wie können Mimik und Gestik, Stimmmodulation und Körpersprache eingesetzt werden? Fragen dieser Art gehören verstärkt in die Lehrerausbildung. Zum einen deshalb, weil viele dieser Einflussgrößen von den angehenden Lehrer/innen höchst unzureichend bedacht und durchschaut werden, zum anderen insofern, als sich mit dem Einsatz reflektierter und bewährter Vortrags- und/oder Gesprächsstrategien die Wirksamkeit des eigenen Lehrerhandelns beträchtlich steigern lässt. Von daher sind Probevorträge und probeweise Beratungsgespräche für eine praxisnahe Lehrerbildung nur zu empfehlen. Werden sie zudem mit einer Videokamera gezielt aufgenommen, so steigert das die Einprägsamkeit des betreffenden Probehandelns. Werden derartige Simulationen und Reflexionen dagegen vernachlässigt, mangelt es späterhin an zentralen Schlüsselkompetenzen für den Lehrerberuf.

Diese Schlüsselkompetenzen betreffen zum einen die eigenen strategischen Möglichkeiten im kommunikativen Bereich, zum anderen das Erkennen persönlicher Grenzen, – beispielsweise beim Führen von Beratungsgesprächen. Wie in der erwähnten KMK-Studie zu Recht angemahnt wird, sollen und müssen Lehrkräfte in der Lage sein, ihre Schüler/innen in fach- und schulspezifischen Fragen und Problemsituationen zu beraten. Und selbstverständlich müssen sie sensible und konstruktive Beratungsgespräche mit Eltern führen können. Sie sollten aber auch wissen, so die Warnung in der KMK-Kommission, »... an welchen Problemstellungen sowie ab welchem Problemniveau ihre Beratungskompetenz endet und welche anderen Instanzen statt dessen konsultiert werden sollten.« (vgl. KMK-Kommission 2000, S. 51). Dieses Erkennen eigener Grenzen und Möglichkeiten lässt sich im Rahmen der Ausbildung durchaus trainieren – z.B. mittels alltagsbezogener Simulationsspiele und videogestützter Auswertungsgespräche. Dadurch kann für eine Veranschaulichung und Verlebendigung des Interaktionsgeschehens gesorgt werden. Derartige Ansätze sind allemal besser, als wenn in den Seminaren nur abstrakt referiert und diskutiert wird.

Dieses »learning by doing« empfiehlt sich nicht minder für den Bereich der Rhetorik. Bedeutsam sind gezielte Rhetorikschulungen deshalb, weil Lehrkräfte selbstverständlich nicht nur gute Lernorganisatoren und -moderatoren, sonder auch und nicht zuletzt überzeugende Präsentatoren sein sollten. Denn Schüler/innen brauchen immer wieder spezifische Inputs von Lehrerseite. So gesehen sind gute Vorträge keineswegs »out«, sondern nach wie vor unerlässlich, wenn es um effektives Lehren und Lernen in der Schule geht. Nur müssen sie eben möglichst »gut« und adressatengerecht sein – und in dieser Hinsicht lässt sich in der Lehrerbildung noch manches ergiebig üben. Hilbert Meyer unterstreicht diese Möglichkeit und Notwendigkeit, wenn er in seinem Forderungskatalog zum »guten Frontalunterricht« darauf hinweist, dass die in den Schulen gehaltenen Vorträge besser werden müssten (vgl. Meyer 2001, S. 109f.). Entsprechende Befragungen zeigen nämlich, dass viele Schüler/innen mit den gängigen Lehrervorträgen alles andere als zufrieden sind – ein Faktum, das mit dem diffusen Neben- und Ineinander von Lehrervortrag und lehrergelenktem Unterrichtsgespräch zusammenhängen mag. Deshalb plädiert Hilbert Meyer für »Formen-Klarheit« im Unterricht, d.h. für eine profilierte Vortragsgestaltung (vgl. ebd., S. 110).

Im Klartext: Bevor der Vortrag beginnt, sollten den Schüler/innen orientierende Vorinformationen zum Thema des Vortrags, zu seiner Funktion bezüglich des nächsten Unterrichtsschritts sowie zum Arbeitsprozedere der Zuhörer während des Vortrags gegeben werden – so z.B. zur Frage, ob Notizen gemacht werden sollen oder nicht. Was den Vortrag selbst betrifft, so ist es Hilbert Meyer zufolge wichtig, dass er ...

- möglichst kurz und prägnant ausfällt, d.h. im Regelfall eine Vortragsdauer von fünf bis maximal zehn Minuten nicht übersteigt;
- übersichtlich gegliedert und geordnet dargeboten wird, d.h. er muss einen klar definierten Anfang und ein ebenso deutlich mitgeteiltes Ende haben;
- die eine oder andere Wiederholung enthält – allerdings nicht so, dass ausschweifende Exkurse die Oberhand gewinnen;
- lebendig und – falls dies vom Thema her nicht ausgeschlossen ist – auch ein bisschen humorvoll präsentiert wird;
- so vorgetragen wird, dass Blickkontakt zu den Schüler/innen gesucht und körpersprachlich das eine oder andere unterstrichen wird;
- nicht durch Zwischen- und/oder Verständnisfragen der Schüler/innen unterbrochen wird, damit der »rote Faden« nicht verloren geht;
- zum Schluss dadurch abgesichert wird, dass zusammenfassende Hinweise und Wiederholungen vorgesehen werden, die dafür sorgen, dass der Stoff besser im Gedächtnis der Schüler/innen verankert wird (vgl. ebd.).

Derartige »Spielregeln« können von den Lehramtsanwärter/innen im einen oder anderen Seminar im Brainstorming-Verfahren entwickelt werden. Dabei kann ein offenes Brainstorming erfolgen oder auch mit vorgefertigten Info-Karten zu den wichtigsten Eckpunkten des guten Vortrags gearbeitet werden. Diese letztere Arbeit sieht z.B. so aus, dass mittels Losverfahren mehrere Anwärter-Gruppen gebildet werden, die jede für sich einen bestimmten Vortrags-Baustein als Info-Karte erhalten, den es zu erschließen und durch eigene Erfahrungen zu unterfüttern gilt. Wie derartige Info-Bausteine zum guten Vortrag aussehen können, wird in Abbildung 32 ausschnitthaft angedeutet. Natürlich müssen die betreffenden Info-Karten von den verantwortlichen Lehrerbildnern im Vorfeld definiert und so ausgearbeitet werden, dass die Lehramtsanwärter/innen die wichtigsten Grundinformationen vorfinden (vgl. dazu Klippert 1995, S. 182ff.). Eine Alternative dazu: Selbstverständlich können die Info-Karten auch arbeitsteilig von mehreren Anwärtergruppen erstellt werden. Metho-

Elemente eines guten Vortrags

- **Die Stimme lebendig und fesselnd einsetzen**
  Wenn man bei den Zuhörern »ankommen« will, dann muss man auch und nicht zuletzt stimmlich beeindrucken. Denn die Stimme ist das, was zuerst wahrgenommen wird. Mit der Stimme kann man etwas lebendig, interessant und fesselnd für die Zuhörer machen, oder auch langweilen und zum Abschalten verleiten. So ist es für die Zuhörer z.B. langweilig, wenn jemand minutenlang auf der gleichen Tonhöhe spricht. Ähnliches gilt, wenn zu leise geredet und/oder eine undeutliche Aussprache gepflegt wird. Deshalb: »Der Ton macht die Musik.« Ton, Lautstärke, Stimmwechsel und Sprechtempo sind die Musik hinter den Worten. Dementsprechend gilt es, die Stimme zu variieren und mal lauter und mal leiser, mal tiefer und mal höher, mal schneller und mal langsamer zu sprechen. Das erhöht die Aufmerksamkeit bei den Zuhörern und schont nicht zuletzt die eigenen Stimmbänder ...
- **Durch Mimik und Gestik das Gesagte unterstreichen**
  Wer die Zuhörer beeindrucken möchte, muss nicht nur frei und »klangvoll« sprechen können, sondern auch durch Mimik und Gestik Aufmerksamkeit zu wecken verstehen. Ein Redner spricht nicht nur mit seiner Stimme, sondern in gewisser Weise mit seinem ganzen Körper. Seine Körperhaltung, sein Gesichtsausdruck, seine Handbewegungen und sein ganzes Verhalten können etwas ausstrahlen, was die Zuhörer wach hält oder auch nicht. Von daher ist es wichtig, an der eigenen Gestik und Mimik zu arbeiten. Manche fragwürdigen Angewohnheiten kann man durchaus verändern. Das gilt für den gesenkten Blick genauso wie für die herabhängenden Arme oder den eher spröden, gelangweilten Gesichtsausdruck. Auch die Handhaltung ist wichtig. Gefaltete Hände gehören in die Kirche; hinter dem Rücken versteckte Hände können keine lebendige Gestik erzeugen ...
- **Geschickter Einsatz orientierender Hilfsmittel**
  Zum guten Vortrag gehören natürlich nicht nur überzeugendes Auftreten und rhetorische Ausstrahlung, sondern auch und zugleich Fähigkeiten im Bereich der Mediennutzung. Das beginnt mit dem Entwickeln übersichtlicher Tafelbilder und reicht über das Gestalten und Präsentieren von Folien und Power-Point-Vorlagen bis hin zum souveränen Hantieren mit Flipchart und/oder Pinnwand. Denn eines ist klar: Worte sind nur zu oft wie Schall und Rauch. Sie verfliegen sehr schnell und sind nur ungenügend zu begreifen und im Gedächtnis zu speichern. Dagegen hilft z.B. das Visualisieren grundlegender Informationen während eines Vortrages. Bilder und sonstige Visualisierungsprodukte sind wesentlich einprägsamer als Worte – vorausgesetzt, sie sind geschickt aufgebaut und nicht mit zu viel »Informationsmüll« überfrachtet. Ein gutes Tafelbild z.B. zeichnet sich aus durch ...

Abb. 32

disch kann dabei auf das Verfahren der Expertenmethode zurückgegriffen werden. Dieses Verfahren zeichnet sich dadurch aus, dass die unterschiedlichen Rhetorik-Bausteine auf unterschiedlichen Anwärtergruppen/Stammgruppen verlost werden. Jede Stammgruppe erarbeitet und klärt ihren Baustein, trägt Erfahrungen und Beispiele zusammen und bereitet sich darauf vor, dass jedes Gruppenmitglied zum betreffenden Rhetorik-Baustein Rede und Antwort stehen kann. Denn nach Abschluss der Klärungsphase in den Stammgruppen werden so genannte Expertengruppen gebildet. Das sind Querschnittsgruppen, in denen Vertreter aller Stammgruppen sitzen. Diese Experten referieren reihum zu ihren Spezialgebieten und stellen sich bei Bedarf der Diskussion. Auf diese Weise werden die unterschiedlichen Info-Bausteine sukzessiv erschlossen und mit Inhalt, Anregungen und persönlichen Erfahrungswerten gefüllt – ein weiteres Beispiel also, wie sich bestimmte Inhalte erschließen lassen und gleichzeitig innovative Methoden praktiziert werden können.

Über rhetorische Elemente und Strategien Bescheid zu wissen, ist jedoch nur eine der möglichen Komponenten von Vortragskompetenz. Eine andere betrifft die Stimmbildung i.e.S.; d.h. die Schulung grundlegender Atem- und Artikulationstechniken. Ein Blick in die Krankenstatistik zeigt, dass übermäßig viele Lehrkräfte mit Stimmbandentzündungen und sonstigen stimmlichen Beeinträchtigungen zu kämpfen haben. Da Lehrer/innen im Schulalltag ganz zwangsläufig viel reden und nicht selten auch gegen einen beträchtlichen Lärmpegel ankämpfen müssen, ist die gezielte Stimmschulung eine nicht unwichtige Aufgabe für die Lehrerbildung. Denn intuitiv machen viele Lehrkräfte in Sachen Atmung und Stimmführung offenbar manches falsch. Von daher gehört eine konsequente Stimmbildung und Sprecherziehung in jede Lehrerausbildung.

2.10 Interkollegiale Praxisberatung

Ein weiteres wichtiges Aufgabenfeld der Lehrerbildung ist die Anregung und Förderung »pädagogischer Gesprächskreise« zur Aufarbeitung schwieriger Alltagsgegebenheiten. Wie in Abschnitt I.1.2 bereits angedeutet, ist der Lehreralltag seit vielen Jahren durch wachsenden Stress und zunehmende Belastungen gekennzeichnet. Belastungen, die nicht selten an die Grenze des Zumutbaren und Erträglichen gehen. Das viel zitierte Burnout-Syndrom ist ein sichtbares Indiz für das Belastungsdilemma, in dem sich viele Lehrkräfte hier zu Lande befinden. Die Hauptbelastungsfaktoren sind: Zunahme von Verhaltensauffälligkeiten bei Schülern, übergroße Klassen mit dreißig und mehr Schüler/innen, undisziplinierte Kinder und Jugendliche, große Leistungsunterschiede in den Klassen, hoher Lärmpegel, geringe Sanktionsmöglichkeiten gegenüber Schülern, erdrückender Formalkram und Verwaltungsaufwand, ständig neue Aufgaben und Anforderungen von außen – und dieses bei wachsender Pflichtstundenzahl pro Woche (vgl. Lenzen 2003). Das alles trägt dazu bei, dass zahlreiche Lehrkräfte an ihre Grenzen gelangen und Hilfe und Unterstützung brauchen.

Die meisten Lehrer/innen reagieren jedoch anders: Sie verdrängen und/oder ignorieren die bestehenden Probleme und Belastungen so lange wie möglich. Sie gehen selten nach außen, sondern neigen eher dazu, sich abzukapseln und auf eigene Faust aus der jeweiligen Problemlage zu befreien. Dieses verbreitete Einzelkämpfertum ist eines der Grundübel in Deutschlands Schulen. Jeder für sich ist nämlich kaum in der Lage, den skizzierten Belastungen und Problemen wirksam zu begegnen. Eine einzelne Lehrkraft kann eigentlich immer nur punktuell reagieren und intervenieren und hat daher wenig Chancen, die bestehenden unterrichtlichen Friktionen wirklich vom Tisch zu bekommen. Warum nicht? Zum einen deshalb nicht, weil die Kraft und Inspiration zum Umdenken und Ausprobieren neuer Wege ausschließlich aus der eigenen Person erwachsen müsste, was für Menschen in Überlastungssituationen eine kaum leistbare Anstrengung bedeutet. Der zweite Grund: Die oben skizzierten Probleme und Friktionen berühren in aller Regel mehrere Lehrkräfte in einer Klasse. Von daher muss auch *konzertiert* vorgegangen werden, wenn die bestehenden Belastungen wirksam abgebaut werden sollen. Andernfalls gerät der Einzelne schnell an seine Grenzen (vgl. Oswald 1990).

Was heißt das für die Lehrerbildung? Die angehenden Lehrer/innen müssen so früh wie möglich veranlasst werden, mit Kolleginnen und Kollegen offen und selbstkritisch über persönliche Probleme in Schule und Unterricht zu sprechen. Je früher die drohende Selbstisolierung überwunden und der kollegiale Weg des Nachdenkens und Problemlösens gesucht wird, desto besser. Insofern spricht vieles dafür, in der ersten und zweiten Phase der Lehrerausbildung bereits konsequent damit zu beginnen, pädagogische Gesprächskreise als offenes Angebot zu institutionalisieren. Als ein Angebot, das von interessierten Lehramtsanwärter/innen genutzt werden kann, um erlebte Belastungen und Probleme in einem möglichst angstfreien Raum mit Gleichgesinnten zu besprechen und nach möglichen Wegen zu suchen, um die bestehenden Probleme wirksam zu überwinden.

So gesehen ist Teamarbeit der »Königsweg«. Ohne gezielte Teamarbeit sind viele aktuelle Herausforderungen und Belastungen im schulischen Alltagsgeschäft schwerlich zu meistern. Das gilt für den übergeordneten Primat der Unterrichtsentwicklung genauso wie für die Bewältigung der vielen kleineren oder größeren Probleme im Schulalltag. Kollegiale Supervision und Reflexion ist von daher ein wichtiger Beitrag der Lehrerbildung. Das Besondere an diesem Supervisionsverständnis: Es setzt nicht gleich mit psychologisch-therapeutischen Methoden an, sondern betont das offene kollegiale Gespräch mit dem Ziel, den Betroffenen neue Perspektiven zu eröffnen und ihnen zu helfen, die Ist-Situation klarer und eventuell auch selbstkritischer zu sehen, und insgesamt das eigene pädagogische Handlungsrepertoire in relativ zwangloser Weise zu erweitern.

Die entsprechenden Teamsitzungen sind in der Regel als »Wahlveranstaltungen« vorzusehen, die von den Lehramtsanwärter/innen genutzt werden können oder auch nicht. Ihre Koppelung mit obligatorischen Ausbildungsseminaren, die häufig noch prüfungsrelevant sind, ist dagegen recht problematisch. Damit die besagten Wahlangebote möglichst zahlreich genutzt werden, sind selbstverständlich Vorkehrungen zu treffen: Erstens muss ein verantwortliches Anwärter-Team da sein, das die Rahmenorganisation und die Veranstaltungsmoderation übernimmt (natürlich können das auch speziell geschulte Vertrauenspersonen aus dem Ausbilderkreis sein). Zweitens müssen rechtzeitig Themen/Probleme/Fälle identifiziert werden, die von allgemeinem Interesse sind und sich als exemplarische »Lerninseln« eignen. Und drittens muss für diese Art der kollegialen Problemberatung ein festes Zeitfenster (z.B. erster Dienstag pro Monat) eingerichtet werden, damit sich eine hinreichende Regelmäßigkeit und Verbindlichkeit einstellt. Denkbar ist auch, das besagte Angebot als »Wahlpflichtangebot« mit der Maßgabe zu etablieren, dass nur eine bestimmte Anzahl von kollegialen Beratungsterminen wahrzunehmen ist. Dadurch wäre der Druck gemindert, gleichzeitig aber der Wahlcharakter in punkto Themen- und Terminzuordnung aufrechterhalten.

Die Zielsetzung, die sich mit der vorgeschlagenen kollegialen Problemberatung verbindet, ist mithin eine zweifache. Zum einen geht es darum, den angehenden Lehrkräften ein Forum zu bieten, um unter Anleitung persönliche Probleme und Belastungen im Ausbildungs- wie im Schulalltag mit Gleichgesinnten zu besprechen und aufzuarbeiten. Zum zweiten verbindet sich mit dieser Veranstaltungsform die Absicht, die angehenden Lehrer/innen von Anfang an konsequent an Teamarbeit und eigenverantwortliches Lernen heranzuführen. Dass dabei Vorbereitungs- und Anleitungsmaßnahmen erforderlich sind, steht außer Frage. Gleiches gilt hinsichtlich der Bereitstellung geeigneter Arbeits- und Feedbackmaterialien. Ein Beispiel für einen möglichen Feedback- und Reflexionsbogen zur Bilanzierung eines Gruppenprozesses findet sich in Abbildung 33 auf Seite 172. Weitere Materialien und Arbeitshilfen dieser Art können und müssen von den Veranstaltungsbetreuern entwickelt werden.

2.11 Schulentwicklung als Lernfeld

Zu den Basiskompetenzen, die die nachwachsende Lehrergeneration erwerben muss, gehören nicht zuletzt die Fähigkeit und die Bereitschaft, sich mit Fragen der Schulentwicklung auseinander zu setzen. Denn Schulentwicklung ist mittlerweile ein »heißes Thema«. Nicht nur Unterricht muss sich entwickeln, sondern darüber hinaus die ganze Schule. Die entsprechenden Innovationsprogramme sind vielfältig – angefangen bei der Ganztagsschule und der Europaschule über Programme zur Umsetzung spezieller Profile im ökologischen (z.B. Schulbiotop), fremdsprachlichen (z.B. bilingualer Zweig), beruflichen oder sozialen Bereich bis hin zu kleineren pädagogischen Initiativen wie Projektwochen, Projekttage, Freiarbeit, Wochenplan, Elternseminare, neue Arbeitsgemeinschaften oder Wahlpflichtfächer etc. So gesehen sind Deutschlands Schulen im besten Sinne des Wortes lebendige Systeme. Die Konsequenz: Lehramtsanwärter/innen, die sich früher oder später in Sachen Schulentwicklung engagieren sollen, müssen selbstverständlich darauf vorbereitet werden. Mit anderen Worten: Sie müssen für die Möglichkeiten und Grenzen der Schulentwicklung sensibilisiert werden. Sie müssen aber auch und zugleich Gelegenheit erhalten, praktische

Bilanzbogen zur Teamsitzung am …

Kreuze bitte auf den einzelnen »Bewertungsstrahlen« an, inwieweit du der jeweiligen Aussage zur abgelaufenen Gruppenarbeit zustimmst. Mache dir auf einem separaten Blatt Notizen, auf die du später zurückgreifen kannst, wenn es gilt, die eigenen Einschätzungen gegenüber den Gruppenmitgliedern zu begründen und zu erläutern!

stimmt: nicht – voll

Ich …

… habe mich in der Gruppe wohlgefühlt
… fühlte mich ernst genommen und beachtet
… habe gut und interessiert mitgearbeitet
… habe während der Gruppenarbeit viel gelernt
… bin mit unserem Beratungsergebnis sehr zufrieden

Wir …

… haben konstruktiv miteinander kommuniziert
… haben darauf geachtet, dass jeder zum Zug kommt
… haben neue Ideen und Vorschläge zugelassen
… haben uns gegenseitig geholfen und Mut gemacht
… haben zugehört und jeden ausreden lassen
… haben Schwierigkeiten offen angesprochen

Die Aufgabe …

… wurde eingehend analysiert und besprochen
… wurde zielstrebig und planvoll bearbeitet
… wurde in hilfreicher Art und Weise gelöst
… wurde vom Vorbereitungsteam gut vorbereitet
… wurde theoretisch fundiert angegangen und erledigt

Abb. 33

Wege der Schul- und Unterrichtsentwicklung kennen zu lernen und kritisch-konstruktiv zu würdigen.

Wichtig dabei wäre, dass nicht allein die schulorganisatorische Ebene beleuchtet wird, sondern vor allem der Mikrokosmos der einzelnen Lehrkräfte und Lehrergruppen in den Blick gerät. Dieses Heruntertransponieren der Schulentwicklungsdebatte auf die Ebene des konkreten (innovativen) Alltagshandelns von Lehrer/innen ist über viele Jahre hinweg sträflich vernachlässigt worden. Stattdessen ging und geht es um hochtrabende Programme wie Organisationsentwicklung (OE), Total-Quality-Management (TQM), Corporate Identity (CI) oder Institutionelle Schulentwicklung (ISP) – um nur einige zu nennen. Das Besondere an diesen Programmen: Sie beschreiben und systematisieren in mehr oder weniger abstrakter Weise, wie Innovationsprozesse in Schulen und sonstigen Organisationen ablaufen können (vgl. Rolff u.a.1998; Schratz/Steiner-Löffler 1998; Dalin/Rolff 1990; Eikenbusch 1998). Die Alltagsgegebenheiten der Lehrer/innen spielen dagegen eine eher nachgeordnete Rolle.

Hilbert Meyer moniert deshalb zu Recht, dass die Schulentwicklungsdebatte der 90er-Jahre die Systemebene völlig überbetont habe. Dementsprechend sei es vor allem um Organisationsabläufe, Rationalisierungsprozesse und Innen-Außenbeziehungen gegangen. Die Subjektebene, d.h. die »Ebene leibhaftig handelnder, denkender und fühlender Menschen« sei lediglich als abgeleitete Größe vorgekommen (vgl. Meyer 1997, S. 49). Berechtigt ist dieser kritische Einwurf insofern, als er auf zwei Grundprobleme der Schulentwicklungsarbeit hinweist: Zum einen auf den »Abstraktismus« der Programme, zum zweiten auf die umfänglichen Arbeitsbeschaffungsmaßnahmen, die durch die fälligen Bestandsaufnahmen, Ist-Analysen, Zielfindungs-, Strategieplanungs-, Rückkoppelungs- und Evaluationsprozesse in den Schulen ausgelöst wurden und werden. Wer erfolgreiche Schulentwicklung will, muss gewiss schlichter ansetzen und sehr viel stärker auf die Mikroebene des konkreten Lehrerhandelns abstellen. Denn nur dann, wenn sich Lehrkräfte in ihren praktischen Belangen wahrgenommen und unterstützt fühlen, werden sie auch den langen Atem aufbringen, um einer nachhaltigen Schul- und Unterrichtsentwicklung den Weg zu bahnen.

Die Konsequenz: Die innerschulische Innovationsarbeit muss stärker fokussiert werden. Das heißt erstens Reduzierung der Schulentwicklungsarbeit auf überschaubare Vorhaben mit möglichst ausgeprägtem Unterrichtsbezug; zweitens Straffung der meist langwierigen Such-, Reflexions- und Entscheidungsprozesse im Vorfeld der eigentlichen Innovationsarbeit, sowie drittens Mut machende und Arbeitserleichterung bringende Unterstützungsangebote von oben und außen, d.h. durch Bildungsadministration, Lehrerfortbildung und Lehrerausbildung (vgl. Klippert 1997, S. 13). Diese letztgenannten Unterstützungsangebote sind weitaus mehr als das, was im Rahmen der gängigen Organisationsentwicklungsprozesse an moderativer und beratender Unterstützung gewährt wird. Die hier intendierte »Hilfe zur Selbsthilfe« stellt sehr viel stärker auf konkreten aufgabenbezogenen Service für Lehrer/innen ab, d.h. auf erprobte und bewährte Materialien, Strategien und Qualifizierungsmaßnahmen.

Dieser Schulentwicklungsservice betrifft nicht zuletzt die Lehrerausbildung in Hochschulen und Studienseminaren. Denn die Lehramtsanwärter/innen sollten um die alternativen Strategien, Programme, Probleme und Unterstützungsleistungen im Kontext innerer Schulentwicklung wissen. Aber nicht nur das: Sie sollten auch und vor allem eine konkrete Vorstellung davon entwickeln, wie die faktische Schulentwicklungsarbeit vor Ort ablaufen und methodisiert angegangen werden kann. So gesehen wäre die Lehrerausbildung gut beraten, hin und wieder Seminare (Blockseminare!) anzubieten, die den Lehramtsanwärter/innen Gelegenheit geben, den einen oder anderen Innovationsprozess via *Simulationsspiel* in seinen wichtigsten Etappen mitzuerleben. Auch Fallstudien und Rollenspiele bieten sich an. Schwieriger dagegen wird es, wenn reale Schulentwicklungsprozesse studiert werden sollen, da sie in der Regel viel zu lange dauern und meist auch übermäßig komplex sind.

Ein möglicher Simulationsansatz ist die Methode der »*Zukunftswerkstatt*«. Damit gemeint ist ein bestimmtes methodisches Vorgehen zur Entwicklung von Innovationskompetenz in Lehrergruppen. Eine Überblick über dieses Vorgehen gibt Abbildung 34 (vgl. auch Imhof 1997; Jungk/Müllert 1989). Geeignet ist die »Zukunftswerkstatt« für die Lehrerbildung insofern, als sie wichtige Lernchancen eröffnet: Zum einen gibt sie den Lehramtsanwärter/innen Gelegenheit, unterschiedliche Arbeits- und Planungstechniken zu erfahren (Brainstorming, Kartenabfrage, Visualisierung, Clustering, Entscheidungsfindung, Prozessmoderation etc.) und zum anderen stellt sie sicher, dass die wichtigsten Schritte eines innerschulischen Innovationsprozesses exemplarisch erlebt werden können. Wichtig dabei: Die Methode »Zukunftswerkstatt« setzt voraus, dass das jeweilige Innovationsfeld möglichst überschaubar und ausbildungsrelevant zugeschnitten wird. Dementsprechend wäre es z.B. denkbar, die Methode Zukunftswerkstatt zum Thema »Optimierung der Wochenplanarbeit – aber wie?« oder auch zu Problemkreisen wie »Schulpraktika«, »Fachkonferenzen« oder »Leistungsbewertung« einzusetzen.

Wie Abbildung 34 zeigt, umfassen »Zukunftswerkstätten« in der Regel drei größere Arbeitsphasen: Erstens die Kritikphase, zweitens die Fantasiephase und drittens die Verwirklichungsphase. Hinzu kommen Vor- und Nachbereitungsaktivitäten. Zu den Besonderheiten der *Kritikphase* gehört, dass das jeweilige Innovationsfeld daraufhin

»Zukunftswerkstatt«

Eine Methode zur inneren Schulentwicklung

- **Vorbereitungsphase**
  Sie dient der organisatorischen und inhaltlichen Vorbereitung. Das beginnt bei der Sitzordnung im Seminarraum und reicht über die Bereitstellung von Materialien und sonstigen Hilfsmitteln bis hin zur Gestaltung der Lernatmosphäre (Musik, Pinnwände etc.).
- **Kritikphase**
  In dieser Phase geht es darum, zum jeweiligen Problembereich Kritikpunkte zu notieren, diese in Kleingruppen zu sondieren und auf Kärtchen zu schreiben und schließlich im Plenum eine Gesamtschau der wichtigsten Kritik- bzw. Problempunkte zu visualisieren.
- **Fantasiephase**
  In dieser Phase werden die eingegrenzten Problemanzeigen ins Positive gewendet, d.h. es werden schrittweise denkbare Problemlösungsmöglichkeiten gesucht und stichwortartig an der Pinnwand festgehalten, geclustert und schließlich nach Dringlichkeit gewichtet.
- **Verwirklichungsphase**
  In dieser Phase werden die eingegrenzten Problemlösungsideen auf ihre Realisierbarkeit hin geprüft, modifiziert und u.U. auch verworfen. Dann werden Umsetzungspläne erstellt und – sofern im Rahmen der Ausbildung möglich – auch versuchsweise verwirklicht.
- **Nachbereitungsphase**
  Zum Abschluss der »Zukunftswerkstatt« werden die erstellten Visualisierungen nochmals im Zusammenhang gesichtet und besprochen. Außerdem werden der Arbeitsprozess und die erzielten Arbeitsergebnisse gezielt rekonstruiert und gemeinsam reflektiert.

Abb. 34

untersucht wird, was aktuell unbefriedigend ist bzw. nicht gut läuft. Die Kritikpunkte werden in einem gestuften Verfahren (Einzelarbeit → Gruppenarbeit → Plenum) an der Pinnwand zusammengetragen und geclustert, so dass sich am Ende der ersten Phase die wichtigsten Kritik- bzw. Problempunkte deutlich zeigen. Nun setzt die *Fantasiephase* ein, und zwar dergestalt, dass die Seminarteilnehmer/innen ihren Problemlösungsfantasien freien Lauf lassen. Wichtig dabei ist, dass aufkommende Ideen nicht gleich problematisiert und diskutiert werden, sondern zunächst einmal ungeprüft notiert bzw. auf Kärtchen festgehalten werden dürfen. Die erstellten Kärtchen werden sodann erneut an Pinnwände gebracht und geclustert. Abgeschlossen wird diese Phase damit, dass die Seminarteilnehmer/innen die einzelnen Problemlösungsansätze durch Punktezuordnung gewichten, so dass sich am Ende zeigt, welche Ansätze Priorität haben sollen. Anknüpfend an diese Prioritätenliste werden in der abschließenden *Realisierungsphase* einzelne Problemlösungsansätze praktisch getestet bzw. im Dialog mit interessierten Lehrerteams einzelner Ausbildungsschulen auf ihre Praktikabilität und ihre pädagogischen Chancen hin geprüft. Wohlgemerkt: Das Ganze ist noch nicht Schulentwicklung, wohl aber ein wichtiges und hilfreiches Hineinschnuppern in Prozesse der inneren Schulentwicklung.

Natürlich kann die Sensibilisierung der Lehramtsanwärter/innen für die Belange der Schulentwicklung auch so angegangen werden, dass unterschiedliche Anwärtergruppen gebildet werden, die laufende bzw. bereits abgeschlossene Schulentwicklungsprozesse in der einen oder anderen Ausbildungsschule näher sondieren und mittels gezielter Befragungen erforschen. Dazu müssen Befragungsstrategien entwickelt und die entsprechenden Befragungen in der/den Schulen durchgeführt werden. Sinnvoll ist eine derartige »Feldforschung« jedoch nur dann, wenn das betreffende Innovationsfeld überschaubar und zudem so geartet ist, dass es mit den spezifischen Ausbildungsbelangen und -themen in Einklang gebracht werden kann. Von daher würde sich zum Beispiel ein Innovationsprozess zum Schwerpunkt »Einführung der Wochenplanarbeit in Schule X« gut eignen.

3. Flankierende Innovationsmaßnahmen

Die Realisierung der skizzierten Ausbildungsaktivitäten setzt natürlich einiges voraus. Die Hauptprämisse: Die verantwortlichen Lehrerbildner müssen bereit und in der Lage sein, die angeführten innovativen Seminarangebote zu unterbreiten sowie sach- und methodenkompetent zu betreuen. Denn was helfen die anspruchsvollsten curricularen und ausbildungsdidaktischen Prinzipien und Standards, wenn den Ausbildern das entsprechende Repertoire fehlt, um sie mit Leben zu füllen? Auch die Rahmenbedingungen in den Ausbildungseinrichtungen müssen stimmen. Doch um diese Voraussetzungen ist es vielerorts eher mäßig bestellt. Das gilt für das Methodenrepertoire der Ausbilder genauso wie für die gängigen Zeit- und Arbeitsstrukturen in den Universitäten und Studienseminaren – die Problematik der Prüfungsmodalitäten mit eingeschlossen. Deshalb: Wenn die anstehenden Reformen in Schule und Lehrerbildung tatsächlich erfolgreich voran getrieben werden sollen, dann müssen sich nicht nur die Seminarinhalte und -methoden verändern, sondern auch und zugleich die qualifikatorischen und organisatorischen Voraussetzungen in den Ausbildungseinrichtungen.

3.1 Aus- und Fortbildung der Ausbilder

Die dargelegten Empfehlungen und Erfahrungswerte zur Kompetenzförderung in der Lehrerausbildung machen deutlich, dass die zuständigen Ausbilder vielerorts umdenken müssen. Sie müssen ihr seminardidaktisches und -methodisches Programm kritisch prüfen und in Entsprechung zu den in diesem Buch dargelegten Innovationserfordernissen weiterentwickeln. Vor allem gilt das im Hinblick auf die angemahnten Grundprinzipien »Praxisbezug«, »Erfahrungslernen« und »Alltagstauglichkeit«. Unterstrichen wird das durch die vorliegenden Befragungsergebnisse zur Qualität der Ausbildung in Universitäten und Studienseminaren (vgl. Abschnitt II.1.1). Geklagt wird von den angehenden Lehrer/innen vor allem über den mangelnden Praxisbezug und die antiquierte Seminardidaktik und -methodik. Die Rückmeldungen der jungen Leute signalisieren, dass es um die Methodenvielfalt in vielen Ausbildungsveranstaltungen eher schlecht bestellt ist. Gleiches gilt für Teamarbeit und eigenverantwortliches Arbeiten und Lernen. Viele Ausbilder setzten hehre Ansprüche, blieben selbst aber nur zu oft bei den klassischen Referaten, Gruppenarbeiten und Diskussionen stehen. Moderne Moderations- und Trainingsmethoden würden in den Ausbildungsveranstaltungen eher selten eingesetzt. Einzelne Ausbilder versuchten zwar eine ganze Menge, sie blieben unter dem Strich aber doch eher »Exoten« – manchmal belächelt, meist akzeptiert, aber nur selten als pädagogische Vorbilder verstanden und nachgeahmt.

Die KMK-Kommission zur Reform der Lehrerbildung hat das bestehende Qualifikationsdilemma für die zweite Phase der Lehrerausbildung auch ganz offen angesprochen. Die Rekrutierung und Qualifizierung des Ausbildungspersonals in den Studienseminaren sei unbefriedigend und werde dem bestehenden Innovationsbedarf in den Seminaren wie in den Schulen nicht gerecht (vgl. KMK-Kommission 2000, S. 17 und S. 121). Von daher fordert die Kommission, »... dass die systematische Vorbereitung zukünftiger Ausbilder im Rahmen der Lehrerbildung als vorlaufende Qualifizierung geschehen soll.« Zukünftige Hauptseminar- und Fachleiter sollten über einen breiten Fundus an Kompetenzen und Erfahrungen im Bereich moderner Unterrichtsplanung, -gestaltung und -reflexion verfügen. Und sie sollten sich des Weiteren vor Übernahme ihrer Funktionsstelle mit Konzepten und Methoden der Erwachsenenbildung, mit modernen Managementstrategien sowie mit grundlegenden Evaluationsverfahren vertraut gemacht haben (vgl. ebd., S. 121). Bemängelt wird vor allem, dass die Ausbilder zu wenig bereit und in der Lage seien, »selbstständigen, eigenverantwortlichen Ausbildungsunterricht« zu initiieren, zu organisieren und zu moderieren (vgl. ebd., S. 17).

Zutreffend an dieser Kritik ist, dass es in der Tat keine grundständige Vorbereitung der Fachleiter- und Seminarleiter/innen auf ihre Ausbildungsaufgabe im Bereich der Erwachsenenbildung gibt. Denn Schüler/innen zu unterrichten ist nun einmal etwas anderes als angehende Lehrkräfte adäquat, handlungsbezogen, teamorientiert und innovationszentriert für ihren Lehrerberuf fit zu machen. Halbherzig ist die Kommissions-Kritik insofern, als sie so tut, als gäbe es die besagten Qualifikationsprobleme auf Ausbilderseite vor allem in den Studienseminaren. Diese Sicht ist so gewiss nicht zu halten. Die zweite Phase bemüht sich zumindest um einen ansprechenden Praxis-, Didaktik- und Methodenbezug. Diese pädagogisch-didaktische Seite des Lehrerberufs ist in den Hochschulen dagegen höchst unterbelichtet (vgl. Abschnitt II.1.1). Mit dem vorgesehenen Ausbau der Schulpraktika und der Zentren für Lehrerbildung soll diesem Versäumnis zwar entgegengewirkt werden, aber bis die angemahnte konsequente Integration von Theorie und Praxis tatsächlich kommt, wird in den meisten Hochschulen noch eine Menge Zeit verstreichen. Wohlgemerkt: Gute Ansätze sind fraglos da, aber ihre breitenwirksame Umsetzung steht über weite Strecken noch aus.

Das Schwierige bei der propagierten Integration von Theorie und Praxis ist, dass es in punkto Zusammenarbeit von Professoren und Fachleiter/innen, Dozenten und Mentoren, Wissenschaftlern und Schulpraktikern bislang noch wenig greifbare und ermutigende Erfahrungen gibt. Kennzeichnend für die bisherigen Praxis ist eher ein gediegenes Nebeneinander von erster und zweiter Phase, aber nur selten ein wirklich verständnisvolles, kreatives und konstruktives Miteinander im Interesse einer innovativen Berufsvorbereitung der angehenden Lehrer/innen, die zudem noch alltagstauglich ist. Dieses Dilemma ist bekannt und wird mittlerweile auch kaum noch bestritten. Nur, was folgt daraus? Vieles spricht dafür, dass es mit den in den Abschnitten I.2.6 und II.1.3 dargelegten Strukturreformen nicht getan ist. Das Problem liegt entschieden tiefer und betrifft in erster Linie die methoden- und teamspezifische Grundqualifikation der Lehrerbildner. Diesbezüglich liegt vielerorts eine Menge im Argen und muss dringend nachgebessert werden. Das gilt sowohl für die Eingangsqualifizierung der Ausbilder als auch für ihre berufsbegleitende Weiterbildung.

Neu ist diese Erkenntnis nicht. »Alle wissen um die Misere der Lehrerausbildung. Stets werden Reformkommissionen eingesetzt, werden bis zur Ermüdung aller Beteiligten Details geändert – aber der trostlose Gesamtzustand bleibt ... Jeder lehrt, was er will ... Mehrere Kommissionen haben bereits ein Ende dieser Beliebigkeit gefordert, aber ... wer in Germanistik etwa die neueste Goethe-Interpretation zum Seminarmittelpunkt machen möchte, wird dies tun. Dass vor ihm häufig angehende Deutschlehrer für die Grundschule sitzen, die lernen möchten, wie man Gedichte in der vierten Klasse behandelt, interessiert nicht.« (Janssen 2002, S. 71). Doch so berechtigt diese Kritik auch sein mag, sie vernachlässigt die Ursachenklärung. Denn: Liegen Praxisferne und wissenschaftlich-didaktischer Detailfetischismus nicht vielleicht gerade darin begründet, dass es den betreffenden Ausbildern an einem alternativen Repertoire mangelt? Vieles spricht für diese Überlegung. Wo lernen denn die Ausbilder/innen der ersten und zweiten Phase, wie man praxis-, methoden-, handlungs- und erfahrungsorientierte Lernprozesse mit angehenden Lehrer/innen gestaltet? Wo lernen sie die entsprechenden erwachsenendidaktischen und -methodischen Zugänge? Wo lernen sie geeignete Moderations- und Evaluationstechniken kennen? Wo üben sie sich in punkto Kooperation mit anderen Ausbilderkollegen der ersten und/oder der zweiten Phase? etc.

Diese und andere Fragen unterstreichen, dass die Ausbildung der Ausbilder eine ziemlich vernachlässigte Dimension ist. Die Crux ist, dass es in Deutschlands Lehrerbildungseinrichtungen bislang keine konsequente, berufsfeldorientierte Aus- und Weiterbildung für Lehrerbildner gibt. Jeder ist aus der Not heraus gezwungen, sich in seminardidaktischer und -methodischer Hinsicht irgendwie durchzuwursteln. Von daher sollte man sich hüten, die Ausbilder/innen in Bausch und Bogen zu kritisieren. Die Konsequenz muss vielmehr eine andere sein, nämlich die: Auch Lehrerbildner brauchen differenzierte Aus- und Weiterbildung in Sachen »Innovatives Lehren und Lernen mit Erwachsenen«. Dementsprechend müssen die Angebote erweitert und professionelle »Trainer/innen« gewonnen werden. Andernfalls muss man sich nicht wundern, wenn in vielen Seminaren nach wie vor recht altbacken gearbeitet und gelehrt wird. Von daher hat Rolf Arnold völlig Recht, wenn er fordert, »... dass die Akteure der Lehrerbildung selbst verstärkt mit den Lehr-Lern-Methoden arbeiten (müssen), deren Einsatz sie von den zukünftigen Lehrer/innen erwarten. Hierzu müssen die Lehrerbildner/innen selbst sich mit den neueren erwachsenenpädagogischen Methoden eines kooperativen und selbstgesteuerten Lernens vertraut machen.« (Arnold 2002, S. 12).

Wie das beispielsweise geschehen kann, zeigt das in Abbildung 35 skizzierte Methodenprogramm für wechselnde Fachleiter-Teams. Durchgeführt wurde dieses Programm mit interessierten Fachleiter-Teams von insgesamt 12 Studienseminaren aus

Gezielte Weiterbildung für Seminar- und Fachleiter/innen

Orientierungsveranstaltung zum vorgesehenen Methodenprogramm

↓

Meinungsbildung und Beschlussfassung in der Seminarkonferenz

↓

Bildung seminarinterner Methodenteams mit unterschiedlicher Ausrichtung

↓

Mehrstufiges Qualifizierungsprogramm

↓

Bildung unterschiedlicher Fachleiterteams zur systematischen Umsetzung der besagten Methoden in ein- und mehrtägigen Seminaren	**Trainingstagung I für FL-Teams zum Thema »EVA im Fachunterricht«** *(1–2 Tage)* **Trainingstagung II für FL-Teams zum Thema »Methodentraining mit Schülern«** *(1–2 Tage)* **Trainingstagung III für FL-Teams zum Thema »Teamentwicklung im Klassenraum«** *(1–2 Tage)* **Trainingstagung IV für FL-Teams zum Thema »Kommunikationstraining mit Schülern«** *(1–2 Tage)* etc.	Gezielte Materialerarbeitung und Trainingsplanung / Gezielte Fortbildung der Mentoren / Revision der Stundenbeurteilung etc.

Abb. 35 © Dr. H. Klippert

den Regionen Leverkusen und Herford in Nordrhein-Westfalen. Im Mittelpunkt dieses Programms standen die vier Methodenfelder »Methodentraining«, »EVA«, »Kommunikationstraining« und »Teamtraining« – vorrangig ausgerichtet auf die Umsetzung mit Schülern. Das heißt also: Die mit den Fachleiter/innen durchgespielten Übungen stammten überwiegend aus dem mit Schüler/innen erprobten Repertoire, waren aber so ausgewählt, dass sie auch für Erwachsene etwas hergaben. Die einzelnen Weiterbildungsseminare sahen schließlich so aus, dass die teilnehmenden Fachleiter/innen Gelegenheit erhielten, ausgewählte methodische Arrangements zum jeweiligen Methodenfeld praktisch durchzuspielen, zu reflektieren, Modifikationen und/oder Alternativen zu überlegen und im letzten Teil der Tagung den einen oder anderen Übungsbaustein selbst zu entwickeln. So gesehenen wurden angeleitete Trainingsarbeit, methodenkritische Reflexion und produktive Workshoparbeit miteinander verzahnt. Darüber hinaus gehörte es zu den Aufgaben der teilnehmenden Fachleiterteams, die erlebten Methoden in analog gestalteten »learning-by-doing-Seminaren« weiterzugeben – an Referendar/innen, interessierte Fachleiterkollegen und/oder ausbildungsverantwortliche Mentoren in den Schulen.

Ähnliche Weiterbildungszyklen sind selbstverständlich auch zu anderen methodischen, didaktischen und allgemeinpädagogischen Handlungsfeldern möglich – so z.B. zur Moderationsmethodik, zur Evaluationsmethodik, zur Visualisierungstechnik, zur Leseförderung, zum guten Lehrervortrag, zur Lernzirkelarbeit, zur Assessmentmethodik oder auch zum guten Frontalunterricht. Wichtig ist nur, dass die Themen eine gewisse Brisanz besitzen, handlungsrelevant sind und unter Innovationsgesichtspunkten etwas hergeben. Angesichts der in diesem Buch skizzierten Reformerfordernisse und -möglichkeiten lassen sich gewiss genügend interessante und ausbildungsrelevante Weiterbildungsthemen finden, bei denen sich für die Ausbilder/innen eine vertiefende Auseinandersetzung anbietet. Wichtig ist ferner, dass bei der Seminargestaltung diverse erwachsenenpädagogische Gesichtspunkte bedacht werden. Das beginnt beim »learning by doing« mittels ausgewählter Übungen bzw. Simulationsspiele und reicht über das konsequente Arbeiten und Reflektieren in Teams bis hin zum gezielten Einsatz moderner Moderationsmethoden und kreativitätsfördernder Verfahrensweisen in den Seminaren. Auch die praktische Umsetzung und Weitervermittlung des im Seminarverlauf gewonnenen Know-hows an die Lehramtsanwärter/innen und/oder an die mit der Anwärterbetreuung befassten Mentoren bzw. Praktikumsbetreuer sollte fester Bestandteil dieser Weiterbildungsmaßnahmen sein. Und selbstverständlich sollten die Ausbilder auch und nicht zuletzt Gelegenheit erhalten, sich verstärkt mit Fragen der Personalführung, Personalentwicklung und Personalbeurteilung auseinander zu setzen da diese Aspekte im Bereich der Lehrerbildung eine wachsende Rolle spielen.

Zugegeben, diese Qualifizierungsoffensive wird sich bei laufendem Ausbildungsbetrieb nur schwer bewältigen lassen. Dennoch: Eine forcierte Weiterbildung der Ausbilder ist eine notwendige Voraussetzung dafür, dass die geplanten Reformvorhaben im Bereich der Lehrerbildung wirksam umgesetzt werden können. Das gilt gleichermaßen für die Implementierung neuer Seminarmethoden wie für die Ausweitung des Praxisbezugs. Das gilt aber auch für die Intensivierung der Teamarbeit unter Ausbildern sowie für die Forcierung der Zusammenarbeit zwischen erster und zweiter Phase. Lehrerbildungszentren, verstärkte Schulpraktika und andere aktuelle Innovationsansätze bleiben ohne einschlägige Weiterbildungsmaßen für Ausbilder/ innen leicht hohle Absichtserklärungen.

Von daher empfiehlt es sich dringend, die angedeuteten Weiterbildungsmaßnahmen nicht allein in der ersten *oder* der zweiten Phase anzusiedeln, sondern zumindest in Teilen als Querschnittsaufgabe zu verstehen und auf gemischte Ausbildergruppen zuzuschneiden. Warum? Die Integration von erster und zweiter Phase, von Theorie und Praxis, wird erst dann Realität werden, wenn sich die betreffenden Dozenten und Fachleiter/innen nicht länger beim Gerangel um Zuständigkeiten, Statusdifferenzen und Ausbildungsstrukturen aufhalten, sondern an praktischen, innovativen Aufgabenstellungen sehr konkret lernen, konstruktiv und kreativ zusammen zu arbeiten. Die besagten Weiterbildungsseminare könnten in dieser Hinsicht wichtige und verbindende »Lerninseln« für beide Seiten sein. Zwar müssen dann so manche Standesdünkel und wechselseitigen Vorurteile abgebaut werden, aber das sollte angesichts der bestehenden Herausforderungen und Probleme von erster und zweiter Phase doch wohl möglich sein!? Wie die entsprechenden Weiterbildungsseminare institutionalisiert werden können, muss an dieser Stelle offen bleiben. Wichtig ist nur, dass die methoden- und innovationszentrierte Weiterbildung der Lehrerbildner verbindlicher und konsequenter als bisher angeboten und realisiert werden sollte. Der hier in Rede stehenden Unterrichtsentwicklung kann das nur gut tun.

3.2 Erstellen von Ausbildungsmodulen

Zu den zentralen Aufgaben der Ausbilder in der ersten und zweiten Phase gehört das Erstellen innovationszentrierter Seminarprogramme und -arrangements. Dass diese Aufgabe am besten in Teamarbeit anzugehen ist, liegt auf der Hand. Die Ideenvielfalt ist größer, die Arbeitsökonomie und Arbeitsteilung gestalten sich günstiger und der nachfolgende Abstimmungs- und Koordinationsbedarf zwischen den einzelnen Ausbildern wird geringer. Trotz dieser Vorzüge gestaltet sich die Kooperation der Ausbilder in praxi häufig recht schwierig, da letztlich jeder seine speziellen Zuständigkeiten und Verantwortlichkeiten hat. Von daher kann die Forderung auch nicht lauten, dass die Ausarbeitung innovativer Ausbildungsmodule immer und überall in Tandem- oder Gruppenarbeit vonstatten gehen sollte; das wäre einfach utopisch, wenngleich für die Qualität der Ausbildung sicherlich vorteilhaft.

Der in diesem Buch angemahnte Realismus gebietet es, die Chancen, aber auch die Grenzen einer kooperativen Seminarvorbereitung zu erkennen. Die Chancen liegen darin, dass konzertierter, reflektierter, kreativer und arbeitsökonomischer an die Planung und Ausgestaltung innovativer Seminarprogramme herangegangen werden kann. Die Grenzen ergeben sich dadurch, dass die Zeitgefäße für gemeinsame Seminarvorbereitungen in der Regel recht schmal sind. Das gilt sowohl für die Kooperation innerhalb der einzelnen Ausbildungseinheiten als auch für die Zusammenarbeit von Vertretern der ersten und der zweiten Phase.

Von daher soll an dieser Stelle auch gar nicht auf der kooperativen Vorbereitung innovativer Ausbildungsmodule insistiert werden. Wichtiger ist, dass überhaupt innovative Formen des Lehrens und Lernens in die Seminararbeit einfließen. Das gilt für die fachwissenschaftlichen Studien genauso wie für die didaktischen, die erziehungswissenschaftlichen und die schulpraktischen Studien. Im Kern wäre bereits eine

Menge gewonnen, wenn die zuständigen Lehrerbildner bei ihrer Seminarvorbereitung nicht nur auf die Inhalte schauen und diese bestmöglich aufzubereiten versuchen, sondern auch und zugleich darauf achten, dass die Seminardidaktik und -methodik erwachsenengemäß gestaltet werden. »Die Anerkennung der Prinzipien der Erwachsenenbildung«, so schreibt die KMK-Kommission, »... muss dazu führen, dass sich die Seminare konzeptionell von einem reinen Lehr- und Lernbetrieb hin zu einer Studienstätte entwickeln. Viele Seminare sind in der konkreten Gestaltung ihrer eigenen Lehr- und Lernformen immer noch zu sehr am Konzept schulischen Unterrichts orientiert. Wenn in den Seminaren Bildung von Erwachsenen für Erwachsene betrieben wird, sollte dies vornehmlich als Selbstbildung unter Anregungen konzipiert werden.« (KMK-Kommission 2000, S. 117).

Diese Sichtweise ist fraglos richtig und wichtig. Allerdings bleibt die Frage, was »Selbstbildung« meint. Selbstbildung kann ja nicht heißen, dass die Lehramtsanwärter/innen irgendwas in irgendeiner Weise machen; das könnte nämlich leicht zu einem fragwürdigen Aktionismus führen. Offenheit und Mitwirkung der Lehramtsanwärter/innen ja! Aber es braucht auch eine innovationszentrierte Rahmensteuerung, die konsequent auf Erfahrungslernen und Teamarbeit abstellt. Im Prinzip gilt für die Rahmenlenkung der Lehrerbildner das gleiche wie für die Lehrerlenkung in den Schulen. Lenkung und Instruktion sind notwendig, wenn das Lernen von Neuem und Richtigem gesichert werden soll (vgl. Weinert 1999 und 2000). Der Unterschied ist nur der, dass die Lehramtsanwärter/innen aufgrund ihrer Vor- und Ausbildung ein wesentlich größeres Maß an Selbstmanagement verkraften können als die Schüler/-innen. So gesehen ist nicht das Prinzip der Rahmensteuerung ein anderes als in der Schule, sondern nur das Ausmaß der Freiheitsgrade und Verantwortlichkeiten der angehenden Lehrer/innen.

Für die Entwicklung innovativer Ausbildungsmodule heißt das folgendes: Die Eingrenzung relevanter Problemfelder bzw. Seminarthemen bleibt im wesentlichen Angelegenheit der Ausbilder/innen. Das schließt eine Mitwirkung der Lehramtsanwärter/innen bei der Themenfestlegung und Seminarplanung zwar nicht aus, die Planungs- und Gestaltungsverantwortung liegt jedoch vorrangig bei den zuständigen Dozenten und Fachleitern. Warum? Weil die zurückliegenden Erfahrungen mit Schul- und Unterrichtsentwicklungsprozessen gezeigt haben, dass ohne inspirierende und richtungsweisende Impulse, Hilfen und sonstige Steuerungsmaßnahmen von außen die Selbsterneuerung der Lehrkräfte in der Regel sehr zäh verläuft. Entweder werden bestehende Innovationserfordernisse völlig verdrängt oder aber sie werden häufig so aufwändig und gelegentlich auch umständlich in Angriff genommen, dass der anfängliche Innovationselan sehr schnell wieder erlahmt. So gesehen braucht es qualifizierte »Hilfe zur Selbsthilfe« – eine Leistung, die von den Ausbildungsverantwortlichen in den Universitäten und Studienseminaren im Vorfeld ihrer Seminarplanung und -durchführung sorgfältig durchdacht und vorbereitet werden muss.

In diesem Sinne lässt sich festhalten: Die zu erstellenden Ausbildungsmodule sollten erstens möglichst innovativ sein, zweitens Wissenschafts- und Praxisbezug verbinden, drittens handlungs- und erfahrungsbetontes Lernen ermöglichen, viertens kreative und produktive Anwendungs- und Entwicklungsarbeiten zulassen, fünftens Teamarbeit im Anwärterkreis gewährleisten, sechstens methodisch variantenreiches Arbeiten sicherstellen sowie siebtens möglichst im Verbund mit anderen interessierten Ausbildern vorbereitet werden. Wohlgemerkt: Letzteres ist kein Muss, wohl aber eine empfehlenswerte Strategie. Warum nicht z.B. ein Seminar zum Thema »Leistungsbeurteilung im offenen Unterricht« interdisziplinär und phasenübergreifend konzipieren!? Warum nicht das vorgesehene semesterbegleitende Praktikum gemeinsam vorbereiten und betreuen!? Warum nicht ein spezifisches schulbezogenes Forschungsvorhaben (z.B. zur Leseförderung) gemeinsam konzipieren und moderieren!? An Möglichkeiten und lohnenswerten Kooperationsanlässen mangelt es gewiss nicht.

Typisch für die zu erstellenden Ausbildungsmodule ist die systematische Verknüpfung von Theorie und Praxis. Das kann z.B. für das Thema »Rollenspiele im Unterricht« bedeuten, dass ein vielschichtiger Mix von Probieren, Studieren, Operationalisieren, Erproben, Evaluieren und Transferieren vorgesehen wird. Dieses Verlaufsmuster ist kennzeichnend für viele der Seminare, die auf unmittelbare Praxisanwendung ausgerichtet sind. Die nachfolgenden Erläuterungen geben einen Überblick über den möglichen Ablauf des besagten Seminars »Rollenspiele im Unterricht«:

- **Spielphase:** Den Ausgangspunkt des Seminars bildet das praktische Durchspielen eines typischen Rollenspiels zu einem bestimmten Themenbereich – mit Rollenkarten, Interaktionsregeln etc. Dieses »Erfahrungslernen« ist eine zentrale Grundlage für den weiteren Lernprozess der Seminarteilnehmer/innen. Dieses Spiel muss von dem/den Ausbildungsverantwortlichen selbstverständlich sorgfältig ausgewählt und vorbereitet werden. Günstig ist es darüber hinaus, wenn dieses Rollenspiel während der Durchführung mit Video aufgezeichnet wird, damit es später genauer gesichtet und analysiert werden kann.
- **Reflexionsphase:** Die Seminarteilnehmer/innen äußern sich zu ihren persönlichen Erfahrungen und Beobachtungen während des Rollenspiels. Dieses Feedback kann z.B. nach der Drei-Schritt-Methode ablaufen: »Was mir gefallen hat ...«, »Was ich problematisch fand ...«, »Worauf bei der Konstruktion von Rollenspielen unbedingt geachtet werden muss ...«. Nach diesem Feedback kann die Videoaufnahme gesichtet und zum Anlass für vertiefende Gespräche und Reflexionen genommen werden.
- **Recherchephase:** Nun kommt die Literaturrecherche. Die betreffenden Seminarteilnehmer/innen gehen in Zufallsgruppen daran, die spieldidaktische und spielpädagogische Literatur genauer unter die Lupe zu nehmen. Die Gruppen erforschen die unterschiedlichen Typen des Rollenspiels, seine Lernchancen, die unterrichtsorganisatorischen Voraussetzungen sowie mögliche Probleme im Spielverlauf. Sie bereiten arbeitsteilig spezifische Visualisierungen vor (z.B. mittels PowerPoint) und präsentieren anschließend im Plenum ihre Befunde. Inhalts- und methodenbezogene Reflexionen schließen diese Phase ab.
- **Produktionsphase:** Der Hintergrundklärung folgt die Anwendung des Gelernten – und zwar dergestalt, dass die Seminarteilnehmer/innen in neu zusammenge-

setzten Arbeitsgruppen zu einem vereinbarten Thema ein eigenes Rollenspiel entwickeln (Spielübersicht, Rollenkarten etc.). Die erstellten Spielunterlagen wandern von Gruppe zu Gruppe, werden gesichtet, besprochen und je nach »unterrichtlicher Eignung« mit einem Punktwert zwischen 1 und 10 bewertet. Auf diese Weise werden drei »Favoriten« festgestellt.

- **Erprobungsphase:** Die ausgewählten Spiele werden im Rahmen eines Hospitationsvormittags in einer der Ausbildungsschulen in unterschiedlichen Klassen erprobt. Die Seminarteilnehmer/innen, die nicht moderieren, erhalten jeweils Beobachtungsaufträge (vorher entwickeln und abstimmen!) und machen sich während der Erprobung entsprechende Notizen. Feedbackgespräche mit den Schüler/innen stehen am Ende des jeweiligen Rollenspiels.
- **Evaluationsphase:** Auf der Basis der angefertigten Notizen und Schülerrückmeldungen wird das durchgeführte Rollenspiel kritisch unter die Lupe genommen. Etwaige Schwierigkeiten werden mittels Kärtchen an einer Pinnwand visualisiert; gleiches gilt für die positiven Effekte und Schülerreaktionen, die beobachtet wurden. Überlegungen zum Erreichen oder Nichterreichen der vorgesehenen Lernziele schließen sich an. Nach dieser »Würdigung« werden die beanstandeten Spielmaterialien bzw. -anleitungen in unterschiedlichen Gruppen arbeitsteilig überarbeitet und optimiert.
- **Transferphase:** Zum Abschluss der Seminarreihe wird das gesammelte Know-how dazu genutzt, um weitere Rollenspiele zu ausgewählten Themen zu erarbeiten. So gesehen wird das exemplarisch gewonnene Know-how auf andere Fächer und Themenstellungen transferiert. Diese Spieleproduktion kann mit der Ausarbeitung knapper schriftlicher Unterrichtsentwürfe gekoppelt werden. Ob und in welchem Rahmen die erstellten Spiele ausgetauscht, gegengelesen, überarbeitet und unterrichtlich umgesetzt werden, muss hier offen bleiben.

Derartige Ausbildungsmodule können natürlich auch zu anderen pädagogisch-methodischen Schwerpunkten entwickelt werden. Das skizzierte Ablaufmuster kann dabei als Orientierungshilfe dienen, wie man Theorie und Praxis, Denken und Tun, Konzipieren und Anwenden miteinander verbinden kann. Konsequent genutzt und eingesetzt, können derartige Entwicklungs- und Erprobungsarbeiten zur Professionalisierung sowohl der Ausbilder als auch der jeweiligen Lehramtsanwärter/innen dienen.

3.3 Mehr Block- und Tagesseminare

Wie sich angesichts des skizzierten Seminarverlaufs unschwer erkennen lässt, verlangen derartige Ausbildungsmodule veränderte Zeitstrukturen in Hochschulen und Studienseminaren. Denn üblicherweise dauern die gängigen Seminare nach wie vor 1,5 Stunden. Dreistündige, ganztägige oder gar mehrtägige Seminare sind die Ausnahme. Sie kommen in den Universitäten fast gar nicht vor (Ausnahme: Blockpraktika). Und sie sind auch in den Studienseminaren eher selten anzutreffen. Zwar gibt es im Bereich der Studienseminare die eine oder andere ein- oder mehrtägige Kompaktveranstaltung, wenn es z.B. um bestimmte Projekte und/oder Kennenlernphasen geht; auch die pädagogischen Hauptseminare werden gelegentlich dreistündig oder sogar ganztägig organisiert. Aber das sind die rühmlichen Ausnahmen. Der Regelfall ist vielmehr der, dass in 1,5 Stunden bestimmte Stoffe/Themen mittels Vorlesung, Referat und/oder Aussprache abgehandelt werden, wobei in den Universitäten häufig nicht einmal dieser Zeitrahmen als effektive Arbeitszeit zur Verfügung steht. Wie kann man innovative Lehr- und Lernverfahren unter solchen Umständen realisieren? Eigentlich kaum! Die Crux des klassischen Seminartakts ist, dass die 1,5 Stunden maßgeschneidert sind für das konventionelle Seminarskript. Sie sind dagegen weniger geeignet für handlungs- und erfahrungsorientierte Seminarprogramme, wie sie hier favorisiert werden.

So gesehen bedarf es eines gründlichen Umdenken beim Timing der Seminare. Das gilt weniger für die universitären Vorlesungen, die mit 1,5 Stunden in aller Regel reichlich bemessen sind, da die Aufmerksamkeit der Zuhörer kaum länger zu sichern ist. Doch bei allen anderen Veranstaltungen, die der Vertiefung, Erarbeitung und Anwendung von Studieninhalten dienen, sieht das deutlich anders aus. Wie sollen die angehenden Lehrer/innen ein bestimmtes Thema tiefergehend erschließen, erforschen, reflektieren, diskutieren, durchdringen sowie zusätzlich anwendungsbezogene Entwicklungs-/Produktionsarbeit leisten, wenn sie nach 1,5 Stunden bestenfalls im Vorstadium eigener Erkenntnis- und/oder Kompetenzentwicklung angelangt sind. Nachhaltige Erkenntnis- und Kompetenzentwicklung braucht nämlich Zeit! Ein Planspiel durchzuführen, eine Trainingssequenz durchzuspielen, einen Moderationsverlauf zu erproben, einen Sachverhalt zu erforschen und darzustellen, ein Hearing oder eine Pro-und-Kontra-Debatte zu realisieren – das alles kann und darf nicht in 1,5-Stunden-Häppchen zerhackt werden, die allein aufgrund der Zeitabstände zwischen den einzelnen Einheiten mehr Verwirrung als Durchdringung stiften. Das ist weder für die Ausbilder noch für die angehenden Lehrkräfte befriedigend und hilfreich.

Der Grund, warum in den Lehrerbildungseinrichtungen trotz dieser Widrigkeiten weiterhin vorrangig am 1,5-Stunden-Takt festgehalten wird, ist ebenso einsichtig wie problematisch. Einsichtig ist er deshalb, weil es vielen Lehrkräften schlichtweg am passenden didaktisch-methodischen Repertoire für die Ausgestaltung längerer Seminarabschnitte mangelt. Daher bleiben sie lieber beim vertrauten Zeitrahmen und erhalten sich auf diese Weise die Illusion, alles nach wie vor im Griff zu haben. Blockseminare von drei oder mehr Stunden sind nun einmal nicht mit den konventionellen ausbilderzentrierten Vortrags-, Frage-, Diskussions- und Tafelbildtechniken zu bestreiten. Vielmehr verlangen sie Methodenwechsel und Teilnehmeraktivierung, Moderationsgeschick und Prozesssteuerung. Daran aber hapert es. Das ist allerdings nur der eine Teil der Problematik. Der andere Teil ist der, dass die Lehramtsanwärter/innen aufgrund der konventionellen Zeitstrukturen kaum Gelegenheit finden, innovative Lehr-Lern-Konzepte »aus einem Guss« kennen zu lernen und exemplarisch zu praktizieren. Dass das im Blick auf die in diesem Buch skizzierte Unterrichtsentwicklung ein einschneidendes Handikap ist, steht außer Frage.

Der in Abbildung 36 dokumentierte Programmverlauf zum Thema »Kommunikationstraining mit Schülern« zeigt, wie wichtig z.B. gelegentliche Blockveranstaltungen von mehrtägiger Dauer sind. Denn derart intensive Übungs-, Reflexions- und Anwendungsprozesse sind in einer über viele Wochen sich erstreckenden Seminarfolge nun einmal nicht zu erreichen, da zwischen den Seminaren einfach vieles wieder vergessen und/oder durch andere Lernerfahrungen überlagert wird. Ein intensives »Lernen aus einem Guss« ist unter solcher Umständen schwer möglich. Das Ablaufprogramm in Abbildung 36 zeigt das Grundmuster mehrtägiger Seminare: Impulsreferate, Erfahrungsaustausch, praktische Übungen, Reflexionen, Regelklärungen, Regelanwendungen und korrespondierende Produktionsphasen wechseln sich ab. Theorie und Praxis werden auf diese Weise also sinnfällig integriert. Natürlich lassen sich ähnliche Seminarverläufe auch zu anderen fachlichen, didaktischen, methodischen und allgemeinpädagogischen Themenbereichen konzipieren.

So ist es beispielsweise möglich, zum Thema Schulrecht Fallstudien, gezielte Recherchen, Expertenbefragungen, Hearings, Pro-und Kontra-Debatten und/oder simulierte Gerichtsverhandlungen für ein mehrtägiges Kompaktseminar vorzusehen. Auch zu Themenkomplexen wie »didaktische Theorien«, »Lernpsychologie« oder »Leistungsmessung und -beurteilung« sind derartige Kompakttagungen gut vorstellbar. Aber auch im fachwissenschaftlichen Bereich sind die 1,5-stündigen Seminarveranstaltungen häufig unbefriedigend, weil sie für die konsequente Erarbeitung, Verarbeitung und (kreative) Anwendung der jeweiligen Fachinhalte zu wenig Zeit lassen. Halbtagesseminare wären bei vielen Themen ergiebiger. Trotzdem: Eine generelle Regel lässt sich nicht formulieren, da auch Blockseminare nur begrenzt Sinn machen. Festhalten lässt sich jedoch, dass ausgedehntere Seminarzeiten im Interesse der Lerneffizienz wie der systematischen Verzahnung von Theorie und Praxis auf jeden Fall häufiger vorgesehen werden sollten, als das bislang der Fall ist.

So ist z.B. nicht einzusehen, warum in den Universitäten und Studienseminaren nicht ein anderer zeitlicher Mix bei den Veranstaltungsplanungen realisiert werden kann. Warum können neben den klassischen 1,5-Stunden-Blöcken nicht auch andere Zeitgefäße festgeschrieben werden? Vorausgesetzt, die verantwortlichen Mitarbeiter/innen der betreffenden Lehrerbildungseinrichtung einigen sich, ist das sicherlich möglich. Warum nicht z.B. an den Universitäten am Montag- und/oder am Mittwochvormittag einen 3-Stunden-Block setzen?! Dann könnten/müssten Ausbilder, die ihre Veranstaltungen in dieses Zeitfenster legen möchten, eine entsprechende Tagungsdramaturgie vorbereiten und realisieren. Das könnte ein heilsamer »Zwang« sein, um sich seminardidaktisch und -methodisch neu zu orientieren und andere Lehr- und Lernformen zu entdecken. Selbstverständlich ist es auch möglich, einen bestimmten Wochentag als Blocktag zu definieren, der nur von den Lehrerbildnern genutzt werden kann, die ganztägige Seminare konzipieren wollen und können. Sie würden dann z.B. alle 14 Tage ihren Blocktag absolvieren und das betreffende Seminar nicht über ein ganzes, sondern lediglich über ein halbes Jahr laufen lassen. Die

Trainingsseminar »Teamentwicklung im Unterricht«
Mögliches Angebot für Lehramtsanwärter/innen
Montag (9.00 – 18.00 Uhr)
• Begrüßung / Vorstellung des Programms / Einführendes Impulsreferat zur Seminarthematik • Brainwriting: »Gruppenarbeit ist für mich ... und für dich?« (mit gezielter Auswertung zunächst in Gruppen, dann im Plenum) • Bestandsaufnahme: Eingrenzung zentraler Probleme des alltäglichen Gruppenunterrichts (mehrstufiges Brainstorming mit Visualisierung) • Trainingsfeld I: Für Gruppenarbeit motivieren (ausgewählte Übungen, Reflexionen und Anregungen)
Dienstag (8.30 – 18.00 Uhr)
• Trainingsfeld II: Gruppenprozesse reflektieren und Regeln entwickeln (ausgewählte Übungen und Anregungen) • Impulsreferat: Zusammenfassende Tipps zur Teamarbeit und Teamentwicklung (mit Aussprache) • Trainingsfeld III: Durchspielen einer regelgebundenen Gruppenarbeit zu einem bestimmten Lehrplanthema
Mittwoch (8.30 – 15.00 Uhr)
• Rückmeldungen und Anfragen zum vorgestellten Trainingsprogramm (mit Gruppenarbeit und plenarer Auswertung) • Anwendungsphase: Vorbereitung alternativer Gruppenarbeits-Arrangements für den Unterricht (in Arbeitsgruppen) • Transferplanung: Überlegungen zur Umsetzung des »Teamtrainings« im alltäglichen Unterricht / Tagungsbilanz

Abb. 36 © Dr. H. Klippert

anrechenbare Seminardauer wäre dann die gleiche wie bei einem im Wochenrhythmus abgehaltenen Jahresseminar mit 1,5-Stunden-Blöcken. Auch die Wochenenden könnten selbstverständlich verstärkt für Kompaktveranstaltungen genutzt werden. Ein möglicher Anreiz: Es könnten Tagungsstätten mit Übernachtung und Gemeinschaftsverpflegung genutzt werden.

Wohlgemerkt: Das alles gibt es hier und dort auch jetzt schon, aber unter dem Strich werden derartige Seminarangebote bislang viel zu selten unterbreitet. Eine Ausweitung differenzierter Blockseminar-Angebote wäre von daher unbedingt angezeigt und anzuraten. Die zeitliche Belastung für die einzelnen Lehrerbildner/innen muss dadurch keinesfalls größer werden, sieht man einmal davon ab, dass anfangs natürlich so manches Seminar neu konzipiert und vorbereitet werden muss. Gleichwohl: Der Zusatzaufwand hält sich erfahrungsgemäß in engen Grenzen. Nur muss der Wille zur Schaffung neuer Zeit- und Seminarstrukturen bei den verantwortlichen in Schulen und Studienseminaren erst einmal vorhanden sein. Und das ist bislang der Hemmschuh. Viele Lehrerbildner haben sich einfach zu sehr an den traditionellen

1,5-Stunden-Takt gewöhnt und ihre Seminardidaktik und -methodik entsprechend ausgerichtet. Ein zweiter Grund: Bei Einführung größerer Seminarblöcke bräuchten sie ein anderes methodisches Instrumentarium, um drei und mehr Zeitstunden sinnvoll und motivierend ausfüllen zu können. Damit wird einmal mehr die Wichtigkeit der in Abschnitt II.3.1 angesprochene Weiterbildung der Ausbilder unterstrichen.

3.4 Innovative Schulen als Übungsfeld

Eine weiteres Problemfeld für die Lehrerbildung ist die Auswahl der Praktikums- bzw. Ausbildungsschulen. Wenn die angehenden Lehrer/innen innovative Praxis erfahren sollen, dann ist es wichtig, ausgewiesene innovative Schulen ausfindig zu machen und in die Ausbildung einzubinden. Bislang ist die Frage, ob eine Ausbildungsschule besonders innovativ ist oder nicht eher sekundär. Wichtiger ist es dagegen, dass es einzelne Mentoren gibt, die bereit und in der Lage sind, einzelne Lehramtsanwärter/innen zu betreuen. Dieser Betreuungsgesichtspunkt ist zwar von ziemlicher Bedeutung, reicht angesichts der bestehenden Innovationserfordernisse in Schule und Unterricht allerdings nicht aus, um wegweisende Praxiserfahrungen zu gewährleisten. Vielmehr gilt: Eine zeitgemäße und zukunftsgerichtete Ausbildung muss dafür Sorge tragen, dass die Lehramtsanwärter/innen in ihren Ausbildungs- und/oder Praktikumsschulen möglichst breite Erfahrungen im Bereich innovativer Unterrichtsgestaltung sammeln können. Von daher empfiehlt es sich für die Verantwortlichen in den Universitäten und Studienseminaren, die Ausbildungsschulen so auszuwählen, dass die hier in Rede stehende Neue Lernkultur von möglichst vielen Lehrkräften in möglichst vielfältiger Weise »vorgelebt« wird. Andernfalls besteht die Gefahr, dass von »systematischer Unterrichtsentwicklung« wenig zu sehen ist. Engagierte Mentoren sind zwar wichtig, aber sie bieten noch lange keine Gewähr dafür, dass eine Schule auch innovativ ist.

Die in Abbildung 37 dokumentierten Auszüge aus dem Aktionsprogramm einer innovativen Schule machen deutlich, dass derartige Schulen ein breites Erfahrungsfeld für Referendar/innen bzw. Studierende anbieten. Wer in punkto Unterrichtsentwicklung etwas lernen will, der kann dieses im Lise-Meitner-Gymnasium in Leverkusen ganz fraglos tun (vgl. Abbildung 37). Das Spektrum der dort praktizierten unterrichtlichen Innovationsansätze ist nicht nur groß, es ist auch in hohem Maße personenübergreifend wirksam. Nicht einzelne Pioniere bestimmen das Feld, sondern das Kollegium als Ganzes ist mittlerweile Motor und Garant für systematische Unterrichtsentwicklung. Von daher können die Lehramtsanwärter/innen in dieser Schule äußerst reichhaltige und vielschichtige Einblicke in die Möglichkeiten und Spielarten praktischer Unterrichtsentwicklung nach den Grundsätzen dieses Buches erhalten.

Derartige Einblicke sind natürlich auch in anderen Schulen zu sammeln, die sich der Unterrichtsentwicklung als Schwerpunkt ihrer schulinternen Innovationsarbeit verschrieben haben (vgl. z.B. die beiden Grundschulportraits in: Klippert/Müller 2003, S. 305ff.). Mittlerweile gibt es allein in Nordrhein-Westfalen, Rheinland-Pfalz,

Unterrichtsentwicklung am Lise-Meitner-Gymnasium in Leverkusen

Einige Eckpunkte der Innovationsarbeit in den Schuljahren 2000–2002

28.9.00	**Pädagogischer Tag »Entwicklung von Trainingsspiralen« (1 Tag)** Das gesamte Lehrerkollegium bereitet in 9 jahrgangsspezifischen Gruppen das Schülertraining für das Schuljahr 2000/2001 für alle Jahrgangsstufen vor.
25.–27.10.00	**Schülertraining für die Jahrgangsstufen 5–13 (3 Tage)** 30 Klassen und 16 Schülergruppen der Oberstufe absolvieren Trainingstage mit den Schwerpunkten Methoden-, Kommunikations- und Teamtraining.
44. Woche	**Nachbesprechungen der Jahrgangsstufenteams (je 1 Nachmittag)** Die einzelnen Jahrgangsstufenteams besprechen die durchgeführte Trainingstage, arbeiten Probleme heraus und klären, was, von wem bis wann zu überarbeiten ist.
März 2001	**Kollegiumsweite Umfrage zur Organisation des Schülertrainings** Alle Mitglieder des Kollegiums werden mittels Fragebogen zur zukünftigen inhaltlichen und organisatorischen Planung der Trainingstage befragt.
18.9.2001	**Produktive Fachkonferenz Deutsch (1 Tag)** Die Fachkonferenz Deutsch entwickelt in Zusammenarbeit mit den »EVA-Spezialisten« der Schule konkrete Unterrichtsreihen nach dem EVA-Prinzip.
1.10.2001	**Zentraler Elternabend zum Thema »Unterrichtsentwicklung«** Die Eltern der Jahrgangsstufe 5 werden von den Klassenteams in die Einzelheiten der laufenden Unterrichtsentwicklung eingeführt (mit »learning by doing«!).
43. Woche	**Schulinterne Fortbildungen zum Schülertraining (je 1 Nachmittag)** Die für die Unterrichtsentwicklung zuständigen Stufenleiterteams bilden die Kolleg/innen der einzelnen Jahrgangsstufen in punkto Schülertraining fort.
29.–31.10.	**Schülertraining für die Jahrgangsstufen 5–13 (3 Tage)** 32 Klassen und 18 Schülergruppen der Oberstufe absolvieren die methodenzentrierten Trainingstage. Am Ende folgt eine fragebogengestützte Evaluation.
Nov. 2001	**Auswertung der Evaluationsergebnisse zum Schülertraining** Die Evaluationsverantwortlichen der Schule werten die zurückgegebenen Fragebögen zwecks Überprüfung und Überarbeitung des Trainingsprogramms aus.
10.–12.12.	**Fortbildung zum Methodenfeld »Kommunikationstraining« (3 Tage)** Sechs Kolleg/innen der Schule werden von erfahrenen »Klippert-Trainer/innen« zum Komplex »Kommunikationstraining mit Schülern« fortgebildet.

Abb. 37 Quelle: Abschlussbericht des LMG zum Modellversuch »Schule & Co.«, S. 51ff.

Berlin und Hessen mehr als 300 Schulen, die das in diesem Buch skizzierte Reformprogramm (vgl. Abschnitt I.3) recht systematisch und breitenwirksam umsetzen. Diese Schulen sind im besten Sinne des Wortes »innovative Schulen«, die zu studieren sich für Lehramtsanwärter/innen allemal lohnt. Darüber hinaus gibt es hier zu Lande natürlich eine Vielzahl weiterer Schulen, die mit Fug und Recht für sich beanspruchen können, als innovative Schulen geführt zu werden – mit lohnenden Angeboten und Lernperspektiven für die nachwachsende Lehrergeneration.

Die Forderung nach vorrangiger Zuweisung der Lehramtsanwärter/innen zu derartigen innovativen Schulen hat indes noch einen anderen Aspekt: Den Aspekt nämlich, dass es ratsam ist, Gruppen an diese Schulen zu entsenden und nicht »Einzelkämpfer«, die sich zwangsläufig schwer damit tun müssen, sich mit ihren spezifischen Anliegen durchzusetzen. Der Vorteil der Gruppenbildung ist der, dass sich die jungen Leute in ihrer jeweiligen Schule wechselseitig unterstützen, besprechen und inspirieren können. Die Crux für die besagten »Einzelkämpfer« ist dagegen, dass sie die so wichtige Teamarbeit, Reflexion und Workshoparbeit unter Gleichgesinnten vor Ort kaum erfahren können.

Diese unmittelbare Kooperation vor Ort ist insofern jedoch äußerst wichtig, als eine Anwärter-Gruppe natürlich andere Möglichkeiten hat, den eigenen Anliegen im Schulalltag Nachdruck zu verleihen und in konzertierter Weise pädagogisch-methodisches Neuland zu betreten. Darüber hinaus können sie sich wechselseitig anregen, Ideen zu liefern und Arbeitsteilung zu praktizieren. Dieses offensive Erproben innovativer Lehr-Lern-Ansätze ist für Einzelpersonen ungleich schwieriger. Die Folge: Die meisten »Einzelkämpfer« unter den Anwärter/innen tendieren eher dahin, sich dem pädagogisch-methodischen »Mainstream« in der jeweiligen Schule anzupassen, um nicht Irritationen auf Schüler- wie auf Kollegenseite auszulösen. Und ein Letztes: Auch die Position der Anwärter/innen gegenüber Schulleitung und/oder Elternschaft ist eine andere, wenn sie im Team organisiert sind.

Von daher empfiehlt es sich, von der gängigen Verteilung der Lehramtsanwärter/innen auf möglichst viele Schulen abzurücken und stärker auf eine konzertierte Zuweisung zu einer kleineren Zahl profilierter Reformschulen zu setzen, die ein breites Feld an Ansätzen im Bereich innovativer Unterrichtsgestaltung eröffnen. Bemühungen in dieser Richtung gibt es bereits in verschiedenen Bundesländern. Allerdings ist die systematische Gewinnung und Unterstützung geeigneter Reformschulen ein nach wie vor unterentwickeltes Aktionsfeld. Diesbezüglich müssen die Ausbildungsverantwortlichen in den Universitäten und Studienseminaren ganz fraglos planvoller vorgehen und auch mehr Gestaltungsmöglichkeiten erhalten, als das bislang der Fall ist. Letzteres gilt vor allem für die Studienseminare. Denn solange die Referendar/innen mit Vorrang bedarfsdeckenden Unterricht erteilen müssen, gerät die Ausbildung eher in den Hintergrund. Diese Weichenstellung der Bildungspolitik macht es in praxi schwer, ganze Referendargruppen an ausgewählten Reformschulen unterzubringen, da letztere schulorganisatorische Beeinträchtigungen befürchten.

Die aktuell geltenden Ausbildungsgegebenheiten sind also eher dazu angetan, den schulpraktischen Einsatz von Anwärtergruppen zu erschweren als zu begünstigen.

Das beginnt beim bedarfsdeckenden Unterricht und reicht über die unzureichende Unterstützung und Qualifizierung der Mentoren in den Schulen bis hin zum Fehlen geeigneter Praktikumsbetreuer in den Lehrerausbildungseinrichtungen. Von daher wäre es falsch, die mangelhafte Bildung und Zuweisung von Anwärtergruppen zu ausgewiesenen innovativen Schulen einseitig den zuständigen Lehrerbildnern anzukreiden. Die skizzierten Mängel bei der Anwärtergruppierung und -zuweisung sind vor allem ein politisches Problem. Ein politisches Problem insofern, als die ausbildungsspezifischen Rahmenbedingungen vielerorts nicht stimmen und der konsequenten Teambildung und -pflege im Ausbildungsprozess entgegenstehen.

Wenn beispielsweise innovative Schulen, die ganze Anwärtergruppen aufnehmen, dafür nicht »belohnt« werden, dann kann das Ganze auch nicht recht funktionieren. Wenn die betreffenden Lehrerbildner hinsichtlich der teamorientierten Praktikums- und Ausbildungsorganisation nicht verstärkt Unterstützung erfahren, dann kann man ihnen auch schwerlich den Vorwurf machen, dass sie die angehenden Lehrer/-innen nicht zeitgemäß fordern und fördern würden. Und wenn die Referendar/innen in ihren Schulen tagtäglich den Vorrang der Unterrichtsversorgung vor den Belangen der Ausbildung signalisiert bekommen, dann kann man es ihnen auch nicht verdenken, wenn sie ins »Einzelkämpfertum« abgleiten. Von daher ist Umdenken in mehrfacher Hinsicht angesagt. Erstens muss die Ausbildung in der zweiten Phase deutlichen Vorrang vor der Unterrichtsabdeckung durch die Referendar/innen haben; zweitens muss die Platzierung von Anwärtergruppen in Modellschulen erleichtert und unterstützt werden. Und drittens muss die Gewinnung innovativer Schulen durch attraktive Rahmenbedingungen wirksam angeregt und »belohnt« werden.

3.5 Neuorientierung der Prüfungspraxis

Flankierende Veränderungen sind selbstverständlich auch bei den Prüfungen in den Hochschulen und Studienseminaren vonnöten. Denn die gängigen Prüfungsmodalitäten tragen den in diesem Buch dargelegten Anforderungen und Ansprüchen bis dato viel zu wenig Rechnung. Von der Neuen Lernkultur reden zwar viele, aber faktisch sind wir nach wie vor weit davon entfernt, eine entsprechende Prüfungskultur zu haben. Im Gegenteil: Prüflinge, die moderne Lehr-Lern-Arrangements zu organisieren, Moderationsmethoden einzusetzen, in Teams zu arbeiten und überzeugend zu präsentieren verstehen, kommen in den herkömmlichen Prüfungen in aller Regel viel zu wenig zum Zug.

Typisch für die gängigen Prüfungsprozeduren sind nach wie vor zwei Varianten: Da ist zum einen die klassische Abfrage von Theorie- und Faktenwissen mittels enger Fragen und Impulse, die insbesondere in den Universitäten an der Tagesordnung ist. Und da sind zum zweiten die eher lehrerzentrierten Lehrproben in den Studienseminaren, die unverändert am 45-Minuten-Rahmen sowie an ausgeprägter Lehrersteuerung und Stofforientierung festhalten. Die Crux dieser Prüfungspraxis ist, dass die angehenden Lehrer/innen durch derartige Prüfungsmodalitäten letztlich nur darin bestärkt werden, sich möglichst stark auf die klassischen Pauk- bzw. Unterrichtsverfahren zu verlegen und mehr oder weniger angepasst das zu lernen und/oder zu praktizieren, was ihnen von ihren Ausbildern nahegelegt wird. Das Experimentieren mit modernen Lern-, Moderations-, Präsentations- und sonstigen Prüfungsmethoden bleibt dagegen eher die Ausnahme.

In der zweiten Phase der Lehrerbildung tut sich zwar einiges, aber deshalb von einer neuen Prüfungskultur zu reden, wäre gewiss vermessen. Am deutlichsten sind die Reformbemühungen im Grundschulbereich. Hier wird dem Offenen Lernen seit Jahren wachsende Aufmerksamkeit geschenkt – nicht zuletzt in den Lehrproben. Manche Referendar/innen schießen inzwischen sogar über das Ziel hinaus und laufen Gefahr, dem vordergründigen Aktionismus der Kinder über Gebühr Raum zu geben. Doch dieser Trend ist bislang noch weit davon entfernt, die herkömmlichen lehrerzentrierten Prüfungsmodalitäten zu verdrängen. Besonders im Sekundarbereich halten viele Fachleiter/innen nach wie vor an recht konventionellen Prüfungs- und Bewertungsmodalitäten fest, die vorrangig auf die Aktivitäten des Lehrers und weniger auf die Lernhandlungen und -strategien der Kinder abstellen.

Für selbstständiges, kreatives, forschendes, problemlösendes und sozial-integratives Arbeiten und Lernen der Schüler/innen bleibt unter diesen Vorzeichen nur begrenzt Platz. Die Anforderungen und Implikationen der hier in Rede stehenden Neuen Lernkultur scheinen zu vielen Prüfungsverantwortlichen noch nicht hinreichend vorgedrungen zu sein. Denn ansonsten hätten sich sowohl die Zeitdauer der Lehrproben als auch die Beurteilungskriterien und -prozeduren viel stärker verändern müssen. Gesetzt wird nämlich nach wie vor ganz vorrangig auf ausgeprägte Lehrersteuerung, auf 45-Minuten-Einheiten und möglichst umfängliche Stoffbewältigung. Die Frage ist nur: Wie soll denn im 45-Minuten-Rahmen ein methodisch differenzierter Forschungs-, Produktions-, Präsentations- und Reflexionsprozess der Schüler/innen über die Bühne gehen und gleichzeitig der jeweilige Prüfling noch möglichst viel von sich selbst zeigen?

Dieser Spagat ist letztlich nicht zu schaffen. Deshalb setzen die meisten Referendar/innen ganz ähnliche Prioritäten, wie das schon immer der Fall war. Sie organisieren kurzzeitig Stillarbeit, Brainstorming, Tandem- und/oder Gruppenarbeit und vielleicht auch noch die eine oder andere kleine Schülerpräsentation; ansonsten aber achten sie vornehmlich darauf, dass sie selbst möglichst überzeugend in Erscheinung treten – durch Lehrervortrag und lehrergelenktes Unterrichtsgespräch, durch gezielte Schülerkontrollen und offensive Beratung, durch klare Arbeitsaufträge und gute Arbeitsmaterialien, durch überzeugende Tafelbilder und konsequente Ergebnissicherung. Wer eine gute Stundenbeurteilung will, der zeigt am besten von allem ein bisschen: z.B. 3 Minuten Brainstorming, 5 Minuten Lehrervortrag, 10 Minuten Stillarbeit, 10 Minuten Gruppenarbeit, 10 Minuten Auswertungsgespräch und 7 Minuten Tafelarbeit. Der vertiefende Transfer kann dann noch in die Hausaufgabe verlagert werden. Dieses lehrerzentrierte Grundmuster durchzieht bis heute die meisten Lehrproben. Nur, was hat das alles mit der hier in Rede stehenden Neuen Lernkultur zu tun? Wenig!

Durch diese »Tradition« bedingt, tun sich viele Fachleiter/innen bis heute eher schwer damit, schüler- und methodenzentrierte Stunden angemessen zu würdigen. Wie beurteilt man denn z.B. eine Unterrichtssequenz von vielleicht drei Stunden, in der die Schüler/innen aufgrund vorliegender Rollenkarten und Informationsmaterialien weitgehend eigenverantwortlich arbeiten und lernen (z.B. im Rahmen eines Planspiels) und die zuständige Lehrperson wenig in Erscheinung tritt? Oder noch einfacher: Wie beurteilt man eine Stunde, in deren Verlauf die Schüler/innen ein vom Lehrer eingegebenes Arbeitsblatt mit sieben Problemfragen zum Betriebsverfassungsgesetz mithilfe einer Gesetzesbroschüre bearbeiten und die erzielten Ergebnisse am Ende wechselseitig kontrollieren und korrigieren, ohne dass die Lehrkraft nennenswert auftreten muss? Derartige Selbstlern-Prozesse bringen viele Fachleiter/innen und Prüfungsvorsitzende bis dato in ziemliche Verlegenheit. Wo ist die Lehrerleistung? Das ist die immer wieder gestellte Gretchenfrage. Dass die Lernarrangements von Referendarseite durchdacht vorbereitet und mittels geeigneter Materialien und Arbeitsaufgaben ergebniswirksam gesteuert werden müssen, wird häufig viel zu wenig gesehen und gewürdigt.

Bezeichnenderweise wird in Ausbilderkreisen auch vornehmlich von *Lehrerbeurteilung* und nur selten von *Lernprozessbeurteilung* gesprochen. Diese Grundorientierung ist das eigentliche Problem, führt sie doch beinahe zwangsläufig dazu, dass der lehrerzentrierte Unterricht über Gebühr gefördert und gefordert wird. Denn wenn Referendar/innen aufgrund eigener Aktivitäten im Unterricht positiv beurteilt werden, dann müssen sie sich natürlich auch relativ stark in Szene setzen. Das ausgeprägte Vorkommen des lehrergelenkten Unterrichtsgesprächs (es macht rund 50% der Unterrichtszeit aus!) ist eine Folge davon. Dabei wäre es doch viel wichtiger, die Leistung des jeweiligen Lehramtsanwärters an dem zu messen, was er an konstruktiver und effektiver Lernarbeit auf Schülerseite auslöst – vielseitige Methodenpflege und Wissensanwendung mit eingeschlossen.

Wenn es also eine Lehrkraft schafft, durch geschickt gewählte Lernarrangements und Materialien einen lernwirksamen Arbeits-, Kommunikations-, Kooperations- und Problemlösungsprozess der Schüler/innen in Gang zu setzen, dann hat sie im besten Sinne des Wortes ihre Pflicht erfüllt. Auch dann, wann sie während der Unterrichtsstunde/n selbst sehr stark im Hintergrund bleibt und ganz vorrangig die Schüler/innen arbeiten lässt. Der legendäre Grundsatz von Maria Montessori »Hilf mir, es selbst zu tun!« verweist genau in diese Richtung, d.h. gute Lehrer/innen sollten alles daran setzen, sich zunehmend überflüssig zu machen. Doch die landläufige Lehrerbeurteilung verlangt andere Akzente. Im Klartext: Nach wie vor hat derjenige die besten Chancen, der auf Nummer sicher geht und die Schüler/innen mit gezielten Impulsen, engen Aufgabenstellungen und lehrerzentrierter Gesprächsführung zu dem hinführt, was in der Stundenplanung vorgesehen ist.

Zwar versuchen sich immer mehr Fachleiter/innen von diesem Paradoxon zu befreien und neue Wege der Stundenbeurteilung zu kultivieren, doch die bisherigen Fortschritte sind eher bescheiden. Trotzdem muss es gelingen. Andernfalls bleibt der skizzierte Widerspruch zwischen Neuem Lernen und traditioneller Lehrerbeurteilung bestehen. Nur, wie lässt sich dieser Widerspruch auflösen? Welche praktischen Ansätze zur wirksamen Neuorientierung und -gestaltung der Prüfungspraxis bieten sich für die erste und zweite Phase an? Die folgenden Ansatzpunkte zeigen mögliche Perspektiven:

- **Schülerzentrierte Lehrproben:** Damit ist gemeint, dass bei der Beurteilung der Lehrerleistung vor allem auf das geachtet werden sollte, was der/die jeweilige Referendar/in auf Schülerseite auslöst. Der Blick der Prüfer muss sich also sehr viel stärker als bisher auf die Analyse der Lernaktivitäten der Schüler/innen richten sowie darauf, wie diese von Lehrerseite initiiert und moderiert werden. Mit anderen Worten. Dreh- und Angelpunkt der Lehrerbeurteilung ist die Erfassung und Beurteilung der inhaltlichen, methodischen, kommunikativen und kooperativen Qualität der Schülerhandlungen. Ist die Qualität dieser Lernhandlungen gut, dann ist das ein wichtiges Indiz dafür, dass auch die Lehrerleistung in Ordnung ist. So gesehen besteht eine wichtige Aufgabe für die Fachleiter/innen darin, entsprechende Beobachtungs- und Beurteilungskriterien und -prozeduren zu entwickeln, »auszuhandeln« und zu erproben. Wichtig dabei: Die Prozessbeurteilung ist nur ein Teil der Stundenbeurteilung.
- **Aufwertung der Unterrichtsreflexion:** Als zweiter Strang der Stundenbeurteilung bietet sich die Überprüfung der Reflexionskompetenz der Referendar/innen an. Dazu wird ein offenes Gespräch geführt. Dieses prüft sowohl die Bereitschaft und Fähigkeit zur Selbstkritik als auch die Kompetenz, den gewählten Unterrichtsaufbau überzeugend zu begründen, zu erläutern (Was ging voraus? Was soll folgen?) sowie mögliche methodische Alternativen aufzuzeigen. Dabei sollte der Rückgriff auf erziehungswissenschaftliche Befunde und Theorien ebenso vorgesehen werden wie das konsequente Checken der »Alltagstauglichkeit« des vorgestellten Unterrichts. Auch solche Gesprächsszenarien müssen in den Studienseminaren in der Regel erst noch entwickelt werden.
- **Aufwertung der Praxisgutachten:** Eine zeitgemäße Lehrerbeurteilung darf sich indes nicht nur auf punktuelle Lehrproben und Prüfungsgespräche stützen, sondern muss zudem verstärkt die »Dauerleistungen« der Anwärter/innen im Schulalltag in Rechnung stellen. Das betrifft bei den Studierenden die gängigen Block- und Semesterpraktika oder auch umfangreichere Projektarbeiten in ausgewählten Reformschulen. Und das betrifft bei den Referendar/innen den obligatorischen schulpraktischen Einsatz – einschließlich des eigenverantwortlichen Unterrichtens. Der derzeit sich abzeichnende Trend, diese Praxisphasen bei der Beurteilung der angehenden Lehrer/innen stärker zu berücksichtigen, ist fraglos richtig und wichtig. Richtig deshalb, weil die zuständigen Mentoren (Praktikumsbetreuer, Ausbildungsbeauftragte) in den Schulen in der Regel höchst profund in der Lage sind, die schulpraktische »Dauerleistung« der jungen Leute zu beobachten und zu beurteilen. Deshalb: Wer den Praxisbezug in der Lehrerbildung verstärken will, der tut gut daran, den Ausbildungsverantwortlichen in den Schulen mehr Gewicht bei der Beurteilung der angehenden Lehrer/innen einzuräumen – vorausge-

setzt, sie werden bezüglich dieser Aufgabe hinreichend qualifiziert und unterstützt.

- **Gezielte Präsentationsprüfungen:** Ein weiterer Ansatz zur Neuorientierung der Prüfungspraxis betrifft den gezielten Einsatz von Präsentationsprüfungen am Ende bestimmter Ausbildungsabschnitte. Das betrifft sowohl die Universitäten als auch die Studienseminare. Mit Präsentationsprüfung ist hierbei gemeint, dass die Lehramtsanwärter/innen zum einen oder anderen Prüfungsthema vorab recherchieren und visualisieren müssen (Plakat, Power-Point, Folie, Wandzeitung, Tafelbild etc.), um in der Prüfung selbst sodann ihre Ergebnisse/Produkte vor einer kleinen Prüfungskommission unter Beachtung grundlegender rhetorischer Gesichtspunkte zu präsentieren. Dabei können Einzelpräsentationen oder auch Gruppenpräsentation gefordert werden. Wichtig an dieser Prüfungsprozedur ist zweierlei: Zum einen müssen die betreffenden Lehramtsanwärter/innen unter Beweis stellen, dass sie mit modernen Präsentationsinstrumenten (Flipchart, Pinnwand, PC etc.) kompetent umgehen können, zum anderen müssen sie zeigen, dass sie eigenverantwortlich zu recherchieren, zu visualisieren und zu präsentieren verstehen, und nicht zuletzt die »Kunst der freien Rede« beherrschen. Sie müssen also nicht ihr punktuelles Vorratswissen abspulen, wie das bei den gängigen mündlichen Prüfungen nur zu oft der Fall ist, sondern einen recht breit gefächerten Kompetenznachweis erbringen.
- **Problemorientierte Assessments:** Dieser Ansatz stellt vorrangig auf teamzentrierte Problemlösungsprozesse innerhalb eines bestimmten Zeitrahmens ab. Die zugrunde liegenden Probleme können von unterrichtspraktischen Problemsituationen (Konflikt in der Klasse, Elternbeschwerde etc.) bis hin zu wissenschaftlichen Erkenntnis- und Entscheidungsproblemen reichen. Wichtig dabei: Die zur Behandlung anstehenden Probleme sollten einen möglichst ausgeprägten Praxis- und Handlungsbezug aufweisen und potenzielle Ernstsituationen der angehenden Lehrer/innen berücksichtigen. Wichtig ist ferner, dass konsequent im Team gearbeitet werden muss, damit nähere Aufschlüsse über die Interaktionskompetenz der jungen Leute gewonnen werden kann. So gesehen sind die Leistungsbereiche, die geprüft werden, recht vielfältiger Natur – angefangen beim Brainstorming über Teamarbeit, Diagnostik und Gesprächsführung bis hin zum Lösen schulpraktischer Probleme.
- **Arbeitsproben in Workshops:** Ein weiteres ergiebiges Prüfungsszenarium ist der Workshop. Anders als beim Assessment, geht es hierbei um die Vorbereitung konkreter Unterrichtsmaterialien und -arrangements zusammen mit Mitstudenten bzw. -referendaren. Auch hier wird also Teamfähigkeit geprüft. Der zeitliche Rahmen der Workshops ist klar definiert (z.B. 3 Stunden) und soll dazu beitragen, dass Zeiteinteilung und Arbeitsökonomie sorgfältig bedacht werden müssen. Zur Zielsetzung der Workshops gehört, dass am Ende ein möglichst überzeugendes Produkt im Sinne innovativer Unterrichtsvorbereitung steht. Das kann ein fertig ausgearbeitetes Rollenspiel, ein Planspiel, ein Lernzirkel, eine Fallstudie, ein Fragebogen oder irgend ein anderes unterrichtsspezifisches Produkt sein. Der ent-

scheidende Vorteil dieser Prüfungsprozedur: Die angehenden Lehrer/innen müssen ihre alltagsbezogene Arbeits-, Kooperations- und Innovationsfähigkeit unter Beweis stellen.

- **Spezifische Projektprüfungen:** Bei dieser Prüfungsart geht es um die Vorbereitung, Durchführung und Auswertung eines bestimmten Arbeitsvorhabens (=Projekt). Die Palette der Projektarbeiten reicht hierbei von ausbildungsrelevanten Forschungsprojekten (Lehrerbefragung, Schülerbefragung, Elternbefragung etc.) über bestimmte schulspezifische Produktionsprojekte (Elternseminar vorbereiten, Infothek zum Neuen Lernen erstellen, Klassenraum alternativ einrichten, Pinnwände produzieren, Moderationskoffer konzipieren etc.) bis hin zu Kooperationsprojekten mit außerschulischen Einrichtungen wie Kindergärten, Jugendamt oder vor- bzw. nachgelagerten Schulen. Der Zeitrahmen derartiger Projektprüfungen ist in aller Regel recht weit abgesteckt und reicht von mehreren Stunden bis hin zu mehreren Tagen oder gar Wochen. Die Beurteiler selbst sind natürlich nicht die ganze Zeit dabei, sondern sie prüfen und beurteilen in erster Linie auf der Basis der vorgelegten Arbeitsprotokolle, -produkte und -präsentationen. Gezielte Kolloquien können sich anschließen.
- **Heranziehung des Portfolios:** Dieses Prüfungsinstrument geht am weitesten über das klassische Prüfungsverständnis hinaus. Während Prüfungen traditionell vor allem als zeitpunktbezogene schriftliche oder mündliche Wissensnachweise verstanden werden, meint der Portfolio-Ansatz, dass die in Ausbildung befindlichen Lehrer/innen die ganze Palette ihrer ausbildungs- bzw. seminarspezifischen Leistungsnachweise geltend machen können, die sie über einen längeren Zeitraum hinweg erstellt haben (z.B. ein Studienjahr). Das beginnt mit Zeichnungen, Protokollen und Bildern und reicht über Referate, Thesenpapiere und Zeitschriftenartikel bis hin zu selbst entwickelten Lernspielen, Plakaten und Arbeitsmappen. Derartige »Leistungspakete« stellen natürlich höchste Anforderungen an die je zuständigen Beurteiler, da diese viele unterschiedliche Produkte und Vorlagen zu sondieren und einzuschätzen haben. Gleichwohl spricht vieles dafür, dass der Portfolio-Gedanke ein wegweisender Ansatz zur Erweiterung des herkömmlichen Leistungs- und Prüfungsverständnisses von Hochschullehrer/innen und Fachleiter/innen ist.
- **Anspruchsvollere Klausuren:** Auch bei den gängigen Klausurprüfungen kann und muss sich einiges ändern. Das gilt u.a. hinsichtlich der tradierten Spielregel, dass die Prüflinge vor allem eines leisten müssen: das auf Vorrat gelernte Fachwissen frage- und/oder aufgabenbezogen abzuspulen. Mit anderen Worten: Bislang wird in erster Linie auf das Memorieren und Reproduzieren des obligatorischen Prüfungsstoffes und weniger auf kreatives, produktives und problemlösendes Arbeiten der zu Prüfenden gesetzt. Anspruchsvolle Problemfragen, Fallstudien und sonstige »Knobelaufgaben«, sind eher die Ausnahme und nicht die Regel. Gleiches gilt für das gezielte Arbeiten mit gängigen Hilfsmitteln wie Lexika, Fachbüchern, persönlichen Skripten oder auch PC-Dateien. Nur müssten dann die Prüfungsaufgaben schwieriger werden, damit ausgeschlossen ist, dass vorgefertigte Ant-

worten einfach nur abgeschrieben werden können. Hinzu kommt, dass die Zeit der Klausurbearbeitung natürlich knapp ist und daher nur begrenzt Gelegenheit besteht, fehlenden Sachverstand durch gezieltes Nachschlagen wettzumachen. Unterstrichen wird diese Prüfungsphilosophie u.a. durch die aktuellen PISA-Aufgaben mit ihrer ausgeprägten Betonung der Informationserarbeitung, -auswertung und -anwendung.

Fazit: Die Lehrerausbilder/innen sollten sich bei der Wahl ihrer Prüfungsaufgaben und -modalitäten verstärkt am skizzierten Leistungs- und Prüfungsverständnis orientieren. Das wäre nicht nur ein ermutigendes und inspirierendes Signal an die Adresse der Lehramtsanwärter/innen in den Hochschulen und Studienseminaren, sondern auch und zugleich ein wichtiger Schritt auf dem Weg zur hier in Rede stehenden Neuen Lernkultur. Denn solange die Prüfungen die »geistlose Paukerei« weiterhin honorieren, solange wird es um die Implementierung neuer Lehr- und Lernverfahren in Deutschland eher schlecht bestellt sein. Deshalb: Der Kurswechsel muss breit einsetzen und die unterschiedlichen Ebenen der Lehrerbildung mit einbeziehen. Ferner muss er an die neuen Standards einer zeitgemäßen Bildungsarbeit heranführen, wie sie in diesem Buch expliziert werden. Dann sollte es gewiss möglich sein, die Lehrerausbildung zum Motor wirksamer Schul- und Unterrichtsentwicklung werden zu lassen.

III. Kompetenzförderung im Rahmen der Einzelschule

Erfolgreiche Unterrichtsentwicklung ist natürlich nicht nur eine Sache der Lehrerausbildung, sondern auch und zugleich eine zentrale Aufgabe für die Lehrerfortbildung. Denn das Gros der Lehrkräfte, die die anstehenden Reformen bewerkstelligen sollen, befindet sich nun einmal bereits in den Schulen und ist von daher wesentlich mitverantwortlich für die aktuellen Lerndefizite in Deutschlands Klassenzimmern. Wie die schulinterne Weiterqualifizierung der Lehrer/innen gestaltet werden kann, ist Gegenstand des ersten Abschnitts. Dabei wird auf Projekterfahrungen aus Rheinland-Pfalz, Nordrhein-Westfalen, Berlin und Hessen zurückgegriffen. Im zweiten Abschnitt wird das korrespondierende Innovationsmanagement in den Einzelschulen beschrieben, d.h. die Unterstützungsarbeit der pädagogischen Führungskräfte. Im dritten Abschnitt werden einige aktuelle Evaluationsergebnisse zum skizzierten Reformprogramm vorgestellt.

1. Anregungen zur systematischen Lehrerfortbildung

Die zurückliegenden Erfahrungen in verschiedenen Bundesländern machen eines deutlich: Unterrichtliche Innovationsprozesse gelingen in aller Regel nur dort, wo sie systematisch angegangen werden. Das gilt nicht zuletzt für die schulinterne Lehrerqualifizierung. Die verbreitete »Gelegenheitsfortbildung« einzelner Lehrkräfte hat in der Vergangenheit bestenfalls dazu geführt, dass sich der Unterricht punktuell und sporadisch verändert hat. Eine Neue Lernkultur ist dadurch nicht entstanden. Im Gegenteil: Viele Innovationsbemühungen sind eher unverbindlich und beliebig geblieben und haben nicht im Entferntesten das gebracht, was in den vorangehenden Kapiteln dieses Buches angemahnt wurde, nämlich die Grundlegung neuer alltagstauglicher Routinen im Bereich innovativer Unterrichtsgestaltung. Dass es auch anders geht, wird in den nachfolgenden Abschnitten gezeigt. Dreh- und Angelpunkt dabei: Vielschichtige Lehrertrainings, konsequente Workshoparbeit, intensive Kooperation sowie durchdachter Know-how-Transfer auf unterschiedlichen Ebenen.

1.1 Der Qualifizierungskreislauf im Aufriss

Wie sich aus Abbildung 38 ersehen lässt, ist die Lehrerfortbildungsarbeit in den betreffenden Programmschulen klar fokussiert: Das Kernziel ist die differenzierte Förderung des eigenverantwortlichen, methodenzentrierten Arbeitens und Lernens im Unterricht. Näheres zu diesem Lehr-/Lernanspruch lässt sich den Ausführungen in Abschnitt I.3 entnehmen. Zur Vorbereitung dieser Schülerqualifizierung werden den interessierten Lehrkräften in den betreffenden Schulen einschlägige Methodenseminare, Workshops und sonstige schulinterne Fortbildungsveranstaltungen ermöglicht, die ihnen Gelegenheit geben, sich hinsichtlich der Umsetzung neuer Lehr- und Lernverfahren ein genaueres Bild zu machen. Dabei wird ganz bewusst auf Übungen und Beispiele abgestellt, die sich in der praktischen Trainingsarbeit mit Schüler/innen bewährt haben. Diese Synchronisation von Lehrertraining und Schülertraining erleichtert den teilnehmenden Lehrkräften späterhin den Transfer in die eigene Unterrichtsarbeit hinein.

Wie Abbildung 38 ferner zeigt, umfasst der schulinterne Qualifizierungskreislauf eine ganze Reihe von Stationen, die interessierte Lehrer/innen durchlaufen können. Dreh- und Angelpunkt ist dabei die Fortbildung im Team. Die erste Station des abgebildeten Kreislaufs zeichnet sich dadurch aus, dass interessierte Lehrerteams in das eine oder andere Methodenfeld hineinschnuppern können, um sich ein genaueres Bild von den anvisierten Lern- und Trainingsverfahren zu machen. Angeboten wer-

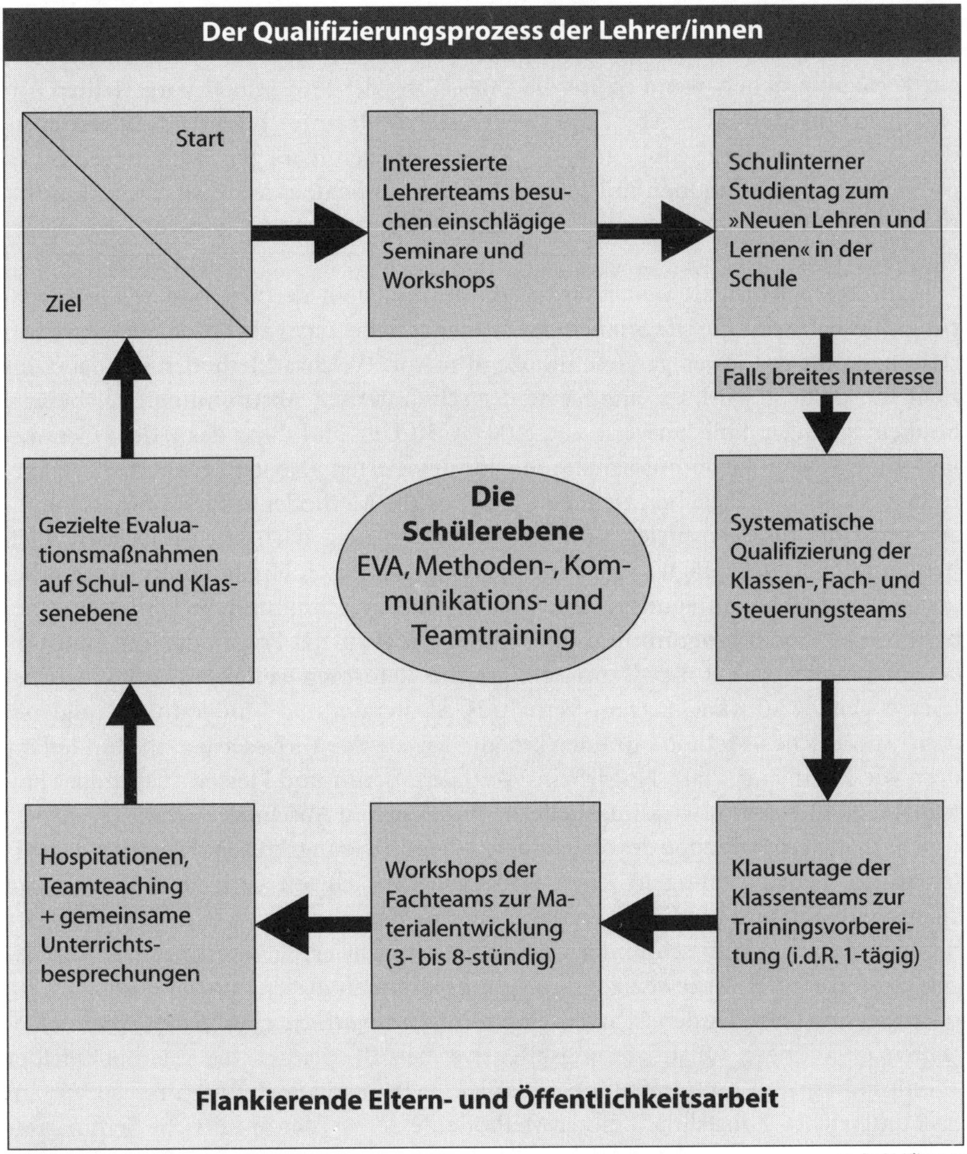

Abb. 38 © Dr. H. Klippert

den die entsprechenden Methodenseminare und Workshops auf regionaler oder landesweiter Ebene. Besucht werden sie von Lehrerteams unterschiedlicher Schulen. So gesehen haben diese *Schnupperseminare* in erster Linie eine Orientierungs- und Einführungsfunktion. Die zentralen Themen dabei: EVA, Methoden-, Kommunikations- und Teamtraining mit Schülern (EVA = eigenverantwortliches Arbeiten). Die besagten Team-Seminare dauern in der Regel zwei Tage und sind durch ausgeprägtes »learning by doing« gekennzeichnet. Zugelassen wird zu diesen Seminaren nur, wer mindestens zwei weitere Kolleg/innen der eigenen Schule mitbringt. Durch diese »erzwungene« Teambildung soll zweierlei sichergestellt werden: Zum einen soll gewährleistet werden, dass späterhin verständnisvolle Gesprächspartner und Unterstützer zur Verfügung stehen, wenn es um die Umsetzung der im Seminar vorgestellten Anregungen und Methoden geht. Zum zweiten soll die Teamfortbildung dazu beitragen, dass sich die jeweilige Schulleitung im Vorfeld des Seminars genau überlegen muss, ob sie die neuen Methoden mit Priorität fördern möchte oder nicht. Denn innovationsbereite Lehrkräfte brauchen nun einmal Rückhalt und Unterstützung an der eigenen Schule.

Um diesen Rückhalt weitergehend zu sichern, sieht der abgebildete Qualifizierungskreislauf *schulinterne Studientage* (Pädagogische Tage) als Orientierungsveranstaltungen für das jeweilige Gesamtkollegium vor. Welches Methodenfeld dabei ins Zentrum gerückt wird, ist eine Sache der schulinternen Abstimmung. Der besagte Studientag dauert üblicherweise von 8.00–16.30 Uhr und dient dazu, dem Gesamtkollegium sowohl Grundinformationen zur anvisierten »Neuen Lernkultur« zu vermitteln als auch Gelegenheit zu geben, ausgewählte Methoden und Trainingssequenzen praktisch durchzuspielen und zu reflektieren (vgl. nächsten Abschnitt). Auch hierbei ist also ausgeprägtes »learning by doing« angesagt. Hinzu kommen grundlegende strategische Anregungen und Klärungen zur schulinternen Umsetzung des besagten Methodenprogramms. Dabei spielen nicht zuletzt Fragen der Zeit- und Arbeitsökonomie eine Rolle. Denn erfolgreiche Reformen verlangen ein möglichst überzeugendes Aufwand-Ertrags-Verhältnis. Als Berater und Moderatoren fungieren dabei spezifische »Methodentrainer/innen«, wie sie der Verfasser u.a. in Bundesländern wie Rheinland-Pfalz, Nordrhein-Westfalen, Berlin und Hessen ausgebildet hat. Näheres zu diesen »Entwicklungshelfern« findet sich in Abschnitt III.1.5.

Die dritte große Etappe des abgebildeten Qualifizierungskreislaufs betrifft das systematische Lehrertraining in jenen Kollegien, die sich auf dem Hintergrund von Teamseminaren und Studientagen dafür entscheiden, das hier in Rede stehende Methodenprogramm zum schulinternen Innovationsschwerpunkt zu machen. Vorausgesetzt zwei Drittel des jeweiligen Kollegiums stimmen dieser Prioritätensetzung zu, startet in den betreffenden Schulen eine recht *systematische Qualifizierung einzelner Lehrerteams*. Diese Qualifizierungsoffensive betrifft primär die Methodenfelder »Lerntraining«, »Kommunikationstraining«, »Teamentwicklung« und »EVA im Fachunterricht«. Hinsichtlich dieser Methodenfelder werden spezifische Seminarreihen organisiert, die den interessierten Lehrerteams in relativ dichter Folge Gelegenheit geben, sich methodisch fit zu machen. Diese Seminare zielen auf Lehrertraining für Klassenteams sowie auf angeleitete Workshops für Fachteams. Darüber hinaus gibt es spezielle Fortbildungsangebote für die so genannten »Steuerungsteams« – das sind die für das Innovationsmanagement zuständigen »Führungskräfte« (vgl. die näheren Ausführungen in Abschnitt III.2). Moderiert werden alle diese Seminare und Workshops von den oben erwähnten »Trainer/innen«, die den beteiligten Lehrerteams mit Rat und Tat zur Seite stehen.

Die Stationen vier bis sieben des skizzierten Qualifizierungskreislaufs (vgl. Abbildung 38) dienen der eigenverantwortlichen Anwendung, Weiterentwicklung und

Evaluation des eingebrachten Methodenrepertoires im jeweiligen Kollegium. Das heißt: Die Trainer/innen treten zunehmend in den Hintergrund und die grundständig qualifizierten Lehrerteams übernehmen die Regie. Das gilt für die Teamklausurtage zur Vorbereitung methodenzentrierter Trainingswochen in Etappe vier genauso wie für die fachspezifischen Workshops zur Entwicklung einschlägiger Lernarrangements und -materialien in der fünften Etappe. Begleitet werden diese Vorbereitungsaktivitäten von gezielten Umsetzungsmaßnahmen, Hospitation, gemeinsamen Unterrichtsbesprechungen und Teamteaching-Versuchen in ausgewählten Klassen und Jahrgangsstufen. Das ist der Kern der sechsten Station des Qualifizierungskreislaufs. Hinzu kommen flankierende Aktivitäten im Bereich der Eltern- und Öffentlichkeitsarbeit. Die siebte und letzte Station betrifft die Evaluierung der durchgeführten Qualifizierungsmaßnahmen – angefangen bei den unterschiedlichen Lehrerfortbildungsveranstaltungen über das schulinterne Innovationsmanagement der Steuerungsteams bis hin zu den differenzierten Trainings- und Arbeitsprogrammen mit Schüler/innen. Der in Abschnitt III.3 dokumentierte Evaluationsbericht zeigt, was dabei herauskommen kann.

1.2 Gezielte Lehrertrainings und Workshops

Ein zentrales Element der skizzierten Qualifizierungsarbeit sind einschlägige Trainingsseminare und Workshops mit dem Ziel, die beteiligten Lehrer/innen mit den Implikationen und Chancen der neuen Lehr- und Lernverfahren möglichst konkret und praxisbezogen vertraut zu machen. Ein besonderes Kennzeichen dieser Veranstaltungen ist das angesprochene *»learning by doing«*, d.h. die beteiligten Lehrkräfte erleben bewährte Trainings- und/oder Workshopabläufe im Sinne von Simulationsspielen, um durch diese Art des Erfahrungslernens einen intensiveren emotionalen und praktischen Bezug zu den entsprechenden Trainings-, Moderations- und/oder Planungsverfahren zu bekommen. Dieser Weg mag zwar zeitintensiver als die gängigen Informations- und Beratungsveranstaltungen im Bereich der Lehrerfortbildung sein, aber er ist letzten Endes unverzichtbar. Das zeigen zumindest die zurückliegenden Erfahrungen in den angeführten Bundesländern.

Unverzichtbar deshalb, weil sich die Fähigkeit und Bereitschaft zur Anwendung neuer Lehr- und Lernverfahren in aller Regel nicht schon dadurch ergeben, dass die pädagogischen Akteure entsprechende intellektuelle Einsichten und Vorsätze gewinnen. Auch Beispiele, Hospitationen, Gruppengespräche und/oder Coaching helfen dem Gros der Lehrkräfte erfahrungsgemäß nur sehr begrenzt weiter, da auch sie noch kein einschneidendes »Be-Greifen« der betreffenden methodischen Verfahren mit sich bringen. Beobachten, besprechen, hören und lesen sind nun einmal relativ vordergründige Zugänge zum je Neuen. Die Übernahme und Anwendung dieses Neuen verlangt aber genau dieses eingängige *Be-Greifen* durch exemplarisches Tun und Erleben. Andernfalls ist und bleibt es schwierig, bei den zuständigen Lehrkräften die nötigen operativen Einsichten, Überzeugungen und Routinen wachsen zu lassen.

Letzteres ist aber eine der zentralen Voraussetzungen dafür, dass nachhaltige Unterrichtsentwicklung gelingen kann (vgl. die Abschnitte II.1.5 und II.2.1).

Wie laufen die besagten *Trainingsseminare* ab? Sie dauern in der Regel zwei bis drei Tage und weisen ausgeprägten Praxisbezug auf. Wie das abgebildete Seminarprogramm zum Methodenfeld »Arbeitstechniken lehren und lernen« zeigt (vgl. Abbildung 39), stehen im Zentrum der Seminararbeit ausgewählte Übungen bzw. Trainingsarrangements zum jeweiligen Methodenbereich. Diese »Lerninseln« sollen den teilnehmenden Lehrkräften erfahrbar und einsichtig machen, wie die unterrichtliche Trainingsarbeit mit Schüler/innen ablaufen kann. Geleitet und moderiert werden diese Seminare von erfahrenen Trainer/innen. Sie bringen die Übungen ein, moderieren das Prozedere und geben bei Bedarf Hinweise zum praktischen Unterrichtseinsatz. Kennzeichnend für diese Übungen ist, dass sie in gleicher oder ähnlicher Form bereits im Unterricht umgesetzt wurden, so dass die zuständigen Trainer/innen im Bedarfsfall eigene Erfahrungen einbringen können.

Trainingsseminar »Arbeitstechniken lehren und lernen«
1. Tag (10.30, 18.00 Uhr)
• Begrüßung / Erläuterungen zum Tagungsverlauf / Einführende Anmerkungen zum Tagungsthema • Übung zur Einstimmung: Methodentraining rund um einen »Lehrervortrag« in puncto Methodenlernen • Bestandsaufnahme: Was läuft im Schulalltag in Sachen Methodenlernen? (mehrstufiger Erfahrungsaustausch) • Impulsreferat zur Konzeption und Systematik des Methodentrainings – Erläuterungen zum Trainingsprogramm (mit Aussprache) • Methodentraining konkret: Karikaturen-Rallye zur Einstimmung (Stationengespräch ...)
2. Tag (9.00–18.00 Uhr)
• Trainingsfeld »Effektiver Lernen und Behalten« (ausgewählte Übungen und Anregungen) • Trainingsfeld »Klassenarbeiten vorbereiten« (ausgewählte Übungen und Anregungen) • Trainingsfeld »Markieren und Exzerpieren« (ausgewählte Übungen und Anregungen) • Trainingsfeld »Strukturieren und Visualisieren« (ausgewählte Übungen und Anregungen)
3. Tag (9.00–13.00 Uhr)
• Gruppenarbeit: Entwicklung ausgewählter Trainingsspiralen zu unterschiedlichen Arbeitsmethoden (z.B. Tabellen entwickeln) • Vorstellung der Gruppenergebnisse / Vertiefende Aussprache zum Methodentraining

Abb. 39

Dieser praktische Übungsblock füllt im vorliegenden Programm den gesamten zweiten Seminartag aus. Vorgeschaltet ist diesem Lehrertraining eine mehrstufige Hinführungsphase mit grundlegenden Informationen, Beispielen, Reflexionen und Übungen zur Sensibilisierung und Orientierung der Teilnehmer/innen. Der letzte Vormittag dient der vertiefenden Anwendung des Gelernten, und zwar in der Weise, dass analog zu den durchgespielten Trainingsabläufen spezielle Arrangements (Trainingsspiralen) für den Unterricht entwickelt werden müssen. Dabei geht es u.a. darum, wie man mit Schüler/innen das Erstellen einfacher Schaubilder oder übersichtlicher Heftseiten trainieren kann. Abgeschlossen wird diese Produktionsphase mit einer vertiefenden Aussprache zum vorgestellten Trainingsprogramm.

Der zweite Fortbildungsbereich – die *Workshoparbeit* – unterscheidet sich vom skizzierten Lehrertraining in zweifacher Hinsicht: Zum einen fehlt im Rahmen der Workshops das Durchspielen konkreter Übungen, zum anderen sind sie dezidiert produktorientiert ausgerichtet, d.h. die beteiligten Lehrerteams erstellen spezifische *Trainingsspiralen* oder *Lernspiralen* für die praktische Unterrichtsarbeit (vgl. die Abschnitte I.3.3 und I.3.6). Die Workshops dauern in der Regel zwischen drei und sieben Zeitstunden. Dieser Zeitrahmen hat sich insofern als notwendig erwiesen, als die anstehenden Sichtungs-, Klärungs- und Produktionsprozesse der Lehrer/innen einfach eine gewisse Zeit brauchen – Zeit, die im Zuge der landläufigen eineinhalbstündigen Fachkonferenzen in den Schulen nicht zur Verfügung steht. Die Folge: Die gängige Fachkonferenzarbeit bleibt für die teilnehmenden Lehrkräfte in aller Regel recht unbefriedigend, da in punkto Unterrichtsvorbereitung und Materialentwicklung zu wenig herauskommt. Wenn also die Workshopteilnehmer/innen nicht immer wieder neu frustriert werden sollen, dann muss der Zeitrahmen großzügiger abgesteckt werden. Konkret: Die Workshops sollten in der Anfangsphase 5–7 Stunden dauern, damit die Lehrkräfte im besten Sinne des Wortes »Fuß fassen« können.

Wie ein ganztägiger Workshop ablaufen kann, zeigt Abbildung 40. Voraussetzung dieses Zeitrasters ist, dass die betreffenden Fachteams für diesen Tag vom Unterricht freigestellt werden. Das kann im Rahmen eines schulinternen Fortbildungstages geschehen oder auch so geregelt werden, dass die jeweilige Schulleitung die betreffenden Lehrkräfte für diesen Tag ausplant und (partiell) Vertretung organisiert. Ist das nicht möglich, so sollte bei den anfänglichen Workshops, die nach dem hier vorgestellten Muster durchgeführt werden, zumindest ein Zeitrahmen von fünf Zeitstunden vorgesehen werden. In praxi beginnen diese fünfstündigen Workshops meist nach der vierten Unterrichtsstunde und dauern bis gegen 17.00 Uhr. Zu den Besonderheiten dieser Workshops gehört die gezielte Nutzung des Computerraums. Dabei wird u.a. auf das in Abbildung 27 auf Seite 146 dokumentierte Planungsraster zurückgegriffen. Dieses Raster wird auf CD oder Festplatte übernommen und dient dazu, die Planungsüberlegungen zu den betreffenden Lernspiralen zügig, systematisch und übersichtlich zu erfassen und für zukünftige Anwendungen zu archivieren.

Wichtig ist, dass am Ende der Workshops konkrete Lehr-/Lernhilfen für den Schulalltag stehen, die von den beteiligten Lehrkräften ohne weitere Nachbereitung genutzt werden können. Dieser Verwertungs- bzw. Nützlichkeitsaspekt ist in der Vergangenheit viel zu wenig gesehen und ernst genommen worden. Das muss sich ändern. Einige richtungsweisende Hinweise dazu finden sich im abgebildeten »kleinen A-B-C der Workshoparbeit« (vgl. Abbildung 40).

Das kleine A-B-C der schulinternen Workshoparbeit

- Die Workshops werden fach- und jahrgangsbezogen organisiert und dienen der Entwicklung einschlägiger Lernspiralen zu ausgewählten Lehrplanthemen.
- Teilnehmer des jeweiligen Workshops sind interessierte Fach- bzw. Fachbereichsvertreter/innen; eventuell kann die Workshoparbeit auch in einen Studientag des Gesamtkollegiums eingebettet sein.
- Im Vorfeld des jeweiligen Workshops verständigen sich die betreffenden Lehrkräfte auf ein zu bearbeitendes Lehrplanthema, zu dem sie schüleraktivierende, methodenzentrierte Lernspiralen ausarbeiten möchten.
- Zu diesem Thema bringen sie gängige Medien und Materialien mit, die den Schüler/innen zur Erledigung ihrer Arbeitsaufgaben zur Verfügung gestellt werden können (»ökonomisches Prinzip«!).
- Die Workshop-Teilnehmer/innen arbeiten zügig und ergebnisorientiert – unter Nutzung des Computerraums oder eigener Laptops – an der Erstellung praxisnaher Lernspiralen und setzen diese später im eigenen Unterricht um (möglichst zeitnah!).
- Die ersten schulinternen Workshops dauern üblicherweise von 8.00 Uhr bis 17.00 Uhr. Als Ablauf hat sich bewährt:

8.00–9.00 Uhr	Grundlegende Informationen und Beispiele zur Workshoparbeit
9.00–11.00 Uhr	Didaktische Analyse und Festlegung möglicher »Arbeitsinseln«
11.00–12.00 Uhr	Materialsichtung + Abstimmung, wer was ausarbeiten möchte
13.00–16.45 Uhr	Ausarbeitung der entsprechenden Lernspiralen im PC-Raum
Kurzes Feedback zum Ablauf und zu den Ergebnissen des Workshops	
Vereinbarung bezüglich der endgültigen Ablieferung der Lernspiralen	

Abb. 40

Ferner haben sich die folgenden Grundregeln bewährt:

- Zur Sicherstellung einer effektiven Workshoparbeit müssen rechtzeitig vor dem jeweiligen Workshop Lehrplanthema und Teilnehmer/innen (Fachgruppe) festgelegt werden.
- Damit eine überzeugende Arbeitsökonomie erreicht wird, empfiehlt sich der Rükkgriff auf bereits vorliegende Medien und Materialien – zumindest in der Anfangsphase.
- Für die Ausarbeitung der einzelnen Lernspiralen ist es wichtig, dass auf die dokumentierten Planungsraster zurückgegriffen wird (vgl. u.a. Abbildung 27 auf Seite 146); das spart Zeit.
- Damit die Workshops effektiv und produktiv verlaufen, sollte ein klarer Zeitplan definiert und befolgt werden; das begünstigt eine straffe Arbeitsweise.

- Didaktische Grundsatzdebatten und »Positionskämpfe« sollten auf ein Minimum reduziert werden, da sie in der Regel wenig zielführend und produktiv sind.
- Die Fachteams sollten klare Regeln für die interne Zusammenarbeit festlegen und durch gezielte Reflexionsrunden dafür sorgen, dass diese im Bewusstsein bleiben.
- Unbedingtes Ziel der Workshoparbeit sollte es sein, einige methodisch anregende Lernspiralen fertig auszuarbeiten und mittels PC bzw. Laptop zu dokumentieren.
- Die ausgearbeiteten Lernspiralen sollten nach ihrer Fertigstellung zeitnah im Fachunterricht erprobt und bei Bedarf gezielt überarbeitet werden.

Ein wichtiger Tipp zum Schluss: Die neu an die Schulen kommenden Lehrkräfte sollten unbedingt in die skizzierten Trainingsseminare und Workshops eingebunden werden. Das bringt erfahrungsgemäß gleich zwei wichtige Effekte: Zum einen werden die »Newcomer« bereits im Frühstadium ihrer Lehrersozialisation ganz praktisch in die innovative und kooperative Lehr- und Lernplanung an ihrer Schule eingeführt und mit den Möglichkeiten einer veränderten Unterrichtsgestaltung vertraut gemacht; zum zweiten bekommen die innovativen »Stammlehrer« der Schule tatkräftige Hilfe und Unterstützung bei ihren Reformbemühungen. So gesehen ist diese frühe Einbindung der nachwachsenden Lehrergeneration ein ebenso wichtiger wie naheliegender Brückenschlag zwischen der Lehrerausbildung auf der einen und der schulpraktischen Arbeit auf der anderen Seite.

1.3 Unterrichtsversuche und Hospitationen

Die beste Fortbildungs- und Workshoparbeit hilft indes wenig, wenn die erstellten Lehr- und Lernarrangements nicht auch konsequent umgesetzt und reflektiert werden. Von daher ist es wichtig, dass gelegentliche Hospitationen und gemeinsame Unterrichtsbesprechungen zum festen Bestandteil des schulinternen Qualifizierungsprogramms werden. Noch wichtiger aber sind konkrete Unterrichtsversuche, die persönliche Einblicke und Eindrücke vermitteln, wie es um die praktischen Anforderungen, Chancen und Probleme der neuen Lehr- und Lernverfahren steht. Im Klartext: Jeder persönliche Unterrichtsversuch ist besser als jedes noch so eindrucksvolle Hospitationserlebnis und/oder Gespräch über durchgeführten Unterricht. Einen praktischen Unterrichtsversuch zu starten, bedeutet stets vielschichtige Reflexions- und Konstruktionsarbeit. Erstens auf der Planungsebene, indem zur Vorbereitung neuer Lernarrangements differenzierte Überlegungen zum Unterrichtsablauf angestellt werden müssen. Und zweitens auf der Durchführungsebene, indem während der eigentlichen Umsetzung einprägsam erlebt wird, was geht und was nicht geht. Von daher sind die Intensität und Wirksamkeit derartiger Unterrichtsversuche ungleich größer als etwaige Beobachtungs- und Reflexionsaktivitäten im Rahmen von Hospitationsveranstaltungen.

Dennoch: Hospitationen haben ihren Sinn, wenn sie mit gemeinsamer Unterrichtsvorbereitung und -erprobung verbunden sind. Dieser integrative Ansatz wird hier favorisiert. Wie sich dieser Ansatz in praxi äußern kann, zeigen die folgenden schulinternen Veranstaltungsangebote und -beispiele:

- **Sporadische Erprobungsarbeit einzelner Lehrerteams:** Damit ist gemeint, dass einzelne Mitglieder von Klassen- oder Fachteams bestimmte Lernarrangements gemeinsam erproben. Diese punktuelle Kooperation bietet sich vor allem an, wenn die betreffenden Arrangements auch gemeinsam entwickelt wurden und die Hospitanten keine eigene Unterrichtsverpflichtung haben. Möglich sind solche sporadischen Hospitationen immer dann, wenn z.B. Freistunden Gelegenheit dazu geben, wenn die eigene Klasse von anderer Seite mitgeführt werden kann oder aber die Schulleitung unterstützend Vertretungsunterricht organisiert. Erleichtert werden derartige Unterrichtsversuche und Hospitationen ferner durch die eingespielte Teamarbeit in den Projektschulen. Das schafft Vertrauen, mindert die Angst vor dem Öffnen der eigenen Klassenzimmertür und mehrt die Chancen für eine fruchtbare Kooperation im Erprobungsprozess. Allerdings: Das Ganze funktioniert nur, wenn die Rollen der Partner gut abgestimmt und die vorgesehenen Beobachtungskriterien und -prozeduren durchdacht geregelt sind. Andernfalls können Hospitationen und anschließende Unterrichtsbesprechungen auch leicht unergiebig werden.
- **Hospitationen im Rahmen eines SCHILF-Tages:** Diese Art der schulinternen Fortbildung sieht vor, dass in einem Kollegium ein Schnuppertag in Sachen Neue Lernkultur veranstaltet wird, in den spezifische Unterrichtsversuche mit innovativem Zuschnitt eingebunden werden. Konkret: Der SCHILF-Tag beginnt mit einem Einführungsblock, zu dem u.a. ein Impulsreferat sowie ausgewählte Beispiele und Übungen zum je anstehenden Methodenfeld gehören. Dann folgen korrespondierende Hospitationsangebote mit unterschiedlicher fachlicher Ausrichtung. Im Zentrum dieser Hospitationsangebote stehen Unterrichtsversuche, die zeigen, wie die betreffenden Lehr- und Lernverfahren praktisch umgesetzt werden können. Dabei werden nicht nur alternative Fächer, sondern auch unterschiedliche Klassen- und Jahrgangsstufen berücksichtigt. Im Anschluss an die Hospitationsphase wird der Studientag mit der Vorbereitung entsprechender Unterrichtsstunden fortgesetzt. Der kritische Punkt bei diesem Verfahren: Das Ganze geht nur, wenn es von der Schulorganisation her möglich ist, ausgewählte Klassen am ansonsten schulfreien Studientag für ein bis zwei Unterrichtsstunden in die Schule einzubestellen. Geht das nicht, muss nach anderen schul- und/oder fortbildungsorganisatorischen Wegen gesucht werden (z.B. kann in einer anderen »innovativen Schule« hospitiert werden).
- **Pflichthospitation in der 5. und 6. Unterrichtsstunde:** Kennzeichnend für diese Fortbildungsvariante ist die verbindliche Hospitation aller Lehrkräfte einer Schule in der einen oder anderen Klasse. Verbindlich deshalb, weil die fünfte und sechste Stunde zur Kernzeit der Pädagogen gehören. Angeboten werden Unterrichtsversuche mit unterschiedlicher fachlicher Ausrichtung in verschiedenen Jahrgangsstufen. Die 5. und 6. Stunde sind deshalb günstig, weil die nicht betrof-

fenen Klassen vorzeitig nach Hause entlassen werden können; lediglich die Kinder der Hospitationsklassen bleiben für zwei weitere Stunden in der Schule. Vorbereitet und moderiert werden die besagten Unterrichtsversuche von interessierten Lehrerteams, die es sich in den betreffenden Klassen zur Aufgabe gemacht haben, die Neue Lernkultur aufzubauen. Das Hauptziel der Unterrichtsversuche: Den Hospitanten soll Gelegenheit gegeben werden, sich einen genaueren Eindruck davon zu verschaffen, wie in den betreffenden »Pilotklassen« methodisch gearbeitet wird und welchen Einfluss diese Arbeitsweise auf das Arbeits-, Sozial- und Lernverhalten der Schüler/innen hat. Ein weiteres Anliegen im Rahmen der Hospitationsangebote: Es soll beispielhaft gezeigt werden, dass die Implementierung neuer Lehr- und Lernformen in alltagstauglicher Weise machbar ist.

- **Systematische Planung und Erprobung in Grundschulen:** Eine sehr weitreichende Verzahnung von Hospitation, Unterrichtsbesprechung und gemeinsamer Unterrichtsvorbereitung wird seit einigen Jahren in einer Reihe von Grundschulen in Nordrhein-Westfalen praktiziert (vgl. Klippert 2003, S. 305ff.). Wie sich aus Abbildung 41 ersehen lässt, werden dort spezifische Fortbildungswochen mit fest integrierten drei- bis vierstündigen Erprobungsblöcken pro Tag durchgeführt. Der Ablauf dieser Wochen: Begonnen wird am Montag mit einer ganztägigen schulinternen Fortbildung zum je vereinbarten Methodenfeld, das im weiteren Wochenverlauf näher operationalisiert und erprobt werden soll. Die versammelten Lehrkräfte erhalten grundlegende Informationen, durchlaufen die eine oder andere exemplarische Übung und beginnen nach der Mittagspause in Jahrgangsteams damit, eine bestimmte Lern- bzw. Trainingssequenz für den Unterricht am Dienstagvormittag vorzubereiten (z.B. zum Methodenfeld »Heftgestaltung«). Dabei greifen sie auf die vorgestellten Informationen, Beispiele und Übungen zurück. Im Mittelpunkt des zweiten Tages steht sodann die Erprobung der vorbereiteten »Lernspiralen« in den eigenen Klassen. Dafür sind in der Regel vier Unterrichtsstunden vorgesehen. Da in praxi mehr Lehrkräfte als Klassen existieren, werden partiell Hospitationen möglich, die den Beteiligten erste Gelegenheiten zum vertrauensvollen Gespräch eröffnen. Anschließend werden die Kinder nach Hause entlassen und die Fortbildung der Lehrer/innen findet ihre Fortsetzung. Gestartet wird diese Fortbildungsphase mit einer gezielten Reflexion der durchgeführten Unterrichtsversuche; daran schließt sich zunächst eine neuer methodischer Input mit ausgewählten Beispielen und Übungen an, ehe am Nachmittag eine Lern- bzw. Trainingssequenz zu eben diesem Methodenschwerpunkt für den Mittwoch vorbereitet wird (z.B. zum Methodenfeld »Tabellen konstruieren«). Diese Arbeit erfolgt gleichfalls in Jahrgangsteams. Am Mittwochvormittag wird erneut erprobt usw. Der komplette Überblick über das Wochenprogramm findet sich in Abbildung 41. Das Besondere dabei: Die konsequente Verzahnung von methodenzentrierter »Selbsterfahrung«, gemeinsamer Reflexion, kooperativer Unterrichtsvorbereitung, gezielter Erprobung im Unterricht und eingebetteter Hospitation und Unterrichtsbesprechung führt zu einer höchst intensiven und inspirierenden Auseinandersetzung mit neuen Lehr- und Lernverfahren.

Praxiswoche in Grundschulen

Durchgeführt in zahlreichen Primarschulen in NRW

	8.00–10.30 Uhr	11.00–13.00 Uhr	13.30–16.00 Uhr
1. Tag	Einführung ins PSE-Programm und erste praktische Übungen (Schwerpunkt EVA)	Durchspielen einer Trainingsspirale zu einem ausgewählten Methodenbereich	Vorbereitung einer entsprechenden Trainingsspirale für den Unterricht am nächsten Tag
2. Tag	Durchführung der Trainingsspirale im Unterricht (evtl. mit Hospitation)	Reflexion der Unterrichtsversuche * Durchspielen einer weiteren Trainingsspirale	Vorbereitung einer entsprechenden Trainingsspirale für den Unterricht am nächsten Tag
3. Tag	Durchführung der Trainingsspirale im Unterricht * Hospitation von Lehrern/Eltern	Reflexion der Unterrichtsversuche * Durchspielen einer weiteren Trainingsspirale	Vorbereitung einer entsprechenden Trainingsspirale für den Unterricht am nächsten Tag
4. Tag	Durchführung der Trainingsspirale im Unterricht * Hospitation von Lehrern/Eltern	Reflexion der Unterrichtsversuche * Durchspielen einer weiteren Trainingsspirale	Vorbereitung einer entsprechenden Trainingsspirale für den Unterricht am nächsten Tag
5. Tag	Durchführung der Trainingsspirale im Unterricht * Hospitation von Lehrern/Eltern	Feedback zur Trainingswoche * Auswertungsgespräch * Evtl. Pressekonferenz	

Erstellt in Anlehnung an die Programmübersicht von »Schule & Co.«

Abb. 41

- **Tag der offenen Tür als Anlass für Unterrichtsversuche:** Eine ebenfalls mit Erfolg praktizierte Fortbildungsvariante betrifft die Verzahnung von Öffentlichkeitsarbeit und innovativem Unterricht. Im Klartext: Lehrerteams bereiten im Vorfeld der besagten »Publikumsveranstaltung« bestimmte methodisch interessante Lern- bzw. Trainingssequenzen vor und setzen diese am »Tag der offenen Tür« in unterschiedlichen Klassen um. Das fördert das kollegiale Gespräch, baut neue

Spannung auf, induziert vertiefende Reflexionen, vermittelt neue praktische Erfahrungen und trägt nicht zuletzt dazu bei, dass sich das methodische »Handwerkszeug« der betreffenden Lehrer/innen weiterentwickelt. Da der »Tag der offenen Tür« meist ein Samstag ist, müssen die entsprechenden Klassen ggf. »Zusatzunterricht« in Kauf nehmen. Aber das ist in aller Regel gut vermittelbar.

Angesichts der mangelhaften Hospitationskultur in deutschen Schulen sind Maßnahmen der skizzierten Art dringend vonnöten. Gemeinsame Unterrichtsversuche und -besprechungen gibt es bislang nämlich in erster Linie während der zweiten Ausbildungsphase. Nur, die dort gesammelten Erfahrungen sind in aller Regel alles andere als ermutigend. Im Gegenteil: Viele Lehrkräfte leiden zeitlebens an einem relativ ausgeprägten »Lehrprobentrauma« und sind entsprechend kritikempfindlich. Die Folge dieses »Traumas«: Das Gros der Lehrkräfte zeigt wenig Bereitschaft, die eigene Klassenzimmertür für etwaige Hospitanten zu öffnen. Durch die in diesem Buch betonte Teamarbeit wird dieser »Abkapselungsmentalität« entgegengewirkt. Wenn die Lehrkräfte lernen, offen über guten Unterricht zu kommunizieren und ihre methodischen Planungen zu synchronisieren, dann ist der Weg nicht mehr weit, um selbstbewusst den eigenen Unterricht auch für andere zu öffnen.

Eine zweite wichtige Stütze dieser Hospitationskultur ist die Vereinbarung griffiger Beobachtungs- und Beurteilungskriterien. Andernfalls wird eine vertrauensvolle Aussprache über guten Unterricht schwierig bleiben. Oftmals reden Lehrkräfte im Rahmen von Unterrichtsbesprechungen nämlich deshalb so sehr aneinander vorbei, weil sie keine klaren Kriterien haben. An diesem Punkt muss verstärkt angesetzt und überzeugende Entwicklungsarbeit geleistet werden. Die Ausführungen in Abschnitt I.3 können diesbezüglich als Grundlage und Richtschnur dienen. Allerdings genügt es nicht, nur irgendwelche Kriterien für guten Unterricht festzulegen; sie müssen von den Hospitationspartnern auch einvernehmlich akzeptiert und durchschaut werden. Das gilt sowohl hinsichtlich der fachdidaktischen Kriterien als auch bezüglich des konkreten Beobachtungsverfahrens. Hinzu kommt: Bei der Festlegung der Kriterien für guten Unterricht muss es immer auch darum gehen, nach der Alltagstauglichkeit der jeweiligen Unterrichtsplanung und -gestaltung zu fragen. Denn nur ein »machbarer Unterricht« kann auch ein guter Unterricht sein.

1.4 Dokumentation und Know-how-Transfer

Die Förderung von Methodenkompetenz unter Lehrern erfordert aber nicht nur praxiswirksame Qualifizierungsmaßnahmen; sie verlangt auch, dass das in der Einzelschule entstehende Know-how wirksam archiviert und an »nachwachsende Lehrergruppen« weitergereicht wird. Das ist nicht zuletzt ein praktischer Beitrag zur Sicherstellung von Zeit- und Arbeitsökonomie. Bis dato wird in vielen Schulen nämlich der Fehler begangen, dass einzelne Pioniere zwar innovative Entwicklungsarbeit leisten, die erstellten Materialien und Strategien zumeist aber unter Verschluss halten. Die

Folge: Jeder versucht auf eigene Faust, irgendwelche »Reförmchen« auf die Beine zu stellen; für die Schule als Ganzes aber bleibt eher wenig übrig. Der in Abschnitt I.2.1 angesprochene »Glühwürmchen-Effekt« ist Ausdruck und Konsequenz dieser fragwürdigen Praxis.

Grundsätzlich gilt: Die Förderung innovativer Kompetenzen in der Einzelschule beginnt bereits bei der Bereitstellung bestimmter pädagogischer *Ressourcen* – angefangen bei den gängigen Arbeits- und Verbrauchsmaterialien bis hin zu modernen Lehrmitteln wie Pinnwand, Flipchart, OH-Projektor oder Beamer. Ohne derartige Hilfsmittel sind manche Methoden per se nicht zu vermitteln. Ein praktischer Problemfall aus einem rheinland-pfälzischen Gymnasium mag dieses verdeutlichen: Dort war fachspezifisches Visualisierungs- und Präsentationstraining angesagt – und zwar in der Weise, dass mehrere Schülergruppen großformatige Visualisierungen zu einem bestimmten Unterrichtsthema entwickeln sollten, um auf dieser Basis später kooperativ präsentieren zu können. Nur, dieser innovative Ansatz geriet schnell ins Stocken weil die nötigen Pinnwände für die unterschiedlichen Arbeitsgruppen fehlten. Zwar hätten es einfache Plakate unter Umständen auch getan; aber das war weder vorgesehen noch wäre es ein angemessener Ersatz gewesen. Denn es macht nun einmal einen Unterschied, ob eine Schülergruppe ein auf dem Boden liegendes Plakat bemalt oder aber vor einer Pinnwand steht und ein großformatiges Strukturmuster mit unterschiedlich geformten und gefärbten Visualisierungskärtchen arrangiert. Der Ausweg war schließlich der, dass sich einer der Kunstlehrer bereit fand, das Erstellen mehrerer Pinnwände zum Unterrichtsprojekt im Fach Kunst zu erklären. Dementsprechend wurde recherchiert, geplant, diskutiert, eingekauft und schließlich natürlich auch produziert. So entstanden innerhalb kurzer Zeit rund zwanzig Pinnwände, die nicht nur funktional, sondern im Vergleich zum Fachhandel auch noch ausgesprochen preisgünstig waren. Erst jetzt konnte das vorgesehene innovative Lehr- und Lernverfahren in Angriff genommen werden.

Eine zweite zentrale Voraussetzung für gedeihliche Unterrichtsreformen ist die konsequente *Dokumentation* der erstellten Lernarrangements und Unterrichtsmaterialien. Andernfalls wächst der entstehende Arbeitsaufwand den engagierten Lehrkräften sehr schnell über den Kopf. Bewährte Dokumentationsverfahren sind erstens die übersichtliche Ablage der erstellten Unterrichtshilfen in gut zugänglichen Ordnern, zweitens ihre Archivierung mittels spezieller »Hängeregister-Wagen« sowie drittens ihre konsequente Erfassung und Speicherung im PC. Dem letzteren Weg gehört sicherlich die Zukunft, zumal die in diesem Buch dokumentierten Planungsraster eine zügige Erfassung und Dokumentation der entsprechenden Unterrichtsarrangements erleichtern (vgl. Abbildung 42, sowie Abbildung 27 auf Seite 146). Aber auch die beiden erstgenannten Verfahren haben durchaus ihre Berechtigung – vorausgesetzt, sie werden mit der nötigen Akribie genutzt. Am schwierigsten ist es erfahrungsgemäß mit dem Ordnersystem – vor allem wenn die Materialien gelocht werden müssen. Das kann schnell unübersichtlich werden. Wesentlich übersichtlicher ist dagegen der »Hängeregister-Wagen«. Dieses Archivierungsinstrument zeichnet sich dadurch aus, dass eine ganze Reihe von Mappen nach Fächern und Jahrgangsstufen geordnet

Raster zur Planung einer Makrospirale *

Thema: ....

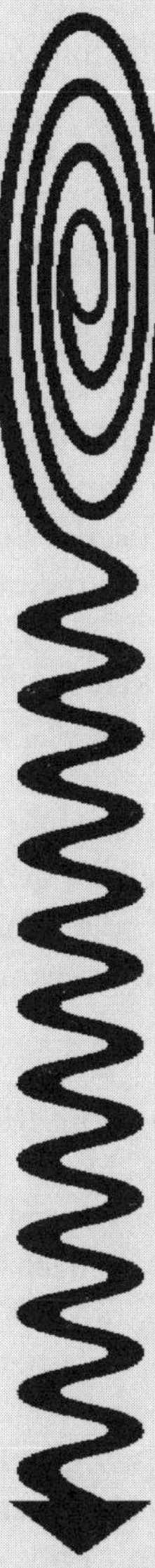

A 1	
A 2	
A 3	
A 4	
A 5	
A 6	
A 7	
A 8	
A 9	
A 10	
A 11	
A 12	

* Die Bezeichnungen A1 bis A12 stehen für unterschiedliche »Arbeitsinseln« der Schüler/innen, die diese unter Anwendung unterschiedlichster Methoden zu bearbeiten haben. Typisch für diese »Arbeitsinseln« ist ferner ein hohes Maß an eigenverantwortlichem Arbeiten und Lernen der Kinder (vgl. das ausgefüllte Raster in Abbildung 12 auf Seite 84).

Abb. 42

in den jeweiligen Wagen eingehängt werden können. Ordnet man den Fächern und Jahrgangsstufen unterschiedliche Farben zu, so lässt sich ein recht übersichtliches Ordnungssystem schaffen. Ein weiterer Vorteil der Hängemappen: Bei den einzustellenden Materialien ist es egal, welches Format sie haben.

Diese Ordnungssysteme sind freilich nur dann hilfreich, wenn sie konsequent gepflegt und aktualisiert werden. Wer macht das im Schulalltag? Die Erfahrung zeigt, dass immer dann, wenn alle Lehrkräfte ein bisschen zuständig sind, es in der Regel überhaupt nicht klappt. Von daher empfiehlt es sich, dass in der jeweiligen Einzelschule klare Zuständigkeiten und Verfahrensregeln festgelegt werden. Hinsichtlich der Zuständigkeiten hat sich bewährt, eine interessierte Lehrperson ausfindig zu machen, die diese Archivierungsarbeit verantwortlich in die Hand nimmt und dafür unter Umständen auch die eine oder andere Ermäßigungsstunde erhält. Denn je nachdem, wie intensiv die Workshopaktivitäten an einer Schule laufen, kommen schon einige zusätzliche Arbeitsstunden pro Monat zusammen. Zum Archivierungsverfahren selbst ist anzuraten, gewisse Qualitätssicherungsmaßnahmen vorzusehen. Dazu gehört zum einen das Einhalten bestimmter formaler und didaktischer Standards, zum anderen das konsequente Erproben und Überarbeiten der dokumentierten Lernarrangements und Materialien.

Die skizzierten Archivierungsaktivitäten allein sichern freilich noch keinen wirksamen schulinternen Know-how-Transfer. Eine weitere wichtige Bedingung ist die, dass das gewonnene Know-how schulintern so kommuniziert wird, dass andere Lehrkräfte darauf aufmerksam werden und damit etwas anfangen können. Das heißt: Es muss erstens erfahrene und überzeugende Multiplikatoren und »Übersetzer« geben; und es müssen zweitens geeignete Anlässe und Gelegenheiten innerhalb der Einzelschule geschaffen werden, damit diese »Vermittlungsarbeit« wirksam geleistet werden kann. Dazu bieten sich u.a. folgende Strategien an:

- **Tutorensysteme aufbauen und nutzen:** Damit ist gemeint, dass innovationserfahrene und eher unerfahrene Lehrkräfte zusammengeführt werden. Diese Zusammenführung kann z.B. so aussehen, dass Lehrer/innen, die in der Jahrgangsstufe fünf mit innovativen Lehr- und Lernverfahren gearbeitet haben, im nächsten Jahr als »Tutoren« in die eine oder andere neue fünfte Klasse gehen, um das erworbene Know-how an die betreffenden »Newcomer« weiterzugeben. Sie arbeiten zwar weiterhin als Fachlehrer/innen in der sechsten Klasse, überlassen die dortigen Reforminitiativen aber vorrangig den anderen Kolleg/innen. Den gleichen Stabwechsel kann man natürlich auch in anderen Jahrgangsstufen organisieren. Allerdings ist darauf zu achten, dass die besagten »Tutoren« wirklich nur Entwicklungshelfer sind und nicht als allseits verantwortliche »Macher« verstanden werden. Ihre Aufgabe: Sie bringen Erfahrungswerte ein, erläutern die dokumentierten Lernarrangements und initiieren die nötigen Teamaktivitäten (Workshops etc.), damit die Neuen Fuß fassen können.
- **Einblicke in den Unterricht gewähren:** Eine zweite Möglichkeit des Know-how-Transfers betrifft das Instrument des Hospitationsangebots. Konkret: Die erfahre-

nen Innovatoren bieten von Zeit zu Zeit Hospitationsmöglichkeiten für interessierte »Anfänger« an. Dabei geht es darum, nähere Einblicke in die Vorbereitung und Durchführung bestimmter Lehr-/Lernarrangements zu gewähren. Diese Hospitationsangebote können sporadisch unterbreitet werden. Sie können aber auch mit gewisser Regelmäßigkeit in einem bestimmten Zeitfenster liegen (z.B. erster Schultag im Monat). Vorteilhaft ist es, wenn im Vorfeld des jeweiligen Hospitationstages per Aushang oder Rundbrief ermittelt wird, wer was in welcher Stunde anbietet und wer an welchen dieser Angebote teilnimmt. Das begünstigt einen planvollen und verbindlichen Know-how-Transfer.

- **Workshops organisieren und anleiten:** Ein weiterer ergiebiger Weg der Know-how-Weitergabe ist die Workshoparbeit. Indem innovationserfahrene und -unerfahrene Lehrkräfte bei der Erstellung bestimmter Lern- und/oder Trainingsspiralen zusammenarbeiten, werden nicht nur Erfahrungen und Anregungen weitergegeben; es werden auch vielfältige Gespräche geführt, die den »Newcomern« helfen, Unsicherheit abzubauen, Motivation zu entwickeln und die eigene methodische Kreativität zu steigern. Wichtig dabei: Die Moderation des jeweiligen Workshops sollte möglichst von einem Innovatoren-Tandem übernommen werden, damit sich die beiden Partner unterstützen können.
- **Methodentraining durch Kolleg/innen:** Letzteres gilt nicht minder für die schulinternen »Schnupperangebote« zum Methodentraining. Mit diesem Ansatz verbindet sich die Überlegung, dass diejenigen Lehrkräfte, die in der einen oder anderen Klasse bereits methodenzentrierte Trainingstage/Trainingsspiralen durchgeführt haben (z.B. zum Methodenfeld »Klassenarbeiten vorbereiten«), dieses Know-how mittels ausgewählter Übungen an andere interessierte Lehrkräfte weitergeben. Typisch für diese Veranstaltungen ist also die Simulation durchgeführter Schülerübungen. Diese angeleiteten Schnuppertrainings finden in der Regel nachmittags statt und dauern zwischen zwei und drei Stunden. Die oben erwähnte Tandemlösung ist auch hier vorteilhaft, weil dadurch die ungewohnte Fortbildnerrolle leichter fällt.
- **Regelmäßige Unterrichtsbesprechungen:** Dieser Ansatz stellt auf den Aspekt der Regelmäßigkeit ab. Denn Reflexionen über Unterricht gibt es selbstverständlich auch im Rahmen der skizzierten Ansätze. Die hier gemeinten Unterrichtsbesprechungen sehen so aus, dass z.B. im Zuge einer Trainingswoche am Ende eines jeden Schulvormittags gemeinsam gecheckt wird, was warum wie gelaufen ist. Außerdem werden methodische Probleme besprochen und Erfahrungen ausgetauscht, wie sich diese Probleme möglicherweise beheben lassen. Weitere Leitfragen können sein: Welche Materialien und Lernarrangements müssen wie verändert werden? Wer nimmt diese Veränderungen bis wann vor? Durch die Auseinandersetzung mit derartigen Fragen findet wirksamer Know-how-Transfer statt. Diese Grundüberlegungen gelten nicht minder für längere EVA-Sequenzen (Makrospiralen), zu denen sich parallel unterrichtende Lehrkräfte in regelmäßigen Abständen austauschen.

1.5 Trainer/innen als »Entwicklungshelfer«

Die skizzierten Qualifizierungsmaßnahmen sind erfahrungsgemäß dann am ergiebigsten, wenn sie von praxiserfahrenen externen »Übungsleitern« und Innovationsberatern unterstützt werden. Das ist kein Misstrauenssignal gegenüber den schulintern vorhandenen Fachleuten, wohl aber Ausdruck der gängigen Beobachtung, dass es die »Propheten im eigenen Haus« in aller Regel recht schwer haben, die hier in Rede stehende Unterrichtsentwicklung wirksam in Gang zu setzen und in Gang zu halten. Der nachhaltige Aufbau einer Neuen Lernkultur verlangt zumindest in der Startphase hilfreiche Unterstützung von außen. Diese Erkenntnis ist Grundlage der in diesem Kapitel skizzierten Qualifizierungs- und Innovationsarbeit. Diese Unterstützung beginnt bei der Schulleitung und Schulaufsicht, die den interessierten Lehrerteams die nötigen Freiräume und Freistellungen gewähren müssen, damit diese die anvisierte Reform offensiv in Angriff nehmen können. Und sie reicht bis hin zur professionellen »Entwicklungshilfe« durch externe *Innovationsexperten*, die mit dem anvisierten Innovationsprogramm ausgeprägt vertraut sind und dessen Umsetzung in einzelnen Klassen, Jahrgangsstufen oder auch ganzen Schulen bereits miterlebt und mitverantwortet haben.

Derartige Innovationsexperten hat der Verfasser in Bundesländern wie Rheinland-Pfalz, Nordrhein-Westfalen, Berlin und Hessen ausgebildet. Sie leisten seit einigen Jahren vielfältige Trainings-, Beratungs- und sonstige Unterstützungsarbeit in zahlreichen interessierten Schulen und haben dabei beachtliche Erfolge erzielt (vgl. die Evaluationsergebnisse in Abschnitt III.3). Derzeit sind mehr als 300 Schulen in den genannten Bundesländern damit befasst, das vom Verfasser entwickelte Qualifizierungs- und Innovationsprogramm ebenso systematisch wie konsequent umzusetzen. Schulen in Niedersachsen und Baden-Württemberg kommen ab 2004 dazu. Die Hauptaufgabe der besagten Innovationsexperten besteht bei dieser Innovationsarbeit darin, die skizzierten Trainingsseminare und Workshops praxisbezogen anzuleiten, sie zu moderieren sowie den teilnehmenden Lehrkräften hinsichtlich der anstehenden Unterrichtsentwicklung mit Rat und Tat zur Seite zu stehen. Welche Teilleistungen diese Unterstützungsaufgabe umfasst, lässt sich aus Abbildung 43 ersehen.

Das beginnt bei der Vorbereitung und Moderation einschlägiger Trainingsseminare für interessierte Lehrerteams (Themen: Methodentraining, Kommunikationstraining, Teamentwicklung, EVA im Fachunterricht) und reicht über die methodenspezifische Anleitung einzelne Fach-Workshops und SCHILF-Tage bis hin zur gezielten Unterstützung der Steuerungsteams sowie der für die Schülertrainings zuständigen Klassenteams. Freilich hängt der Rückgriff auf derartige Unterstützungsleistungen davon ab, dass es im jeweiligen Bundesland entsprechend ausgebildete Trainer/-innen gibt. Gibt es sie nicht, so muss mit »Bordmitteln« versucht werden, das nötige Know-how zu mobilisieren und/oder zu entwickeln (vgl. letzten Abschnitt). Nur zeigen die bisherigen Erfahrungen im Rahmen schulinterner Reformprozesse, dass vieles schneller und wirksamer vonstatten geht, wenn ausgewiesene Innovationsexperten von außen dazu kommen und ihr praxiserprobtes Know-how einbringen.

Die besagten Trainer/innen werden für ihre Arbeit speziell ausgebildet. Die Ausbildung umfasst insgesamt acht 2,5-tägige Ausbildungsmodule, die den angehenden Trainer/innen in vielfältiger Weise Gelegenheit geben, sich mit dem in Abbildung 43 umrissenen Aufgabenfeld vertraut zu machen. Das schließt ausgeprägtes »learning by doing« im Hinblick auf EVA, Methoden-, Kommunikations- und Teamtraining mit ein. Mit anderen Worten. Die angehenden Trainer/innen durchlaufen ausgewählte Lern- und Trainingsspiralen und reflektieren ihre Erfahrungen in Teams. Sie erhalten differenzierte Einblicke in das konkrete Innovationsmanagement, entwickeln einschlägige Impulsreferate und Moderationsstrategien, konzipieren fach- und methodenzentrierte Lehr-/Lernarrangements und setzen sich immer wieder mit der Frage auseinander, wie der einen oder anderen möglichen Schwierigkeit im Zuge des schulischen Umsetzungsprozesses begegnet werden kann.

Der Trainer-Service auf einen Blick

Trainingsseminare für Lehrerteams

*

Angeleitete Workshops für die Fachteams

*

Bereitstellung ausgewählter »Lernspiralen«

*

Beratung und Begleitung der Klassenteams

*

Moderation schulinterner »Schnuppertage«

*

Programmspezifische Evaluationsberatung

*

Punktuelle Unterstützung der Steuerungsteams

Abb. 43 © Dr. H. Klippert

Parallel zu diesem Ausbildungsprogramm müssen die Trainer/innen intensive Erprobungsarbeiten in der eigenen Schule leisten. Diese Erprobungsaktivitäten betreffen sowohl die Zusammenarbeit mit einzelnen Kolleg/innen als auch die praktische Umsetzung der ins Auge gefassten Lern- und Trainingsmethoden in den eigenen Klassen. Durch diese vielschichtige Eigenfortbildung und -erprobung soll sichergestellt werden, dass die besagten Trainer/innen an den später zu betreuenden Fremdschulen möglichst überzeugende »Hilfe zur Selbsthilfe« leisten können. Wie die bisherigen Erfahrungen zeigen, werden die amtierenden Trainer/innen diesem Anspruch recht gut gerecht.

Für ihren »Dienst an anderem Ort« werden die Trainer/innen in den genannten Bundesländern partiell vom eigenen Unterricht freigestellt. Als günstig hat es sich dabei erwiesen, die Trainer/innen in einem Maße als »Innovationshelfer« einzusetzen, dass sie an der eigenen Schule einen freien Tag pro Woche beanspruchen können. Andernfalls wird es immer wieder Probleme mit der punktuellen Freistellung und Vertretung im eigenen Kollegium geben. Bundesländer wie Rheinland-Pfalz, NRW, Berlin und Hessen haben in den letzten Jahren gezeigt, dass eine Unterrichtsermäßigung von vier bis sechs Stunden pro Trainer/in nicht nur angebracht ist, sondern in praxi auch entscheidend weiterhilft, wenn es um die wirksame Unterstützung schulinterner Innovationsprozesse mittels externer »Entwicklungshelfer« geht.

2. Zum schulinternen Innovationsmanagement

Die zweite wichtige Stütze erfolgreicher Unterrichtsentwicklung in der Einzelschule ist das Innovationsmanagement der pädagogischen Führungskräfte. Eine noch so gute Fortbildungsarbeit hilft nämlich wenig, wenn die Schulleitung nicht konsequent und systematisch steuert, unterstützt und auf Verbindlichkeit achtet. Dazu gehören sowohl klare Arbeitspläne und Zuständigkeitsregelungen als auch gelegentliche Qualitätskontrollen und Mitarbeiterbesprechungen. An diesem Innovationsmanagement mangelt es in unseren Schulen seit Jahr und Tag ganz erheblich. Viele schulinterne Reformversuche verpuffen nur zu oft folgenlos, weil viel zu unverbindlich und punktuell gearbeitet wird, und weil die innovationswilligen Lehrkräfte immer wieder ohne die nötige Rückendeckung durch die Schulleitung operieren. Wie diesem strategischen Dilettantismus entgegengewirkt und ein stringentes Innovationsmanagement aufgebaut werden kann, ist Gegenstand der nachfolgenden Abschnitte.

2.1 Das Steuerungsteam als Schaltzentrale

Die zentrale Verantwortung für das besagte Innovationsmanagement liegt bei einem eigens einzurichtenden Steuerungsteam. Diesem Steuerungsteam gehören obligatorisch Schulleiter und Stundenplanverantwortlicher an. Beide sind *gesetzte Mitglieder*. Hinzu kommen – je nach Schulgröße – zwei bis fünf weitere Personen aus dem jeweiligen Schulkollegium, von denen eine der Personalvertretung angehören sollte. Die Besonderheit dieses Steuerungsteams: Es ist speziell für das Rahmenmanagement in Sachen Unterrichtsentwicklung zuständig und nicht gleichzeitig für alle möglichen weiteren Belange der Schulentwicklung und -organisation, wie das für die offizielle Schulleitung gilt. Welche Aufgaben hat ein Steuerungsteam im Einzelnen? Das Steuerungsteam einer Schule ...

- sorgt für innovationsfördernde Rahmenbedingungen (Freistellung, Teambildung etc.) und setzt sich dafür ein, dass den engagierten Lehrkräften die nötigen Lehr-, Lern- und Arbeitsmittel zur Verfügung stehen (Pinnwände etc.);
- trifft sich mindestens einmal pro Monat zu einer ein- bis zweistündigen Situations- und Strategieberatung, um auf etwaige neue Erfordernisse im Zuge des laufenden Innovationsprozesses flexibel und gezielt reagieren zu können;
- initiiert die Bildung arbeitsfähiger Klassen- und Fachteams und unterstützt deren Arbeit durch Mut machende Entlastungsregelungen sowie feste Zeitfenster für die innovationszentrierten Teambesprechungen;

- entwickelt klare Fahrpläne für die unterschiedlichen Innovationsaktivitäten und stellt durch den Aushang der entsprechenden Netz- und Arbeitspläne sicher, dass die Arbeit der einzelnen Teams transparent bleibt (vgl. III.2.2);
- verfolgt und »überwacht« die laufenden Innovationsmaßnahmen und spricht im Bedarfsfall etwaige Versäumnisse einzelner Personen und/oder Gruppen an, die den intendierten Reformprozess gefährden könnten;
- vermittelt bei Auftreten etwaiger Widerstände gegenüber dem Reformprogramm und trägt durch ebenso behutsame wie zielgerichtete Interventionen und Gespräche dazu bei, dass sich niemand überfahren und/oder ausgegrenzt fühlt;
- sorgt für verbindliche Evaluationsmaßnahmen auf Klassen- und Schulebene und stellt sicher, dass die Chancen und Resultate der laufenden Unterrichtsentwicklung angemessen veröffentlicht und gewürdigt werden;
- setzt sich von Zeit zu Zeit kritisch sowohl mit der eigenen Arbeit als auch mit dem laufenden Innovationsprozess in der Schule auseinander und versucht – bei Bedarf – die nötigen Kurskorrekturen einzuleiten.

Nähere Hinweise zum konkreten Arbeitsfeld der Steuerungsteams lassen sich aus Abbildung 44 ersehen. In Anbetracht dieses Aufgabenspektrums wird verständlich, warum wirksame Unterrichtsentwicklung ein so schwieriges Unterfangen ist. Der gute Wille der Lehrkräfte alleine genügt nicht. Intelligentes, vorausschauendes Innovationsmanagement der schulischen Führungskräfte muss hinzukommen. Das beginnt bei der Regelung der Teamsitzungen, -seminare und -aufgaben und reicht über die Organisation der vielfältigen Schülertrainings bis hin zu Fragen der Dokumentation, Evaluation, Hospitation und Elterninformation in Verbindung mit dem laufenden Innovationsprozess. Das alles ist Voraussetzung und Gewähr dafür, dass die intendierte methodenzentrierte Kompetenzerweiterung von Lehrer/innen und Schüler/innen tatsächlich stattfinden kann. Im Klartext: Das skizzierte Innovationsmanagement der Steuerungsteams ist eine entscheidende Voraussetzung dafür, dass der hier in Rede stehende Innovationsprozess zu wirksamen Effekten und Erfolgen im alltäglichen Unterricht führt und nicht bei punktuellen »Reförmchen« stehen bleibt.

Die Wirksamkeit des besagten Innovationsmanagements hängt allerdings von Prämissen ab. Eine erste wichtige Prämisse ist die, dass die einzelnen Mitglieder der Steuerungsteams engagierte und ambitionierte Unterrichtsentwickler sein sollten, d.h. es muss ihnen ein genuines Anliegen sein, der anvisierten Neuen Lernkultur trotz widriger bildungspolitischer Rahmengegebenheiten zum Durchbruch zu verhelfen. Das bloße Streben nach einem weiteren »Pöstchen« reicht nicht hin. Eine zweite zentrale Prämisse: Die betreffenden Teammitglieder müssen von ihrer Mentalität her »pragmatische Problemlöser« sein und selbst in schwierigen Situationen dahin tendieren, nach schlitzohrigen Lösungen zu suchen, anstatt nur über den restriktiven Schulalltag zu klagen. Im Klartext: Es ist allemal besser, ein bestehendes Problem versuchsweise zu lösen, als es nur immer wieder neu zu beklagen! Und die dritte zentrale Prämisse: Die Mitglieder eines Steuerungsteams sollten bereit und in der Lage sein,

Steuerungsteams müssen vieles leisten

Die eigenen Teamsitzungen regeln (Wie oft? Wann? Wer ist für Vorbereitung und Moderation zuständig?)	Dokumentation der entwickelten Lern- und Trainingsspiralen sicherstellen und Verantwortlichkeiten festlegen
Das Gesamtkollegium über die Modalitäten der anstehenden Innovationsmaßnahmen informieren	Evaluationsmaßnahmen auf Klassen-, Team- und gesamtschulischer Ebene gewährleisten und regeln
Die Bildung arbeitsfähiger Klassenteams, Fachteams und eventuell auch Jahrgangsteams initiieren	Hospitationen und Teamteaching anstoßen und den entsprechenden Organisationsrahmen abstecken
Regelungen treffen, wie die schulinterne und -externe Fortbildungsteilnahme gestaltet werden soll	Verfahrensvorschläge entwickeln, wie das schulintern entstehende Know-how weitergegeben werden kann und soll
Klärung der Lehrerfreistellung bzw. Lehrerentlastung sowie des zugehörigen Vertretungsverfahrens	Regelungen treffen, wie die neu an die Schule kommenden Lehrkräfte systematisch nachqualifiziert werden können
Aushandeln der zeitlichen und organisatorischen Modalitäten für die Schülertrainingstage und -wochen	Einschlägige Elternabende und -seminare anregen und durch geeignete Maßnahmen unterstützen
Anforderungen dieser »Sockeltrainings« an die Stundenplan- und Jahresarbeitsplangestaltung klären	Strategien entwickeln, wie in Sachen Neue Lernkultur wirksame Öffentlichkeitsarbeit betrieben werden kann
Verfahrensvorschläge entwickeln, wann wie und von wem die Schülertrainings vorzubereiten sind	Schulinterne Info-Zone (z.B. Litfasssäule) konzipieren und initiieren, die über den Reformprozess Auskunft gibt
Regelmäßig Treffen der Klassenteams ermöglichen und die zugehörigen Verfahrensregeln absprechen	Wege suchen und vereinbaren, wie die Kooperation mit andern innovativen Schulen in der Region ausgebaut werden kann
Die Modalitäten der anstehenden fachbezogenen Workshops klären und dem Kollegium vermitteln	Abgebenden bzw. aufnehmenden Schulen Einblicke in die laufende Innovationsarbeit gewähren (Tag der offenen Tür?)
Zuständigkeiten in Sachen Materialbeschaffung und -bereitstellung regeln (Materialdepot einrichten?)	Verankerung der laufenden Innovationsaktivitäten im offiziellen Schul- bzw. Qualitätsprogramm der Schule

Abb. 44 © Dr. H. Klippert

verbindlich und verlässlich mitzuarbeiten, damit die vielschichtigen Aufgaben wirksam erledigt werden können (vgl. Abbildung 44). Andernfalls verkommen die Innovationsbemühungen leicht zu unverbindlichen Alibi-Aktionen.

2.2 Zur Logistik des Umsetzungsprozesses

Die Qualifizierung der Lehrer/innen und Schüler/innen in der Einzelschule muss System haben, wenn sie nicht punktuell und vordergründig bleiben soll. Wer nachhaltige Kompetenzerweiterung erreichen möchte, der muss an verschiedenen Stellen gleichzeitig ansetzen. Diese aus Abbildung 45, ersichtliche »Aufbauorganisation« ist die eine Komponente der hier interessierenden Logistik; die andere Komponente betrifft die »Ablauforganisation«, d.h. die zeitliche Vernetzung der unterschiedlichen Qualifizierungs- und Umsetzungsmaßnahmen in der Einzelschule.

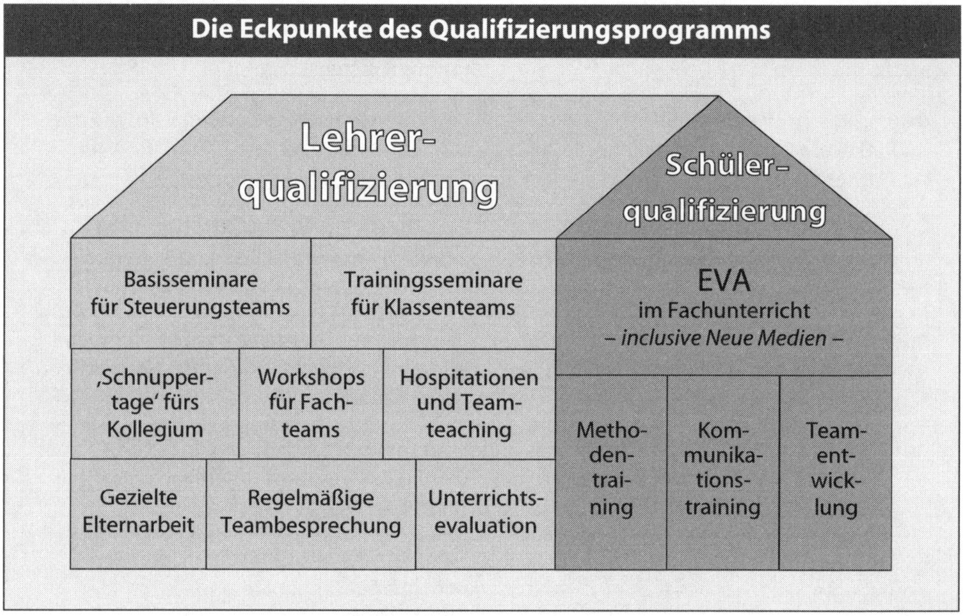

Abb. 45 © Dr. H. Klippert

Zunächst zur Aufbauorganisation: Wie aus Abbildung 45 hervorgeht, stehen im Zentrum des schulinternen Innovationsmanagements die beiden Hauptbereiche: Lehrerqualifizierung und Schülerqualifizierung. Beide Qualifizierungsfelder setzen sich aus mehreren Qualifizierungssträngen zusammen, die wirksam ineinander greifen müssen, wenn die intendierte Kompetenzerweiterung in praxi gelingen soll. Den Schwerpunkt auf Schülerseite bildet die differenzierte Methodenschulung im Klassenraum. Diese betrifft sowohl das systematische Einüben grundlegender Lern- und Arbeitstechniken als auch die konsequente Förderung tragfähiger Kommunikations- und Teamfähigkeit im Unterricht (vgl. Klippert 1994, 1995, 1998 sowie Klippert/Müller 2003). Fachbezogene Aufgaben und Anwendungen sind in dieser Trainingsarbeit mit aufgehoben.

Die besagte Trainingsarbeit läuft grundsätzlich so ab, dass die Aufgaben und Anforderungen, die den Schüler/innen gestellt werden, mit zunehmender methodischer Übung konsequent gesteigert werden. Strukturieren oder Recherchieren heißt in der 4. Klasse einer Grundschuleeben etwas anderes als z.B. in der 11. Jahrgangsstufe eines

Gymnasiums, in der es darum geht, komplexe fachliche Sachverhalte zu erforschen und umfassend zu visualisieren. Diese *vertikale Progression* der Methodenschulung ist ein zentrales Element der hier in Rede stehenden »Logistik« des Innovationsprozesses. Gleiches gilt für die horizontale Verknüpfung von *Methodentraining* und *Methodenpflege* in den unterschiedlichen Parallelklassen.

Die Systematik der Schülerqualifizierung meint zum einen also die konsequente Verzahnung von Übungs-, Reflexions- und Anwendungsphasen im Trainingsprozess, zum anderen die systematische Fortführung des Methodenlernens von Jahrgang zu Jahrgang. Dazu gibt es bewährte Ablauf- bzw. Trainingspläne, auf die interessierte Lehrkräfte zurückgreifen können (vgl. die Trainingshandbücher des Verfassers). Im Mittelpunkt dieser Trainingspläne stehen die besagten *Trainingsspiralen* (vgl. die Abschnitte I.3.6 und II.2.4). Damit gemeint sind mehrstufige Klärungsprozesse der Schüler/innen zum je zu übenden methodischen Verfahren (z.B. Mindmap erstellen). Das beginnt bei der Aktivierung der entsprechenden Vorerfahrungen und reicht über eine erste Übung mit anschließender Reflexion und Regelerarbeitung bis hin zu weiteren regelgebundenen Übungen und Reflexionen, die der vertiefenden Klärung des jeweiligen methodischen Verfahrens dienen. Dieses Wechselspiel von Übung, Auswertung, Reflexion, Regelentwicklung, Regelanwendung und Regelverfeinerung spiegelt die Systematik der unterrichtlichen Trainingsarbeit.

Systematisch geht es auch bei der Lehrerqualifizierung zu. Wie Abbildung 45 zeigt, gehören zur Lehrerqualifizierung einschlägige methodenzentrierte Seminare und sonstige Veranstaltungen für Klassenteams, Fachteams, Steuerungsteams und ganze Kollegien, aber auch korrespondierende Angebote für Eltern und sonstige Vertreter der Schulöffentlichkeit. Diese Ausdifferenzierung der Maßnahmen und Zuständigkeiten ist eine entscheidende Voraussetzung dafür, dass die Innovationsarbeit nicht Sache einiger weniger Spezialisten bleibt. Sie wird von unterschiedlichen Personengruppen getragen und eröffnet damit wichtige Möglichkeiten zur *Arbeitsteilung*. So sind z.B. die *Klassenteams* verantwortlich u.a. für die Vorbereitung, Durchführung und Auswertung der Trainingswochen und Trainingstage, für die Klassenraumgestaltung, die Sitzordnung, die Elternarbeit sowie die diversen Evaluationsaktivitäten auf Klassenebene. Die *Fachteams* dagegen tragen besondere Verantwortung für die Entwicklung und Archivierung fachspezifischer Materialien und Lernarrangements, für die Methodenpflege im Unterricht, eine angemessene Stoffverteilungsplanung, die Weiterentwicklung der Leistungsbeurteilung sowie die Durchführung fachbezogener Hospitationen und Evaluationen. Und die *Steuerungsteams* schließlich sind als Garanten innovationsfördernder Rahmenbedingungen gefragt (vgl. letzten Abschnitt).

Die andere Seite der hier in Rede stehenden »Logistik« betrifft den Umsetzungs*prozess* als solchen, d.h. das Ineinandergreifen unterschiedlicher Qualifizierungsmaßnahmen im Zeitablauf (Ablauforganisation). Als methodisches Instrument zur Erfassung und Dokumentation dieser zeitlichen »Aktivitätsketten« hat sich der *Netzplan* bewährt. Wie ein derartiger Netzplan aussehen kann, wird in Abbildung 46 ausschnitthaft gezeigt. In der Horizontalen ist die Zeitleiste mit den je relevanten Monaten abgetragen, in der Vertikalen werden die unterschiedlichen Personenkreise ange-

Innovationsmanagement in der Einzelschule (möglicher Netzplan)

	September	Oktober	November	Dezember	Januar
Steuerungsteam	Teamsitzung Gespräch mit Personalrat	Teamsitzung	Teamsitzung	Teamsitzung Vorbereitung Elternabend	Teamsitzung Konferenzvorbereitung
Lehrerteams	Fachworkshops Trainingstage vorbereiten	Sitzungen der Klassenteams gezielte Hospitationen	Trainingstage durchführen Tag der offenen Tür vorbereiten	Auswertung der Trainingstage Fachworkshops	Sitzungen der Klassenteams
Schüler/innen	Unterrichtsversuche in verschiedenen Fächern und Klassen (mit Hospitationen)	Programmberatung der Gesamtschülervertretung	Trainingstage in allen 5. Klassen Trainingstage in Stufe 11	Vergleichsarbeit in Jahrgang 5	Unterrichtsversuche in verschiedenen Fächern und Klassen (mit Hospitationen)
Gesamtkollegium	»Schnuppertag« zur laufenden Innovationsarbeit		Partiell Vertretungsunterricht während der Trainingstage		Gesamtkonferenz zum bisherigen Innovationsprozess
Eltern u.a.	Elternabende zum »Neuen Lernen« (2,5 Std.)	Info-Veranstaltung für Vertreter regionaler Betriebe	Eltern können am 3. Trainingstag hospitieren	Vortragsveranstaltung zur neueren Hirnforschung	Schulausschusssitzung zum »Neuen Lernen«

Abb. 46

führt, die mit dem Innovationsprozess in der einen oder anderen Weise zu tun haben. Auch wenn der abgebildete Netzplanausschnitt nur einen engen Zeitraum von fünf Monaten umfasst, so signalisiert er doch die ganze Vielschichtigkeit und Systematik des schulinternen Innovationsmanagements. Derartige Netzpläne werden von den Steuerungsteams der betreffenden Schulen im Rahmen ihrer Jahresarbeitsplanung entwickelt und von Zeit zu Zeit überprüft und ergänzt. Außerdem werden die erstellten Netzpläne an geeigneter Stelle im Schulgebäude zur allgemeinen Information ausgehängt.

Dabei hat sich die Verwendung eigens vorbereiteter Netzplankarten bewährt. Diese Netzplankarten werden in verschiedenen Farben hergestellt, besitzen DIN-A5-Format und sind in der Regel in vier Notizfelder aufgeteilt, in die einzutragen ist, was, von wem, wo und (bis) wann zu erledigen ist. Entsprechende Karten kann man sich problemlos mittels einer selbst angefertigten Kopiervorlage herstellen. Damit die Eintragungen auf diesen Karten gut lesbar sind, wird mit kräftigen Filzstiften geschrieben. Hängt man die so entstehenden Karten nach Maßgabe des abgebildeten Ordnungsmusters (vgl. Abbildung 46) an einer geeigneten Wand z.B. im Lehrerzimmer aus, so wird die Innovationsarbeit nicht nur transparent gemacht, sondern auch konsequent im Bewusstsein aller Beteiligten gehalten. Ein kleiner, aber wichtiger Nebeneffekt dabei: Netzpläne sukzessive im Team zu erarbeiten und mithilfe der genannten Karten als eine Art »Wandzeitung« übersichtlich zu visualisieren ist erfahrungsgemäß ein ebenso anregender wie kommunikationsfördernder Prozess.

Fazit: Die skizzierte Systematik/Logistik der Innovationsarbeit ist ein wichtiger Schritt zur Effektivierung der Unterrichtsentwicklung. Klare Fahrpläne, Absprachen und Verbindlichkeiten sichern zwar noch keinen endgültigen Innovationserfolg, aber sie gewährleisten auf jeden Fall ein relativ stringentes und vernetztes Arbeiten der unterschiedlichen Akteure. Deshalb: Wenn es auf Schüler- wie Lehrerseite zu tragfähigen *»neuen Lehr- und Lernroutinen«* im besten Sinne des Wortes kommen soll, dann bedarf es dazu möglichst konsequenter und vernetzter Maßnahmen zur Vorbereitung, Durchführung, Reflexion und Evaluation der neuen Lehr- und Lernformen. Andernfalls kehren die pädagogischen Akteure nur zu schnell wieder zum alten Trott des Belehrens und Belehrt-Werdens zurück. Diese »alten Routinen« überwinden zu helfen ist das erklärte Ziel dieses Buches. Durch konzertierte Aktionen nach Art von Abbildung 46 ist diesem Ziel ein gutes Stück näher zu kommen.

2.3 Teamarbeit auf verschiedenen Ebenen

Kernstück des schulinternen Innovationsmanagements ist die Teamarbeit der Lehrkräfte. Das beginnt mit vielfältigen Kooperationsmaßnahmen auf Klassenebene und reicht über die gezielte Zusammenarbeit interessierter Fachvertreter/innen im Rahmen von Workshops und Hospitationen bis hin zur verstärkten Kooperation im Bereich der Innovationssteuerung. Ohne konsequente Zusammenarbeit auf Klassen-, Fach- und Führungsebene ist die intendierte Unterrichtsentwicklung in der Einzelschule schwerlich zu bewerkstelligen. Das zeigen die zurückliegenden Innovationsprojekte sehr deutlich. Unterrichtsreformen – wo immer sie begonnen wurden – litten zumeist unter dem immer gleichen Manko: Sie blieben viel zu sehr die Sache einzelner Lehrkräfte und erreichten nur selten das Stadium einer *konzertierten Aktion* im Sinne breit gefächerter Teamarbeit.

Grundelemente der schulinternen Teamarbeit

Teamsitzungen
*
Teamfortbildung
*
Teamhospitationen
*
Teamklausurtage
*
Teamteaching
*
Teamcoaching

Abb. 47 © Dr. H. Klippert

Die wichtigsten Aufgaben des Kernteams

Steuerungsteam
- Teambildung und Teameinsatz
- Ressourcenbeschaffung
- Jahresarbeitsplanung
- Konfliktmanagement
- Evaluationsplanung
- Öffentlichkeitsarbeit

Klassenteams
- Trainingstage vorbereiten und durchführen
- Klassenraumgestaltung
- Elternarbeit
- Hospitationsveranstaltungen
- Evaluation auf Klassenebene

Fachteams
- Methodenpflege im Fachunterricht
- Materialentwicklung und -archivierung
- Neue Stoffverteilung
- Alternative Klassenarbeiten entwickeln
- Evaluation
- Hospitation

etc.

Abb. 48 © Dr. H. Klippert

Dreh- und Angelpunkt erfolgreicher Unterrichtsentwicklung ist aber gerade diese konzertierte Vorgehensweise. Nötig ist eine soziale Infrastruktur, die die innovationswilligen Lehrkräfte unterstützt und ermutigt, entlastet und inspiriert. Die Einrichtung der erwähnten Klassen-, Fach- und Steuerungsteams ist Ausdruck und Konsequenz dieser Erkenntnis. Was diese Teams so alles zu tun haben, lässt sich aus den Abbildungen 47 und 48 ersehen. Ersehen lässt sich daraus ferner, wie vielfältig die Teamaktivitäten im Rahmen des hier in Rede stehenden Innovationsprogramms sind – angefangen bei Teamteaching und Teambesprechungen bis hin zur Teamfortbildung in unterschiedlichen Varianten. Diese differenzierte Teamarbeit trägt maßgeblich dazu bei, dass die beteiligten Lehrkräfte in ihrer Bereitschaft und Kompetenz gestärkt werden, die anvisierten Innovationsmaßnahmen tatkräftig anzugehen und das entsprechende Know-how gemeinsam zu erweitern.

Die Vorzüge konsequenter Teamarbeit liegen auf der Hand: Teamarbeit wirkt inspirierend und motivierend, ermutigend und entlastend. Teamarbeit erweitert die Ideenvielfalt der betreffenden Lehrkräfte und erleichtert die Entwicklung neuer Materialien und Lernarrangements für einen veränderten Unterricht. Und sie führt nicht zuletzt zu größerer Überzeugungskraft und Durchsetzungsfähigkeit der einzelnen Lehrkräfte gegenüber Eltern, Schulleitung, Gesamtkollegium und Schulaufsicht, wenn es darum geht, neue Wege des Lehrens und Lernens in Angriff zu nehmen und dabei unter Umständen auch unkonventionelle Schritte zu gehen. So gesehen ist Teamarbeit ein zentraler Hebel im schulinternen Innovationsprozess. Die einzelne Lehrkraft kann noch so willig und versiert sein, sie wird den gängigen Unterricht im Alleingang bestenfalls punktuell verändern können. Eine nachhaltige Beeinflussung der Lernkultur in einer Klasse ist nur im Verbund mit anderen möglich.

Ein weiteres Plus der Teamarbeit ist die dadurch erreichbare Arbeitsersparnis. Die meisten Lehrkräfte erwarten mit Fug und Recht, dass die Innovationsarbeit möglichst schnell zu persönlicher Entlastung und effektiverem Unterricht führt. Von daher sind Arbeitsteilung und differenzierte Aufgabenzuweisungen nachgerade geboten. Die in Abbildung 48 dargelegten Zuständigkeitsregelungen tragen dieser Einsicht Rechnung. Das besagte *Steuerungsteam* kümmert sich schwerpunktmäßig um die Schaffung innovationsfördernder Rahmenbedingungen in der jeweiligen Schule. Die *Klassenteams* tragen besondere Verantwortung für die Planung und Umsetzung der konkreten Trainings- und Innovationsmaßnahmen auf Klassenebene. Und die *Fachteams* haben die spezifische Aufgabe, dafür Sorge zu tragen, dass die eingeführten bzw. »eintrainierten« Methoden in den einzelnen Fächern möglichst konsequent gepflegt sowie die dafür benötigten Materialien und Lernarrangements entwickelt, erprobt, evaluiert, überarbeitet und archiviert werden (vgl. Abbildung 48).

Natürlich brauchen die genannten Lehrerteams für diese Kooperationsaktivitäten auch Zeit. Zur Abdeckung dieses Zeitbedarfs bietet es sich an, die engagierten Lehrkräfte hin und wieder vom eigenen Unterricht freizustellen, damit die anfallende Mehrarbeit nicht überhand nimmt. Das bedeutet z.B. für die gängigen Lehrerfortbildungsseminare und eintägigen Basisworkshops, dass die engagierten Lehrkräfte im entsprechenden Umfang freigestellt werden. Bei den übrigen Workshops und Teambesprechungen ist der Freistellungsbedarf dagegen eher gering. Gleichwohl sollte nicht zu kleinlich verfahren werden, da die partielle Freistellung kompaktere Teamphasen ermöglicht, die zum einen den Zusammenhalt im jeweiligen Team fördern und zum anderen dazu beitragen, dass die Motivation der beteiligten Lehrkräfte steigt sowie deren »Output« gemehrt wird. So gesehen ist punktueller Unterrichtsausfall nicht immer nur negativ zu sehen, wie das bildungspolitisch derzeit die Runde macht.

Innovationsfördernde Teamarbeit verlangt aber nicht nur zeitintensive Arbeitsphasen, sondern auch und zugleich regelmäßige Teambesprechungen mit kürzerem zeitlichen Zuschnitt. Das gilt sowohl für die gängigen Kurzkonferenzen zur Klärung programmspezifischer Probleme und Verfahrensweisen als auch für die erwähnten zwei- bis dreistündigen Workshops zur gemeinsamen Unterrichtsvorbereitung bzw. zur Auswertung durchgeführter Trainingsmaßnahmen. Bewährt hat es sich, diese Teambesprechungen möglichst fest zu institutionalisieren und auf abgestimmte Regelmäßigkeit und Verbindlichkeit der Teilnahme zu achten. Andernfalls besteht die Gefahr, dass aus dem jeweiligen Kollegium heraus immer wieder Argumente vorgebracht werden, warum gerade jetzt kein Treffen stattfinden kann bzw. sollte. Das weitgehende Fehlen einer innerschulischen Teamkultur ist das Ergebnis genau dieser Unverbindlichkeit. Dass es indes auch anders geht, zeigen u.a. zahlreiche »Reformschulen« in Nordrhein-Westfalen und Rheinland-Pfalz, in denen es inzwischen üblich geworden ist, mindestens einmal im Monat eine Teambesprechung abzuhalten (z.B. in der 6./7. Stunde) und/oder ein festes Zeitfenster für regelmäßige Fachworkshops einzurichten (z.B. 12.00–15.00 Uhr).

So gesehen ist verstärkte Teamarbeit in der Einzelschule nicht nur möglich; sie ist auch dringend angezeigt, wenn die hier in Rede stehende Unterrichtsentwicklung in zeit- und arbeitsökonomischer Weise realisiert werden soll. Von daher ist *Teamentwicklung* in den Kollegien ein zentrales Moment des schulinternen Innovationsmanagements. Sie gehört zur Systematik der skizzierten Innovationsarbeit unverzichtbar dazu. Darin eingeschlossen ist, dass grundlegende »Spielregeln« für die teaminterne Zusammenarbeit aufgestellt bzw. vereinbart werden. Das beginnt bei klaren zeitlichen Verabredungen und reicht über die Festlegung teaminterner Verhaltensregeln (Ich-Botschaften verwenden, regelmäßig mitarbeiten, andere Meinungen tolerieren etc.) bis hin zur Einführung straffer Ablaufpläne und Qualitätssicherungsmaßnahmen – einschließlich Reflexions- und Feedbackverfahren. Teamarbeit ist nämlich nicht per se ein Erfolgsgeheimnis, sondern nur dann, wenn die betreffenden Teammitglieder auch bereit und in der Lage sind, konstruktiv und regelgebunden zusammen zu arbeiten. Dieses sicherzustellen ist eine der zentralen Aufgaben des schulinternen Innovationsmanagements.

2.4 Gezielte Unterstützung und Entlastung

Ein weiteres wichtiges Element des Innovationsmanagements ist das konsequente Bemühen der jeweiligen Schulleitung, die engagierten Innovatoren in Mut machender Weise zu unterstützen und zu entlasten. Dazu ist in den vorangehenden Abschnitten bereits einiges ausgeführt worden. Diese Entlastung beginnt mit der Ermöglichung und Organisation wegweisender Fortbildungsseminare und Workshops und reicht über das Heranziehen externer Innovationsexperten (Trainer/innen) sowie die großzügige Unterstützung der Teambildung und Ressourcenbeschaffung bis hin zur dosierten Freistellung engagierter Innovatoren vom eigenen Unterricht. Auch die Schulaufsicht kann durch wohlwollende Rahmenentscheidungen einiges dazu beitragen, dass ein innovationsfreundliches Klima in der Schule entsteht. Jeder überzogene Formalismus dagegen bringt unvermeidbar die Gefahr mit sich, dass am Ende nur noch »Dienst nach Vorschrift« geleistet wird. Deshalb: Den innovationsbereiten Schulen und Lehrerteams sollte ein Mindestmaß an Freiheit und Unterstützung zuteil werden. Von daher ist die aktuelle Forderung nach mehr Schulautonomie sicherlich ein Schritt in die richtige Richtung (vgl. Abschnitt I.2.3).

Mehr Schulautonomie garantiert allerdings noch keine machbare Unterrichtsentwicklung. Vielmehr zeigen die bisherigen Erfahrungen, dass die Machbarkeit der hier in Rede stehenden Unterrichtsreform entscheidend davon abhängig ist, dass die engagierten Innovatoren hie und da Entlastung erfahren, um bei laufendem Schulbetrieb die nötigen »Pionierleistungen« für die Schule als Ganzes erbringen zu können. Nur, was heißt Entlastung? Auf kleinere Klassen und verminderte Pflichtstundenzahlen zu warten, ist derzeit ein wohl eher aussichtsloses Unterfangen. Daher liegt es nahe, den Blick zu wenden und verstärkt innerhalb der Einzelschule anzusetzen und nach praktikablen Entlastungsperspektiven für die engagierten Innovatoren zu suchen. Denn eines ist sicher: Es müssen schulinterne Freiräume und Freistellungen organisiert werden, damit das anstehende Vorbereiten, Durchführen und Evaluieren neuer Lehr- und Lernverfahren überzeugend machbar wird.

Wie diese schulinterne Selbsthilfe aussehen kann, zeigt Abbildung 49. Die dort angeführten Entlastungsansätze wurden von einigen Steuerungsteams rheinland-pfälzischer Schulen im Brainstorming-Verfahren entwickelt. Sie stellen daher weder einen offiziell abgesegneten Maßnahmenkatalog dar, noch sind sie in allen Fällen konsensfähig. So lässt sich z.B. trefflich darüber streiten, ob einzelne Lehrkräfte bei einem Wandertag fehlen sollten, um z.B. eine bevorstehende Trainingswoche vorzubereiten. Auch mit den schulrechtlichen Bestimmungen kann es bei verschiedenen Vor-

Ideen zur schulinternen Lehrerentlastung

Minimierung der Mehrbelastung

- Grundsätzlich: Gezielte Elternarbeit, um Verständnis für die anstehenden Innovationsmaßnahmen aufzubauen
- Erweiterung der Fortbildungs- bzw. Freistellungskontingente für die in Sachen »Neue Lernkultur« engagierten Lehrkräfte
- Beantragung spezifischer »Poolstunden« bei der Schulaufsicht für die Umsetzung innovativer Unterrichtsvorhaben
- Keine Vertretung oder Pausenaufsicht für die einzelnen Mitglieder des Steuerungsteams
- Neuverteilung der Anrechnungsstunden für Sonderleistungen (so genannte »Drittel-Pauschale«)
- Die Zahl der Gesamtkonferenzen verringern und dafür zusätzliche Workshops ansetzen (evtl. mit Hospitationen)
- Zusätzliche SCHILF-Tage veranstalten und als ganztägige Workshops zur Entwicklung fachspezifischer Materialien nutzen
- Freistellung einzelner Lehrkräfte im Rahmen von z.B. Wandertagen, Betriebspraktika, Sportfesten und/oder Projektwochen
- Verlagerung bestimmter Vorbereitungs- und Auswertungsaktivitäten in die Zeit nach Verabschiedung der Abschlussklassen
- Freistellung einzelner Lehrkräfte im Rahmen von Doppelbesetzungen oder mittels Absprache zur Mitführung von Klassen
- Verlagerung der Schülertrainingstage in den Kontext von Projektwochen und/oder Projekttagen
- Teambesprechungen beispielsweise in der 6./7. Stunde eines bestimmten Wochentages (6. Stunde frei)
- Gemeinsame Freistunden/Springstunden für die Mitglieder der einzelnen Klassenteams oder auch Steuerungsteams einplanen
- Zusammenarbeit mit anderen innovativen Schulen in der Region (Workshops, Hospitationen, Materialaustausch ...)

etc.

Abb. 49 © Dr. H. Klippert

schlägen Probleme geben. Dennoch: Kreativität und »schlitzohrige Lösungen« auf der Ebene der Einzelschule zu entwickeln, ist ein wichtiger Ansatzpunkt. Andernfalls gerät die Unterrichtsentwicklung sehr schnell in das Fahrwasser von Resignation und Fatalismus. Das aber ist gewiss keine Perspektive.

Dabei sind die Entlastungsperspektiven für die Innovatoren gar nicht schlecht. Wie sich u.a. in Nordrhein-Westfalen und Rheinland-Pfalz gezeigt hat, verbinden sich mit der konsequenten Umsetzung der skizzierten Neuen Lernkultur beträchtliche Entlastungschancen für die zuständigen Lehrkräfte. Diese betreffen vornehmlich den Unterricht. Die in diesem Buch vorgestellte Trainings- und Förderarbeit führt – wie die vorliegenden Evaluationsergebnisse zeigen – zu spürbaren Entlastungseffekten auf Lehrerseite. Der Grund dafür: Die verbesserten Arbeitsroutinen der Schüler/innen, ihre eingespielten Helfersysteme, ihre konstruktive Kommunikation und ihre wechselseitige Erziehung in den Gruppen tragen dazu bei, dass die betreffenden Lehrkräfte einen deutlichen Abbau von Stress und physischer Beanspruchung erfahren (vgl. die Evaluationsbefunde in Abschnitt III.3). Der Tenor der befragten Lehrkräfte: Die Belastungen im Unterricht hätten spürbar abgenommen.

Noch positiver wird diese Bilanz, wenn auch die neu anfallenden Vorbereitungsarbeiten möglichst zeit- und arbeitsökonomisch gestaltet werden. Die gelegentliche Freistellung vom eigenen Unterricht ist ein erster Ansatzpunkt, auf den bereits verwiesen wurde. Doch gilt es noch mehr zu bedenken und zu nutzen: Das beginnt mit der straffen Organisation und Produktorientierung der Workshops (Vorteil: Es kommt was raus!) und reicht über das arbeitsteilige Vorgehen der Klassen- und Fachteams bis hin zur konsequenten Nutzung vorliegender Medien und Materialien im Rahmen der Unterrichtsplanung. Auch der verbindliche Materialaustausch zwischen den produzierenden Teams kann eine beträchtliche Erleichterung und Arbeitsersparnis bringen. Gleiches gilt für die Zusammenführung unterschiedlicher Innovationsprojekte in einer Schule. Dadurch lassen sich die schulinternen Reformkräfte wirkungsvoll bündeln. Das alles gehört zu einem guten Innovationsmanagement.

2.5 Rückmeldungen der Steuerungsteams

Die Rückmeldungen der rheinland-pfälzischen Steuerungsteams zum skizzierten Innovationsprogramm machen zwei Dinge deutlich: Zum einen bestätigen sie die Wichtigkeit eines durchdachten Innovationsmanagements in der Einzelschule, zum anderen signalisieren sie aber auch recht unmissverständlich, dass es um die interne Zusammenarbeit der Teammitglieder vielerorts noch längst nicht zum Besten bestellt ist. Teamarbeit muss eben gelernt werden – nicht zuletzt von den Steuerungsteams. Der in Abbildung 50 abgebildete Reflexionsbogen ist ein Instrument, um diesen Lernprozess in Gang zu setzen und die Selbst- und Fremdkritik innerhalb der Teams zu befördern. Dass Letzteres notwendig ist, zeigen u.a. einige Problemanzeigen, die rheinland-pfälzische Steuerungsteams hinsichtlich ihrer internen Kooperation und Arbeitsökonomie formuliert haben. Die wichtigsten Punkte in Kurzfassung:

Reflexionsbogen zur internen Arbeit des Steuerungsteams

Die Mitglieder des Steuerungsteams sollten ...	das ist uns sehr gut gelungen	das ist uns gut gelungen	das ist uns weniger gelungen	das ist uns gar nicht gelungen
gut zusammenarbeiten				
sich regelmäßig treffen				
ihre Aufgaben arbeitsteilig angehen				
verbindlich/verlässlich mitarbeiten				
Fluktuation (möglichst) vermeiden				
Vorbehalte im Kollegium abbauen				
vorbildliche »Problemlöser« sein				
in Konferenzen als Team agieren				
im Kollegium klar Position beziehen				
Newcomer ans Programm heranführen				
für klare Pläne und Abläufe sorgen				
frühzeitig agieren bzw. reagieren				
Teamarbeit im Kollegium anstoßen				
interne Probleme offen ansprechen				

Dieser Reflexionsbogen wurde im Rahmen der abschließenden Seminare der Steuerungsteams eingesetzt. Beteiligt waren an diesen Seminaren je fünf bis sechs Steuerungsteams unterschiedlicher Schulen einer Region. Ihre Aufgabe war es, mithilfe des Fragebogens die teaminterne Arbeitsweise kritisch unter die Lupe zu nehmen sowie die Wirkung im jeweiligen Kollegium näher einzuschätzen. Die Rückmeldungen wurden per Fragebogen erfasst und vom Verfasser ausgewertet.

Abb. 50

- **Mangelhafte Verbindlichkeit:** Damit ist gemeint, dass sich manche Steuerungsteams zu selten treffen; es mangelt intern an verbindlicher/verlässlicher Mitarbeit; die Fluktuation ist insgesamt zu hoch. Die Folge davon: Notwendige Entscheidungen und Initiativen werden über Gebühr verschleppt; es wird mehr reagiert als vorausschauend agiert.
- **Unzureichende Arbeitsteilung:** Diese Problemanzeige verweist darauf, dass es in punkto Arbeitsökonomie Schwächen gib. Das Grundproblem ist, dass jedes Teammitglied irgendwie für alles zuständig ist; es mangelt an Binnendifferenzierung und Aufgabenteilung; klare Zuständigkeitsregelungen sind eher die Ausnahme als die Regel.
- **Lasches Führungsverhalten:** Diese Selbstkritik signalisiert als grundsätzliches Dilemma vieler Steuerungsteams, dass die Lenkungsaufgabe zu defensiv und ängstlich angegangen wird; klare Positionen werden eher selten bezogen; an mutigen

Teambildungs- und -entwicklungsmaßnahmen mangelt es ebenso wie an der konsequenten Heranführung interessierter Neueinsteiger an das laufende Innovationsprogramm. Damit jedoch keine Missverständnisse entstehen: Die Gesamtbilanz der befragten Steuerungsteams ist unter dem Strich eindeutig positiv. Daran ändern auch die skizzierten Problemanzeigen wenig. Das Gros der Steuerungsteams signalisiert recht unmissverständlich, dass das Innovationsmanagement über weite Strecken gelungen sei. Als positive Effekte werden hervorgehoben (a) die Gewinnung und Überzeugung vieler Eltern, (b) die verbesserte Zusammenarbeit im Kollegium, (c) die hilfreichen Anregungen im Rahmen der Seminare und Workshops, (d) die vielfältigen Gespräche über guten Unterricht und neue Methoden, (e) die gewachsene Innovationsbereitschaft in den Kollegien, (f) die sich allmählich einstellende Routinebildung bei den engagierten Lehrkräften sowie (g) die beachtlichen Kompetenzzuwächse auf Schülerseite. Diese Positiva werden vor allem für das zweite Projektjahr konstatiert. Daraus wird ersichtlich: Wirksame Unterrichtsentwicklung braucht Zeit und Übung – und sie braucht System, Konsequenz, Mut und eine gute Portion Verbindlichkeit, wenn sie von Dauer sein soll.

Nähere Aufschlüsse über den konkreten Nutzen der skizzierten schulinternen Innovationsarbeit gibt der nächste Abschnitt. Darin wird sowohl aus Schülersicht als auch aus Lehrersicht beleuchtet, welche Effekte die in den Abschnitten III.1 und III.2 skizzierte »systematische Unterrichtsentwicklung« für die beteiligten Schulen gebracht hat. Die entscheidende Frage dabei: Inwieweit gelingt es, mithilfe der vorgestellten Innovationsmanagements nachhaltige Kompetenzförderung auf Schüler- wie Lehrerseite zu erreichen? Wo liegen die Chancen, wo die Risiken? Die nachfolgenden Ausführungen werden zeigen, dass der skizzierte Weg der systematischen Unterrichtsentwicklung ein äußerst chancenreiches Unterfangen ist – vorausgesetzt, die schulischen Akteure spielen in konzertierter Weise mit.

3. Evaluationsergebnisse zum Reformprozess

Die nachfolgend skizzierten Evaluationsergebnisse beziehen sich auf insgesamt 42 rheinland-pfälzische Schulen, die in den Jahren 2001–2003 das hier in Rede stehende *PSE-Programm* (PSE = Pädagogische Schulentwicklung) versuchsweise umgesetzt haben. Die Besonderheiten dieses Programms wurden in den Abschnitten III.1 und III.2 skizziert. Durchgeführt wurde die Evaluation am Ende des Schuljahres 2002/2003 in 13 Gymnasien, 6 berufsbildenden Schulen, 9 Realschulen, 8 Hauptschulen, 5 Regionalschulen und 2 integrierten Gesamtschulen. Vorausgegangen war dieser Evaluation eine knapp zweijährige Innovationsarbeit mit den aus Abbildung 45 auf Seite 222 ersichtlichen Schwerpunkten.

3.1 Zum Prozedere der Evaluation

Im Zentrum der Evaluation stand das in den letzten Abschnitten dargelegte Innovationsprogramm, d.h. Dreh- und Angelpunkt der durchgeführten Schüler- und Lehrerbefragung war die Frage nach der Wirksamkeit der abgelaufenen Qualifizierungs- und Innovationsmaßnahmen in den beteiligten Schulen. Die mit diesen Maßnahmen verbundenen Zielsetzungen: Zum einen sollte das Methodenrepertoire der Lehrerinnen und Lehrer zeitgemäß weiterentwickelt werden; zum zweiten ging es darum, die Lernkompetenzen der Schüler/innen nachhaltig zu fördern; und zum dritten galt es Mittel und Wege zu finden, wie ein wirksames Innovationsmanagement in der Einzelschule gestaltet werden kann. Die entsprechenden Ansatzpunkte lassen sich aus Abbildung 45 auf Seite 222 ersehen.

Was die Schülerqualifizierung betrifft, so ging es zentral um die Förderung des eigenverantwortlichen Arbeitens und Lernens (EVA) sowie – unterstützend – um das vielseitige Training elementarer Arbeits-, Kommunikations- und Kooperationstechniken als Voraussetzung für anspruchsvolle Lernleistungen der Schüler/innen. Inwieweit diesbezüglich Fortschritte erzielt wurden und wie diese Fortschritte von Schüler- und Lehrerseite eingeschätzt wurden – darüber wird in den Abschnitten 3.2 und 3.3 Auskunft gegeben.

Die zweite Ebene der Evaluation betrifft die Lehrerqualifizierung, d.h. die Frage nach der Wirksamkeit der durchgeführten Fortbildungs- und Unterstützungsmaßnahmen im Hinblick auf die Erweiterung des Methodenrepertoires von Lehrer/innen. Die entsprechende Leitfrage: Inwieweit haben sich die unterschiedlichen Lehrertrainings, Workshops, Hospitationen, Teambesprechungen, Elternveranstaltungen, Schnupperseminare und sonstigen methoden- und teamzentrierten Innovationsaktivitäten in den betreffenden Kollegien bewährt? Hat die Unterstützungsarbeit der externen Trainer/innen gefruchtet? Diese und andere Fragen werden in Abschnitt 3.3 zu beantworten sein.

Die Evaluation selbst bestand aus einer Schülerbefragung und einer Lehrerbefragung. Die Schülerbefragung sah so aus, dass pro Schule zwei Pilotklassen aus unterschiedlichen Jahrgangsstufen auszuwählen/auszulosen waren, die mittels eines differenzierten Fragebogens zu den neuen Lehr- und Lernformen befragt wurden. Diese Befragung fand im Mai/Juni 2003 unter Federführung der Steuerungsteams der einzelnen Schulen statt. Sie wurde in einer Klassenleiterstunde durchgeführt und von den besagten Steuerungsteams für die eigene Schule ausgezählt und dann ans EFWI nach Landau geschickt, wo die Gesamtauswertung stattfand. Die Gesamtzahl der befragten Schüler/innen betrug 1.828.

Bei der Lehrerbefragung wurde so verfahren, dass ebenfalls mit einer Stichprobe gearbeitet wurde. Konkret: Von den mit den neuen Methoden arbeitenden Klassen wurden zwei ausgelost. Der nächste Schritt: Aus jeder dieser Klassen wurden nochmals zwei bis drei Lehrkräfte per Los bestimmt, die um Rückmeldung gebeten wurden. Pro Schule nahmen also 4–6 innovationserfahrene Lehrer/innen an der Befragung teil. Die Gesamtzahl der befragten Lehrkräfte lag bei 215.

3.2 Rückmeldungen der Schüler/innen

Wie Tabelle A zeigt, fühlen sich die Schüler/innen der betreffenden »Pilotklassen« in den trainierten Methodenbereichen offenbar recht sicher. 87 % der Befragten geben z.B. an, sie könnten einen Text übersichtlich markieren – ein scheinbar naheliegendes, aber keineswegs selbstverständliches Ergebnis, wie das flächendeckende »Bemalen« von Texten in praxi immer wieder zeigt. Bestätigt wird diese Selbsteinschätzung der Schüler/innen durch die entsprechenden Rückmeldungen der befragten Lehrkräfte. Immerhin 53 % der 215 befragten Lehrkräfte der Pilotklassen geben an, dass fast alle Schüler/innen das übersichtliche Markieren von Texten inzwischen »sicher beherrschen«. Nur knapp 4 % melden zurück, dass von ihren Schüler/innen fast keiner dieses Stadium des sicheren Beherrschens erreicht habe. So gesehen, ist die Selbsteinschätzung der Schüler/innen offenbar zutreffend.

Ausgesprochen positiv schätzen sich die Schüler/innen auch hinsichtlich anderer methodischer Basiskompetenzen ein: 83 % finden, dass sie das rasche Nachschlagen von Informationen in Büchern recht sicher beherrschen. 90 % meinen, sie verstünden es, die Hausaufgaben selbstständig zu erledigen. Beim Entwickeln von Schaubildern und Tabellen wähnen sich 76 % der Schüler/innen sicher und das saubere und präzise Gestalten von Heftseiten ist für 78 % offenbar kein Problem. Gleiches gilt für das Erstellen von »Spickzetteln« als Grundlage für einen eigenen freien Vortrag. Lediglich beim Erstellen und Nutzen von Fragekarteien sind (noch) einige Abstriche zu machen. Indes signalisieren auch diesbezüglich 59 % der Befragten, dass sie sich aufgrund der gesammelten Erfahrungen sicher fühlten (vgl. Tab. A).

Tab. A: Rückmeldungen zur Methodenbeherrschung

Diese Methoden habt ihr seit Anfang/Mitte 2002 im Unterricht verstärkt geübt	**Wie sicher bist du inzwischen im Umgang mit den genannten Methoden?** (in %)				
	sehr sicher	eher sicher	eher nicht sicher	gar nicht sicher	
Einen Text übersichtlich markieren	32	55	11	1	1
In Büchern rasch etwas nachschlagen	41	42	14	1	2
Heftseiten sauber und präzise gestalten	41	37	17	3	2
Schaubilder und Tabellen entwickeln	31	45	16	4	4
»Spickzettel« für einen Vortrag erstellen	42	37	14	4	3
Fragekärtchen erstellen und damit üben	23	36	22	5	14
Hausaufgaben selbstständig erledigen	58	32	8	1	1
Im Doppelkreis berichten/erzählen	28	40	17	4	11
Nach Stichworten etwas vortragen	34	47	17	2	/
Die eigenen Argumente gut begründen	25	45	22	3	5
Bei Diskussionen die Regeln beachten	30	44	20	4	2
Die Arbeit in der Gruppe gut aufteilen	40	46	13	1	/
Anderen Gruppenmitgliedern helfen	44	45	9	2	/
Die Gruppenaufgabe zügig erledigen	26	51	17	3	3
Als »Regelbeobachter« Ordnung halten	22	45	24	7	2
Mit Partnern ein Ergebnis vortragen	48	40	11	1	/
Gruppenmitglieder bewerten	26	40	20	6	8

(**?**) In dieser Spalte sind jene Schüler/innen erfasst, die mit den betreffenden Methoden noch keine »bewussten« Erfahrungen gesammelt haben; auch Auszählfehler oder schlichtes Auslassen des Kreuzchens finden hier ihren Niederschlag.

Die besagten Arbeitsmethoden sind den trainierten Schüler/innen also offenbar recht vertraut. Das Gleiche gilt für den kommunikativen und kooperativen Bereich. Wenn 81% der Schüler/innen angeben, es falle ihnen leicht, nach Stichworten einen eigenen Vortrag zu halten; wenn mehr als zwei Drittel bestätigen, dass sie eigene Argumente gut zu begründen und regelgebunden zu diskutieren verstünden, und wenn immerhin 68% mit dem Kommunikationsinstrument »Doppelkreis« vertraut sind, dann ist das ein klares Indiz dafür, dass die Schüler/innen in punkto Argumentations- und Diskussionsfähigkeit eine ganze Menge gelernt haben (vgl. dazu auch die Lehrerrückmeldungen in Abschnitt 3).

Ähnliches gilt für das Arbeiten und Lernen in Gruppen. Die Rückmeldungen in Tabelle A sprechen für ein bemerkenswert hohes Maß an Teamfähigkeit. Wenn sich 86% der Schüler/innen in punkto Arbeitsorganisation, 89% in punkto Helferprinzip, 88% in punkto kooperative Präsentation mit Partnern und 79% in punkto zügige Er-

Tab. B: Rückmeldungen zur Teamentwicklung in den Klassen					
Wie gut klappt das Folgende bei euch?	klappt sehr gut (%)	klappt eher gut (%)	klappt nicht so gut (%)	klappt gar nicht (%)	?
Die Gruppenmitglieder helfen sich gegenseitig, wenn dieses erforderlich sein sollte.	37	45	13	3	2
Während der Gruppenarbeit wird darauf geachtet, dass jeder gut mitarbeitet.	26	45	23	5	1
Jedes Gruppenmitglied ist vorbereitet, an der Präsentation des Gruppenergebnisses mitzuwirken.	22	43	27	4	4
Am Ende überprüfen wir noch mal kritisch unsere Arbeitsweise und unsere Arbeitsergebnisse.	26	41	20	7	6
(**?**) In dieser Spalte sind jene Schüler/innen erfasst, die mit den betreffenden Methoden noch keine »bewussten« Erfahrungen gesammelt haben; auch Auszählfehler oder schlichtes Auslassen des Kreuzchens finden hier ihren Niederschlag.					

ledigung der Gruppenaufgabe sicher fühlen, dann ist das ein deutliches Indiz dafür, dass die in den Klassen angestoßene Teamentwicklungsarbeit greift. Bestätigt wird diese Einschätzung sowohl durch die korrespondierende Lehrerbefragung als auch durch die Befragungsergebnisse in Tabelle B. Letztere zeigen, dass den Schüler/innen einige wichtige Grundsätze der Teamarbeit offenbar recht gut geläufig sind. Das gilt für das konstruktive Zusammenarbeiten in den Gruppen genauso wie für das Überprüfen und (selbst-)kritische Reflektieren der gruppeninternen Arbeitsprozesse und Arbeitsergebnisse. Gut zwei Drittel der Befragten behaupten für ihre Gruppenarbeiten, dass das »eher gut bis sehr gut« klappe.

Eine weitere Ebene der Methodenkompetenz betrifft die Reflektiertheit des Methodeneinsatzes. Wie aus Tabelle C hervorgeht, gestehen 77% der Schüler/innen unumwunden ein, dass sie sich bis zu Beginn des Übungs- und Trainingsprogramms über ihre Lernmethodik wenig Gedanken gemacht hätten. Umso positiver sind die Rückmeldungen in den anderen Zeilen von Tabelle C zu werten. Für 80% der befragten Schüler/innen ist das methodische Üben und Diskutieren, wie es im Rahmen der neuen Lehr- und Lernverfahren gang und gäbe ist, offenbar recht hilfreich. Die Tatsache, dass zwei Drittel der Schüler/innen bestätigen, die eingeübten Methoden in den eigenen Fächern auch vermehrt anzuwenden, signalisiert die Wirksamkeit des Methodenlernens.

Verstärkt wird dieser Eindruck durch die Tatsache, dass immerhin 61% der Befragten von sich sagen, sie könnten mittlerweile recht gut begründen, warum sie welche Methode wählten. Diese metakognitive Kompetenz ist ansonsten bei Schüler/in-

Tab. C: Rückmeldungen zur Reflektiertheit des Methodeneinsatzes

Inwieweit treffen die folgenden Aussagen zum Methodenlernen zu?	trifft voll zu (%)	trifft eher zu (%)	trifft eher nicht zu (%)	trifft nicht zu (%)	?
Ich habe mir über mein methodisches Vorgehen früher nur wenig Gedanken gemacht.	29	48	19	4	/
Ich finde das methodische Üben und Diskutieren in Gruppen gut und hilfreich.	39	41	14	6	/
Ich wende die eingeübten Methoden in meinen Fächern vermehrt an.	18	48	27	7	/
Ich kann mittlerweile recht gut begründen, warum ich welche Methode wähle.	18	43	25	9	5
Ich gehe infolge des Methodenlernens mit mehr Selbstbewusstsein an meine Aufgaben heran.	23	45	25	7	/
Ich bin infolge des Methodenlernens leistungsmäßig besser geworden und habe mehr Erfolg.	16	36	33	15	/

(**?**) In dieser Spalte sind jene Schüler/innen erfasst, die mit den betreffenden Methoden noch keine »bewussten« Erfahrungen gesammelt haben; auch Auszählfehler oder schlichtes Auslassen des Kreuzchens finden hier ihren Niederschlag.

nen eher wenig verbreitet. Meist warten sie auf das, was die Lehrkraft anweist, und setzen sich mit der eigenen Lernmethodik nur selten auseinander. Von daher ist es nur folgerichtig, dass gut zwei Drittel der befragten Schüler/innen nach den unterrichtlichen Methodenschulungen von sich behaupten, mit mehr Selbstbewusstsein an die gestellten Aufgaben heranzugehen. Dass dieser Umstand gleichwohl »nur« bei 52% der Befragten auch zu besseren Leistungs- bzw. Testergebnissen geführt hat, erklärt sich in erster Linie aus den spezifischen Anforderungen, die in den gängigen Tests und Klassenarbeiten gestellt werden. Diese verlangen nämlich nach wie vor in hohem Maße das Memorieren und Reproduzieren von katechisiertem Lernstoff (Tafelbilder, Hefteinträge). Deshalb: Würden anspruchsvollere Informationsverarbeitungs-, Problemlöse-, Präsentations-, Recherche-, Visualisierungs- und/oder Kooperationsaufgaben gestellt, würde das Plus der hier in Rede stehenden Trainingsarbeit noch viel deutlicher zutage treten. Aber auch so lassen die Rückmeldungen der Schüler/innen vermuten, dass selbst unter traditionellen Prüfungsbedingungen verhältnismäßig günstige Leistungsergebnisse herauskommen.

Im Rahmen der Evaluation wurde weiterhin der Frage nachgegangen, inwieweit den Schüler/innen im Fachunterricht Gelegenheit gegeben wird, die eingeübten Me-

Tab. D: Rückmeldungen zur Methodenanwendung in den Fächern

Wie oft arbeitet ihr im Unterricht in der folgenden Weise?	ganz oft (%)	eher oft (%)	eher selten (%)	(fast) nie (%)	**?**
Wir arbeiten in Gruppen und Tandems zusammen.	33	48	18	1	/
Wir arbeiten selbstständig an vorgegebenen Aufgaben.	38	51	11	/	/
Wir beschaffen uns Informationen bzw. Material zum jeweiligen Thema.	29	41	27	3	/
Wir erstellen zum Lernstoff Schaubilder, Tabellen und Plakate.	30	42	22	5	1
Wir erstellen einen Arbeitsplan und schätzen die benötigte Zeit.	7	24	39	29	1
Wir präsentieren vor der Klasse kleinere oder größere Vorträge.	29	48	22	1	/
Wir üben im Doppelkreis freies Reden und aktives Zuhören.	12	27	36	25	/
Wir führen Rollenspiele und andere Lernspiele durch.	9	20	45	26	/
Wir recherchieren mithilfe des Computers (CD-Rom, Internet).	12	17	29	42	/
Wir besprechen unser methodisches Vorgehen.	17	40	31	12	/

(**?**) In dieser Spalte sind jene Schüler/innen erfasst, die mit den betreffenden Methoden noch keine »bewussten« Erfahrungen gesammelt haben; auch Auszählfehler oder schlichtes Auslassen des Kreuzchens finden hier ihren Niederschlag.

thoden auch anzuwenden. Wie Tabelle D zeigt, wurden und werden in den Pilotklassen offenbar recht hohe und vielseitige Anforderungen gestellt. Wenn das Gros der Schüler/innen angibt, dass das selbstständige Arbeiten an vorgegebenen Aufgaben (89%), das Arbeiten in Gruppen und Tandems (81%), das eigenverantwortliche Beschaffen von Informationen und Material (70%), das Erstellen von Schaubildern, Tabellen und Plakaten (72%) sowie das Halten kleinerer oder größerer Vorträge vor der Klasse (77%) im Unterricht oft bis ganz oft vorkommen, dann sind das ungewöhnliche Werte. Derartige Anforderungen werden ansonsten im Unterricht eher selten gestellt. Wenn rund ein Drittel der befragten Schüler/innen meint, die genannten Anforderungen würden »ganz oft« gestellt, signalisiert das einen recht grundlegenden Wandel der Lernkultur – weg von der vordergründigen Belehrung hin zum eigenverantwortlichen, methodenzentrierten Lernen.

Weniger verbreitet scheinen dagegen methodische Verfahrensweisen wie Rollenspiel, Doppelkreisgespräche, Arbeitsplan erstellen oder eigenständiges Recherchieren

Tab. E: Rückmeldungen zu den persönlichen Lernstrategien

Wie oft übst und lernst du in der folgenden Weise?	ganz oft (%)	eher oft (%)	eher selten (%)	(fast) nie (%)	?
Ich teile mir den Stoff in überschaubare Portionen ein und übe jeden Tag ein bisschen.	21	36	29	14	/
Ich mache mir zum Lernstoff schriftliche Notizen oder erstelle mir einfache Schaubilder.	18	28	33	21	/
Was ich noch nicht verstanden habe, notiere ich auf Kärtchen und übe das intensiv.	16	27	32	24	1
Ich halte mir selbst kleine Vorträge oder trage anderen das vor, was ich zu lernen habe.	20	30	27	23	/
Ich bereite mich auf Klassenarbeiten zusammen mit Freund/innen vor.	24	23	31	21	1
Wenn ich etwas nicht verstehe, schlage ich im Lexikon oder in sonstigen Büchern nach.	30	36	25	9	/
Ich versuche mir Sachen zu merken, indem ich mir eine Geschichte/ein Bild dazu vorstelle.	17	28	29	25	1
Ich pauke den Stoff meist auf den letzten Drücker und versuche viel auswendig zu lernen.	23	24	28	25	/

(?) In dieser Spalte sind jene Schüler/innen erfasst, die mit den betreffenden Methoden noch keine »bewussten« Erfahrungen gesammelt haben; auch Auszählfehler oder schlichtes Auslassen des Kreuzchens finden hier ihren Niederschlag.

mithilfe des Computers zu sein. Wenn die befragten Schüler/innen mit einer Häufigkeit zwischen 61% und 71% signalisieren, dass diese Verfahrensweisen »eher selten oder (fast) nie« vorkämen, dann ist das fraglos eine Warnmeldung und ein Anzeichen dafür, dass die Lehrkräfte in dieser Hinsicht mehr tun müssen. Zwar mag es fachspezifische und räumliche Restriktionen geben, die dem häufigeren Einsatz dieser Methoden entgegenstehen; gleichwohl ist es wichtig, dass die angeführten Methoden verstärkt vorgesehen und umgesetzt werden. Tröstlich jedoch: Die Reflexion des methodischen Vorgehens scheint in den meisten Pilotklassen zu einer recht häufigen Übung geworden zu sein. Das lässt gesteigerte Lernleistungen erwarten.

Und wie steht es um die Bereitschaft der Schüler/innen, die eingeübten Methoden persönlich auch einzusetzen? Die Befragungsergebnisse zeigen, dass sich zahlreiche

Schüler/innen noch eher schwer damit tun, die angeführten Lernstrategien konsequent zu praktizieren (vgl. Tabelle E). Zwar geben zwischen 42% und 66% der Befragten an, sie setzten diese Lernstrategien »ganz oft« oder »eher oft« ein und signalisieren damit ein bemerkenswert durchdachtes Lernverhalten. Allerdings gibt es auch die andere Seite, nämlich diejenigen die ihre fragwürdigen Gewohnheiten einfach fortschreiben und die neuen Lernstrategien »fast nie« anwenden. Das sind durchschnittlich immerhin 20% der Befragten. So gesehen bleibt noch eine Menge zu tun, wenn sich das Lernverhalten *aller* Schüler/innen entsprechend den Erkenntnissen der Lernforschung und der Neurobiologie verändern soll.

Gleichwohl ist unstrittig, dass die skizzierte Methodenschulung Früchte trägt und in den betreffenden Pilotklassen zu positiven Veränderungen im Lernverhalten der Schüler/innen geführt hat. Das zeigen die skizzierten Evaluationsbefunde sehr deutlich. Auch die in Tabelle E dokumentierten Befunde sprechen für diese Einschätzung. Wenn 57% der befragten Schüler/innen konstatieren, dass sie den Lernstoff in überschaubare Portionen einteilen und jeden Tag ein bisschen üben, dann spiegelt das den Einfluss der durchgeführten Lerntrainings und -reflexionen. Ähnliches gilt für die Tatsache, dass 66% der Befragten im Falle von Verständnisdefiziten ziemlich selbstverständlich in Lexika oder sonstigen Büchern nachschlagen; 50% halten sich oft bis sehr oft kleine Vorträge; 45% wenden moderne Mnemotechniken an; 46% machen sich während des Lernens schriftliche Notizen oder erstellen einfache Schaubilder; 47% bereiten sich auf Klassenarbeiten in kleinen »Lernteams« vor; 43% arbeiten und üben mit selbst erstellten Lern- bzw. Fragekärtchen.

So gesehen ist rund die Hälfte der befragten Schüler/innen auf dem besten Wege, die eigenen Lernstrategien und Lernleistungen in vorbildlicher Weise zu entwickeln. Dass die andere Hälfte die angeführten Lernstrategien (noch) recht zögerlich angeht oder gar ganz vermeidet, ist zwar ein Wermutstropfen, lässt sich als »Arbeitsvermeidungsstrategie« aber durchaus nachvollziehen. Die besagten Lernstrategien sind nämlich mit recht intensiver und regelmäßiger Lernarbeit verbunden – eine Lernarbeit, die für manche Schüler/innen zunächst nichts anderes als »unnötige Mehrarbeit« ist. Sie pauken lieber auf den letzten Drücker und versuchen durch vordergründiges Auswendiglernen zum Erfolg zu kommen. Wenn 57% der Schüler/innen dieses Vorgehen oft oder sogar ganz oft praktizieren, dann zeigt das im Kern nur zweierlei: (a) der nachhaltige Aufbau von Lernkompetenz braucht Zeit, und (b) ohne konsequentes Fordern und Fördern auf Klassen- und Fachebene sind viele Schüler/innen nicht wirklich zu bewegen, ihr Lernverhalten nachhaltig zu verändern. Das skizzierte Trainingsprogramm trägt dieser Erkenntnis Rechnung.

3.3 Rückmeldungen von Lehrerseite

Wie sich aus den Tabellen F und G ersehen lässt, sind die befragten Lehrkräfte offenbar bemüht, die methodischen Anforderungen an die Schüler/innen nicht nur zu steigern, sondern auch vielfältiger werden zu lassen. Wenn 93% der Befragten ange-

Tab. F: Methodische Anforderungen an die Schüler/innen

Wie oft wird in Ihrem Unterricht in der folgenden Weise gearbeitet?	ganz oft (%)	eher oft (%)	eher selten (%)	ganz selten (%)	**?**
Die Schüler/innen arbeiten in Gruppen oder Tandems zusammen.	40	53	7	/	/
Die Schüler/innen arbeiten selbstständig an vorgegebenen Aufgaben.	41	54	5	/	/
Die Schüler/innen beschaffen sich Informationen/Material zum Thema.	8	38	42	12	/
Die Schüler/innen erstellen zum Lernstoff Schaubilder, Tabellen und Plakate.	15	41	35	8	1
Die Schüler/innen erstellen einen Arbeitsplan, schätzen die benötigte Zeit.	2	7	37	54	/
Die Schüler/innen recherchieren mithilfe des Computers (CD-Rom, Internet).	3	16	33	48	/
Die Schüler/innen präsentieren vor der Klasse kleinere oder größere Vorträge.	21	53	19	7	/
Die Schüler/innen besprechen ihr methodisches Vorgehen.	6	32	37	25	/

(?) In dieser Spalte sind jene Lehrkräfte erfasst, die die betreffenden Methoden noch nicht eingesetzt haben; auch Auszählfehler oder schlichtes Auslassen des Kreuzchens finden hier ihren Niederschlag.

ben, die Schüler/innen müssten in ihrem Unterricht oft in Gruppen oder Tandems arbeiten, dann ist dies eine ungewöhnliche Häufigkeit. Laut Unterrichtsforschung liegt der Anteil der Gruppen- und Partnerarbeit an der gesamten Unterrichtszeit in der Regel unter zehn Prozent. Dieser Wert dürfte in den Pilotklassen deutlich überschritten werden. Ein wichtiger Grund dafür: Die Schüler/innen verstehen in Gruppen zu arbeiten und machen den verantwortlichen Lehrkräften daher Mut, des öfteren auf diese Sozialform zurückzugreifen (vgl. Tabelle B). Ähnliches gilt offenbar für das selbstständige Arbeiten an vorgegebenen Aufgaben sowie für das Präsentieren kleinerer oder größerer Vorträge vor der Klasse. Die Tatsache, dass 95% bzw. 74% der befragten Lehrkräfte meinen, solches komme in ihrem Unterricht oft bis ganz oft vor, unterstreicht die gewachsenen Anforderungen, die an die Schüler/innen gestellt werden.

Die unterrichtliche Lehr- und Lernkultur hat sich also fraglos zum Positiven gewandelt. Wenn rund die Hälfte der befragten Lehrkräfte darüber hinaus angeben, ihre Schüler/innen müssten in ihrem Unterricht oft Schaubilder, Tabellen und Plakate gestalten (56%) oder Informationen/Material zum jeweiligen Thema beschaffen (46%), dann ist das ebenfalls eine eher ungewöhnliche Praxis. Bestätigt wird dieses nicht zuletzt durch die in Tabelle G dokumentierten Rückmeldungen zur laufenden Metho-

Tab. G: Rückmeldungen zur Methodenpflege im Unterricht

Wie häufig setzen Sie die genannten Methoden im Fachunterricht ein?	sehr häufig (%)	eher häufig (%)	eher selten (%)	sehr selten (%)	**?**
Einen Text übersichtlich markieren	23	54	20	3	/
In Büchern rasch etwas nachschlagen	18	43	32	6	1
Heftseiten sauber und präzise gestalten	33	46	19	2	/
Schaubilder und Tabellen entwickeln	7	39	36	14	4
Klassenarbeiten planvoll vorbereiten	21	49	23	6	1
Im Doppelkreis berichten/erzählen	10	21	40	19	10
Nach Stichworten etwas vortragen	21	48	26	5	/
Eine regelgebundene Diskussion führen	9	26	34	18	13
Die Arbeit in der Gruppe gut aufteilen	25	43	29	3	/
Anderen Gruppenmitgliedern helfen	31	53	13	3	/
Die Gruppenaufgabe zügig erledigen	22	50	20	2	6

(**?**) In dieser Spalte sind jene Lehrkräfte erfasst, die die betreffenden Methoden noch nicht eingesetzt haben; auch Auszählfehler oder schlichtes Auslassen des Kreuzchens finden hier ihren Niederschlag.

denpflege in den unterschiedlichen Schulfächern. Wenn zwei Drittel und mehr der Lehrkräfte von sich behaupten, die Schüler/innen müssten in ihrem Unterricht häufig »Texte übersichtlich markieren«, »in Büchern rasch etwas nachschlagen«, »Heftseiten sauber und präzise gestalten«, »Klassenarbeiten planvoll vorbereiten«, »nach Stichworten etwas vortragen« oder »regelgebunden und zielstrebig in Gruppen arbeiten«, dann zeigt dieses das breite Bemühen der Lehrkräfte um eine konsequente Methodenanwendung und -pflege im Fachunterricht.

Natürlich zeigen die Tabellen F und G auch, dass die betreffenden Lehrkräfte in verschiedenen methodischen Bereichen noch einiges verbessern und forcieren müssen. Wenn 91% der Lehrkräfte zurückmelden, ihre Schüler/innen müssten im Unterricht selten bis ganz selten Arbeits- und Zeitpläne erstellen, dann ist das fraglos zu wenig, da moderne Arbeitsformen wie Wochenplan-, Stationen- oder Projektarbeit ganz elementar darauf angewiesen sind, dass sich die Schüler/innen in Sachen Arbeits- und Zeitplanung einigermaßen sicher fühlen. Auch der Doppelkreis, die Nutzung des PC und/oder das regelgebundene Diskutieren im Klassenverband können zweifellos häufiger eingesetzt und geübt werden, als das nach den vorliegenden Rückmeldungen der Fall ist.

Interessant sind natürlich nicht nur die methodischen Anforderungen, die im Unterricht gestellt werden, sondern auch und vor allem die dadurch ausgelösten Lerneffekte auf Schülerseite. Inwieweit sind die Schüler/innen der Pilotklassen methodisch versierter als diejenigen, die von den Trainingsmaßnahmen wenig oder gar nichts mitbekommen haben? Auf diese Frage antwortete das Gros der befragten Lehr-

Tab. H: Pilotklassen mit Plus bei der Methodenkompetenz

Inwieweit sind die Pilotklassen methodisch besser als die »Normalklassen«?	viel besser (%)	eher besser (%)	eher nicht besser (%)	nicht besser (%)	?
Planvolles Vorbereiten von Tests und Klassenarbeiten	3	48	35	8	6
Effektives und regelgebundenes Arbeiten in Gruppen	27	63	7	3	/
Auftretende Probleme mit Ausdauer und Kreativität lösen	10	43	38	9	/
Selbstständig Informationen beschaffen und einbringen	13	61	17	5	4
Lernergebnisse anschaulich strukturieren und visualisieren	30	57	11	2	/
Grundlegende Gesprächsregeln beachten und einhalten	18	51	26	5	/
Vor der Klasse frei und selbstbewusst reden und argumentieren	40	51	8	1	/
In Diskussionen überzeugend agieren und argumentieren	11	45	32	7	5
Zielstrebig und engagiert an gestellte Aufgaben herangehen	13	49	27	7	4

(?) In dieser Spalte sind jene Lehrkräfte erfasst, die mit den angeführten Methoden nichts anzufangen wissen; auch Auszählfehler oder schlichtes Auslassen des Kreuzchens finden hier ihren Niederschlag.

kräfte deutlich positiv. Wie aus Tabelle H hervorgeht, sind die Schüler/innen der Pilotklassen den Schüler/innen der »Normalklassen« in punkto Methodenkompetenz offenbar deutlich überlegen. Das gilt vor allem für das effektive und regelgebundene Arbeiten in Gruppen (90%), das Strukturieren und Visualisieren von Lernergebnissen (87%) sowie das freie und selbstbewusste Reden und Argumentieren vor der Klasse (91%). Das methodenzentrierte Arbeiten und Üben hat sich also fraglos ausgezahlt.

Unterstrichen wird diese Einschätzung nicht zuletzt durch die anderen Ergebnisse. Wenn 53% der Lehrkräfte zurückmelden, die Schüler/innen der Pilotklassen seien besser als andere Schüler/innen in der Lage, auftretende Probleme mit Ausdauer und Kreativität zu lösen; wenn 69% meinen, in den Pilotklassen würden grundlegende Gesprächsregeln besser beachtet und eingehalten, wenn 56% attestieren, die trainierten Schüler/innen könnten besser diskutieren und argumentierten; wenn 62% der befragten Lehrkräfte feststellen, in den Pilotklassen werde zielstrebiger und engagierter an gestellte Aufgaben herangegangen und wenn 51% bestätigen, dass die

Tab. I: Einschätzungen zum Unterstützungsangebot

Wie hilfreich fanden Sie die folgenden Unterstützungsmaßnahmen?	sehr hilfreich (%)	eher hilfreich (%)	eher nicht hilfreich (%)	nicht hilfreich (%)	?
Eineinhalbtägige Methodenseminare der Trainer-Tandems	36	48	10	6	/
Workshops zur Entwicklung von Lernspiralen für den Fachunterricht	21	45	24	10	/
Klausurtage zur Vor- und Nachbereitung der Schüler-Sockeltrainings	56	35	9	/	/
Teamsitzungen zur Besprechung bestimmter Maßnahmen/Probleme	40	47	8	5	/
»Schnuppertage« fürs Gesamtkollegium (z.T. mit Hospitationen)	30	40	23	7	/
Die Unterstützungsarbeit des schulinternen Steuerungsteams	30	57	8	5	/
Kooperation mit Lehrkräften/Lehrerteams anderer »PSE-Schulen«	9	35	40	16	/
Planungs- und Arbeitshilfen für die Trainings- und Evaluationsarbeit	17	65	16	2	/

(?) In dieser Spalte sind jene Lehrkräfte erfasst, die mit den angeführten Unterstützungsmaßnahmen nichts anzufangen wissen; auch Auszählfehler oder schlichtes Auslassen des Kreuzchens finden hier ihren Niederschlag.

ins Trainingsprogramm einbezogenen Schüler/innen ihre Tests und Klassenarbeiten planvoller als andere Schüler/innen vorbereiten, dann ist das fraglos eine deutliche Bestätigung für die positiven Wirkungen der durchgeführten Qualifizierungsmaßnahmen. Noch deutlicher wird das, wann man auf die Zahl jener Lehrkräfte schaut, die keine Verbesserungen beobachtet haben. Das sind weniger als ein Zehntel der Befragten. Die durchgeführten Methodenschulungsmaßnahmen fördern also offenbar das methodische Können der betroffenen Schüler/innen.

Positive Rückmeldungen gibt es allerdings nicht nur zu den Schülerkompetenzen, sondern auch und zugleich zum schulinternen Innovationsmanagement – einschließlich der durchgeführten Lehrerqualifizierungen. Wie sich aus Tabelle I ersehen lässt, werden die Trainingsseminare von 84% der Befragten als hilfreich bis sehr hilfreich bewertet; nur 6% der Befragten meinen, sie seien nicht hilfreich gewesen. Die Klausurtage zur Trainingsvorbereitung finden 91%, die Unterstützungsleistungen der Steuerungsteams 87%, die Teamsitzungen und -besprechungen 87% und die zur Verfügung gestellten Planungs- und Arbeitshilfen 82% hilfreich bis sehr hilfreich. Diese Rückmeldungen unterstreichen die hohe Akzeptanz des Programms bei den am Umsetzungsprozess beteiligten Lehrer/innen.

Selbst die Workshops zur Entwicklung einschlägiger Lernspiralen und Materialien schneiden nach anfänglichen Akzeptanzproblemen recht positiv ab. Rund zwei Drittel der Befragten schätzen die Workshops als hilfreich bis sehr hilfreich ein. Eine ähnliche Zustimmungsquote gilt für die übergreifenden »Schnuppertage«, die den Kollegien einmal pro Jahr eingeräumt werden, um nähere Einblicke in die konkrete Trainings- und Umsetzungsarbeit zu gewinnen. Lediglich die »Kooperation mit Lehrkräften anderer Schulen« bleibt mit einer Positivbewertung von 44% in einem Bereich, der eine kritische Überprüfung der bisherigen Praxis nahe legt. Inzwischen erhalten deshalb die Kollegien die Möglichkeit, die unterschiedlichen Qualifizierungsmaßnahmen unter Umständen auch exklusiv an der eigenen Schule durchzuführen – vorausgesetzt, die jeweilige Schule kann zu den vereinbarten Seminarterminen eine größere Zahl von Lehrkräften freistellen.

Ausgesprochen positive Bewertungen erfahren ferner die vielfältigen Teamaktivitäten. 91% der befragten Lehrkräfte schätzen die Teamklausurtage zur Vor- und Nachbereitung der Schüler-Sockeltrainings als hilfreich bis sehr hilfreich ein; 87% sehen die Teamsitzungen zur Besprechung bestimmter Maßnahmen/Probleme im Rahmen des Programms positiv (vgl. Tab. I). Beide Daten sind insofern ungewöhnlich, als Teamsitzungen und -klausuren in den meisten Kollegien bislang einen eher schlechten Ruf haben und als ziemliche Zeitverschwendung gelten. So gesehen trägt die systematische, produktorientierte Teamarbeit im Rahmen des Programms offenbar zu einer deutlichen Verbesserung der Praxis und des Rufs von innerschulischer Kooperation bei.

Bestätigt wird diese Schlussfolgerung durch einige Daten in den Tabellen J und K. Gemäß Tabelle K teilen 76% der Befragten die Einschätzung, dass die ausgeprägten Teamaktivitäten den Einzelnen stärken und den Zusammenhalt im Kollegium fördern; nur 24% äußern sich diesbezüglich eher skeptisch. In die gleiche Richtung zielen die Befunde in Tabelle J. Danach sind 80% der Befragten der Ansicht, dass bei den regelmäßig stattfindenden Treffen und Besprechungen der Klassenteams Fortschritte erzielt wurden – die Hälfte davon meint, erhebliche oder große Fortschritte feststellen zu können. Was die gezielte Teambildung und Teamarbeit im Kollegium betrifft, so attestieren sogar 87% spürbare Fortschritte; rund zwei Drittel davon schätzen diese Fortschritte als erheblich bis groß ein. Das ist angesichts einer Projektlaufzeit von rund eineinhalb Jahren ein fraglos positiver Befund – eine Befund, der unterstreicht, dass Teamentwicklung und Unterrichtsentwicklung hochgradig kompatibel sind.

Ermutigende Rückmeldungen finden sich auch zur Institutionalisierung der Neuen Lernkultur. Wie die Befunde in Tabelle J zeigen, entwickelt sich die Etablierung der neuen Lehr- und Lernformen in den betreffenden Schulen offenbar recht positiv. Deutliche Fortschritte gibt es bei der Erweiterung der Methodenvielfalt im Unterricht, bei der Verankerung der Schülertrainings im Jahresarbeitsplan sowie bei der Ausdehnung der Methodenschulung auf mehrere Jahrgangsstufen. Mehr als 80% der Befragten sind der Meinung, dass in diesen Bereichen erhebliche bis große Fortschritte erzielt worden seien. Das alles spricht dafür, dass in den betreffenden Schulen tragfähige neue Strukturen, Abläufe und Gewohnheiten etabliert werden konnten.

Auch in den meisten anderen Innovationsfeldern sind offenbar bemerkenswerte Fortschritte erzielt worden. Das gilt vornehmlich für die Sensibilisierung der Elternschaft sowie für die Forcierung der Methodenpflege im Fachunterricht. Nahezu zwei Drittel der Befragten bescheinigen diesbezüglich erhebliche bis große Fortschritte (vgl. Tabelle J).

Vergleichsweise gering sind dagegen die Fortschritte in den Bereichen Fortbildung von Kollegen für Kollegen, Hospitationen und gemeinsame Unterrichtsbesprechungen, Entwicklung und Einsatz methodenzentrierter Klassenarbeiten sowie Erfassung/Bewertung von Kommunikations- und Teamfähigkeit. Auch bei der Evaluation und Überarbeitung der neuen Lernarrangements, bei der Beschaffung wichtiger Lern- und Moderationshilfen sowie bei der praktischen Zusammenarbeit der Klassenteams muss fraglos noch einiges getan werden, damit die angestrebte Neue Lernkultur die nötige Verankerung im Schulalltag findet. Gleichwohl: Ein guter Anfang ist gemacht. Wenn 51% der Befragten meinen, in punkto Lernorganisation neue alltagstaugliche Routinen entwickelt zu haben, und wenn 58% der Ansicht sind, bei der Umsetzung des Innovationsprogramms habe es erhebliche bis große Fortschritte gegeben, dann ist das ein deutliches Indiz dafür, dass die Unterrichtsentwicklung in den betreffenden Schulen recht wirksam in Gang gekommen ist. Die Tatsache, dass bei den angeführten Innovationsfeldern durchschnittlich weniger als 10% der Befragten »keine Fortschritte« vermelden, ist ein deutliches Indiz für den Erfolg der durchgeführten Innovationsmaßnahmen.

Bestätigt wird diese positive Gesamteinschätzung durch die Rückmeldungen in Tabelle K. Danach sind 87% der befragten Lehrkräfte der Ansicht, die Teilnahme am skizzierten Innovationsprogramm habe sich für ihre Schule »unter dem Strich absolut gelohnt«. Nur 10% signalisieren verhaltene Skepsis und lediglich 3% meinen, das träfe nicht zu. Worauf diese Einschätzung beruht, lässt sich aus anderen Eckdaten in Tabelle K ableiten. 88% der Befragten kommen in ihrer Schlussbilanz zu dem Ergebnis, die Schüler/innen seien infolge der konsequenten Methodenschulung selbstständiger und zielstrebiger geworden. 92% geben an, der Unterricht sei infolge der veränderten Lehr- und Lernverfahren vielfältiger und spannender für alle Beteiligten geworden. Und immerhin 75% stellen fest, die Lernkompetenz der Schüler/innen entwickele sich in den trainierten Klassen erfreulich positiv. Zwar verneinen 47% der Befragten, dass der Unterricht in den Pilotklassen zunehmend Entlastung bringe, aber beachtliche 53% konstatieren genau diese Entlastungswirkung.

Entlastend wirken vor allem die neu entstehenden Routinen in den Bereichen Lernorganisation und Lernmoderation. 70% der befragten Lehrkräfte konstatieren, durch das konsequente Arbeiten an und mit den neuen Methoden hätten sich »neue Routinen bezüglich der Entwicklung von Lern- und Trainingsspiralen« eingestellt. Eine wesentliche Stütze dieser Routinebildung: Die vielfältige Teamarbeit auf Klassen- und Fachebene. Auch die vermehrten unterrichtszentrierten Gespräche und Reflexionen im Lehrerkollegium haben vielen offenbar gut getan. Zumindest lässt sich das aus dem Befund schließen, dass drei Viertel der Befragten die »wichtigen Reflexionen über die alltägliche Unterrichtsgestaltung« hervorheben. Außerdem: Rund

Tab. J: Institutionalisierung der Neuen Lernkultur					
Welche Fortschritte wurden in den folgenden Arbeitsfeldern erzielt?	große Fortschritte (%)	erhebliche Fortschritte (%)	geringe Fortschritte (%)	keine Fortschritte (%)	**?**
Durchführung fachbezogener Workshops zur Materialentwicklung	9	35	41	8	7
Regelmäßige Treffen und Besprechungen der Klassenteams	9	31	40	11	9
Erweiterung der Methodenvielfalt im Unterricht (viele EVA-Varianten)	16	65	19	/	/
Forcierung der Methodenpflege im Fachunterricht (At, Kt, Tt)	11	54	33	2	/
Feste Platzierung der Schülertrainings im Jahresarbeitsplan	32	50	13	1	4
Etablierung der Methodenschulung in mehreren Jahrgangsstufen	31	51	13	1	4
Mobilisierung weiterer Kolleg/innen für das PSE-Programm	12	36	37	6	9
Gezielte Teambildung und Teamarbeit im Kollegium	11	44	32	5	8
Fortbildung von Kollegen für Kollegen (Know-how-Transfer)	6	28	42	22	2
Hospitationen und gemeinsame Unterrichtsbesprechungen	2	13	45	33	7
Archivierung der erstellten Lernspiralen und Materialien	9	47	34	9	1
Sensibilisierung der Elternschaft für die Neue Lernkultur	12	50	25	5	8
Evaluation und Überarbeitung der neuen Lernarrangements	5	38	40	8	9
Beschaffung wichtiger Lern- und Moderationshilfen	6	36	37	11	10
Entwicklung und Einsatz methodenzentrierter Klassenarbeiten	4	8	47	29	12
Erfassung/Bewertung von Kommunikations- und Teamfähigkeit	5	23	49	14	9
Entwicklung alltagstauglicher Routinen in punkto Lernorganisation	10	41	34	6	9
Fazit: Die Umsetzung des PSE-Programms macht insgesamt ...	3	55	33	/	9

Tab. K: Einschätzungen zum Nutzen des Programms

Inwieweit treffen die folgenden Aussagen zum Nutzen des PSE-Programms zu?	trifft voll zu (%)	trifft eher zu (%)	trifft eher nicht zu (%)	trifft nicht zu (%)	?
Die Schüler/innen sind infolge der konsequenten Methodenschulung selbstständiger und zielstrebiger geworden.	21	67	12	/	/
Das PSE-Programm hat im Kollegium zu wichtigen Reflexionen über die alltägliche Unterrichtsgestaltung geführt.	20	55	19	6	/
Die ausgeprägten Teamaktivitäten stärken den Einzelnen und fördern den Zusammenhalt im Kollegium.	20	56	18	6	/
Bei den PSE-Akteuren stellen sich neue Routinen bezüglich der Entwicklung von Lern- und Trainingsspiralen ein.	18	52	23	3	4
Der Unterricht ist durch das PSE-Programm vielfältiger und spannender für alle Beteiligten geworden.	23	69	7	1	/
Die Lehrkräfte der Pilotklassen erfahren im Unterricht zunehmend Entlastung.	12	41	38	9	/
Die Lernkompetenz der Schüler/innen entwickelt sich in den trainierten Klassen erfreulich positiv.	10	65	22	3	/
Das PSE-Programm erleichtert die Entwicklung des vom Ministerium geforderten »Qualitätsprogramms«.	27	49	15	5	4
Die Teilnahme am PSE-Programm hat zur Profilierung der Schule im regionalen Umfeld beigetragen.	17	51	19	9	4
Die Teilnahme am PSE-Programm hat sich für unsere Schule unter dem Strich absolut gelohnt.	30	57	10	3	/

(?) In dieser Spalte sind jene Lehrkräfte erfasst, die mit den angeführten Aussagen nichts anzufangen wissen; auch Auszählfehler oder schlichtes Auslassen des Kreuzchens finden hier ihren Niederschlag.

zwei Drittel der Befragten stimmen der Aussage zu, das skizzierte Innovationsprogramm habe zur Profilierung der Schule im regionalen Umfeld beigetragen.

Fazit: Das skizzierte Qualifizierungs- und Innovationsprogramm hat den beteiligten Schulen auf ihrem Weg zum »neuen Lehren und Lernen« ein gutes Stück weitergeholfen. Bei den Schüler/innen zeigen sich vielfältige positive Effekte; die Kollegien haben in punkto Teamarbeit erfreuliche Fortschritte gemacht; der Unterricht ist vielfältiger und spannender für alle Beteiligten geworden; die Unterrichtsentwicklung hat nicht nur konkrete Konturen bekommen, sie ist auch systematischer und verbindlicher geworden. Regelmäßige Schülertrainings, Workshops, Fortbildungsseminare, Teambesprechungen, Evaluationsaktivitäten, Elternseminare etc. wirken dem drohenden »Glühwürmchen-Effekt« entgegen und sichern nachhaltige Innovationsabläufe und -strukturen. Wie wichtig dieses Zusammenspiel von systematischer Lehrerqualifizierung, konsequenter Lehrerkooperation, stringenter Umsetzungsarbeit und konsequenter Evaluation und Überarbeitung ist, hat auch die Evaluation in Nordrhein-Westfalen gezeigt (vgl. Bastian/Rolff 2002).

Die meisten rheinland-pfälzischen Programmschulen haben es in bemerkenswerter Weise geschafft, System und Linie in ihre Innovationsarbeit hineinzubringen. Das zeigen die Rückmeldungen in Tabelle J. Allerdings gibt es auch einige Schulen, in denen die Innovationsarbeit bis dato auf relativ wenige Lehrkräfte beschränkt bleibt. Das bringt die Gefahr mit sich, dass die Bemühungen um eine Neue Lernkultur in einigen Nischen der Schule stecken bleiben und nicht wirklich in die Breite gehen. Nachhaltige Unterrichtsentwicklung verlangt aber gerade diese horizontale und vertikale Etablierung der neuen Lehr- und Lernformen. Diesbezüglich gibt es in den evaluierten Programmschulen zwar gute Ansätze, aber eine langfristige Konsolidierung steht noch aus. Deshalb: Wenn die skizzierte Neue Lernkultur fest institutionalisiert werden soll, dann müssen die Teamstrukturen weiter gepflegt werden, die horizontale und vertikale Ausweitung der neuen Lern- und Trainingsverfahren muss konsequent verfolgt und ermöglicht werden, die neu an die Schulen kommenden Lehrkräfte müssen gezielt eingebunden und fortgebildet werden, der schulinterne Know-how-Transfer muss gezielt gesteuert und durch verlässliche Archivierungsmaßnahmen unterstützt werden etc. Andernfalls besteht immer wieder die Gefahr, dass die Lehrkräfte und Schulleitungsmitglieder in ihre »alten Routinen« zurückfallen.

Anhang

Interview mit drei Innovationsexperten

Die nachfolgenden Statements zeigen, wie sich die skizzierten Reformansätze in der ersten und zweiten Phase der Lehrerausbildung niederschlagen können. Befragt werden drei Lehrerausbilder/innen, die sich seit Jahren darum bemühen, den in diesem Buch dargelegten Grundprinzipien Rechnung zu tragen. Dr. Ute Pres tut dies aus der Sicht einer Seminarleiterin. Sie ist Leiterin des Studienseminars für Grund- und Hauptschulen in Rohrbach/Pfalz. Wolfgang Mattes ist Fachleiter für Pädagogik und Didaktik am Studienseminar für Realschulen in Trier und dort u.a. verantwortlich für die Gestaltung der Allgemeinen Seminare. Frank Müller ist Lehrbeauftragter an der Universität Landau und bietet in dieser Funktion Seminare für angehende Deutsch- und Religionslehrer/innen an.

Wolfgang Mattes

Dr. Ute Pres

Frank Müller

***Frage 1:* Sie treten für verstärktes Erfahrungslernen und Lehrertraining in der Ausbildung ein. Was machen Sie diesbezüglich konkret?**

Ute Pres: Unsere Lehramtsanwärterinnen und Lehramtsanwärter (LAA) haben die Möglichkeit auf mindestens drei konkreten Ebenen Erfahrungen zu sammeln und ihr Lehrerverhalten zu trainieren. Erstens erschließen sie ihr eigenes Fachwissen durch Anwendung moderner Methoden. So wird das Thema »Schulrecht« z.B. über Stationenlernen vermittelt. Die LAA übernehmen in kleinen Teams jeweils eine Station, die sie methodisch vorbereiten. Der zweite Ansatzpunkt betrifft das Training einzelner Unterrichtsmethoden. Den LAA kommt dabei eine Doppelrolle zu: sie agieren als Schüler und schlüpfen auf der Metaebene wieder in die Rolle des Lehrers. Wir haben z.B. das Thema »Zeit« als Werkstatt vorbereitet. In sieben Werkstattecken konnte das Thema facettenreich erschlossen werden. In einer Ecke wurde z.B. die Frage geklärt, wie man Zeit messen kann. Die LAA mussten eigenverantwortlich über selbst gebaute Zeitmessgeräte und forschend-entwickelnde Methoden sich in die Rolle der Schüler einfinden. Die theoriegeleitete Reflexionsphase machte dann die Zielsetzung des Erfahrungslernens deutlich. Der dritte Bereich des Erfahrungslernens betrifft das »Lehrerkompetenztraining« im Rahmen von Workshops. Ein Workshop hatte kürzlich z.B. zum Ziel, die Kommunikationskompetenz zu trainieren. Die Teilnehmerinnen und Teilnehmer hinterfragen auf der einen Seite ihr eigenes Gesprächsverhalten und lernen, wie die Kommunikationskompetenz ihrer Schülergruppen trainiert werden kann.

In den Fachseminaren wird dieses Erfahrungslernen intensiv weitergeführt. Zu allen Bereichen planen die LAA exemplarisch mit den Fachleitern konkrete Unterrichtsinhalte und können diese zunächst selbst handelnd erproben, bevor sie die Erfahrungen im eigenen Unterricht umsetzen. Aus dem historischen Lernbereich haben die LAA z.B. das Thema »Wir leben in der Steinzeit« inhaltlich und methodisch erschlossen. Neben Internet- und Literaturrecherche gehören auch das Herstellen von Werkzeugen, das Nachempfinden der Lebensgewohnheiten und die Gruppenarbeit zum Erfahrungslernen dieser LAA. Das Arbeiten mit den hergestellten Steinwerkzeugen hat so manche LAA zum Schwitzen gebracht.

Wolfgang Mattes: Wir beginnen ganz konkret damit, dass wir noch vor Beginn der ersten Hospitationen in den Ausbildungsschulen ein mehrtägiges Blockseminar mit der Gesamtgruppe durchführen. Thema: Was ist guter Unterricht? Wir versetzen die Gruppe in die Schülersituation und organisieren Unterrichtsstunden mit ihnen. Darin erleben sie verschiedene Methoden eigenverantwortlichen Lernens (Kugellagerübungen, Sitzkreise, Schreibgespräche, Simulationsverfahren, Partner- und Gruppenarbeit, verschiedene Präsentationsformen etc.) Sie spielen dabei übrigens nicht Kinder oder Jugendliche in der Schule, weil diese Simulationen immer zu Karikaturen werden. Sie agieren ganz real als Lernende.

In den ersten Fachseminaren präsentieren die Fachgruppen dem Fachleiterkollegium ihre bereits gewonnenen Erfahrungen, sodass wir eine Verbindung zwischen dem Allgemeinen Seminar mit seinen methodischen Grundlegungen und den Fachseminaren erreichen. Die besagten Blockveranstaltungen werden während der Ausbildung noch mehrfach durchgeführt, wobei wir zwischen einer Orientierungs-, einer Intensivierungs- und einer Professionalisierungsphase kurz vor dem Examen unterscheiden. Das intensivste Methodentraining des Allgemeinen Seminars findet einwöchig in der Europäischen Akademie im saarländischen Otzenhausen statt. Kurz vor ihrem Einsatz im selbstständigen Unterricht erarbeiten die LAA die Praxiskompetenzen, die sie zur Alltagsbewältigung brauchen.

Frank Müller: Die Studentinnen und Studenten werden mit neuen Lehr- und Lernmethoden konfrontiert und müssen diese im Seminar praxisorientiert anwenden.

Das gilt für fachspezifische Arbeits-, Kommunikations- und Kooperationsmethoden genauso wie für handlungsorientierte Lernarrangements für den alltäglichen Unterricht. Dabei wird in der Regel mit relativ einfachen Übungen in Einzel- und Partnerarbeit eingesetzt, bevor nach und nach auf komplexere Lernaktivitäten in wechselnden Gruppen abgestellt wird. Die Studentinnen und Studenten schlüpfen hierbei in die klassische Schülerrolle und eignen sich die betreffenden Lehr- und Lernmethoden im »learning by doing«-Verfahren selbstständig an. Zu den Lehrplanthemen müssen sie Lernspiralen entwickeln; traditionelle und handlungsorientierte Arbeitsformen werden gemeinsam an- bzw. durchgespielt. Besonders wichtig ist, dass das Ganze auch im Plenum problematisiert und reflektiert wird. Im Rahmen der Fachpraktika werden die gelernten Methoden in praktischen Unterrichtsversuchen umgesetzt und erprobt.

***Frage 2:* Wie reagieren die angehenden Lehrerinnen und Lehrer auf Ihre Angebote in Sachen EVA und Methodenlernen?**

Ute Pres: Insgesamt wird es von unseren jungen Leuten honoriert, dass sie diese Angebote bekommen. Sie erproben z.B. in den Allgemeinen Seminaren ca. 50 unterschiedliche Methoden der Informationsentnahme, der Informationsverarbeitung und der Präsentation. Sie führen im Schonraum der Seminare ungefähr 12 verschiedene Sozialformen durch und experimentieren mit mindestens 10 unterschiedlichen Möglichkeiten von Gesprächsformen. Dieses erfahrungs- und handlungsbetonte Lernen bietet eine Vielfalt von Transfermöglichkeiten in den eigenen Unterricht hinein. Wir erwarten aber auch, dass jeder LAA für seine Ausbildung Eigenverantwortung übernimmt.

Zu Beginn der Ausbildung wird sehr schnell deutlich, welches Rüstzeug die LAA von der Universität mit im Gepäck haben. Und da gibt es große Unterschiede. Vor allem die Grundschullehramtsanwärterinnen und -anwärter haben schon an der Universität zahlreiche handlungsorientierte Seminare besucht; sie wurden in den Praktika in kindgemäße Unterrichtsformen eingeführt und können auf diesen Erfahrungen gut aufbauen. Bei vielen anderen LAA müssen wir jedoch intensiv nachbessern: sie haben zwar gutes Fachwissen, aber wenig Kenntnisse vom handlungsorientierten Unterrichten und vor allem so gut wie überhaupt keine Erfahrungen aus der konkreten Praxis. Schwierigkeiten bereitet es den Auszubildenden immer wieder, aus der Theorie bekannte pädagogische Zielsetzungen in traditionell geführten Klassen umzusetzen.

Wolfgang Mattes: Anfangs erleben wir manchmal Skepsis, gelegentlich sogar ablehnende Distanz: »Können wir auch alleine arbeiten?«, ist eine Frage, die ich häufiger höre, wenn die erste Gruppenarbeit organisiert werden soll. Man hat den Eindruck, dass in der Studienzeit Teamkompetenzen verloren gegangen sind, die in der Schulzeit vielleicht einmal vorhanden waren. Nach dem persönlichen Erleben eigenverantwortlicher Lernformen stellen sich aber sehr schnell positive Reaktionen, meist sogar

Begeisterung für die neuen Methoden ein. Es ist immer wieder schön zu sehen, mit welcher Freude und Unvoreingenommenheit die jungen Leute auf neue Lernerfahrungen regieren.

Frank Müller: Die Methodenseminare sind sehr gut besucht, wobei auffällig ist, dass sich auch immer wieder Studentinnen und Studenten aus anderen Fachbereichen einschreiben, um sich ein praxistaugliches Methoden-Know-how anzueignen. Einige Studentinnen und Studenten, die kurz vor ihrem ersten Staatsexamen stehen, besuchen meine Veranstaltungen ein zweites Mal, um ihr Methodenrepertoire aufzufrischen und zu erweitern. Das gilt vor allem im Hinblick auf Visualisierungs- und Präsentationstechniken, die sie in den Prüfungen bestens gebrauchen können. Aber auch die Unterrichtsmethodik ist natürlich Prüfungsgegenstand. Und darüber nicht nur etwas zu wissen, sondern auch mit Erfahrungen aufwarten zu können, das ist natürlich von Vorteil. Auf jeden Fall kann ich sagen: Die Reaktionen der Studierenden sind unter dem Strich außerordentlich positiv. Viele Studentinnen und Studenten kommen zu mir, weil sie in den meisten Seminaren in methodischer Hinsicht wenig Neues geboten bekommen – weder neue Materialien und Ideen noch neue methodische Erfahrungen. Sie sind deshalb sehr dankbar für bewährte und gut umsetzbare Praxisbeispiele. Dieser Erwartung versuche ich in meinen Seminaren gerecht zu werden.

***Frage 3:* Haben Sie Indizien dafür, dass sich Ihre Angebote fruchtbar auf die Praxiskompetenz und Praxisbewältigung der jungen Leute auswirken?**

Ute Pres: Über die Portfoliobegleitung wird der schulische Alltag der LAA transparent. Dadurch wird eindrucksvoll der Ausbildungsprozess sichtbar: am Anfang der Ausbildung werden zaghaft einzelne Methoden ausprobiert. Mit Fortschreiten der Ausbildung gelingt es einem hohen Prozentsatz unserer LAA, Methodenvielfalt zu erlernen, Unterrichtseinheiten eigenverantwortlich zu planen und diese handlungsorientiert umzusetzen. Da wir unsere LAA an rund 80 Ausbildungsschulen im Einsatz haben, begegnen wir immer wieder Kolleginnen und Kollegen, die an unserem Studienseminar ausgebildet wurden und auch nach der Ausbildung am handlungsorientierten Unterricht festhalten. Noch deutlicher lässt sich der Erfolg unserer Arbeit an der Anzahl ehemaliger LAA in der Mentorengruppe ablesen. Wir haben in diesem Durchgang etwa 35% ehemaliger LAA in der Betreuung vor Ort und können uns selbst überzeugen, dass unser Ausbildungskonzept nachhaltig umgesetzt wird.

Wolfgang Mattes: Um empirische Daten über die Qualität unserer Ausbildungsarbeit zu bekommen, führen wir seit mehreren Jahren Feedback-Aktionen durch. Dabei gibt es selbstverständlich die eine oder andere kritische Rückmeldung. Doch zur Ausbildungsarbeit selbst bestätigen die LAA immer wieder, dass sie sich durch das handlungs- und erfahrungsbetonte Lernen gut auf die Praxis vorbereitet fühlen. Auch das Feedback der Ausbildungsverantwortlichen der Schulen ist durchweg recht positiv. In den Besprechungen von Unterricht machen meine Kollegen und ich immer wieder die Erfahrung, dass die anwesenden Fachlehrer der Schule von den eingesetzten Lernformen begeistert sind, auch wenn sie selbst diese Formen eher selten praktizieren.

Ein Problem der jungen Kolleginnen und Kollegen ist die Praxisbewältigung nach der Ausbildungszeit. Dann haben sie 27 bis 28 Wochenstunden zu unterrichten; und darauf sind sie zu wenig vorbereitet. Kommen sie dann noch in ein eher traditionell ausgerichtetes Kollegium, ist die Gefahr groß, dass sie schnell wieder ins lehrerzentrierte Fahrwasser zurückgleiten und sich der allgemeinen Veränderungsunlust anschließen. Nicht verschwiegen werden soll ferner, dass ein Teil der Lehramtsanwärter dem erweiterten Anforderungsprofil, wie es heute gilt, nicht gewachsen ist. Diese Erkenntnis stellt sich spätestens in der Phase des selbstständigen Unterrichts ein. Zwischen der grundsätzlichen Aufgeschlossenheit und der tatsächlichen pädagogischen Handlungskompetenz klafft manchmal eine ziemliche Lücke, die nicht jeder, der zu uns kommt, zu schließen vermag.

Frank Müller: Die bisherigen Erfahrungen und Rückmeldungen zeigen: Viele Studentinnen und Studenten gehen sicherer und motivierter an praktische Unterrichtssituationen heran. Dies fällt mir nicht zuletzt bei Referaten auf. Es wird versucht, nicht mehr nur stur vom Skript abzulesen, sondern immer wieder auch rhetorische Stilmittel zu betonen sowie das Publikum während des Referats einzubinden und durch den einen oder anderen Impuls zu aktivieren. Referate werden häufig visuell unterstützt und mit kreativen Präsentationstechniken kombiniert. Auch bei den Hausarbeiten zeigt sich ein zunehmend sicherer Umgang mit handlungsorientierten Arbeitsformen und neuen Methoden. Das gilt sowohl im Hinblick auf Unterrichtsmethoden als auch bezüglich der eigenen Lern-, Arbeits- und Präsentationsmethoden. Rückmeldungen von ehemaligen Studierenden zeigen, dass das methodenorientierte Arbeiten und Üben in der zweiten Ausbildungsphase deutliche Vorteile bringt. Unterrichtsbesuche und Lehrproben werden angstfreier angegangen und selbstbewusster und erfolgreicher bewältigt.

***Frage 4:* Welche Rolle spielen in Ihren Seminaren Teamarbeit und Teamentwicklung? Sehen Sie diesbezüglich Fortschritte bei Ihren Auszubildenden?**

Ute Pres: Nach anfänglichen Schwierigkeiten entstand das neue Ausbildungsmodul »Integrationstage« für die LAA. Es handelt sich hierbei um Seminartage, an denen alle LAA und viele Fachleiterteams zusammenarbeiten. Dieses Ausbildungsmodul hat den Teamgedanken »verordnet«. Darüber hinaus arbeiten unsere Fachleiterinnen und Fachleiter von Anbeginn an in unterschiedlichen Teams zusammen, so dass die Vielfalt der Kompetenzen unseres Kollegiums ausgeschöpft werden kann. Die Anforderungen und Ansprüche in der Lehrerbildung sind sehr hoch, so dass wir diese Teamarbeit sehr entlastend finden. Unser Vorbild wirkt nachhaltig auf die LAA. Auch sie bereiten in Teams Seminare vor, halten in 2-3er-Teams gemeinsam Seminarstunden, bereiten sich in Prüfungsteams auf die mündlichen Prüfungen vor. Neben der inhaltlichen Effizienz werden auch die zwischenmenschlichen Vorzüge gelebt.

Wolfgang Mattes: Teamarbeit und Teamentwicklung spielen eine ganz entscheidende Rolle. Das gilt auch für die Arbeit des Fachleiterkollegiums. Durch zahlreiche Sitzungen zum Thema Teamentwicklung im Kollegium hat sich unsere eigene Konferenzkultur grundlegend verändert. Notwendige Plenumsphasen werden zugunsten der Arbeit in Kleingruppen zeitlich begrenzt. Was die Arbeit der Referendare betrifft, so ist die Befähigung zur Teamarbeit eine zentrale Aufgabe des Allgemeinen Seminars. Die LAA agieren bei uns überwiegend in Teams; sie erleben Teamarbeit in den Übungsphasen; sie bereiten Unterricht gemeinsam vor usw. Bei der Unterrichtsgestaltung schießt die Begeisterung der jungen Leute für die Teamarbeit aber auch manchmal übers Ziel hinaus. Da wird einseitig und unreflektiert auf Gruppenarbeit gesetzt, zumal man sich dahinter als Lehrer auch ganz gut verstecken kann. Wir müssen dann darauf hinarbeiten, dass guter Unterricht aus einer Kombination unterschiedlicher Phasen und Methoden besteht.

Frank Müller: Teamentwicklung spielt eine ganz wesentliche Rolle. Wir arbeiten oft in Zufallsgruppen, die ausgelost oder in sonstiger Weise gebildet werden. Auch die Präsentatoren werden am Ende eines Arbeitsprozesses häufig ausgelost. Das erhöht die Spannung und fördert die Arbeitsdisziplin. Zwei Maximen sind hierbei ganz wesentlich: Jeder muss mit jedem zur Lösung der jeweiligen Arbeitsaufgabe zusammenarbeiten wollen und können; und jeder muss bereit und in der Lage sein, als Gruppensprecher die Arbeitsergebnisse vorzustellen. Typisch für die Präsentation der Gruppenergebnisse ist, dass mehrere oder alle Gruppenmitglieder in die Präsentation eingebunden werden müssen. Diese kooperative Präsentation fördert den Teamgeist. Nach einer kurzen Anlaufphase werden die genannten Kooperationsanforderungen und -verfahren von den Studierenden meist recht schnell gelernt und akzeptiert. Sie werden zum festen Bestandteil der Seminararbeit. Allerdings muss immer wieder Zeit für Rollen- und Regelklärungen innerhalb der Gruppen eingeplant werden.

***Frage 5:* Inwieweit haben Sie zur Umsetzung Ihrer neuen Seminarmethoden Rahmenbedingungen verändern müssen?**

Ute Pres: In den Allgemeinen Seminaren haben wir die eineinhalbstündigen Sitzungen zugunsten von Ganztagsseminaren und Halbtagsseminaren so weit reduziert, dass lediglich Informationsveranstaltungen am Nachmittag abgehalten werden. Aus dem Ausbildungskatalog haben wir redundante Themen verantwortlichen Seminaren zugeordnet. So haben wir Zeit, handlungsorientierte Seminare zu exemplarischen Themen anzubieten und Unterricht zu planen, durchzuführen und zu reflektieren. In unserer Lernwerkstatt stehen den LAA und auch anderen pädagogisch Interessierten Themenkisten und Tippkisten, gute Unterrichtsentwürfe und Materialien zur Verfügung, welche die konkrete Umsetzung an den Schulen ohne viel Aufwand ermöglichen. Zusätzliche Workshops helfen, wichtige Anliegen zu diskutieren und zu konkretisieren.

Wolfgang Mattes: Wir sind natürlich an die Vorgaben der Ausbildungs- und Prüfungsordnung gebunden. Diese lässt uns aber, was Organisation und Rahmengestaltung angeht, eine große Fülle von Gestaltungsmöglichkeiten, die wir sehr intensiv nutzen. Als ich vor über 20 Jahren an das Studienseminar kam, bestand ein Allgemeines Seminar in der Regel aus einer zweistündigen Veranstaltung mit Referat und Aussprache. Mittlerweile haben wir die so genannten Werkstattseminare von mindestens eintägiger Dauer. Mehrtätige Seminare sind bei uns keine Seltenheit. In allen Seminaren findet eine Verzahnung von Theorie und Praxis statt, sodass der oft gehörte Vorwurf, die Lehrerbildung sei zu theoretisch, auf unsere Arbeit im Kern nicht zutrifft. Auch in den Fachseminaren wurden die Rahmenbedingungen kontinuierlich verändert. Wir haben z.B. »Blockseminare« eingeführt, die zwei oder drei Tage dauern. Zu Beginn hospitieren die Fachgruppen im Unterricht der Fachleiter. Dann planen sie nachmittags den Folgeunterricht im Team, führen den Unterricht am nächsten Tag durch, reflektieren ihn, planen weiter etc.

Frank Müller: Da sind mir als Lehrbeauftragtem natürlich die Hände gebunden. Es wäre selbstverständlich wünschenswert, längere Seminare anbieten zu können. Auch die räumlichen Bedingungen sind oft nicht förderlich für handlungsorientiertes Arbeiten. Solange aber solche Gegebenheiten auch in Schulklassen vorherrschen, müssen und werden wir mit solchen Bedingungen zurechtkommen müssen. Zumindest ist das meine Maxime. Ich versuche zu improvisieren, wo immer es möglich ist. So biete ich z.B. hin und wieder am Freitagnachmittag und am Samstagvormittag fünfstündige Workshops an. Davon sind zwar nicht alle Studierenden begeistert, aber der erweiterte Zeitrahmen kommt dem Seminarerfolg zugute. Hier zeigt sich, dass in solchen Zeiträumen größere Chancen liegen, neue Methoden erfahrbar zu machen, wirkliche Praxiskompetenz zu vermitteln und etwas selbstständig erarbeiten und präsentieren zu lassen.

***Frage 6:* Neue Ausbildungsverfahren verlangen neue Prüfungsinstrumente. Was tut sich diesbezüglich bei Ihnen?**

Ute Pres: Wir arbeiten seit zwei Durchgängen in den Allgemeinen Seminaren mit dem Portfolio als Ausbildungsinstrument und werden dies im nächsten Durchgang in allen Seminaren als Begleitinstrument einsetzen. Die Lehramtsanwärterinnen und -anwärter können mithilfe eines Leitfadens ihre berufliche Entwicklung eigenverantwortlich begleiten. Sie setzen selbst Schwerpunkte für die Fremdbetreuung und können dann im Portfolio ihre Entwicklung und ihren Kompetenzzuwachs dokumentieren. Eine LAA nennt ihren Portfoliobeitrag z.B. »Hilfe! Ich bekomme ein erstes Schuljahr!« Sie schildert eindrucksvoll die Gesamtproblematik für eine LAA. Sie dokumentiert ihre Vorüberlegungen, die Umsetzungsschritte im Unterricht und das notwendige methodische Rüstzeug, welches sie für den handlungsorientierten Anfangsunterricht benötigt. Eine umfassende Reflexion über ihre Erfahrungen mit den Kindern, aber auch mit den Eltern und dem Kollegium verdeutlicht den Kompetenzzugewinn. Diese Seite der Leistungsbeurteilung ist für uns ein großer Zugewinn und bedeutet eine konsequente Fortsetzung unseres Konzeptes des eigenverantwortlichen Ausbildungshandelns. Was die offiziellen Prüfungsvorgaben für die II. Phase betrifft, so sind uns die Hände zwar ziemlich gebunden. Aber dennoch versuchen wir einiges. Wir bereiten z.B. die LAA in Prüfungssimulationen und Trainingsspiralen konkret auf die mündlichen Prüfungen vor. Die Pflichtthemen, die aus der Seminararbeit erwachsen, werden in Form von Mindmaps in den Allgemeinen Seminaren am Ende der Ausbildung in Kleingruppen zusammengefasst und gegenseitig zur Prüfungserleichterung ausgetauscht. Darüber hinaus werden in den praktischen Prüfungen keine abgeschlossenen Einzelstunden im 45-Minuten-Rhythmus erwartet. Die LAA zeigen vielmehr Ausschnitte ihres Unterrichts, der in thematisch fixierte Unterrichtseinheiten eingebettet ist.

Wolfgang Mattes: Wir haben die Prüfungsanforderungen, die mit der Praxis des Lehrerberufs nur indirekt zusammenhängen, erheblich reduziert. Wer z.B. in der Examensarbeit den Umfang von 50 Seiten überschreitet, muss mit Notenabzug rechnen. Für die schriftlichen Unterrichtsentwürfe liegt die Grenze bei fünf Seiten. Die Vorgabe lautet: Kurz, präzise, auf den Punkt gebracht ist gut. Prüfungslehrproben müssen immer einen Einblick in ein längerfristiges Unterrichtsprojekt ermöglichen. Die Einzelstunde, und sei sie noch so kunstvoll inszeniert, ist passé.

Hinsichtlich der Durchführung und Bewertung mündlicher Prüfungen haben wir neue Kriterien entwickelt und uns selbst geschult. In den Prüfungen des Allgemeinen Seminars geht es uns neben der Überprüfung grundlegender Theoriekenntnisse gleichwertig um die Kommunikations- und Präsentationskompetenz der LAA sowie darum, ob sie es verstehen, persönliche Praxiserfahrungen mit den theoretisch gewonnenen Erkenntnissen in Übereinstimmung zu bringen. Mit auswendig gelerntem Theoriewissen kommt man bei uns nicht mehr weit. In der Regel beginnt eine Prüfung in allgemeiner Pädagogik und Didaktik mit einer offenen Fragestellung wie z.B. »Versuchen Sie auf einer Lehrerkonferenz Ihr skeptisches Publikum von der Notwendigkeit eines verstärkten eigenverantwortlichen Lernens zu überzeugen?« Nach dem offenen Einstieg können die Prüfer dann gezielt nachfragen. Wir bewerten dann die Prüfungsleistung unter Beachtung des erweiterten Lernbegriffs.

Frank Müller: Natürlich muss auch handlungsorientiert geprüft werden. Referate werden bei mir nicht mehr vorgelesen, sondern müssen frei vorgetragen, gut visualisiert und unter Beachtung rhetorischer Gesichtspunkte präsentiert werden. Die eine oder andere methodenzentrierte Lern- oder Trainingssequenz muss ausgearbeitet und didaktisch reflektiert vorgestellt werden. Auch szenische Spiele und Rollenspiele haben bei mir gelegentlich Platz. Die Studierenden simulieren Unterrichtssituationen und -probleme mit ihren Kommilitonen und Kommilitoninnen und sorgen damit für anregendes und lebendiges Lernen in den Seminargruppen. Dabei ist es wichtig, dass die vorgestellten Präsentationen auch besprochen, bewertet und bei Bedarf problematisiert werden.

***Frage 7:* Ihre Pionierarbeit ist recht arbeitsreich. Weshalb tun Sie das alles? Warum bleiben Sie nicht einfach bei den traditionellen Lehrverfahren?**

Ute Pres: Für mich ist die pädagogische Kernfrage die: Wie gelingt es mir, lernrelevante Themen methodisch so aufzubereiten, dass das jeweilige Kind den Inhalt versteht, aktiv wird und mit der Zeit die höchstmögliche Selbstständigkeit beim Lernen erzielt? Ich brauche als Lehrer also eine umfassende Methodenvielfalt. Darin sind traditionelle Methoden wie Lehrervortrag oder lehrergelenktes Unterrichtsgespräch mit eingebunden. Ich habe z.B. in meinem 9. Schuljahr Geschichten vorgelesen und glaube auch, dass ein Märchen für Grundschüler immer noch am besten vom Lehrer selbst erzählt wird, wenn dieser eine gute Erzähltechnik beherrscht. Nur müssen die Schüler mit der Lehrererzählung dann auch arbeiten. Sollten sich aber meine Schüler für ein Bewerbungsgespräch vorbereiten, so sind sie durch ein Rollenspiel oder eine Simulation weitaus besser gerüstet als durch einen Lehrervortrag. Generell meine ich, dass wir den handlungsorientierten Unterricht kräftig ausbauen müssen. Im handlungsorientierten Unterricht mit seiner Methodenvielfalt und seinen vielfältigen Möglichkeiten zum Erfahrungslernen können die unterschiedlichen Interessen und Begabungen der Schüler am besten gefördert werden.

Wolfgang Mattes: Wenn sich die Welt um die Schule herum verändert, muss sich auch die Schule verändern, müssen auch im Unterricht neue Wege gegangen werden. Die Schule und andere Bildungseinrichtungen sind mit vielfältigen neuen Anforderungen konfrontiert. Man denke nur an die Herausforderungen durch die neuen Medien oder daran, dass sich die Einstellungen, Interessen und Erwartungen der jungen Leute in einem rasanten Tempo verändern.

Meine Zehntklässler müssen sich in den Bewerbungsverfahren um einen Ausbildungsplatz immer häufiger eintägigen Assessmentverfahren stellen. Man erwartet von ihnen vernetztes Denken, Kommunikations- und Präsentationskompetenzen, die Fähigkeit eine Gruppendiskussion zu moderieren, flexible Reaktionen auf unerwartete Fragestellungen zu zeigen usw. Der Unterricht muss sie darauf vorbereiten. Und wir als Lehrerausbilder müssen unsere Referendarinnen und Referendare dahingehend fit machen, die Schüler entsprechend zu fordern und zu fördern. Deshalb ist es für mich eine ganz selbstverständliche Pflicht, neue Wege des Lehrens und Lernens in der Ausbildung von Lehrern zu gehen und auch einzufordern.

Frank Müller: Zum einen ist es mein Anliegen, die Studentinnen und Studenten auf veränderte schulische Gegebenheiten vorzubereiten. Die Schülerinnen und Schüler sind heutzutage immer weniger bereit und in der Lage, den herkömmlichen Frontalunterricht erfolgreich mitzumachen. Dies hat letztlich auch PISA gezeigt. Daher müssen sie verstärkt veranlasst werden, eigenverantwortlich zu arbeiten und zu lernen. Wie sich dieser Unterricht vorbereiten und durchführen lässt, erfahren die Studierenden in meinen Seminaren. Hinzu kommt, dass ich mit dieser Arbeitsweise auch mir selbst einen Gefallen tue. Ich entlaste mich. Ich kann mich in vielen Situationen zurücknehmen und die Studierenden gezielt beobachten und nötigenfalls Hilfestellung leisten. Wenn sie arbeiten und die entsprechenden Methoden beherrschen, kann ich mich zurücknehmen. Nach einer gewissen Zeit kann und will man auf diese methodischen Möglichkeiten gar nicht mehr verzichten.

***Frage 8:* Wenn Sie zurückblicken: Hat sich die Innovationsarbeit gelohnt? Ziehen Ihre Kolleginnen und Kollegen nach?**

Ute Pres: Ich erlebe tagtäglich, dass die angedeuteten Ansätze und Ideen in meinem Kollegium auf äußerst fruchtbaren Boden fallen. Das ist sehr angenehm. Unser Studienseminar besteht seit 10 Jahren, und es hat sich in dieser Zeit eine richtiggehende »Seminarkultur« entwickelt. Im Kollegium besteht Konsens darüber, dass Erfahrungslernen in der Ausbildung die beste Voraussetzung für die Weiterentwicklung des Unterrichts ist. Wesentliche pädagogische Fragen wie Beratungsgespräche, Prüfungshandeln, Kritikgespräche etc. erproben wir in der Fachleitergruppe mittels Fallbeispielen, Simulations- und/oder Rollenspielen – auch mit Video. Wie ich schon erwähnt habe, treffen sich fachbezogene Teilgruppen des Kollegiums in regelmäßigen Teamsitzungen zum Austausch und zur Vorbereitung von Seminaren. Durch diese gemeinsamen Anstrengungen und Innovationsversuche sind wir zu einem richtigen Team zusammengewachsen. Das macht uns stark und hilft uns, die anstehenden Innovationsaufgaben effektiver anzugehen. Unsere Arbeit findet mittlerweile über die Grenzen unseres Seminars hinaus viel Anerkennung.

Wolfgang Mattes: Die neuen Lernverfahren haben sich für mich zweifelsohne gelohnt. Ich bin mittels der neuen Methoden in der Lage, auch große Gruppen wirkungsvoll zu moderieren und zum Lernen zu veranlassen. Ob ich als Dozent einen Input vor 20 oder 60 Leuten gebe, ist prinzipiell egal. Die anschließenden Diskussionen und Arbeitsprozesse lassen sich problemlos in wechselnden Tischgruppen mit wechselnden Methoden organisieren. Der zweite angenehme Nebeneffekt ist: Ich kann mich phasenweise entlasten und regenerieren. Die neuen Lernformen zeichnen sich nämlich dadurch aus, dass der Lehrer weniger selbst macht und die Lernenden mehr arbeiten und Probleme lösen müssen. Kinder, Jugendliche und jungen Erwachsene profitieren von dieser verstärkten Aktivität; Dozenten bzw. Lehrer genießen die dadurch ausgelösten Entlastungseffekte.

Meine Kolleginnen und Kollegen am Studienseminar arbeiten größtenteils ganz ähnlich wie ich. Bei uns besteht mittlerweile ein ziemlicher Konsens darüber, dass zukunftsorientiertes Lehren und Lernen von uns Ausbildern verlangt, dass wir methodisch anspruchsvoller, variabler und stärker im Sinne des selbsttätigen, kooperativen Lernens arbeiten. Wir erlauben den jungen Leuten, neue Methoden zu erfahren, zu reflektieren und anzuwenden. Dieses erfahrungs- und handlungsorientierte Vorgehen wird immer mal wieder diskutiert, aber im Kern wird es schon lange nicht mehr infrage gestellt. Da haben wir in den letzten Jahren einfach zu viele positive Erfahrungen gesammelt.

Frank Müller: Ich entdecke immer wieder, dass die Studierenden in meinen Seminaren innerhalb kurzer Zeit eine beachtliche Methodenroutine entwickeln. Sie verstehen es, aus einer Vielzahl von Methoden diejenige auszuwählen, die zum jeweiligen fachlichen Problem passt. Dabei gehen viele äußerst kreativ vor und bringen neue Ideen und Anregungen ein. Ein solcher Erfahrungsaustausch auf der Metaebene ist höchst faszinierend und für beide Seiten bereichernd. Bereichernd auch deshalb, weil viele Studierende mittlerweile als Multiplikatoren wirken und die bei mir gelernten methodischen Verfahren auch in anderen Seminaren einfordern oder einbringen. Das führt hin und wieder dazu, dass ich von Hochschulkollegen angesprochen und methodisch um Rat gefragt werde. Allerdings kommt dieser Praxisdialog noch sehr selten vor.

Literaturverzeichnis

Arnold, R.: Natur als Vorbild. Selbstorganisation als Modell der Pädagogik. Hrsg. von J. Dehler und G. Michelsen. Frankfurt a.M. 1993.

Arnold, R.: Strukturreform allein reicht nicht. In: GEW-Zeitung Rheinland-Pfalz 6/2002, S. 11ff.

Arnold, R. Mythos Praxisbezug – Anmerkungen zu einem begrifflichen Irrläufer der Bildungspolitik. In: GEW-Zeitung Rheinland-Pfalz 6/2003, S. 10ff.

Baden-Württembergischer Handwerkstag: Konsequenzen aus PISA. Positionen des Handwerks. Stuttgart 2002.

Bastian, J./Gudjons, H.: Studienreform – Lehrerfortbildung – Schulreform. In: Hänsel/Huber, a.a.O., S. 143ff.

Bastian, J./Rolff, H.-G.: Vorabevaluation des Projektes »Schule & Co.«; hrsg. von der Bertelsmann-Stiftung. Gütersloh 2001.

Bastian, J./Rolff, H.-G.: Abschlussevaluation des Projektes »Schule & Co.«; hrsg. von der Bertelsmann-Stiftung. Gütersloh 2002.

Baumert, J. u.a.: TIMSS III. Schülerleistungen in Mathematik und den Naturwissenschaften am Ende der Sekundarstufe II im internationalen Vergleich. Max-Planck-Institut für Bildungsforschung. Internet-Ausdruck vom 13.1.1999.

Baumert, J. u.a. (Hrsg.): PISA 2000. Basiskompetenzen von Schülerinnen und Schülern im internationalen Vergleich. Opladen 2001.

Baumert, J.: Deutschland im internationalen Bildungsvergleich. In: Killius u.a.: Die Zukunft der Bildung. Frankfurt a.M. 2002.

Baumert, J.: Die Neuen Lernstrategien müssen mit Unterschiedlichkeit intelligent umgehen. Interview. In: Neue Lernkultur 2/2003, S. 1ff.

Bayer, M. u.a. (Hrsg.): Lehrerin und Lehrer werden ohne Kompetenz? Professionalisierung durch eine andere Lehrerbildung. Bad Heilbrunn/Obb. 2000.

Bayerwaltes, M.: Große Pause. Nachdenken über Schule. München 2002.

Beck, U.: Thesen für eine umfassende Bildungsreform. In: Dieckmann/Schachtsiek, a.a.O., S. 11ff.

Bertelsmann-Stiftung: Thesen zur Förderung von Lernkompetenz in der Schule. Typoskript. Gütersloh 2002.

Bildungsministerium NRW/Bertelsmann-Stiftung (Hrsg.): Bildung gestalten – Selbstständige Schule NRW. Düsseldorf 2001.

Bildungsministerium NRW: Schulprogramm und Schulentwicklung. Schriftenreihe Nr. 9016. Düsseldorf 1997.

Bildungsministerium Rheinland-Pfalz: Qualitätsentwicklung an Schulen in Rheinland-Pfalz. Mainz 2002.

Bildungskommission NRW: Zukunft der Bildung – Schule der Zukunft. Denkschrift im Auftrag des Ministerpräsidenten des Landes Nordrhein-Westfalen. Neuwied 1995.

Blömeke, S.: Zentren für Lehrerbildung: Entstehungszusammenhang, Modell und Analyse der Leistungsfähigkeit. In: Bayer u.a., a.a.O., S. 251ff.

Bölsche, J.: Pfusch am Kind. In: SPIEGEL-Sonderheft zum Thema »Lernen zum Erfolg«. Heft 3/2003, S. 6ff.

Bönsch, M.: Die Fiktion von der selbstständigen Schule. In: Rheinland-pfälzische Schule 1/2003, S. 12 f.

Bohl, T.: Zwischen reformpädagogischer Tradition und empirischer Unterrichtsforschung. In: Päd-Forum 30/15 (2002), S. 135ff.
Bohnsack, F.: Probleme und Kritik der universitären Lehrerausbildung. In: Bayer u.a., a.a.O., 2000, S. 52ff.
Bohnsack, F.: Widerstand von Lehrern gegen Innovationen in der Schule. In: Brüsemeister/Eubel, a.a.O., S. 318ff.
Brüsemeister, T./Eubel, K.-D. (Hrsg.): Zur Modernisierung der Schule. Leitideen, Konzepte, Akteure. Bielefeld 2003.
Bruner, J.S.: Der Akt der Entdeckung. In: H. Neber (Hrsg.): Entdeckendes Lernen. Weinheim und Basel 1981, S. 15ff.
Bund-Länder-Kommission: Gutachten zur Vorbereitung des Programms »Steigerung der Effizienz des mathematisch-naturwissenschaftlichen Unterrichts«. Bonn 1997.
Burkhard, C./Kanders, M.: Was Lehrkräfte von Schulprogrammarbeit halten. Repräsentativbefragung in NRW. In: Journal für Schulentwicklung 3/2002, S. 20ff.
von Cube, F./Alshuth, D.: Fordern statt verwöhnen. Die Erkenntnisse der Verhaltensbiologie in Erziehung und Führung. München und Zürich [4]1989.
Dalin, P./Rolff, H.-G.: Institutionelles Schulentwicklungsprogramm. Eine neue Perspektive für Schulleiter, Kollegium und Schulaufsicht. Soest 1990.
Dauber, H./Vollstädt, W.: Psychosoziale Belastungen im Lehramt. Typoskript. Kassel 2003.
Dieckmann, H./Schachtsiek, B. (Hrsg.): Lernkonzepte im Wandel. Die Zukunft der Bildung. Stuttgart 1998.
Döring, K.: Computerlernen ist Mythos. Wissensvermittlung verlangt Handlungsbezug. In: Tagesspiegel v. 18.2.2001.
Eikenbusch, G.: Praxishandbuch Schulentwicklung. Berlin 1998.
Fend, H.: Qualität und Qualitätssicherung im Bildungswesen. In: Zeitschrift für Pädagogik. 41. Beiheft. Weinheim und Basel 2000, S. 55ff.
Fischer, R./Graef, R.: Vorwort zum Buch »Lernen durch Lehren«. In: Graef/Preller, a.a.O., S. 7ff.
Flach, H. u.a.: Lehrerausbildung im Urteil ihrer Studenten. Zur Reformbedürftigkeit der deutschen Lehrerbildung. Frankfurt a.M. u.a. 1995.
Fleischer-Bickmann, W.: Profil zeigen reicht nicht! Kritische Bemerkungen zur Entwicklung von Schulprogrammen. In: Journal für Schulentwicklung 2/1997, S. 13ff.
Fullan, M.: Die Schule als lernendes Unternehmen. Konzepte für eine neue Kultur in der Pädagogik. Stuttgart [3]1999.
Gardner, H.: Der ungeschulte Kopf. Wie Kinder denken. Aus dem Amerikanischen von M. Heim. Stuttgart 1999.
Goleman, D.: Emotionale Intelligenz. Aus dem Amerikanischen von F. Griese. München und Wien 1996.
Graef, R./Preller, R.-D. (Hrsg.): Lernen durch Lehren. Rimbach 1994.
von Groeben, A.: Wird den Lehrern das Denken abgenommen? Standardisierung macht Schulen nicht besser. In: PÄDAGOGIK 3/2003, S. 11ff.
von Groeben, A.: Verstehen lernen. Diagnostik als didaktische Herausforderung. In: PÄDAGOGIK 4/2003(a), S. 6ff.
Grönwoldt, P.: Schule paradox. Eine Anstiftung zur Professionalisierung des Unterrichts. Reinbek 1999.
Gruber, H. u.a.: Was lernen wir in Schule und Hochschule: Träges Wissen? In: Mandl/Gerstenmaier, a.a.O., S. 139ff.
Grunder, H.-U./Bohl, R. (Hrsg.): Neue Formen der Leistungsbeurteilung in den Sekundarstufen I und II. Hohengehren 2001.
Hänsel, D./Huber, L. (Hrsg.): Lehrerbildung neu denken und gestalten. Weinheim und Basel 1996.
Hage, K. u.a.: Das Methoden-Repertoire von Lehrern. Eine Untersuchung zum Unterrichtsalltag in der Sekundarstufe I. Opladen 1985.

Harder, W.: Sich ein Bild machen auf Augenhöhe. Von unserer Sicht auf Kinder und Jugendliche. In: PÄDAGOGIK 7-8/2003, S. 8ff.

Heil, S./Faust-Siehl, G.: Universitäre Lehrerausbildung und pädagogische Professionalität im Spiegel von Lehrenden. Eine qualitative empirische Untersuchung. Weinheim 2000.

von Hentig, H.: Bildung. Ein Essay. München und Wien 1996.

Herrmann, U.: Wie lernen Lehrer ihren Beruf? Empirische Befunde und praktische Vorschläge. Weinheim und Basel 2002.

Höhmann, K.: Stärken sehen, Fördern planen. Förderpläne als Bausteine einer sinnvollen Begabtenförderung. In: PÄDAGOGIK 4/2003, S. 26ff.

Holtappels, H.G.: Schulentwicklung mit dem Schulprogramm. Inhaltsanalyse der Schulprogrammtexte Hamburger Schulen. In: Journal für Schulentwicklung 3/2002, S. 8ff.

Holtappels, H.G./Rolff, H.-G.: Schulprogramme: Praxis – Forschung – Implementation. Editorial. In: Journal für Schulentwicklung 3/2002, S. 4ff.

Holtappels, H.G./Leffelsend, S.: Entwicklung überfachlicher Kompetenzen durch Schülertrainings und Unterrichtsentwicklung. Ergebnisse einer Schülerbefragung als Teil der Abschlussevaluation des Projektes »Schule & Co.«. Gütersloh 2003.

Huber, L.: Kein Gedanke ans Fach? In: Hänsel/Huber, a.a.O., Weinheim und Basel, S. 54ff.

Imhof, U.: Zukunftswerkstatt. Konsum und Umwelt im Jahr 2010. In: arbeiten + lernen/Wirtschaft. Heft 25/1997, S. 35ff.

Itze, U. u.a. (Hrsg.): Problemsituationen in der Grundschule. Wahrnehmen, verstehen, handeln. Bad Heilbrunn 2002.

IWD: Mit dem Gelernten unzufrieden. In: Informationsdienst des Instituts der deutschen Wirtschaft 4/2002, S. 8.

Janssen, B.: Raus aus der Uni! Die Lehrerausbildung darf keine Nebensache sein. In: DIE ZEIT v. 23.5.2002, S. 71.

Jungk, R./Müllert, N.: Zukunftswerkstätten. Mit Fantasie gegen Routine und Resignation. München 1989.

Kahl, R.: Überfordert, allein gelassen, ausgebrannt. Deutsche Lehrer – eine Polemik. In: GEO-Wissen. Heft 31/2003, S. 52ff.

Kanders, M./Rolff, H.-G.; Rösner, E.: Schülerschelte für die Lehrer. In: ZEIT-Punkte 2/1996, S. 34ff.

Keller, G.: Das Klagelied vom schlechten Schüler. Eine aufschlussreiche Geschichte der Schulprobleme. Heidelberg 1989.

Klafki, W.: Neue Studien zur Bildungstheorie und Didaktik. Zeitgemäße Allgemeinbildung und kritisch-konstruktive Didaktik. Weinheim und Basel ^{2}1991.

Klafki, W.: Eine neue Allgemeinbildung für alle. Zwölf Thesen. Vorgestellt anlässlich des Kongresses »Bildung 2000« der Friedrich-Ebert-Stiftung. Bonn 1993.

Klemm, K.: Wenn schon kein Umbau, dann auch keine Rolle rückwärts. Ein Beitrag zur PISA-Debatte. In: Frankfurter Rundschau v. 28./29.3.2002, S. 15.

Kliebisch, U. u.a.: Vom Profil zum Programm. Wie man ein Schulprogramm entwickelt. Hohengehren 1999.

Klieme, E. u.a.: Zur Entwicklung nationaler Bildungsstandards. Eine Expertise im Auftrag des Bundesministeriums für Bildung und Forschung. Typoskript. Berlin 2003.

Klieme, E. u.a.: Fächerübergreifende Kompetenzen. Konzepte und Indikatoren. In: Weinert, F., a.a.O., Weinheim und Basel 2002, S. 203ff.

Klippert, H.: Didaktik des Lernbereichs Wirtschaft. Fachwissenschaftliche und diaktische Grundlegung eines problemorientierten Unterrichts. Weinheim 1981.

Klippert, H.: Methodentraining. Übungsbausteine für den Unterricht. Weinheim und Basel 1994 (13. Auflage 2002).

Klippert, H.: Kommunikationstraining. Übungsbausteine für den Unterricht. Weinheim und Basel 1995 (9. Auflage 2002).

Klippert, H.: Teamentwicklung im Klassenraum. Übungsbausteine für den Unterricht. Weinheim und Basel 1998 (6. Auflage 2002).

Klippert, H.: Schule entwickeln – Unterricht neu gestalten. Plädoyer für ein konzertiertes Innovationsmanagement. In: PÄDAGOGIK 2/1997, S. 12ff.

Klippert, H.: Pädagogische Schulentwicklung. Planungs- und Arbeitshilfen zur Förderung einer neuen Lernkultur. Weinheim und Basel 2000 (2. Auflage 2000).

Klippert, H.: Eigenverantwortliches Arbeiten und Lernen. Bausteine für den Fachunterricht. Weinheim und Basel 2001 (3. Auflage 2002).

Klippert, H.: Planspiele. Spielvorlagen zum sozialen, politischen und methodischen Lernen in Gruppen. 10 komplette Planspiele. Weinheim und Basel 1996 (4. Auflage 2002).

Klippert, H./Müller, F.: Methodenlernen in der Grundschule. Bausteine für den Unterricht. Weinheim und Basel 2003.

KMK-Kommission: Perspektiven der Lehrerbildung in Deutschland. Abschlussbericht der von der Kultusministerkonferenz eingesetzten Kommission. Weinheim und Basel 2000.

Kirsten, N.: Auf zum Klassenkampf! Doch die Universität bereitet auf den Ernstfall Schule kaum vor. In: ZEIT-Chancen. Sonderbeilage April 2003, S. 20 f.

Lenzen, D.: Diagnose Lehrer. Burnout und Professionalität bei Lehrern. Typoskript. Abgedruckt in: Universitas, Mai 2003, S. 475ff.

Lohmann, A.: Autonom und leistungsstark. Fördert Schulautonomie die Qualität? In: Erziehung & Wissenschaft 3/2003, S. 10.

Mandl, H./Gerstenmaier, J. (Hrsg.): Die Kluft zwischen Wissen und Handeln. Empirische und theoretische Lösungsansätze. Göttingen u.a. 2000.

Mandl, H./Krause, U.: Lernkompetenz für die Wissensgesellschaft. In: Lernen in der Wissensgesellschaft. Innsbruck u.a. 2002, S. 239ff.

Maritzen, N./Wassener, D.: Biographie eines Schulprogramms: Über die Innenseite eines Schulentwicklungsprozesses. In: Journal für Schulentwicklung 2/1997, S. 29ff.

Martin, J.-P.: Für eine Übernahme von Lehrfunktionen durch Schüler. In: Graef/Preller, a.a.O., S. 19ff.

Mertens, D.: Schlüsselqualifikationen. Thesen zur Schulung für eine moderne Gesellschaft. In: Mitteilungen aus der Arbeitsmarkt- und Berufsforschung 4/1974, S. 36ff.

Meyer, H.: UnterrichtsMethoden II. Praxisband. 2. Auflage. Frankfurt a.M. 1989.

Meyer, H.: Schulpädagogik. Band II: Für Fortgeschrittene. Berlin 1997.

Meyer, H.: Türklinkendidaktik. Aufsätze zur Didaktik, Methodik und Schulentwicklung. Berlin 2001.

Negt, O.: Lernen in einer Welt gesellschaftlicher Umbrüche. In: Dieckmann/Schachtsiek, a.a.O., S. 21ff.

Niedersächsisches Kultusministerium (Hrsg.): Schulprogramme. Niedersachsen macht Schule. Hannover 1998.

Niedersächsisches Kultusministerium (Hrsg.): Niedersachsen macht Schule mit der Selbstständigen Schule. Zielperspektive. Hannover 2002.

Osswald, E.: Gemeinsam statt einsam. Arbeitsplatzbezogene Lehrer/innenfortbildung. Kriens (Schweiz) 1990.

Plöger, W./Anhalt, E.: Was kann und soll Lehrerbildung leisten? Anspruch und »Realität« des erziehungswissenschaftlichen Studiums in der Lehrerbildung. Weinheim 1999.

Püttjer, C./Schnierda, U.: Erfolgreich im Assessment-Center. Das Trainingsprogramm für Hochschulabsolventen. Frankfurt a.M. 2001.

Reich, K.: Konstruktivistische Didaktik. Lehren und Lernen aus interaktionistischer Sicht. Neuwied 2002.

Reinmann-Rothmeier, G./Mandl, H.: Wissensmanagement in der Schule. In: Profil 10/1997. Hrsg. vom Deutschen Philologenverband, S. 20ff.

von Rigos, A.: Hirnforschung. Wie das Lernen gelingt. In: GEO-Wissen. Heft 31/2003, S. 34ff.

Realschule Enger: Lernkompetenz I und II. Bausteine für eigenständiges Lernen. Berlin 2001.

Rolff, H.-G.: Bildungsstandards sind attraktiv – und problematisch. In: Frankfurter Rundschau v. 12.3.2003.

Rolff, H.-G. u.a.: Manual Schulentwicklung. Handlungskonzept zur pädagogischen Schulentwicklungsberatung. Weinheim und Basel 1998.

Rosenbusch, H. u.a.: Schulreif? Die neue bayerische Lehrerbildung im Urteil ihrer Absolventen. Frankfurt a.M. u.a. 1988.

Rumpf, H.: »40 Schultage – Tagebuch eines Studienrats.« Dreißig Jahre danach. Liebau, E. u.a. (Hrsg.): Das Gymnasium. Weinheim und München 1997, S. 69ff.

Schavan, A.: Schule der Zukunft. Bildungsperspektiven für das 21. Jahrhundert. Freiburg im Breisgau 1998.

Schlaffke, W.: Was die Wirtschaft von der Schule erwartet. Heft 80 der Reihe »Thema Wirtschaft«, hrsg. von der Bundesarbeitsgemeinschaft Schule Wirtschaft, Köln 2003.

Schlaffke, W.: Wie wird unsere Schule wieder Weltklasse? Köln 2002.

Schleicher, A.: Deutschland im internationalen Bildungswettbewerb. Vortrag anlässlich des GGG-Kongresses in Köln am 1.5.2003. Typoskript.

Schley, W.: Nachhaltigkeit und Wirksamkeit der Schulentwicklung. In: Journal für Schulentwicklung 2/2003, S. 7ff.

Schratz, M./Steiner-Löffler, U.: Die Lernende Schule. Arbeitsbuch pädagogische Schulentwicklung. Weinheim und Basel 1998.

Siebert, H.: Pädagogischer Konstruktivismus. Lernen als Konstruktion von Wirklichkeit. Neuwied 2003.

Solzbacher, C.: Lernkompetenz als Kern schulischer Bildung. Präzisierung des Bildungsbegriffs. In: Pädagogische Führung 2/2003, S. 64ff.

Spitzer, M.: Lernen. Gehirnforschung und die Schule des Lebens. Heidelberg und Berlin 2002.

Stern, E.: Wissen ist der Schlüssel zum Können. In: Psychologie heute. Heft 7 2003, S. 30ff.

Terhart, E.: Lehrerberuf und Lehrerbildung. Forschungsbefunde, Problemanalysen, Reformkonzepte. Weinheim und Basel 2001.

Vaill, P.B.: Lernen als Lebensform. Ein Manifest wider die Hüter der richtigen Antworten. Aus dem Amerikanischen von M. Benthack. Stuttgart 1998.

Vester, F.: Denken, Lernen, Vergessen. München 1978.

Voß, R. (Hrsg.): Unterricht aus konstruktivistischer Sicht. Die Welten in den Köpfen der Kinder. Neuwied 2002.

Weinert, F..: Ansprüche an das Lernen in der heutigen Zeit. 10 Thesen. In: Profil 4/1999. Hrsg. vom Deutschen Philologenverband, S. 16 f. (1999a).

Weinert, F.: Ansprüche an das Lernen in der heutigen Zeit. In: Lehren und Lernen im Offenen Unterricht. Hrsg. vom Hessischen Landesinstitut für Pädagogik. Wiesbaden 1999, S. 99ff. (1999b).

Weinert, F.: Die fünf Irrtümer der Schulreformer. In: Psychologie heute. Heft 7/1999, S. 28ff.

Weinert, F.: Lehren und Lernen für die Zukunft. Druckfassung eines Vortrags. Hrsg. vom Pädagogischen Zentrum. Bad Kreuznach 2000.

Weinert, F. (Hrsg.): Leistungsmessungen in Schulen. Weinheim und Basel ^{2}2002.

Wissenschaftsministerium Rheinland-Pfalz: Eckpunkte zur Reform der Lehrerbildung in Rheinland-Pfalz. Mainz, 10.4.2003.

Das Klippert-Programm

Heinz Klippert
Kommunikations-Training
Übungsbausteine für den Unterricht.
288 Seiten. Broschiert.
ISBN 3-407-62426-3

Kommunizieren muss gelernt werden – keine Frage! Auch und verstärkt in der Schule. Das beginnt beim verständnisvollen Zuhören und Miteinander-Reden und reicht über das freie Erzählen und Diskutieren bis hin zum überzeugenden Argumentieren und Vortragen. Offener Unterricht, Gruppenarbeit, Projektarbeit, Rollenspiele, Planspiele und andere Formen des kooperativen Arbeitens sind letztlich zum Scheitern verurteilt, wenn die SchülerInnen nicht über entsprechende kommunikative Fähigkeiten und Fertigkeiten verfügen. Das Buch ist eine Fundgrube für alle Lehrkräfte, die die Kommunikationsbereitschaft und -fähigkeit ihrer SchülerInnen nachhaltig fördern möchten. Dokumentiert werden mehr als hundert erprobte Kommunikationsarrangements sowie eine komplette Projektwoche »Kommunizieren lernen«.

»Das Buch greift ein für die schulischen Lernprozesse zentrales Thema auf und bietet neben prägnanter, kurz gefasster theoretischer Information eine Vielzahl konkreter, praktikabler bausteinartiger Materialien, Anregungen und Hilfen zum unmittelbaren Umsetzen im Unterricht. ... Für schulinterne Lehrerbildung, Seminargruppen oder auch kollegiumsinterne Innovationsgruppen stellen die Materialien eine Fundgrube für Umsetzungsvorhaben dar. Dem Buch wäre im Interesse der Schülerinnen und Schüler zu wünschen, dass es in Lehrerkollegien und Fortbildungen einen breiten Leser/innen und Erprobendenkreis bekäme. *VBE magazin*

Info und Ladenpreis: www.beltz.de

BELTZ

Beltz Verlag · Postfach 100154 · 69441 Weinheim

F0100